SIEGFRIED OBERMANN

DAS FRANZÖSISCHE LEBENSMITTELRECHT

SCHRIFTENREIHE DES INSTITUTS
FÜR LANDWIRTSCHAFTSRECHT
DER UNIVERSITÄT GÖTTINGEN

BAND 20

BEGRÜNDET VON KARL KROESCHELL
HERAUSGEGEBEN VON VOLKMAR GÖTZ
UND WOLFGANG WINKLER

CARL HEYMANNS VERLAG KG
Köln · Berlin · Bonn · München

DAS FRANZÖSISCHE LEBENSMITTELRECHT

von

Dr. iur. SIEGFRIED OBERMANN

CARL HEYMANNS VERLAG KG

Köln · Berlin · Bonn · München

ISBN Nr. 3 452 18518 4

Hergestellt im Institut für Völkerrecht, Göttingen
Printed in Germany

INHALT

Seite

LITERATURVERZEICHNIS

Aliment pour bébé	Produits diététiques et de régime (y compris produits pour l'alimentation infantile): remaniement de la réglementation (analyse du décr. n° 75-65 du 24/1/75). In: Agra-Alimentation, 1975, Pet M 1-2.
Aliment de régime réglementation	Un sujet d'actualité: les aliments hypocaloriques ou "basses calories", (statut juridique en France). In: RTVA 1974, 913 ff.
Alimentation	(Contrôle de qualité): Eléments de réflexion sur l'alimentation de l'homme. In: Agriculture, n° 356, 1972, 191 ff.
Alimentation	(Contrôle sanitaire): Compte rendu des journées d'étude de l'inspection des denrées animales. In: Inf. technique des Direct. Serv. Vét., n° 30, 1970, 43-35.
Ambriguet, L.	Les résidus de produits antiparasitaires dans l'alimentation. In: Economie agricole, févr. 1974, 7 ff.
André, L.	Les fraudes dans le commerce des engrais, Paris 1923.
Anteric, J.	De la répression des fraudes en matière de vin, Th. Dr., Montpellier 1935.
Auby/Coustous/Bernays/Hauser	Droit pharmaceutique, Paris 1963 ff.
Auby/Ducos-Ader	Droit public, Tome I, Droit constitutionnel, libertés publiques, droit administratif, 5e éd., Paris 1974.
dies.	Droit de l'information, Paris 1976.

Ayguebère, J. — Valeur des circulaires et instructions ministérielles.
In: Gaz. Pal. 1963, I, doct. 58 ff.

Baille, S. — Le Délit de publicité mensongère de la loi d'origine à la loi nouvelle du 27-11-73, Th. Dr. Toulouse 1974.

Baumann, D. — Droit de la consommation, Paris 1977.

Bavcon, L. — Les délits involontaires au point de vue répression pénale.
In: Rev. Sc. crim., 1963, 703 ff.

Beaujouan-Regnaud, S. — Agriculture et alimentation "biologiques", Paris 1974.

Becker, P. — Der Einfluß des französischen Verwaltungsrechts auf den Rechtsschutz in den Europäischen Gemeinschaften, Veröff. des Inst. für Int. Recht an der Universität Kiel, Bd. 45, Hamburg 1963.

Bellier, A. — Le succursalisme alimentaire, Mémoire D.E.S. Paris I, Paris 1975.

Bellot, M. — Fraudes en matière de nourriture 'cachère'.
In: Liaisons, revue de la préfecture de police, n° 170, juin, 1970, S. 11 ff.

Betchen, G. — De la répression de la fraude dans les conventions juridiques en droit pénal français et de son application au délit de fraude dans les ventes et marchandises, Th. Dr. Paris 1944.

Bigwood/Gérard — Objectifs et principes fondamentaux d'un droit comparé de l'alimentation, 4 Bände, (Univ. libre de Bruxelles. Institut d'études européennes. Centre de recherche sur le droit de l'alimentation) Bâle, München, New York 1970; auch in englischer Ausgabe.

Bihl, L. — Les règles de l'étiquette. In: Gaz. Pal. 1973, II, doct. 734 ff.

ders. — Vers un Droit de la Consommation. In: Gaz. Pal. 1974, II, doct. 754 ff.

ders. — L'application des lois protégeant le consommateur. In: Gaz. Pal. 1975. II, doct. 735 ff.

ders. — Publicité mensongère: bientôt 10 ans d'application. In: Gaz. Pal. 1972, II, doct. 432 ff.

Blondet, M. — L'escroquerie à la publicité. In: D. 1953, chr. 133 ff.

Boldt, G. — Recht des Lebensmittelgewerbes (Textsammlung mit Anmerkungen und Hinweisen sowie mit einer Einführung in das Lebensmittelrecht), Münster 1963.

Borssat, X. de — Législation et jurisprudence sur les fraudes et falsifications et les appellations d'origine, Paris 1924.

ders. — Législation nouvelle sur les fraudes et falsifications. Loi générale du 1er août 1905. Lois spéciales, Paris 1906.

Bouzat, P. — Traité théorique et pratique de Droit pénal, Paris 1951; jetzt Pinatel Mitherausgeber.

ders. — Les éléments constitutifs du délit de tromperie en matière de vins, note J.C.P. 1976, II, 18351.

Bréjoux/Blaquière — Précis de la législation des appellations d'origine des vins et eaux-de-vie, 2. Aufl., Montpellier 1948.

Brochart/Antoine — Production et hygiène animales, Paris (ohne Jahresangabe).

Brown, L.R. — Seeds of Change, New York 1970.

Burdeau, J. — Les accords internationaux sur les produits alimentaires de base, Th. Dr. Paris 1962.

Calais-Auloy, J. — Les ventes agressives. In: D. 1970, chr. 37 ff.

ders. — La loi Royer et les consommateurs. In: D. 1974, chron. 91 ff.

ders. — La protection légale et réglementaire du consommateur, lacunes et excès. In: Nouvelles données pour un droit de la consommation, S. 49 ff. (ohne Orts- und Jahresangabe).

ders. — Présentation du colloque, Symposium du droit de la consommation, Montpellier déc. 1975. In: Gaz. Pal. 1976, I, doct. 233 f.

Cambiaire, A. de — Discours d'ouverture, Symposium du droit de la consommation, Montpellier déc. 1975. In: Gaz. Pal. 1976, I, doct. 235 ff.

Castang, Ch. — Aperçu sur les réglementations récentes des colorants alimentaires en Europe occidentale. In: A.F.F. 1959, 602: 77 ff.

Centre National du Commerce Extérieur — Comment exporter en Allemagne fédérale, Paris 1971.

C.E.S. — Les moyens d'information des consommateurs, J.O. - C.E.S., 17. 9. 1974, S. 1219 ff.

Champaud, G. — Contribution à la définition du droit économique. In: D. 1967, chr. 215 ff.

Chapus, D. — De la soumission au droit des règlements autonomes. In: D. 1960, chr. 119 ff.

Charlier, R. — Circulaires, instructions de services et autres prétendues mesures d'ordre intérieur administratif. In: J.C.P. 1954, I, 1169.

Chauvin, A. — Répression de la fraude en matière de vins jusques et y compris la loi du 1 août 1905, Th. Dr. Paris 1908.

Cheftel, H. — La qualité des aliments. In: Rev. Conserve 1966, 91 ff.

Cheftel/Thomas — Remarques à propos de l'efficacité du protocole de contrôle sur èchantillon selon le décret du 22-1-1919. In: A.F.F. 1966, 28 ff.

Chène, P. — Les Régimes alimentaires, Paris 1972.

Clémentel, M. — Un drame économique (histoire des délimitations), Paris 1914.

Colas, R. — La pollution des eaux, Paris 1973.

Combes, D. — La fraude et le Code du Vin, Montpellier 1957.

Communautés Européennes — L'Harmonisation de la Législation des denrées alimentaires dans la Communauté Européenne, (Bibliographie 7) Brüssel 1969.

Constantinesco/Hübner — Einführung in das französische Recht, München 1974 (Schriftenreihe der JuS, Heft 16).

Constantinides-Mégret, C. — Le Droit de la C.E.E. et l'ordre juridique des Etats membres, Paris 1967.

Coquet, L. — Les indications d'origine et la concurrence déloyale, Paris 1913.

Coquin, P. — Produire du lait aujourd'hui, St. Cloud 1975.

Costa, J.L. — Les infractions involontaires du point de vue responsabilité pénale. In: Rev. sc. 1963, 701 ff.

ders. — La tromperie du consommateur sur la qualité d'un cognac même si le négociant contractant direct est informé de la fraude, note D. 1971, 244 f.

Crapelet, C. — Alimentation d'aujourd'hui et de demain, Paris 1971.

ders. — Aliments et Alimentation des Animaux domestiques, Paris 1955.

Cruet, J. — La vie du Droit ou l'impuissance des lois, Paris 1908.

Dehove, R.A. — La réglementation des produits alimentaires et non alimentaires. Répression des fraudes et contrôle de la qualité, 8e éd. Paris 1974.

Delbet, P. — L'agriculture et la santé, Montreuil 1971.

Delcasse d'Huc de Montsegu, M. — La répartition des denrées alimentaires. Rapport, Paris 1933.

Delpech, H. — Le défaut de vérification de produits mis en vente et l'intention frauduleuse, note J.C.P. 1976, II, 18128.

Despax, M. — L'évolution récente de la législation concernant les pesticides agricoles. In: J.C.P. 1975, I, 2533.

Dieng, F. — De la police sanitaire de la viande à Paris sous l'ancien régime, Th. Dr. Paris 1946.

Divier, P. — Le mensonge en publicité: sa répression et sa prévention en France, Paris 1972, zitiert: aaO.

ders. — Le mensonge en publicité. In: Gaz. Pal. 1972, II, doct. 678 ff.

Doll, P.J. — De la responsabilité des experts judiciaires. In: D. 1966, chr. 47 ff.

Donnedieu de Vabres, J.	Les éléments administratifs de l' infraction. In: D. 1952, chr. 137 ff.
Doyère, J.	Le combat des consommateurs, Paris 1975.
Druesne, G.	La Primauté du droit communautaire sur le droit interne: l'arrêt de la Cour de Cassation du 24-5-75. In: Revue du Marché Commun 1975, n° 188, Sept., 13 ff.
Durand, P.	Défense de l'action syndicale. In: D. 1960, chr. 21 ff.
Duttlinger, J.E.	Les Problèmes de la contradiction dans l'expertise pénale, mémoire D.E.S. Paris 1972.
Eckert, D.	Die Harmonisierung des Lebensmittelrechts in der EG und im Codex Alimentarius. In: ZLR 1974, 25 ff.
ders.	Die Angleichung des Lebensmittelrechts in der Europäischen Wirtschaftsgemeinschaft. In: NJW 1967, 473 ff.
ders.	Ein erfolgreiches Jahr für die EG-Lebensmittelrechtsangleichung. Bilanz für 1976. In: ZLR 1977, 103 ff.
ders.	Die allgemeinen Täuschungsschutz- und Werberegelungen des LMBG für Lebensmittel. In: ZLR 1977, 153 ff.
A propos de l'étiquetage des denrées alimentaires préemballées	In: Bulletin d'information du Min. de l'Agriculture, n° 614, 1974, 2 ff.
Europäische Gemeinschaften (Herausgeber)	Verträge zur Gründung, zur Änderung, Beitrittsdokumente, Luxemburg 1973.

Evolution — de la consommation et de la distribution des produits alimentaires, (Collection Promotion rurale ...) Paris 1969.

F.A.O. — Additifs aux aliments, Legislation récente, 1957-1968, Rome.

F.A.O. — Aliments des animaux, Réglementation de la fabrication et du commerce dans les pays européens, Rome 1957 (préparé par Ricard/ Threlkeld); Neuaufl. 1963.

F.A.O. — Provisional Indicative World Plan for Agricultural Development, Rome 1970.

F.A.O. - Gérard — Eléments du droit de l'alimentation, Rome 1975.

Farne, J. — Nouvelle législation sur la fraude en matière de vins et d'eaux de vie, Th. province 1908.

Ferrando, R. — Les bases de l'alimentation, Paris 1964.

ders. — Réflexions sur les diverses catégories d'aliments supplémentés, leur utilisation en élevage industriel, leur réglementation. In: Recueil de Méd. vét. Ecole d'Alfort, 1970, 452 ff.

Fontgalland, M. de — L'action en justice des syndicats groupés, Paris 1911.

Fourgoux, J.C. — Répression des fraudes. L'arrêt des chambres réunies du 10-3-1960 et l'addition des produits chimiques aux denrées alimentaires. In: Gaz. Pal. 1960, I, doct. 93 ff.

ders. — Publicité et promotion des ventes. La loi du 27-12-73: une réponse mais encore que des questions. In: Gaz. Pal. 1974, I, doct. 208 ff.

ders. La responsabilité de l'industriel dans le choix des matières premières.
In: Rev. Conserve, 1966, 183 ff.

ders. La responsabilité du chef d'entreprise en matière de répression des fraudes, note D. 1964, 72 ff.

ders. Marques, publicité et tromperie.
In: Gaz. Pal. 1967, I, doct. 2 ff.

ders. L'utilisation des marques et le sens des mots (à propos de la marque Mokalux) note D. 1968, 560 f.

ders. Des mentions faisant croire que le produit vendu a droit à une appellation d'origine, note D. 1966, 231 ff.

ders. Sanction des appellations d'origine, fausses ou usurpées. Lapins du Gâtinais et raisins de Moissac. Conditions de recevabilité de l'action civile, note D. 1969, 53 ff.

ders. Evolution de la notion de responsabilité pénale de l'importateur en matière de répression des fraudes, note D. 1969, 708 ff.

ders. Falsification par des étrangers d'un produit préparé en France mais destiné à la vente à l'étranger: compétence des tribunaux français, note D. 1965, 808 f.

ders. La responsabilité du distributeur.
In: Rev. Conserve 1962, 79.

ders. La responsabilité du grossiste dans la distribution des produits alimentaires, note D. 1968, chr. 643 ff.

ders. Les mal condamnés. Pour une reforme de la loi du 1er août 1905 sur la répression des fraudes.
In: D. 1965, chr. 233 ff.

ders. Le double aspect du contrôle à la production.
In: Rev. Conserve 1963, 171 ff; 1964, 146 ff.

ders. L'information du consommateur, la contre-publicité et le rôle du juge des référés.
In: Gaz. Pal. 1975, I, doct. 107 ff.

ders. Répression des fraudes. La réglementation par voie de circulaires.
In: Gaz. Pal. 1963, II, doct. 43 ff.

ders. Le choix d'une dénomination générique pour un produit nouveau.
In: Gaz. Pal. 1974, I, doct. 389 ff.

ders. Droit pénal économique. Conséquence extravagante du noncumul des peines en matière des contraventions. Application particulière à la répression des fraudes.
In: Gaz. Pal. 1971, I, doct. 284 ff.

ders. Les usages et la portée des avis du service de la répression des fraudes, note D. 1974, 493 ff.

ders. Droit de la consommation: faut-il une loi-cadre ou un véritable ombudsman?
In: Gaz. Pal. 1975, II, doct. 732 ff.

ders. La falsification des denrées alimentaires et la protection des consommateurs, note D. 1975, 748 ff.

ders. Les usages comme source de réglementation d'une dénomination, note D. 1975, 775 ff.

ders. Mauvaise foi et défaut de vérifications en matière de fraudes, note D. 1977, 239; dazu note D. 1977, 337 ff.

ders. Les consommateurs à la recherche de la justice perdue.
In: Gaz. Pal. 1976, I, doct. 242 ff.

ders.	Droit pénal de la consommation, fraude, appellation d'origine, publicité mensongère, (in Vorbereitung)
Fourgoux/Cheftel	Statut juridique des produits alimentaires conservés, Paris 1963.
Fourgoux/Jumel	Traité de Droit Alimentaire, Paris 1968.
Fraisse, L.	De la répression de la fraude dans les ventes de marchandises, Th. Dr. Paris 1889.
François/Truhaut/Viel	Législation de protection du consommateur. In: Bull. techn. d'inf. du min. d' agriculture 1970, n° 252, 475 ff.
Frechet, G.	La Protection juridique des eaux souterraines, Th. Dr. Toulouse 1974.
Gaillard-Bancel, M. de	Les anciennes corporations et la lutte contre la fraude, Paris 1913.
Gallon, G.	Le Service de la répression des fraudes et du contrôle de la qualité (Ministère de l'agriculture et du developpement rural) des origines à nos jours 1907-1973, Paris II, Th. Dr. 1974.
Garçon, E.	Code pénal Annoté, T. 1 (art. 1 á 294) Paris 1952, T. 2 (art. 295 à 401) Paris 1956, T. 3 (art. 402 à 463) Paris 1959.
Gardenat, L.	Traité pratique des fraudes tromperies et falsifications, Paris 1923, 2 Bände.
Gaussel, A.	Un panier de mensonges, Paris 1973.
ders.	Les consommateurs, Paris 1965.
Gemähling, P.	Les actions syndicales en justice, Paris 1912.

Götz/Göhler — Der Code Pénal, Berlin 1963.

Gondre, L. — La répression des fraudes alimentaires nuisibles à la santé de l'homme. In: J.C. P. 1967, I, 2047 bis.

Goose, E. — Die Normenkontrolle durch den Französischen Conseil Constitutionnel. Schriften zum öff. Recht, Bd. 212, Berlin 1973.

Gosset, Ch. — De la répression des fraudes dans la vente des marchandises (loi du 1er août 1905), Th. Dr. Paris 1906.

Groeben/Boeckh/Thiesing — Handbuch für Europäische Wirtschaft, (Loseblattkommentar), Baden-Baden 1977.

Guérillon, P. — Les appellations d'origine, Paris 1919.

Guérin, H. — La publicité mensongère et les nouvelles dispositions légales réglementaires la réprimant. In: J.C.P. 1964, II, 1864.

ders. — L'incidence de la réglementation communautaire en matière de fraudes dans la vente de denrées alimentaires. In: J.C.P. com. 1972, 10757.

Guibauld, J. — La pêche et le droit, Paris 1974.

Guillot, M. — Evolution de la notion des fraudes alimentaires. In: Bull. Acad. de médecine 1958, 808 ff.

Guinchard, M. — La publicité mensongère, Th. Dr. Lyon 1970.

Hamann/Schnier — Der Schutz des Verbrauchers durch die Lebensmittelüberwachung; ihre Durchführung und Fortentwicklung (Schriftenreihe des Bundes für Lebensmittelrecht und Lebensmittelkunde, Heft 19), Wiesbaden-Berlin 1958.

Hansen, J.	Die Institution des Ombudsmannes. Parlamente und Parteien, Bd. 4, Frankfurt 1972.
Hartig, H.	Vergleichende Warentests im Recht Deutschlands, Frankreichs, der Niederlande und Großbritanniens. Arbeiten zur Rechtsvergleichung, Bd. 65, Frankfurt 1973.
Hémard, J.	Droit de la concurrence et protection du consommateur. In: Gaz. Pal. 1972, II, doct. 575 ff.
Hieronimi, H.	Lebensmittelgesetz (Kommentar), 2. Aufl. München und Berlin 1959.
Hoffmann, R.	Das Ermessen der Verwaltungsbehörden in Frankreich. Schriften zum öffentlichen Recht, Bd. 47, Berlin 1967.
Holthöfer/Juckenack/Nüse	Lebensmittelrecht (Kommentar), 4. Aufl., 6 Bände, Berlin u.a. 1961.
ders. (Nüse/Franck)	Lebensmittelrecht, 5. Aufl., Bd. I, Berlin u.a. 1970.
Huggues, R.	Répression des fraudes et des falsifications, Paris 1913.
Hygiène	et industrialisation des productions animales. In: Informations techniques des dir. des serv. vét., n° 41-42, 1973.
Ipsen, H.P.	Europäisches Gemeinschaftsrecht, Tübingen 1972.
I.N.C.	L'Etiquetage des produits alimentaires, documents, Paris 1975.
Jeschek, H.H.	La structure juridique de la négligence et son régime. In: R.I.D.P. 1965, 21 ff.
Kaloyanova/Simeonova/ Fournier	Les pesticides et l'homme, Masson 1972.

Karila, J.P. — Les avocats et la défense des consommateurs. In: Gaz. Pal. 1976, I, doctr. 210 ff.

Kiefe, R. — Quelques réflexions sur la répression des fraudes. In: Annales de la nutrition et de l'alimentation, 1966, 301 ff.

ders. — La protection du consommateur par la loi et la jurisprudence dans l'économie de masse internationale. In: Rev. sc. crim. 1970, 831 ff.

Klein/Kiesgen — Gesetz zur Gesamtreform des Lebensmittelrechts, (Texte, Materialien, Erläuterungen) Hamburg 1975.

Klein/Rabe/Weiss — Lebensmittelrecht, (Textsammlung) Hamburg 1968.

Klisch, R. — Gesetz und Verordnung in der Verfassung der 5. französischen Republik vom 4. Oktober 1958, (Schriften zum öffentlichen Recht, Bd. 160), Berlin 1971.

Kloesel/Sperlich/Bergner — Lebensmittel- und Bedarfsgegenständegesetz (Kommentar), Stuttgart 1975.

Krainik, S. — Fraudes alimentaires. L'évolution de la répression des fraudes et falsifications alimentaires, Th. Dr. Paris 1910.

Krsjak, P. — Les avocats et la défense des consommateurs. In: Vie jud. 29-2-76.

Lable, Ch. — Problèmes posés par les diverses substances utilisées dans l'élevage. In: Industries de l'alimentation animale, n° 5, 1974, 30 ff.

Laferrière, E. — Traité de la juridiction administrative et de recours contentieux, 2e éd. Paris 1896, 2 Bände.

Lalubie, L. — Loi du 1er août 1905 sur la répression des fraudes et falsifications, Toulouse 1909.

Lampué, P. — L'application des traités dans les territoires et départements d'outre-mer.
In: AFDI 1960, 907 ff.

Larguier, J. — L'action publique menacée.
In: D. 1958, chr. 29 ff.

Larousse — Grand dictionnaire universel du XIXe siècle, Paris 1865.

Larruchon, A. — Législation des débits de boissons, hôtels et restaurants, Paris 1975.

Laubadère, A. de — Manuel de droit administratif, 9e éd. Paris 1969.

ders. — Traité élémentaire de droit administratif, 3 Bände, Paris 1970-71.

Laurent, Cl. — L'abattoir. Conception d'un abattoir moderne ou industriel. Les contraintes sanitaires et les grandes règles qui en découlent, Paris 1973.

Lefaux, R. — Emballage et conditionnement d'aujourd'hui, Paris 1967.

ders. — Chimie et toxicologie des matières plastiques, Paris 1964.

Legent-Fournes, P. — Etude juridique du contrôle chimique des vins, Th. Dr. Paris 1949.

Lemercier, J. — Manuel élémentaire pour la répression des fraudes, Paris 1909.

Le Poittevin, G. — Traité pratique des fraudes et falsifications, Paris 1911.

Lery, F. — L'alimentation, Paris 1947.

Lesourd, G. — Liberté du commerce et défense des consommateurs.
In: Gaz. Pal. 1975, I, doct. 380 ff.

Levantal, L. — L'annulation pour excès de pouvoir des circulaires administratives. In: D. 1954, chr. 99 ff.

Levi, P. — Production et conditionnement des aliments. Etude des effets sur la santé en France à l'heure actuelle, (Mémoire D.E.S. Paris I), Paris 1973.

Liotard, J. — Le Ravitaillement de Paris (Lait, fruits et légumes, viandes), Th. sc. éco. Paris 1959.

Liotard, M. — Etude de jurisprudence sur la responsabilité pénale des fabricants et producteurs en matière de fraudes commerciales. In: D. 1958, chr. 211 ff.

ders. — L'appréciation de la bonne foi dans la tromperie sur l'origine des vins, note D. 1962, 345 ff.

ders. — Le caractère non-limitatif des manipulations interdites, en matière de fraudes, note D. 1955, 35 ff.

Liotard/Bergeret — Le traitement du vin par des rayons ultraviolets constitue une manipulation interdite, note D. 1962, 63 ff.

Littré — Dictionnaire de la langue française, Paris 1863.

Loesch, L.R. von — Lebens- und Arzneimittelrecht der Vereinigten Staaten von Amerika, (Studien zum Internationalen Wirtschaftsrecht und Atomenergierecht, Bd. 56), Göttingen 1975.

Long/Weil/Braibant — Les grands arrêts de la jurisprudence administrative, Paris 1969.

Lorthioy, M. — Les tromperies sur la quantité. In: CA n° 25, jan. 1973, 23 ff; CA n° 26, févr. 1973, 15 ff.

Lück, E. — Das Lebensmittelrecht Frankreichs. In: Die Ernährungswirtschaft 1970, III, S. A. 42 f.

Magimel-Pelonnier, Cl. — L' entreprise de meunerie (Blé), Th. Dr. Bordeaux 1956.

Mandelstamm, M. — Contribution à l'étude du bilan alimentaire français. Resources, consommation et besoins alimentaires en France, Th. Dr. Lyon 1941.

Mary, Cl. — La viande hachée, Th. vét. Alfort 1970.

Meadows, D. — Die Grenzen des Wachstums. Bericht des Club of Rome zur Lage der Menschheit, Stuttgart 1972.

Mercadel, B. — Recherches sur l' intention en droit pénal.
In: Rev. sc. crim. et dr. pén. comp. 1967, n° 6, S. 1 ff.

Messadie, G. — L' alimentation suicide. Les dangers réels et immaginaires des produits chimiques dans notre alimentation, Paris 1973.

Messer, O. — Arbeiten des Europarates zur Harmonisierung des Lebensmittelrechts.
In: ZLR 1976, S. 249-261, 384-402.

Messmer, P. — De la répression des fraudes commerciales, Th. Dr. Strasbourg 1954.

Meynaud, J. — Nouvelles études sur les groupes de pression en France, Paris 1962.

Million, Ch. — Traité des fraudes en matière de marchandises, tromperies, falsifications, et de leur poursuite en justice, Paris 1858.

Monier/Chesney/Roux, E. — Traité théorique et pratique des fraudes et falsifications, 2e éd. Paris 1925, 2 Bände.

Moreau/Bouron/Kern/Fabre/Pelissier — La réglementation française des pesticides agricoles (Receuil des textes législatifs et réglementaires les concernant) à jour en janv. 1969; Chambre syndicale de la phytopharmacie et la protection des plantes, Ministère de l' Agriculture.

Ney, M.	Les additifs chimiques dans les produits de la viande. In: Annales de falsifications et de l'expertise chimique, n° 690, 1970, 101 ff.
Nguyen-Thanh, D.	Contribution à l'étude des techniques juridiques de protection des consommateurs. La qualité des biens de consommation, Th. Dr. Caen 1969.
dies.	Protection des consommateurs et droit d'informer. In: J.C.P. com. 1973, 2538.
Nuss, A.	Le guide du consommateur, Paris 1917.
Overstake, J.F.	La responsabilité du fabricant de produits dangereux. In: Rev. trim. dr. civ. 1972, 70 ff.
Pagès, G.	Les falsifications des denrées alimentaires et la loi du 1er août 1905, Th. Dr. Montpellier 1909.
Paquet, A.	Le médiateur et le droit à l'information. In: Gaz. Pal. 1977, 1, doct. 9 ff.
Pécot, D.	Le blé, la farine, le pain ... et la santé de l'homme, Angers 1969.
Pecou, J.	De la Répression des fraudes en matière des vins, Th. Dr. Toulouse 1951.
Perot-Morel, M.	L'extension de la protection des marques notoires. In: Rev. trim. du com. 1966, 9 ff.
Perrot, R.	Rapport de synthèse, symposium du droit de la consommation, Montpellier déc. 1975. In: Gaz. Pal. 1976, I, doct. 237 ff.
Réglementations pesticides	(Monde) In: Marché international des produits laitiers 1974, 22 ff.

Les résidus de pesticides — en alimentation du bétail et leurs conséquences sur la pollution. In: Le technicien du lait, mars 72, 7 ff.

Résidus de pesticides — et substances auxiliaires dans les denrées alimentaires. In: Bulletin technique d'Information, n° 252 spécial, 1970, 475 ff.

Petillot, F. — Service de l'environnement industriel. Prévention et lutte contre les pollutions et les nuisances dans les laiteries-fromageries, Paris 1974.

Peyrandt, J.C. — Faut-il crier haro sur les pesticides. In: Revue de l'élevage 1971, 95 ff.

Peyret, H. — La lutte pour les denrées vitales, Paris 1953.

Pigassou, P. — Le Consommateur et le dol. Politique juridique de la prévention et de la répression du dol dans la vente de marchandises, Th. Dr. Toulouse 1974.

ders. — Est punissable la mise en vente, sous la dénommination de clémentines sans pépins, de clémentines qui en comportaient, note J.C.P. 1976, II, 18367.

Pirovano, A. — Définition de l'élément moral et détermination de l'annonceur dans le délit de publicité mensongère, note D. 1977, 502 ff.

Plaisant/Jacq — Traité des noms et appellations d'origine, Paris 1921.

Pollution (la) de l'eau — en France. Premier recueil de données statistiques sur les quantités de matières polluantes déversées dans les eaux en France. Situation 1-1-71, Paris 1974.

Pollution des eaux — La lutte contre la pollution des eaux: les conditions réglementaires de réalisation des contrôles. In: Le moniteur des Travaux Publics et de Bâtiment, mars 1975, 40 ff.

Pons, B.	L'amélioration de l'Hygiène alimentaire, un objectif majeur du ministère de l'Agriculture. In: Revue de médecine vétérinaire 1971, 1059 ff.
Popineau, A.	La loi du 1er août 1905 sur la répression des fraudes dans la vente des marchandises et des falsifications des denrées alimentaires et des produits agricoles, et les règlements d'administration publique, Paris 1908.
Pouillet/Taillefer/Claro	Traité des marques de fabrique et de la concurrence déloyale, 6e éd., Paris 1912.
Quittanson/Vanhoutte	La protection des appellations d'origine des vins et eaux de vie, Montpellier 1963.
Rasenack, Chr.	Gesetz und Verordnung in Franreich seit 1789, (Schriftenreihe zum öffentlichen Recht, Bd. 55), Berlin 1967.
Ravinet, Th.	Manuel de la répression des fraudes sur les produits alimentaires, Boulogne-sur-mer 1909.
Recktenwald, H.C. (Herausgeber)	Das Umweltproblem aus ökonomischer und juristischer Sicht, mit Beiträgen von Dürr, E., Helm, J.G., Henke, W., Issing, O., Klaus, J., Neumann, M., Schick, W., Winterstein, H. (Abhandlungen zu den wirtschaftlichen Staatswissenschaften, Bd. 10), Göttingen 1975.
René, V.	De la répression des fraudes et falsifications de denrées alimentaires, Th. Dr. Caen 1909.
Richard, V.	La nouvelle législation sur la répression des fraudes dans la vente des marchandises et des falsifications des denrées alimentaires et des produits agricoles, Th. Dr. Paris 1908.

Rioufol, F.	La Réglementation des produits antiparasitaires à usage agricole, Th. Dr. Toulouse 1974.
Rivero, J.	Les mesures d'ordre intérieur administratif, Th. Dr. Paris 1934.
ders.	Droit administratif, 7e éd., Paris 1975.
ders.	Droit administratif français et droits administratifs étrangers, Agen 1969.
Robé, Ch.	De la falsification des denrées alimentaires, Th. Dr. Paris 1902.
Roche, A.	L'inspecteur du Service de la Répression des Fraudes; statut, rôle, attributions, Toulouse 1933.
Rolland, M.	Le délit d'omission. In: Rev. sc. crim. 1965, 583 ff.
Rousseau, M.	Les fraudes dansles aliments de l'homme, Paris 1955.
Roux, E.	La répression des fraudes, hier et aujourd'hui. Bulletin international de la Répression des fraudes, Paris 1913.
Roux, J.A.	Traité de la fraude dans la vente des marchandises, Paris 1925.
Rozier, J.	Code du Vin, Paris 1957.
ders.	Vin. Administration des fraudes. Déclassement de V.Q.P.R.D. en vin de table. Conflit entre le Min. de l'agriculture et un négociant. Caractère contradictoire de la procédure de déclassement. Absence de la constatation d'une altération au stade du commerce. Nécessité d'une expertise contradictoire. In: Gaz. Pal. 1975, II, doct. 463 ff.
Ruasse/Gonnelle de Pontanel/Prevot	Les lacunes de la réglementation concernant l'hygiène de l'alimentation. In: Bulletin de l'Académie nationale de médecine, 1971, 406 ff.

Rubelin-Devichi, J. — L'irrecevabilité de l'action civile et la notion d'intérêt général.
In: J.C.P. 1965, I, 1922.

Runge, Chr. — Einführung in das Recht der Europäischen Gemeinschaften, (JuS-Schriftenreihe, Heft 8), 2. Aufl., München 1968.

Salvaire, J. — Le concours idéal de contraventions.
In: J.C.P. 1960, I, 1588.

Sattler, A. — Die Verfassung der 5. Republik und das parlamentarische Regierungssystem.
In: AöR 87 (1962), 335 ff.

Schippke, U. — Zukunft. Das Bild der Welt von morgen, Gütersloh etwa 1973.

Schulze, H. — Mißbrauchs- und Verbotsprinzip im deutschen Lebensmittelgesetz, Diss. München 1967.

ders. — Lebensmittelrechtliche Regulativprinzipien.
In: DVBl. 1973, 944 ff.

Simonet, J. — Le problème de l'introduction volontaire de substances chimiques étrangères dans les aliments: le point de vue du physiologiste, du médecin.
In: Bull. Société scientifique d'hygiène alimentaire, 1955, N° 4 ff.

Souverain, R. — Environnement et répression des fraudes, Massy 1971.

ders. — L'action du Service de la Répression des fraudes en faveur de l'hygiène alimentaire.
In: Annuaire off. de la France rurale 1959, 389 ff.

ders. — Le codex alimentaire européen.
In: Alim. et vie 1959, 211 ff.

ders. — Les dispositions législatives et réglementaires relatives à la qualité des aliments.
In: Alim. et vie 1960, 251 ff.

ders. — L'adjonction de substances chimiques aux aliments examinée au point de vue de la législation française. In: Alim. et vie 1955, 127 ff.

ders. — Les garanties offertes au consommateur par la répression des fraudes. In: Bull. de la F.N.C.C., 1956, 27 ff, 43 ff.

ders. — Cycle de Perfectionnement sur les réglementations françaises de la qualité des produits et dispositions supranationales, Heft 3 (Service de la Répression des fraudes ...), Paris 2-6.10.1967.

Spiteri/Castang/Métayer — Recherche et dosage de l'acide borique dans les beurres. In: A.F.E. 1965, 228 ff.

Stern, J. — Une loi insuffisante. In: 50 millions de consommateurs, n° 56, 1975, 35.

Stricker, G. — Droit de la concurrence et protection des consommateurs en Allemagne. In: Gaz. Pal. 1972, II, doct. 629 ff.

Susplucas, P. — La répression des fraudes dans la production et le commerce des vins, Th. Dr. Toulouse 1920.

Tallineau, L. — Les tolérances administratives. In: Actualités jur. adm. 1978, 3 ff.

Taquet, M. — La répression des fraudes sur les boissons, Paris 1909.

Thomas, G. — Législation viticole, Paris 1929.

Tinlot, R. — La réglementation de l'étiquetage des vins en France. In: Gaz. Pal. 1975, II, doct. 407 ff.

Tolkmitt, H.B. — Stand der Angleichung des Lebensmittelrechts in der EWG. In: Die Ernährungswirtschaft, 1970, 12, S. A 204 - A 209; 1969, 10, S. A. 163 - A 169; S. A 187 - A 191.

Toubeau, M.	La législation répressive des fraudes et falsifications sur les produits alimentaires, Th. Dr. Paris 1908.
ders.	Fraudes et falsifications: une lutte d'un demi-siècle, Paris 1957.
ders.	La procédure en matière de fraudes commerciales; les cas de nullité. In: Lois nouvelles 1949, 553 ff.
ders.	La législation sur les fraudes et la vente de produits alimentaires toxiques. In: Lois nouvelles 1952, 21 ff.
ders.	La procédure en matière de fraudes commerciales. L'anonymat des échantillons soumis aux laboratoires. In: Lois nouvelles 1951, 118 ff.
ders.	L'application de la législation sur la répression des fraudes commerciales. In: Rev. adm. 1961, 148 ff.
ders.	La répression des fraudes et la qualité des produits français (loi du 1er-8-1905-décr.-loi du 14-6-38). In: Lois nouvelles 1939, 1, 93 ff.
ders.	Sommes-nous suffisamment armés contre la mise en vente des denrées alimentaires toxiques? In: Lois nouvelles 1960, 337 ff.
Touchard, G.E.	Le Parlement français et la mise en oeuvre du droit communautaire, Th. Dr. Paris I 1975.
Touz, R.	De la liberté à la réglementation dans les entreprises commerciales d'alimentation, Th. Dr. Paris 1942.
Truhaut, R.	Sur les principes généraux à prendre en considération pour l'autorisation d'emploi des additifs alimentaires et pour la limitation des taux résiduels de pesticides dans les aliments. In: A.F.F. 1959, 319 ff.

Truhaut/Boudène/ Nguyen Phu Lich — Recherche et dosage de l'acide borique dans le beurre. In: A.F.E. 1966, 257 ff.

Truhaut/Souverain — O.N.U. Contrôle des substances ajoutées aux aliments, Nr. 6: Contrôle des substances ajoutées aux aliments en France, Rome 1963.

Tsiovaridou, Th. — Les problèmes du développement des industries alimentaires, Th. sc. éco. Paris 1966.

Turpaud, P. — La vente des marchandises: fraudes et falsifications, Troyes 1955.

Ulmer, E. — La répression de la concurrence déloyale dans les Etats membres de la Communauté économique européenne, Paris 1967, 6 Bände, tome IV: France, par R. Krasser, Paris 1972. Auch in deutscher Ausgabe vorhanden.

Vedel, G. — Droit administratif, 5e éd., Paris 1973.

Venaille, E. — La pollution dans votre assiette, Paris 1974.

Vérin, L. — Répression des fraudes dans le commerce du beurre et la fabrication de la margarine, Th. Dr. Paris 1905.

Véron, M. — L'art. 1er de la loi du 1er août 1905 sur la répression des fraudes et la normalisation. In: D. 1965, chr. 175 ff.

Vidal, J. — Essai d'une théorie générale de la fraude en droit français. Le principe 'fraus omnia corrumpit', Th. Dr. Toulouse 1956.

Villiers/Collin — Traité des falsifications et altérations des substances alimentaires, 6 Bände, Paris 1909 - 1911.

Virenque/Bonn	Traité des fraudes et falsifications et les appellations d'origine, Paris 1931.
Vivez, J.	Les Fraudes (Que sais-je? Nr. 839), Paris 1970.
ders.	Traité des fraudes, Paris 1958.
ders.	Législation et réglementation du vin, Paris 1964.
Voulet, J.	Responsabilité de l'importateur en matière de répression des fraudes. In: Quest. prud'h. 1964, 448 ff.
ders.	La fausse indication d'origine des produits. In: Quest. prud.'h. 1963, 895 ff.
Walline, P.	Droit administratif, 8e éd., Paris 1959.
Warnery, A.	La réglementation viti-vinicole communautaire et la protection du consommateur (Mémoire de fin d'études à l'I.H.E.D.R.E.A.), Paris 1974.
Weinbuch, H.K.	Entkolonisierung und föderales Prinzip im Spiegel der Französischen Gemeinschaft (Schriften zum Völkerrecht, Bd. 6), Berlin 1968.
Willemet, R.	De l'expertise contradictoire en matière de fraudes alimentaires, Th. Dr. Paris 1910.
Zipfel, W.	Lebensmittelrecht (Texte und Kommentar, 4 Bände, Loseblatt), München 1976.

Stand: 1. 7. 1978

ABKÜRZUNGSVERZEICHNIS

ABl.	Amtsblatt der Europäischen Gemeinschaften
AEDA	Association Européenne pour le droit de l'Alimentation
AFDI	Annuaire de Droit International
A.F.E.	Annales de falsifications et de l'expertise chimique
A.F.E.I.	Association française pour l'étiquetage informatif
A.F.F.	Annales des Falsifications et des Fraudes
A.F.N.O.R.	Association Française de Normalisation
A.J.D.A.	Actualité juridique - Droit administratif
A.J., éd. adm.	Actualité juridique, édition administrative
Alim. et vie	Alimentation et vie
A.N.A.	Annales de Nutrition et d'Alimentation
Ann.	Annales
AöR	Archiv für öffentliches Recht
arr.	arrêté
ass. plén.	Entscheidung der Cour de cassation, assemblée plénière
BGBl.	Bundesgesetzblatt
B.O.S.P.	Bulletin officiel du service des prix
Bull.	Bulletin

Bull. Acad. nat. méd.	Bulletin de l'Académie nationale de médecine
Bull. crim.	Bulletin criminel
Bull. de la F.N.C.C.	Bulletin de la Fédération Nationale des Coopératives de consommation
Bull. off.	Bulletin officiel
Bull. techn. d'inf. du min. d'agr.	Bulletin technique d'information du ministère d'agriculture
CA	Consommateurs Actualité
Cass. ch. mixte	Entscheidung der Cour de Cassation, chambre mixte
Cass. civ.	dto., chambre civile
Cass. crim.	dto., chambre criminelle
C.E.	Conseil d'Etat
C.E. déc.	Entscheidung des Conseil d'Etat
C.E.E.	Communauté économique européenne
C.E.S.	Conseil Economique et Social
chr.	chronique (= Lehre in der Unterteilung des Recueil Dalloz)
circ.	circulaire
C.N.A.P.F.	Confédération nationale des associations populaires familiales
C.N.C.	Comité National de la Consommation
C.N.E.R.N.A.	Centre national de coordination des études et recherches sur la nutrition et alimentation
CP	Code Pénal
CPP	Code de la Procédure pénale
CR	Code Rural

C.S.H.P.F.	Conseil Supérieur d'Hygiène Publique de France
D.	Recueil Dalloz
Déb. par.	Débats parlementaires
déc.	décision
décr.	décret
D.E.S.	Diplome d'études supérieures
D.G.C.P.	Direction générale de la concurrence et des prix
D.H.	Dalloz hebdomadaire
doct.	doctrine (= Lehre in der Unterteilung der Gazette du Palais)
D.O.M.	Département d'outre mer
D.P.	Dalloz périodique
D.S.	Recueil Dalloz/Sirey seit 1966
DVBl.	Deutsches Verwaltungsblatt
DVO	Durchführungsverordnung
éd.	édition
EG	Europäische Gemeinschaften
EUGH E	Entscheidungen des Europäischen Gerichtshofes
EuR	Europarecht
EWG V	Vertrag zur Gründung der Europäischen Wirtschaftsgemeinschaft
F.A.O.	Food and Agriculture Organization = O.A.A. (Organisation des Nations Unies pour l'Alimentation et l'Agriculture)
G.A.	Les grands arrêts de la jurisprudence administrative (Long/Weil/Braibant) 1969

Gaz. Pal.	Gazette du Palais
Gaz. Tr. oder Gaz. Trib.	Gazette du Tribunal
I.A.A.	Industries Agricoles et Alimentaires
I.H.E.D.R.E.A.	Institut des Hautes Etudes de Droit Rural et d'Economie Agricole
I.N.A.O.	Institut National des Appellations d'origine
I.N.C.	Institut National de la Consommation
Inf. techn. des dir. des serv. vét.	Informations techniques des directions des services vétérinaires
INRA	Institut National de la Recherche Agronomique
J.C.P.	Juris-Classeur Périodique
J.O.	Journal Officiel (= französisches Gesetzblatt)
J.O.Ass.Nat.	Journal Officiel de l'Assemblée Nationale
jur.	Jurisprudence
JuS	Juristische Schulung
lég.	Législation
LMBG	Lebensmittel- und Bedarfsgegenständegesetz
LMG	Lebensmittelgesetz
Lois nouv.	Lois nouvelles
marché int. des prod. laitiers	marché intérieur des produits laitiers
Mon. Trav. publ. Bât.	Le Moniteur des Travaux publics et du Bâtiment

N.F.	marque nationale de conformité aux normes (normalisation française)
NJW	Neue Juristische Wochenschrift
N°	numéro
O.E.C.D.	Organization for Economic Cooperation and Development (= O.C.D.E., Organisation de Coopération et de Développement Economique)
O.M.S.	Organisation mondiale de Santé (= Weltgesundheitsorganisation, siehe auch: WHO
ord.	ordonnance
Quest. prud'h.	Questions prud'homales
R.D.P. (= Rev. dr. publ.)	Revue du droit public et de la science politique en France et à l'étranger
R.D.S.T.	règlement départemental sanitaire-type
Rec. (Leb.)	Recueil Lebon
Rec. Méd. vét.	Recueil de la Médecine vétérinaire
Rev. adm.	Revue administrative
Rev. Fr.	Revue des fraudes
Rev. marché commun	Revue du marché commun
Rev. sc.	Revue des sciences
Rev. sc. crim.	Revue de science criminelle
Rev. sc. crim. et dr. pén. comp.	Revue de science criminelle et de droit pénal comparé
Rev. trim. dr. civ.	Revue trimestrielle de droit civil
Rev. trim. dr. eur.	Revue trimestrielle de droit européen
Rev. trim. du com.	Revue trimestrielle du commerce
R.F.P.	Régie Française de publicité

RGBl.	Reichsgesetzblatt
R.I.D.P.	Revue internationale de droit pénal
RL	Richtlinie des Rates der Europäischen Gemeinschaften
R.T.V.A.	Revue technique vétérinaire des abattoirs et d'hygiène alimentaire
S.	Recueil Sirey (auch: Seite)
somm.	sommaire
T.	tome
Th.	Thèse
T.O.M.	Territoire d'outre-mer
Trib.	Tribunal
Trib. corr.	Tribunal correctionnel
Trib. pol.	Tribunal de (simple) police
U.R.O.C.	Union Régionale des Organisations de Consommateurs
Vie jud.	Vie judiciaire
V.Q.P.R.D.	Vins de qualité produits dans des régions déterminées
VwGO	Verwaltungsgerichtsordnung
W.H.O.	World Health Organization, vgl. O.M.S.
ZLR	Zeitschrift für das gesamte Lebensmittelrecht

Im übrigen kann auf LEISTNER, G.: Abkürzungsverzeichnis zur französischen Rechts- und Verwaltungssprache, 2. Aufl. München 1975 und die für den Bundesgerichtshof geltenden Abkürzungsregeln bei KIRCHNER, H., 2. Aufl. Berlin 1968 verwiesen werden.

§ 1 : Einleitung

Im deutschen Recht ist der Begriff "Lebensmittelrecht" sehr geläufig. Das beweist schon die unter diesem Titel recht umfangreich erschienene Literatur[1].

Bei der Übersetzung des Begriffs ins Französische treten aber bereits Schwierigkeiten auf. Die Wörterbücher hüllen sich in Schweigen[2]; man ist auf eine eigenverantwortliche Zusammensetzung aus den Begriffen "Recht" und "Lebensmittel" angewiesen. So entstehen die Übersetzungen "droit alimentaire" oder "droit de l'alimentation". Der Ausdruck "droit de l'alimentation" wird dem Ausdruck "droit alimentaire" vorgezogen[3], weil letzterer zu Verwechslungen führen kann mit den Begriffen der "obligation alimentaire" und "droit à des aliments" (Unterhaltsansprüche, Alimente), die oft im Code Civil gebraucht werden[4]. Einen solchen Titel trägt in Frankreich allerdings nur eine einzige Abhandlung zu diesem Thema[5].

Was ist nun unter der Zusammensetzung der augenscheinlich einfachen Begriffe "alimentation" und "droit" zu verstehen? Bigwood/Gérard[6] sprechen hier bereits von einem "principe fondamental" und sind überzeugt von der Existenz eines besonderen Rechtsgebietes, das anwendbar ist auf die Gesamtheit der Güter oder Substanzen, die der menschlichen Ernährung dienen können oder ge-

1) z.B. DEMME; HOCH; HOLTHÖFER/JUCKENACK/NÜSE; SCHMIDT-FELZMANN; SCHULZE; ZIPFEL

2) So auch das allgemein anerkannte juristische Wörterbuch von DOUCET

3) Auch die AEDA hat sich denselben in ihrer Namensgebung zu eigen gemacht: Association Européenne pour le droit de l'Alimentation

4) BIGWOOD/GERARD, aaO Bd. I, S. 2, vgl. auch NGUYEN-THANH, aaO, Rdnr. 65

5) FOURGOUX/JUMEL: "Traité de droit alimentaire"

6) BIGWOOD/GERARD, aaO, Bd. I, S. 2

eignet sind, vom Menschen verzehrt zu werden. Es gibt diesbezüglich eine Vielzahl voneinander unabhängiger Rechtsnormen. Kann man die Gesamtheit dieser Regelungen aber als "droit de l'alimentation" betrachten?

Wenn die formellen Quellen auch noch so verstreut sind, genügt das Fehlen eines Systems im Ursprung nicht, die Existenz des Lebensmittelsrechts in Frage zu stellen. Erzeugung, Herstellung und Verkauf von Lebensmitteln sind einem immer dichter werdenden Netz von Normen unterworfen, so daß von der Schaffung eines wirklichen Lebensmittelrechts gesprochen werden kann, dessen Prinzipien klar herausgestellt werden können. Nach FOURGOUX/JUMEL existierte dieses Recht bereits, ehe man ihm den Namen gab[7]. Die Disziplinen, die auf einem einzigen und monolithischen Codex basieren, sind rar. Alle haben sie Verbindungen zu anderen Rechtsgebieten. Trotz seines abstrakten Erscheinungsbildes hat dieses Rechtsgebiet aber eine konkrete Grundlage: "Wenn es in Frankreich kein Lebensmittelrecht im eigentlichen Sinne gibt, so existiert es doch tatsächlich durch das Gesetz von 1905"[8] beginnt ein anonymer Verfasser seinen Bericht über die ersten "Tage des Lebensmittelrechts" am 11., 12., 13. März 1974 in Lyon, an denen französische und ausländische Spezialisten teilnahmen[9]. Dieses Gesetz, das unter § 5 der Arbeit noch dargestellt werden wird, ist die Grundlage für den Erlaß einer Vielzahl von Verordnungen gewesen, aus denen sich ein selbständiges Lebensmittelrecht entwickelt hat.

---

7) FOURGOUX/JUMEL, aaO, S. 61: il existait en fait, au moins fragmentairement, avant qu'on le nomme

8) "S'il n'y a pas en France de droit alimentaire proprement dit, il existe néansmoins de fait par la loi de 1905".

9) CA, n° 60, April 74, S. 33

Die Eigenheit des Lebensmittelrechts liegt zunächst darin, daß es die Produktion, die Behandlung und den Handel mit diesen Gütern zum Gegenstand hat. Die Gesamtheit dieser Regeln ist grundlegend beeinflußt von wissenschaftlichen und hygienischen Betrachtungen, wobei der Schutz der Gesundheit und die "Ehrbarkeit des Handels"[10] im Vordergrund stehen. Geschützt werden soll nicht nur der Käufer von Lebensmitteln, sondern auch und vor allen der Verbraucher. Die Gesetzgebung bediente sich dazu eines Rahmengesetzes[11], das anwendbar ist auf alle Lebensmittel. Sie setzte Prinzipien und Regelungsmechanismen ins Werk, die einzelnen Aspekten der geregelten Materie entsprechen: Anwendung von Zusatzstoffen, Verhütung der Kontamination von Lebensmitteln, Normung, Etikettierung der in den Verkehr kommenden Lebensmittel, Lebensmittelkontrolle. Die diese Probleme betreffenden Bestimmungen, die sich in einer ständigen Fortentwicklung befinden, zeugen von einem Eigencharakter, der ihre Betrachtung als "droit de l'alimentation" rechtfertigt[12]. Das Lebensmittelrecht ist als begrifflicher Rahmen dieser z.T. sehr komplizierten Regeln zu verstehen[13].

Das Lebensmittelrecht kann keinem anderen Rechtsgebiet zugeordnet werden. Bis vor wenigen Jahren hat man das Lebensmittelrecht im allgemeinen als eine Unterabteilung der "réglementation des fraudes commerciales" (etwa Handelsbetrug) angesehen[14], die ihrerseits nur ein Zweig des Strafrechts ist. GERARD meint aus dem Titel des Basisgesetzes "loi sur la répression des fraudes"

---

10) vgl. F.A.O.-GERARD, aaO, S. 1: honnêteté du commerce

11) siehe § 5, S. 88 ff

12) vgl. F.A.O.-GERARD, aaO, S. 1

13) Kritisch beobachtet von SCHICK bei RECKTENWALD in: Die Verfassungs- und Gesetzesordnung der Bundesrepublik vor den Aufgaben des Umweltschutzes, S. 54: "... immer mehr Lehrbüchern der Chemie ähnelnde Regelungen, die zumal der Weintrinker besser gar nicht erst zur Kenntnis nimmt".

14) FOURGOUX/JUMEL, aaO. S. 62

schließen zu können, daß die lebensmittelrechtlichen Regeln wegen der Anwendung von repressiven Sanktionen einen Eigenbereich des Strafrechts (secteur particulier du droit pénal) darstellen[15]. Es gibt aber viele solche Berührungspunkte mit anderen Rechtsgebieten. Zudem birgt das Lebensmittelrecht Definitionen und Modalitäten, die keineswegs repressiven Charakter haben, sondern hauptsächlich normativ sind und dazu bestimmt, den Handel, die Erzeugung und die Herstellung von Lebensmitteln zu regeln[16].

Die Gefahr der Verwechslung des Lebensmittelrechts mit der "répression des fraudes" ist sehr groß, weil das bereits genannte Basisgesetz eben diesen Titel trägt. Auch in Nachschlagewerken wird von den Begriffen der "denrées alimentaires", "droit alimentaire", "droit de l'alimentation" immer wieder auf "fraudes" verwiesen[17]. Das liegt einfach daran, daß das "droit de l'alimentation" als Rechtsgebiet noch sehr jung ist und sich in einer permanenten Entwicklung befindet. Bei "répression des fraudes" und Lebensmittelrecht haben jedoch ganz unterschiedliche Ziele Vorrang. Das wird deutlich an dem Begriff "fraudes", etwa zu übersetzen mit "Betrügereien"[18]. Vorrangiges Ziel der Bestra-

---

15) F.A.O.-GERARD, aaO, S. 1; ebenso FOURGOUX, D. 1965, jur. 809

16) Der Begriff "Lebensmittelwirtschaftsrecht" wird in Frankreich nicht verwendet, siehe nachfolgend S. 6

17) z.B. Catalogue "Publications des Journaux officiels", 1976, S. 69

18) LÜCK, aaO, S. A 42, übersetzt "Betrug". Mit Betrug i.S. des § 263 StGB ist aber wohl eher der Tatbestand der "escroquerie", Art. 405 CP, zu vergleichen; siehe dazu § 7 S. 290 der Arbeit. Auch ULMERS/KRASSERS Übersetzung "Täuschung;, aaO, S. 331, neben Betrug, kann nicht befriedigen, weil dieser Begriff die betrügerische Absicht nicht mit einschließt, die nach einhelliger Auffassung (für alle TOUBEAU, aaO, S. 33) das wesentliche Element der "fraude" ist. Die "répression des fraudes" betrifft leichtere Betrügereien, für die keine bestimmten "manoeuvres" erforderlich sind.

fung der Betrügereien ist die Sicherung der "loyauté des transactions"[19]. Sie soll Redlichkeit im Geschäftsleben garantieren und verhindern, daß ein Vertragspartner den anderen täuscht, ja schlichtweg hereinlegt, mag es sich dabei um Lebensmittel handeln oder nicht; denn die Regelung erfaßt Waren aller Art (toutes marchandises). Erstes Ziel des Lebensmittelrechts ist jedoch der Schutz der Gesundheit des Verbrauchers (neben dem Schutz vor Täuschung). Dieses Ziel dient der Allgemeinheit. Es drückt ein öffentliches Interesse aus, das den verwaltungsrechtlichen Charakter dieses Rechtsgebietes offenbart. Dieser Charakter ist unbestritten für die Bereiche, die Regelungen zur Ausarbeitung von Normen, Kontrollen und Verfahren zum Gegenstand haben:

> "si l'on se réfère à la nature impérative ou répressive des règles, on est amené à les considérer comme des réglementations de droit administratif, émanant de l'autorité publique en vue d'assurer le respect d'un intérêt public"[20].

Das Lebensmittelrecht zeigt auch in Frankreich eine starke verwaltungsrechtliche Prägung. Vor allem die administrative Durchsetzung der Normen ist von größter Wichtigkeit.

Es haben jedoch auch andere Rechtsgebiete Einfluß auf das Lebensmittelrecht. Das Wirtschaftsrecht z.B. umfaßt auch Verbot, Kontrolle oder Regelung bestimmter Produktionen, sanitäre Kontrollen und Betrugsbekämpfung[21]. Die Wirkungen des Lebensmittelrechts auf die Aktivitäten der Produktion und des Handels mit Lebensmitteln und der direkte Einfluß, den diese Aktionen auf das Wirtschaftsleben ausüben, sind ein Argument dafür, das Lebensmittelrecht zum Wirtschaftsrecht im weiteren Sinne zu rechnen[22]. Allerdings ist Aufgabe der Lebensmittelwirtschaft die

---

19) FOURGOUX/JUMEL, aaO, S. 62

20) BIGWOOD/GERARD, aaO, Bd. I, S. 4

21) Fabrications interdites contrôlées ou règlementées, contrôles sanitaires ou antifraudes, CHAMPAUD, D. 1967, chr 215

22) vgl. F.A.O.-GERARD, aaO, S. 2

Sorge für die Erzeugung, sonstige Beschaffung und Verteilung des Lebensmittelbedarfs der Bevölkerung, und das dazugehörige Recht wird im deutschen Rechtskreis nicht zum Lebensmittelrecht gerechnet[23)]. Es ist aber nicht zu übersehen, daß das Lebensmittelwirtschaftsrecht in gewissen Beziehungen in den Bereich des Lebensmittelrechts übergreift, z. B. durch Regelungen, die Begriffsbestimmungen, Beschaffenheits-, Güte- und Bezeichnungsregelungen für diese oder jene Lebensmittel enthalten.

Im französischen Recht ist eine Unterscheidung zwischen Lebensmittelrecht und Lebensmittelwirtschaftsrecht ungebräuchlich[24)].

Die Redlichkeit im Geschäftsleben könnte gesichert werden durch Rückgriff auf das Handels- und Zivilrecht, wonach Kaufverträge annulliert werden können durch die Anwendung von Begriffen wie offener oder versteckter Mangel (vice apparent ou caché), Irrtum über wesentliche Eigenschaften (erreur sur la substance), Arglist (dol), ohne auf strafrechtliche Sanktionen zurückgreifen zu müssen. Dem Lebensmittelrecht aber geht es um mehr: zunächst ist der zu schützende Verbraucher nicht immer ein Käufer. Er kann die Ware auf andere Weise erhalten haben, z. B. Hilfsleistung, Gratifikation. Zudem sind illegale Praktiken bei der Herstellung und dem Inverkehrbringen von Lebensmitteln meist von Interesse für die Gesellschaft, also von allgemeinem Interesse. Die strafrechtlichen Sanktionen sind nämlich zumindest dann erforderlich, wenn die verkauften oder sonst in den Verkehr gebrachten Waren geeignet sind, die Gesundheit des Verbrauchers zu beschädigen. In diesem Augenblick ist der Gesetzesverstoß nicht mehr nur ein Delikt gegen das Eigentum, sondern ein Vergehen gegen Personen. Hier hört der Einfluß des Handels- oder Zivilrechts auf.

---

23) HOLTHÖFER/NÜSE/FRANCK, aaO, S. 1

24) Auch BIGWOOD/GERARD, stellen sie in Frage, aaO, Bd. II, S. 56

Die wesentliche Rolle, die dem Gesundheitsschutz im Lebensmittelrecht zukommt, gibt ihm einen Sozialrechtscharakter. Produzenten, Fabrikanten oder Verkäufern werden Verhaltenspflichten auferlegt:

> "son objet est d'établir le devoir-être de la conduite de tous ceux qui assurent la subsistance des hommes, en produisant, fabricant ou vendant la nourriture"[25].

Diese Verhaltenspflicht orientiert sich an strukturellen Elementen, die das Rechtsgebiet durchziehen[26]. Unter den strukturellen Elementen des französischen Lebensmittelrechts sind alle bekannten Prinzipien der Gesetzgebung in den Vorschriften über die Erzeugung, Herstellung, Vermarktung und den Handel von und mit Lebensmitteln zu finden: das Verbotsprinzip (système de l'interdiction), teilweise mit Erlaubnisvorbehalt bzw. Positivlisten, das Mißbrauchsprinzip (système de l'abus) mit entsprechenden Negativlisten und auch ein gemischtes System (système mixte). Dabei ist kein System zu erkennen, nach dem das eine oder andere Prinzip vorzugsweise angewendet würde. Das gemischte System ist jedoch aus logischen, rationellen und praktischen Gründen stark im Vordringen[27].

Aus alledem ist zu schließen: wenn man das französische Lebensmittelrecht trotz Verknüpfung und Vermengung verschiedener Rechtsbereiche als autonomes Rechtsgebiet betrachtet, so zeigen doch die Verzögerungen bei dessen Herausbildung, fehlende Homogenität und Systematik, daß es sich in einer Übergangsperiode[28] befindet, die charakterisiert ist durch die Konfrontation ökonomischer und sozialer Interessen (Hersteller - Verteiler - Verbraucher), wobei die Interessen konvergent, solidarisch oder kontradiktorisch sein können.

---

25) FOURGOUX/JUMEL, aaO, S. 62

26) siehe dazu § 5

27) siehe unten § 5, 3 c und BIGWOOD/GERARD, aaO, Bd. I, S. 8

28) BIGWOOD/GERARD, aaO, Bd. I, S. 12: période de transition

Zum besseren Verständnis der nachfolgenden Ausführungen müssen aber bereits an dieser Stelle einige Besonderheiten des französischen Lebensmittelrechts aufgezeigt werden: den Kern des Lebensmittelrechts bilden - wie in der Bundesrepublik Deutschland[29)] - zwei Komplexe. Einmal der Schutz des Verbrauchers vor Gesundheitsschädigung, zum andern der Schutz vor wirtschaftlicher Benachteiligung durch Irreführung oder Täuschung. Allerdings hat Frankreich kein Lebensmittelgesetz, sondern das "Gesetz zur Bestrafung von Betrügereien beim Verkauf von Waren und Verfälschungen von Lebensmitteln und landwirtschaftlichen Produkten" aus dem Jahre 1905[30)]. Sein Rahmen ist also viel weiter gespannt als der des deutschen Lebensmittel- und Bedarfsgegenständegesetzes[31)]; es ist mehr ein Verbraucherschutzgesetz unter besonderer Berücksichtigung von Lebensmitteln, landwirtschaftlichen Erzeugnissen, Futtermitteln und Arzneimitteln. Jedoch wurde der Grundsatz der juristischen Existenz des Verbrauchers[32)] erst durch das "Orientierungsgesetz für Handel und Handwerk" vom 27. 12. 1973 aufgestellt[33)], dessen Art. 1 bestimmt:

> "Le commerce et l'artisanat doivent contribuer à l'amélioration de la qualité de la vie urbaine et rurale ... et répondre aux besoins des consommateurs tant au niveau des prix qu'en ce qui concerne la qualité des services et des biens".

Mit Beginn des Jahres 1976 wurde zudem im Finanzministerium ein "Verbraucher-Staatssekretariat" (secrétariat d'Etat à la con-

---

29) vgl. BOLDT, aaO, S. 18; ZIPFEL, aaO, B, Rdnr. 2

30) siehe auch LÜCK, aaO, S. A 42

31) Gesetz zur Neuordnung und Bereinigung des Rechts im Verkehr mit Lebensmitteln, Tabakerzeugnissen, kosmetischen Mitteln und sonstigen Bedarfsgegenständen vom 15. 8. 1974, BGBl. I, 1945

32) In der Literatur schon längst, vgl. NUSS, "Le guide du consommateur", Paris 1917

33) loi sur l'orientation du commerce et de l'artisanat, n° 73-1193, J.O. 30. 12. 1973, S. 14139 ff

sommation) geschaffen[34].

Da dieser Staatssekretär den Rang eines Ministers hat[35], sind - bildhaft gesehen - nunmehr 53 Millionen Verbraucher im "Conseil des ministres" vertreten, und es wird von der "Anerkennung einer vierten Gewalt" gesprochen[36]. Bereits 1960 wurde ein "nationales Verbraucherkomitee" (Comité National de la Consommation) geschaffen, dessen Aufgabe es ist, Ziele, Mittel und Maßnahmen der Verbraucherpolitik der Regierung definieren zu helfen. Das erste Projekt, das in diesem Kreise zu Beginn des Jahres 1976 beraten wurde, macht die Tendenz und Besonderheit in Frankreich deutlich: es handelt sich um den Entwurf eines "Verbraucherschutz-Rahmengesetzes" (loi cadre de la consommation)[37]. Daraus ist die Entwicklung eines weitgefaßten und verstandenen Verbraucherschutzrechtes klar zu erkennen. Zum Teil wird von einem Köder, der Verlockung eines speziellen Verbraucherrechts gesprochen[38], und einige Autoren vergleichen diese Entwicklung mit der Gewerkschaftsbewegung des 19. Jahrhunderts[39] oder nennen es das Recht des 20. Jahrhunderts überhaupt[40]. Der oben abgegrenzte Bereich des Lebensmittelrechts wird also für sich nicht weiter ausgebaut werden;

---

34) Die Tatsache, daß dieses Staatssekretariat dem Wirtschafts- und Finanzministerium angegliedert wurde, ist zwar verblüffend; der große Einfluß des Verbrauchers auf das Wirtschaftsleben erklärt dies aber. Zusätzlich enthielten traditionell einige Finanzgesetze Verbraucherschutzbestimmungen, wie z.B. die Änderung der Art. 5, 6 des Finanzgesetzes von 1963. Diese Änderung sollte die wahrheitswidrige Werbung verhindern, siehe § 5 der Arbeit, S. 197, 207 ff

35) siehe Le nouveau guide, n° 75, Februar 1976, S. 5; "Le Monde", 30. 1. 1976, S. 3

36) Nach der öffentlichen Gewalt, der Arbeitgeberschaft und dem Arbeiterstand; vgl. "Le Figaro", 15. 1. 1976, S. 12: Un ministre pour le quatrième pouvoir

37) "Le Figaro", 15. 1. 1976, S. 12

38) DAVID, aaO, S. 2

39) KARILA, Gaz.Pal. 1976, 1 , doct. 210

40) DE CAMBIAIRE, Gaz.Pal. 1976, 1, doct. 235

der Schutz des Verbrauchers setzt in Frankreich mehr auf horizontaler als auf vertikaler Ebene an, eine Richtung, die bereits in dem Gesetz von 1905 zum Ausdruck kommt.

§ 2 : Geschichtliche Entwicklung des französischen Lebensmittelrechts

So alt wie der Handel mit Lebensmitteln sind auch die Betrügereien beim Verkauf derselben. VAUVENARGUES gelangte zu der Überzeugung, daß der Handel die "Schule der Täuschung" sei[1]. Auch die Verfälschung von Lebensmitteln setzte damit ein. Berühmt geworden und häufig zitiert ist diesbezüglich eine Erklärung des Dr. BROUARDEL aus dem Jahre 1903, der bezweifelte, daß der Mensch dabei "noch einen Magen hat"[2]. So wurden bald gesetzgeberische Maßnahmen ergriffen, um solcherlei Machenschaften zu verhindern. Bereits der "Coutumier" der Normandie (1254 - 58) nennt die Täuschung über das Gewicht einen quasi-Diebstahl[3]. Die rauhen Strafmethoden des Mittelalters, die bis zur Todesstrafe für die Verfälschung von Lebensmitteln reichten[4], sind hinreichend bekannt und brauchen hier nicht genannt zu werden. Der Einfallsreichtum früherer Jahre zeigt sich an einem Edikt des Louis XI aus dem Jahre 1481, das den Butterfälscher an den Pranger brachte und die But-

1) "Le Commerce est l'école de la tromperie", zitiert bei MILLION in seiner beeindruckenden "Traité des fraudes en matière de marchandises, tromperies, falsifications et de leur poursuite en justice" aus dem Jahre 1858, S. VII

2) "Quand un homme a pris le matin à son premier déjeuner du lait conservé par de l'aldéhyde formique, quand il a mangé à son déjeuner une tranche de jambon conservé par du borax, des épinards verdis par des sulfures, quand il a arrosé tout cela d'une demi-bouteille de vin fuschiné ou plâtré à l'excès, et cela pendant 20 ans, comment voulez-vous que cet homme ait un estomac?" zitiert z.B. bei VIVEZ, "Les fraudes", S. 10; MONIER/CHESNEY/ROUX, aaO, Rdnr. 3; ROUSSEAU, aaO, S. 8; TOUBEAU, aaO, S. 12 usw.

3) "quasi-lotrocinium", Summa de legibus Normannie in curia laicali, Rouen und Paris 1896

4) vgl. FOURGOUX/JUMEL, aaO, S. 65

ter auf seinem Kopf schmelzen ließ[5].

Im 18. Jahrhundert nehmen solche Lebensmittel betreffende Vorschriften Gestalt und Form an und werden präzisiert durch die Statuten der Stände (statuts des corporations) und Polizeiverordnungen (ordonnances de police). Es werden nicht nur Täuschungs- und Verfälschungspraktiken verboten, auch Beschaffung, Besitz und Verkauf von Lebensmitteln werden geregelt und einer Kontrolle unterzogen. Es setzt bereits eine Futtermittelkontrolle für Milchvieh ein (Verbot der Verwendung von Brauereiabfällen und Stärkemehl[6]).

Mit der französischen Revolution des Jahres 1789 wurde auch die Freiheit des Handels proklamiert[7]. Das "droit intermédiaire" (bekannt als Gesetz vom 14. - 17. Juni 1791) verbot mit einem Schlag die verhaßten Berufsorganisationen (Stände, Korporationen) und hob deren Regelungen auf. Neue rechtliche Regelungen fehlten zunächst.

Lediglich die Verordnung vom 19. - 21. Juli 1791 sah für den Verkauf verfälschter Getränke, beschädigter oder verdorbener Lebensmittel Sanktionen vor[8]. Diese Bestimmungen wurden in Art. 605

---

5) "Tout homme qui aura vendu du beurre contenant navets, pierres ou autres choses sera bien attaché à notre pilori. Puis ledit beurre sera rudement posé sur sa tête et laissé tant que le soleil ne l'aura pas entièrement fondu. Pourront les chiens le venir lécher et le menu peuple l'outrager par telles épithètes diffamatoires qui lui plaira (sans offense de Dieu, ni du roi) ..."; vollständig abgedruckt bei LORTHIOY, aaO, S. 23

6) "le lait, considéré comme aliment et comme médicament, deviendrait une substance presque inutile et même dangereuse pour la santé si l'on soffrait les mauvaises pratiques de ceux qui en font le débit", zitiert aus einem "code de la police" bei FOURGOUX/JUMEL, aaO, S. 66

7) siehe dazu TOUZ, aaO, S. 39; in Art. 4 der Menschen- und Bürgerrechtsdeklaration (Déclaration des Droits de l'homme et du citoyen), 3. 9. 1791

8) vgl. VIVEZ, "Traité des fraudes", Rdnr. 6; a.A. hier FOURGOUX/JUMEL, aaO, S. 67, die meinen, die Revolution habe mit diesem décret eine Gesamtregelung geschaffen

des "Gesetzbuches des Nebelmonats des Jahres IV" übernommen[9].

Geordnete Verhältnisse schuf dann das napoleonische Strafgesetzbuch "Code Pénal" aus dem Jahre 1910, das heute noch die Grundlage des französischen Strafrechts ist[10]. Art. 423 CP bestrafte die Täuschung über die Beschaffenheit der Waren und über die Qualität derselben als Vergehen. Täuschungen über die Menge wurden nur bestraft, soweit sie mittels falscher Maße oder Gewichte begangen wurden. Voraussetzung war außerdem das Vorliegen eines Kaufvertrages. Ungefährliche Verfälschungen oder das Ausstellen und der Verkauf von ungenießbaren Lebensmitteln wurden nur als Übertretungen geahndet nach Art. 475, Nr. 6 und 14 CP. Für gefährliche Verfälschungen von Getränken hingegen drohte Art. 318 CP Gefängnisstrafen bis zu zwei Jahren an[11]. Es existierte also eine kuriose Ungleichheit in der Bestrafung des Verkaufs verfälschter Lebensmittel, je nachdem, ob es sich um Waren in festem (denrées) oder flüssigem Zustand (boissons) handelte. Dem Code Pénal von 1810 entging die soziale Problematik der Betrügerei (fraude)[12]. Er war außerdem mit zivilrechtlichen Prinzipien durchsetzt. Art. 423 CP brachte jedoch eine wichtige Unterscheidung, nämlich die Aufteilung der fraude (=Betrügerei durch Täuschung, d.h. tromperie) in zwei

---

9) Code de brumaire, an IV; d.h. 23. Oktober bis 21. November 1795; die Bezeichnung entstammt dem republikanischen Kalender nach der Revolution, der auf die 1. Republik zurückgeht, die am 10. August 1792 begann. Die "Convention nationale", die am 20. September 1792 zusammentrat, erklärte am 21. September das Königtum für abgeschafft und am 22. September, daß alle öffentlichen Akte ab dem 21. September 1792 mit dem Jahr I der Republik datiert würden. Die 1. Republik dauerte aber nur 7 Jahre, bis zum Staatsstreich des 18. brumaire an VIII = 9. November 1799; ausführlich DUVERGER, Maurice: Institutions Politiques et Droit Constitutionnel, 2, 12. Aufl., Paris 1971

10) vgl. CONSTANTINESCO/HÜBNER, aaO, S. 98

11) über die Unterscheidung Lebensmittel - Getränke siehe § 4, S. 41 ff

12) ROUX, J.A., aaO, Rdnr. 10

Gruppen: Beschaffenheit und Menge. Es entstand die Theorie der "Täuschung über die Beschaffenheit", die vom Gesetz des Jahres 1905 übernommen wurde[13]. Auch der Begriff der "Bösgläubigkeit" (mauvaise foi), subjektives Tatbestandsmerkmal des Art. 423 CP, taucht hier erstmals auf. Der Richter muß dem Angeklagten die betrügerische Absicht seines Handelns nachweisen[14] (natürlich nicht bei den Übertretungen des Art. 475). Die obigen Ausführungen zeigen die Unvollständigkeit des Code Pénal, dessen unerklärliche Ungleichbehandlungen die genannten Vorschriften zur Wirkungslosigkeit verurteilten[15].

Mit dem Gesetz vom 27. März 1851 änderte sich die Situation zuungunsten des Verkäufers fester Waren. Dieses Strafgesetz klammerte Lebensmittel in fester Form aus Art. 423 CP aus und vervollständigte die diesbezüglichen Vorschriften:

1. der Versuch der Täuschung über die Menge mittels falscher Gewichte, ungenauer Instrumente, betrügerischer Handlungen[16], lügnerischer Angaben, wurde unter Strafe gestellt;
2. die Verfälschung allgemein;
3. der Verkauf, das Feilhalten und der ungesetzliche Besitz verfälschter oder verdorbener Lebensmittel, wie der ungesetzliche Besitz falscher Gewichte und dergleichen[17].

---

13) MILLION, aaO, S. XXI

14) TOUBEAU, aaO, S. 23

15) siehe dazu VIVEZ, "Traité des fraudes", Rdnr. 8

16) manoeuvres; der Begriff wird unter § 7, 7 b näher erläutert.

17) alle bisher genannten Vorschriften sind zu finden bei TOUBEAU, aaO, S. 22 - 25

Gleichzeitig entwickelte die Lehre die Unterscheidung zwischen Täuschungsdelikten mit ihren rein wirtschaftlichen Konsequenzen und denen, die eine Gesundheitsbeschädigung des Verbrauchers hervorrufen. Es war der englische Kriminalist Jeremie BENTHAM, der die Täuschung zu den Eigentumsdelikten zählte, die gesundheitsschädlichen Handlungen aber, wie den Verkauf ungesunder Lebensmittel, als "halböffentliche" Delikte bezeichnete, weil sie nicht auf eine bestimmte Person zielten, die selbst Wiedergutmachung verlangen könne, und die in sich selbst ein noch nicht verwirklichtes Übel trügen, das Gefahr hieße[18].

Durch das obengenannte Gesetz war die Ungleichheit aber keineswegs beseitigt: Art. 475, Nr. 14 war aufgehoben, das Feilhalten schädlicher, nicht verdorbener Produkte wurde somit nicht mehr bestraft. Der Verkauf schädlicher, verfälschter Getränke fiel unter Art. 318 CP, der verfälschter unschädlicher Getränke unter Art. 475 Nr. 6 und war nur Übertretung. Der Verkauf verfälschter, unschädlicher, fester Lebensmittel aber war durch das Gesetz von 1851 ein Vergehen. Das Gesetz vom 5. Mai 1855 setzte dieser Anomalie ein Ende, indem es das Gesetz von 1851 für anwendbar erklärte auf Getränke (Art. 1) und Art. 318 und 475 Nr. 6 CP aufhob (Art. 2). Die Strafandrohung des Art. 423 CP wurde beibehalten. Es wird bei diesen Gesetzen erstmals von einem codex alimentarius gesprochen, der alle Delikte erfassen sollte[19] und zu einer wirksamen Waffe gegen Täuschungen und Verfälschungen beim Verkehr mit Lebensmitteln wurde[20]. Mit der fortschreitenden technischen Entwicklung und dem Entstehen der Lebensmittelindustrie erwiesen sich die Vorschriften jedoch auf einigen Gebieten als unzureichend. Für verschiedene Kategorien von Produkten erschienen Sonderrege-

---

18) Zitiert bei DUMONT, "Traité de législation civile et pénale, extrait des ouvrages de Jérémie BENTHAM" 1830, Bd. III, S. 248

19) MONIER/CHESNEY/ROUX, E., aaO, Rdnr. 18

20) VIVEZ, "Les fraudes", S. 21

lungen, die z.T. heute noch in Kraft sind:

1. das Gesetz vom 27. 7. 1867, ersetzt durch das im Lebensmittelrecht immer noch wichtige Gesetz vom 4. 2. 1888 betreffend Betrügereien beim Handel mit Dünger[21];

2. die Gesetze vom 14. 8. 1889, 11. 7. 1891, 24. 7. 1894[22] zur Definition des Begriffes "Wein" und zur Bestrafung der Betrügereien beim Verkauf von Wein. Hinzu kam das Gesetz vom 6. 4. 1897[23] betreffend Herstellung, Verkehr, Feilhalten und Verkauf von künstlichen Weinen[24];

3. das noch gültige[25] Gesetz vom 16. 4. 1897[26] über die Betrügereien beim Handel mit Butter und Margarine[27].

Zu gleicher Zeit begann sich das "Amt zur Bestrafung der Betrügereien" (Service de la Répression des Fraudes) zu organisieren, das durch eine Spezialpolizei und eine wissenschaftliche Kontrolle der in den Verkehr gebrachten Waren zwar die Handelsfreiheit garantieren (d.h. freies Anbieten), die zum Verkauf gestellten Waren aber überprüfen wollte[28]. Die großen Städte schufen Forschungslaboratorien.

---

21) J.O. 7. 2. 1888

22) loi Griffe, D.P. 1890, 4, 110; D. 1891, 4, 65; D. 1894, 4, 105

23) D. 1897, 4, 47

24) vgl. dazu die gesamte Weinrechtsentwicklung bis zum "Code du vin" bei ROZIER, aaO, Rdnr. 3 - 6

25) siehe unten § 5 S. 141 ff

26) J.O. 17. 4. 1897

27) siehe dazu VERIN, "Répression des fraudes dans le commerce du beurre et la fabrication de la margarine", Paris 1905

28) VIVEZ, "Les fraudes", S. 21; zur heute überragenden Bedeutung dieser Behörde siehe unten § 6, S. 218 ff

Dieses Amt und die genannten Sondervorschriften konnten jedoch nicht verhindern, daß immer noch einige strafwürdige Handlungen im Lebensmittelbereich gesetzlich nicht erfaßt waren:

1. die eben genannte ersatzlose Streichung des Art. 475 Nr. 14 CP,

2. die einfache Täuschung über die Menge der Ware (d.h. ohne falsche Maße, Gewichte, Instrumente),

3. die Aufforderung zur Verfälschung von Lebensmitteln.

Dieser Zustand führte zu einer lebhaften Diskussion[29] über die Notwendigkeit des staatlichen Eingriffs im Bereich solcher Betrügereien, wobei die wirtschaftspolitische Frage im Vordergrund stand. Es standen sich die individualistische und die eklektische Theorie gegenüber[30]. Die <u>théorie individualiste</u> ging von der Überzeugung aus, daß die Intervention des Staates unangebracht und unnütz sei. Die <u>théorie éclectique</u> hingegen sah das einzige Heilmittel in der repressiven <u>und präventiven</u> (!) staatlichen Intervention. Von ihren Vertretern wurde seit 1898 das Rahmengesetz des französischen Lebensmittelrechts, das "Gesetz vom 1. Aug. 1905 über die Bekämpfung[31] der Betrügereien beim Verkauf von Waren und der Verfälschungen von Nahrungsmitteln und landwirtschaftlichen Erzeugnissen" ausgearbeitet. Die lange Dauer vom ersten Entwurf[32] bis zu seiner Verabschiedung[33] mag zeigen, wie umstritten dieses Gesetz war[34]. Dabei setzte sich die Erkenntnis durch, daß es

---

29) vgl. ROBE, "De la falsification des denrées alimentaires", Paris 1902

30) vgl. RICHARD, aaO, S. 17

31) Der Begriff "répression" soll künftig mit "Bekämpfung" statt "Bestrafung" übersetzt werden, da seit dieser Zeit auch präventive Maßnahmen vorgesehen waren.

32) 6. 4. 1898, J.O. 19. 6. 1898, annexe 248

33) 7. 7. 1905, J.O. 5. 8. 1905

34) Die gesamte Entwicklung ist aufgezeigt bei TOUBEAU, aaO, S. 26/27

unmöglich ist, alle Betrügereien in einem Gesetz vorherzusehen und zu erfassen[35]. So wurde erstmals die Möglichkeit administrativer Regelung vorgesehen mit der Ermächtigungsgrundlage des Art. 11 des Gesetzes[36]. Die zweite wesentliche Neuerung war die Einführung der Gegengutachten im Bereich der Betrügereien (expertise contradictiore, Art. 12)[37]. Allerdings handelt es sich bei dem Gesetz nicht um ein Lebensmittelrahmengesetz, wie der Titel schon zeigt. Vielmehr wurden der alte Art. 423 CP in Art. 1, 2 des Gesetzes von 1905 weitgehend übernommen und die Gesetze von 1851 und 1855, der erste codex alimentarius also, eingearbeitet. Das Gesetz ist somit ein Strafgesetz, was sich auch in der Formulierung z.B. des Art. 1, "Wer den Vertragspartner täuscht oder zu täuschen versucht ... wird ... bestraft" zeigt. Es bleibt unklar, warum man die bereits 1851/55 vollzogene Trennung des Lebensmittelrechts von den allgemeinen Betrügereien des Art. 423 CP nicht beibehielt, sondern ein Universalgesetz schuf. Vielleicht steht dahinter der Gedanke, der mit der Schaffung der Spezialgesetze (Dünger, Wein, Butter, Margarine) einsetzenden Rechtszersplitterung vorzubeugen. Dagegen spricht jedoch, daß man diese Spezialgesetze nicht mit eingearbeitet und aufgehoben hat.

Auch nach der Einführung des Gesetzes dauerte der heftige Widerstand an[38]. Man sprach vom "Ruin des Handels" und der "Rückkehr zum alten Regime" (ancien régime) vor der Revolution[39], von

35) RICHARD, aaO, S. 27

36) siehe dazu unten § 5, 2 S. 129 ff

37) siehe § 5 S. 126 f der Arbeit; auf andere Neuerungen wird an gegebener Stelle eingegangen.

38) siehe dazu die Arbeiten von FARNE, "Nouvelle législation sur la fraude en matière de vins et d'eaux de vie"; PAGES, "Les falsifications des denrées alimentaires et sur les boissons"; VILLIERS/COLLIN, "Traité des falsifications et altérations des substances alimentaires"

39) siehe RICHARD, aaO, S. I

unzumutbarer Einschränkung der Handelsfreiheit. Die Argumente der Anhänger der individualistischen Theorie waren dabei nicht sehr überzeugend (z.B. werde der Kunde nicht lange betrogen; er reklamiere zwar nicht immer, könne aber den Lieferanten wechseln. Der Verbraucher müsse wissen, daß der Händler ihm nie etwas schenke, denn er verkaufe im Hinblick auf den Gewinn. Wenn der Verbraucher unmögliche Preise fordere, werde er in der Qualität betrogen und manchmal auch in der Quantität[40]. In gewisser Weise ist die Empörung verständlich: da das Gesetz keinerlei Definition enthält, oblag die Ausfüllung des Rahmens im Verordnungswege gemäß Art. 11 allein der Verwaltung, die bis dahin keine gesetzgeberische Kompetenzen hatte, und der man mit Mißtrauen gegenüberstand. Von dieser Ermächtigungsgrundlage wurde bis heute viel Gebrauch gemacht[41], was dazu führte, daß die auf Grund des Gesetzes ergangenen Verordnungen in der Praxis des Lebensmittelrechts mehr Bedeutung haben als das Basisgesetz[42]. Zunächst galt es aber, die Durchführung des Gesetzes organisatorisch zu sichern, was mit der Einsetzung des bereits genannten[43] "Amts zur Bekämpfung der Betrügereien" durch Art. 75 des Finanzgesetzes vom 30. 1. 1907[44] in Angriff genommen wurde.

Die Kontroll- und Verfahrensmethoden waren bereits in einer Verordnung zur Anwendung des Gesetzes von 1905 vom 31. 7. 1906 (Neufassung 1919)[45] festgelegt worden. Die Behörde untersteht

---

40) TOUZ, aaO, S. 31/32 im Jahre 1952!

41) über 130 Verordnungen; siehe Ministère de l'Agriculture: "Le Service de la Répression des Fraudes et du Contrôle de la Qualité", S. 3

42) LÜCK, aaO, S. A 42

43) siehe oben S. 16

44) die Behörde nahm ihre Arbeit aber schon am 18. 1. 1907 auf, J.O. 22. 1. 1907

45) VO vom 22. 1. 1919, J.O. 31. 1. 1919

dem Landwirtschaftsministerium und hat die Aufgabe, bei der Ausarbeitung der Normen mitzuwirken und deren Einhaltung zu überwachen[46].

Damit waren die Grundlagen des heute geltenden Lebensmittelrechts geschaffen. Das Gesetz von 1905 hat auf Grund seiner allgemeinen Fassung nur geringfügige Änderungen erfahren[47]. Auf die Kriegsregelungen 1914-18 und 1939-45 soll nicht eingegangen werden, da sie für das heutige Recht ohne Bedeutung sind[48].

Zusammenfassend läßt sich sagen:

Das französische Lebensmittelrecht entspringt dem napoleonischen Strafgesetzbuch von 1810, dessen Vorschriften zusammen mit dem codex alimentarius von 1851/55 in das den Verbraucherschutz allgemein umfassende Rahmengesetz aus dem Jahre 1905 eingearbeitet wurden. Ausfüllung dieses Rahmens, Herausbildung des materiellen Lebensmittelrechts, Durchführung des Gesetzes und der dazu erlassenen Verordnungen lagen und liegen noch in den Händen der Verwaltung in Gestalt des eigens dafür geschaffenen "Amts zur Bekämpfung der Betrügereien und für Qualitätskontrolle"[49].

---

46) zu dieser Universalbehörde siehe § 6, II der Arbeit sowie Anhang

47) durch G. v. 15. 7. 07 (J.O. 17. 7. 07); G. v. 5. 8. 08 (J.O. 11. 8. 08); G. v. 28. 7. 12 (J.O. 1. 8. 12); G. v. 31. 12. 21 (J.O. 24. 7. 29); VO v. 14. 6. 38 (J.O. 15. 6. 38); G. v. 11. 2. 51 (J. O. 13. 2. 51); VO v. 5. 8. 57 (J. O. 9. 8. 57); VO v. 12. 6. 72 (J.O. 13. 6. 72)

48) ausführlich dazu TOUZ, aaO, S. 111 - 145

49) Service de la Répression des Fraudes et du Contrôle de la Qualité, im folgenden nach französischem Brauch kurz "Service ..." genannt. Der Zusatz "Contrôle de la Qualité" kam erst im Jahre 1963 hinzu mit Einführung der Produktionskontrolle; siehe GALLON, aaO, S. 76, der die gesamte Entwicklung des "Service ..." aufzeigt; vgl. auch ALIMENTATION, "Eléments de réflexion sur l'alimentation de l'homme, Agriculture n° 356, 1972, 191

§ 3 : Ziel und Zweck des französischen Lebensmittelrechts

I. Die Gesetzgebung beeinflussende Faktoren

In der Einleitung wurde bereits deutlich gemacht, daß direktes Ziel des Lebensmittelrechts der Schutz des Verbrauchers ist. Als wesentliche Elemente wurden die Redlichkeit im Geschäftsleben und der Schutz der Gesundheit genannt. Diese Motive werden von verschiedenen Faktoren beeinflußt, die die Situation des Verbrauchers charakterisieren:

1. Wirtschaftliche Faktoren

Der industrielle Fortschritt hat vor der Lebensmittelwirtschaft nicht haltgemacht. Technik und Wissenschaft haben es ermöglicht, immer neue Produkte auf den Markt zu bringen[1]. Durch Mechanisierung und Motorisierung der Landwirtschaft wurde die bestmögliche Ausnutzung der Kulturflächen erreicht. Das verarbeitete, verfertigte oder behandelte Produkt ist ein Charakteristikum der modernen Lebensmittelversorgung[2], natürliche Erzeugnisse werden immer seltener. Es haben sich neue Marktdimensionen eröffnet, die Zahl der Verbraucher steigt exponentiell: gabe es um 1650 etwa eine halbe Milliarde Menschen auf der Welt bei einer Wachstumsrate von 0,3 Prozent jährlich, was einer Verdoppelungszeit von rund 250 Jahren entspricht, so betrug die Weltbevölkerung 1970 3,6 Milliarden bei einer Wachstumsrate von 2,1 Prozent und einer Verdoppelungszeit von 33 Jahren[3]. Dem exponentiellen Bevölkerungswachstum müßte ein ebensolches Wachstum der Nahrungsmittelproduktion gegenüberstehen, wenn die Menschheit überleben soll. Allerdings sterben jährlich schon 10-20 Millionen Menschen an Nahrungsmangel. Rund 2 Milliarden sind unterernährt. Von tausend Neugeborenen sterben heute im afrikanischen Sambia etwa 260 vor ihrem ersten Geburtstag; in Indien sind es 140, in Kolumbien 82, meist

---

1) vgl. MANDELSTAMM, "Contribution à l'étude du bilan alimentaire francais", Lyon 1941

2) BIGWOOD/GERARD, aaO, Bd. II, S. 6

3) MEADOWS, aaO, S. 26

Opfer der Unterernährung[4].

Die wichtigeste Grundlage für die Nahrungsmittelproduktion, nämlich bebaubares Land, unterliegt geographischen und finanziellen Beschränkungen. In Lateinamerika und südlich der Sahara gibt es zwar große Landflächen, die bebaubar wären, aber die Kosten für die Urbarmachung sind so hoch, daß es wirtschaftlicher ist, bereits bebaute Flächen intensiver zu nutzen[5]. Intensivere Nutzung heißt in erster Linie Anwendung von Chemikalien (Dünger, Schädlingsbekämpfungsmittel).

Auch die Transportwege der Lebensmittel werden immer weiter, was z.T. auf die Unternehmenspolitik zurückzuführen ist: man drängt aus dem Rahmen der rein lokalen Kundschaft heraus; von kleinen selbständigen Geschäften geht die Entwicklung zu großen Kaufhausketten[6]. Dabei treten Probleme auf, die Hygiene, technische Behandlungsmethoden und Konservierung der Lebensmittel betreffen[7]. Diese Entwicklung beeinflußt somit direkt die Zusammensetzung (Zusatzstoffe), die Behandlung und Kontrolle der Nahrungsmittel[8].

Mit der Öffnung der Märkte - insbesondere durch die Europäischen Gemeinschaften - treten durch die unterschiedlichen Vorschriften der einzelnen Staaten zudem Harmonisierungsprobleme auf.

2. Soziale Faktoren

Immer mehr Menschen leben in den Städten. Allein in Paris und dessen Vororten leben rund 20 Prozent der französischen Bevölkerung[9]! Für die großen Ballungszentren gestalten sich Transport,

---

4) SCHIPPKE, aaO, S. 48; BROWN, aaO, S. 135

5) F.A.O.: "Provisional Indicative World Plan for Agricultural Development", Bd. 1, S. 41

6) vgl. "Evolution de la consommation des produits alimentaires", Paris 1969

7) LERY, "L'alimentation", Paris 1947

8) BIGWOOD/GERARD, aaO, Bd. II, S. 7/8

9) LIOTARD, "Le Ravitaillement de Paris", Paris 1959

Verteilung und Konservierung von Lebensmitteln besonders schwierig[10]. BIGWOOD/GERARD meinen sogar, daß die Bevölkerungsdichte Einfluß auf den Lebensmittelverbrauch hat und zu einer Uniformität der Gewohnheiten führt, einer "Kollektivreaktion"[11]. Die Autoren nennen weitere Faktoren, die die Gesetzgebung beeinflussen: Lebensstandard und Lebensart der Verbraucher, wobei das Ansteigen der Kaufkraft des Geldes, der relative Ausgleich zwischen den verschiedenen sozialen Schichten im Lebensmittelverbrauch, die steigende Berufstätigkeit von Frauen, geringer werdende Zahl und höhere Kosten der Hausangestellten, die Entwicklung der Küchenarbeitsbedingungen und der Wandel in der Familienstruktur von der Produktionseinheit zur Verbrauchereinheit wesentliche Gesichtspunkte seien[12]. Hinzu kommt das größere Freizeitangebot, was dazu führt, daß Getränke und Speisen außerhalb des Hauses oder Arbeitsortes eingenommen werden[13]. Nicht zu unterschätzen ist auch der Einfluß der Massenmedien und der Werbung auf den Verbraucher und die Lebensmittelgesetzgebung. Das große Warenangebot, die Verschiedenartigkeit der Produkte, die ständige Berieselung des Verbrauchers durch die Werbung erleichtern ihm die Wahl nicht immer[14].

So ist es nicht verwunderlich, daß die Verbraucherentscheidung meist von subjektivem Charakter ist[15]. Man weiß, daß die Aufmachung der Ware eine große Rolle spielt. Wichtig sind Verpackung, Farben, Aromen, Preisankündigungen (z. B. "Sonderangebot"), Angaben über den Nährwert (auch Kalorientabelle)[16]. Dabei wird

---

10) PEYRET, "La Lutte pour les denrées vitales", Paris 1953

11) BIGWOOD/GERARD, aaO, Bd. II, S. 12-15

12) BIGWOOD/GERARD, aaO, Bd. II, S. 18-25

13) siehe auch FERRANDO, "Les bases de l'alimentation, Paris 1964

14) vgl. FOURGOUX/JUMEL, aaO, S. 69, die gar von einer "Entwaffnung" des Verbrauchers sprechen

15) FOURGOUX/JUMEL, aaO, S. 71/72

16) BIGWOOD/GERARD, aaO, Bd. II, S. 31/32

der Verbraucher der Etikettierung (Auszeichnung) der Ware vertrauen bzw. ihrem Aussehen. Phantasiebezeichnungen, die auf kulinarische Gewohnheiten abgestimmt sind, beeinflussen die Wahl des Verbrauchers mehr als vernünftige Überlegungen[17)]. Der Etikettierung kommt deshalb eine besondere Bedeutung zu[18)]. Vor wenigen Jahren noch wurde z.B. in einigen Gebieten Afrikas amerikanisches "corned-beef" mit großem Erfolg verkauft, weil es auf der Verpackung einen Schwarzen zeigte und die Käufer glaubten, ein anthropophagisches Produkt zu erhalten[19)].

Die dargestellte Situation des Verbrauchers hat bei diesem zur Herausbildung eines ausgeprägten Sicherheitsbewußtseins geführt. Er steht dem Warenangebot, dessen Bezeichnungen und Unterscheidungen ihm oft unverständlich sind, skeptisch gegenüber und verloren zugleich. Er wurde in eine Isolation gedrängt[20)], die in ihm den Wunsch nach kollektiver Verteidigung hervorrief. So ist die Zahl der Verbraucherorganisationen in Frankreich in den letzten Jahren sprunghaft gestiegen. Eine neuere Umfrage hat ergeben, daß 90 Prozent (!) der Franzosen eine kollektive Verteidigung der Verbraucher für erforderlich halten[21)]. Der Einfluß der Verbände auf die Rechtsentwicklung wird an anderer Stelle noch deutlich werden[22)].

---

17) FOURGOUX/JUMEL, aaO, S. 71

18) siehe § 5 S. 197 ff

19) "Le Figaro", 14. 9. 1959, S. 5

20) C.E.S., aaO, S. 1219

21) "France Soir", 5. 2. 76, S. 7: Les jeunes avocats au service des consommateurs

22) siehe S. 140, 220 f

3. Sozial- und rechtsstaatliche Faktoren

Das Vorhandensein eines allgemeinen, öffentlichen Interesses ist die Voraussetzung des Eingreifens der öffentlichen Gewalt. Die Verwaltung ist seit den ersten Jahren nach der Revolution mit der Wahrung der allgemeinen Interessen beauftragt[23]. Ein solches allgemeines Interesse ist gegeben bei der Sorge um die Volksgesundheit! Zum menschlichen Verzehr ungeeignete Lebensmittel stellen eine Gefahr für die öffentliche Gesundheit dar. Es ist dabei unbeachtlich, ob die Waren auf natürliche Weise verdorben oder infolge bestimmter Behandlungen ungenießbar geworden sind; die Beschaffenheit der Lebensmittel beeinflußt sowohl präventive als auch repressive Maßnahmen des Gesetzgebers. Für den Bereich der Täuschung des Verbrauchers gilt das gleiche. Das öffentliche Interesse verlangt eine auf das "geringst mögliche Risiko kalkulierte"[24] Gesetzgebung, die allerdings wirksam sein muß und den wissenschaftlichen Fortschritt nicht außer acht lassen darf. Sie muß flexibel, anpassungsfähig sein, wobei der Zeitfaktor gerade im Lebensmittelbereich mit immer neuen Produkten, Verfahren und Methoden eine wesentliche Rolle spielt, d.h. die Dauer von der Ausarbeitung bis zum Inkraftsetzen neuer Vorschriften.

Eine lebensmittelrechtliche Regelung kann weiterhin nur sinnvoll sein, wenn sie die auf diesem Gebiet unerlaubten Handlungen definiert. Hier ist zu unterscheiden zwischen solchen, die lediglich Vertragsverletzungen darstellen und zivilrechtliche Konsquenzen nachsichziehen und denen, die zu strafrechtlichen Sanktionen führen[25].

---

23) G. v. 22. 12. 1789, Sektion 3, Art. 2; G. v. 12. und 20. 8. 1790, Kap. 6; G. v. 28. 9. und 6. 10. 1791, Titel II, Art. 16

24) BIGWOOD/GERARD, aaO, Bd. II, S. 36: risque minimum calculé

25) siehe §§ 7, 8 S. 269 ff, 293 ff

Letztere sind im Lebensmittelrecht naturgemäß weit zahlreicher, wobei die zentralen Begriffe die "Betrügerei" (fraude), Täuschung (tromperie) und Verfälschung (falsification) sind. Die Verwirklichung dieser Tatbestände tangiert unmittelbar die zu Anfang genannten Ziele: Schutz der Volksgesundheit und Redlichkeit im Geschäftsleben. Die Verfälschung ist sehr häufig nur eine Vorstufe der Täuschung. Während die Täuschung eine "fraude" ist, die sich auf die Vereinbarung zwischen den Partnern bezieht, beeinträchtigt die Verfälschung die Sache selbst. Oft fallen in einer Handlung beide Delikte zusammen. Es zeigt sich jedoch, daß sie einen unterschiedlichen Schutzzweck haben: die Bestrafung der Täuschung soll die Redlichkeit im Geschäftsleben sichern, die der Verfälschung dient der Volksgesundheit[26]. Daß das Strafrecht sich dabei nicht damit begnügt, den objektiven Tatbestand festzustellen, sondern auch nach subjektiven Elementen fragt, braucht nicht näher erläutert zu werden. Allerdings gibt es eine Reihe Täuschungs- und Verfälschungsdelikte, zu deren Verwirklichung als subjektives Tatbestandsmerkmal sogar die "betrügerische Absicht" (intention frauduleuse) gehört.

In jüngerer Zeit sind vom Gesetzgeber zahlreiche Handlungen und Unterlassungen (faits et omissions) als Gesetzesverstöße erfaßt worden, die weder auf eine Gesundheitsschädigung hinauslaufen, noch eine Täuschungsabsicht vermuten lassen, sondern eher auf Unkenntnis oder Nachlässigkeit des Betroffenen gegenüber Verwaltungs- oder Polizeiregeln beruhen (z. B. fehlerhafte Etikettierung). Es handelt sich hier um Übertretungen, für die der subjektive Tatbestand keine Rolle spielt (nemo ius ignorare censetur)[27].

Besondere Bedeutung hat im Lebensmittelrecht im Bereich der Sanktionen die Beweissicherung. Verfälschungen insbesondere sind

---

26) vgl. VIVEZ, "Traité des fraudes", Rdnr. 79; zur genauen Definition der Begriffe siehe § 5 S. 85 ff

27) siehe dazu aber unten S. 273 ff

ohne die Hilfe der Lebensmittelchemie vom Richter kaum mehr festzustellen wegen der komplizierten Zusammensetzung und des ständig steigenden Einsatzes von Zusatzstoffen. Teilweise wird die Ansicht vertreten, heute sei fast jedes Lebensmittel gefährlich[28]. Große Schwierigkeiten bereitet die Frage, wann ein Lebensmittel verdorben (corrompue), schädlich oder gesundheitsschädlich (nocive, nuisible à la santé) und wann es giftig (toxique) ist. Bei der Beurteilung dieser Frage müßte von einheitlichen wissenschaftlichen Erkenntnissen ausgegangen werden[29]. Einheitliche Probenahmen und Analysemethoden sind wesentliche Faktoren, wozu noch die Gutachten der Experten kommen[30], ohne die der Richter nicht mehr entscheiden darf.

II. Betrachtung der Ziele in der Gesetzgebung

Ausgangspunkt ist das "Gesetz zur Bekämpfung der Betrügereien beim Verkauf von Waren und der Verfälschung von Lebensmitteln und landwirtschaftlichen Erzeugnissen" vom 1. 8. 1905. Der Titel dieses Rahmengesetzes zeigt, daß es sich nicht um ein Lebensmittelgesetz handelt, sondern sämtliche Waren darunter fallen[31], allerdings nur, soweit es sich um Täuschungen handelt. Art. 3 Abs. 1 Nr. 1 nennt die Verfälschungsobjekte: die der menschlichen oder tierischen Ernährung dienenden Güter, Heilmittel, Getränke, landwirtschaftliche oder natürliche zum Verkauf bestimmte Erzeugnisse. Seiner Natur nach ist das Gesetz ein Strafgesetz. Es setzt Strafen fest (Art. 1; 3 Abs. 1; 4 Abs. 1, Abs. 4 Nr. 1; 13 Abs. 1), enthält strafschärfende Vorschriften (Art. 2 Abs. 2; 4 Abs. 2), regelt

28) "Il n'est plus guère d'aliment qui, ingéré à une dose élevée, ne puisse devenir dangereux", SIMONET, aaO, n° 5

29) vgl. dazu FOURGOUX/JUMEL, aaO, S. 73

30) BIGWOOD/GERARD, aaO, Bd. II, S. 42; über die "expertise contradictoire" siehe § 5, 6 S. 126, 264 ff

31) vgl. dazu die geschichtliche Entwicklung in § 2

den Rückfall (Art. 5 Abs. 1, 2; 7 Abs. 6; 13. Abs. 2, 3), sieht mildernde Umstände vor (Art. 8 Abs. 2, 3) wie auch Nebenstrafen (Art. 6, 7) und Kostenregelungen (Art. 9, 12). Art. 11 ermächtigt die Verwaltung zum Erlaß von Rechtsverordnungen zur Durchführung des Gesetzes. Können aber mit diesem Gesetz die anfangs genannten Ziele durchgesetzt werden ?

1. Die Redlichkeit im Geschäftsleben

Nach der in § 2 aufgezeigten geschichtlichen Entwicklung kann kein Zweifel daran bestehen, daß die Redlichkeit im Geschäftsleben (loyauté des transactions) der Hauptzweck des Gesetzes von 1905 war. Allerdings könnte man beim Lesen des Gesetzestitels meinen, daß nur Kaufverträge unter den Schutz des Gesetzes fallen, weil hier nur von Verkauf (vente) die Rede ist. Tatsächlich erfaßte der alte Art. 423 CP, der ja weitgehend in die Art. 1 und 2 des Gesetzes von 1905 übernommen worden ist, nur Kaufverträge[32]. Art. 1 des Gesetzes von 1905 dehnt den Schutz aber auf den Vertragspartner aus:

"Quiconque aura trompé ou tenté de tromper le contractent ..."

Es war auch mit ein Anliegen des Gesetzes von 1905, andere als nur Kaufverträge einzubeziehen, weshalb die herrschende Meinung in der Literatur davon ausgeht, daß nunmehr Verträge aller Art erfaßt werden und das Stehenlassen des Begriffes "vente" in der Gesetzesüberschrift lediglich ein redaktionelles Versehen ist[33]. Diese Autoren rechnen auch unentgeltliche Verträge dazu (z. B. Schenkung). Andere treten dem entgegen mit der Begründung, daß es bei unentgeltlichen Verträgen an der Schädigungsabsicht (intention frauduleuse) des Täuschenden fehle; sie wollen nur verkaufsähnliche Ver-

32) siehe schon MILLION, aaO, S. 70

33) MONIER/CHESNEY/ROUX, E., aaO, Bd. I, Rdnr. 32; POPINEAU, aaO, Rdnr. 5; RICHARD, aaO, S. 42; ferner MESSMER, aaO, S. 54; TURPAUD, aaO, S. 55

träge (z.B. Tausch, nicht dagegen Miete)[34] oder entgeltliche Verträge[35] unter den Schutz des Gesetzes stellen nach dem Motto vom geschenkten Gaul ...[36]. Dem stehen die Parlamentsdebatten entgegen, wonach "Vereinbarungen, die auf eine Übergabe bzw. Eigentumsübertragung der Ware zielen", vom Gesetz erfaßt werden sollen[37]. Zudem ist zu bedenken, daß auch unentgeltliche Geschäfte der Redlichkeit im Geschäftsleben schaden können. Das haben auch die Gerichte erkannt, die Rechtsprechung ist aber nicht immer einheitlich[38].

---

34) Cass. crim. 5. 2. 1869 (!), Bull. crim. n° 31, S. 1869.1.489; LE POITTEVIN, aaO, Rdnr. 23; VIVEZ, "Traité des fraudes", Rdnr. 58/59

35) FOURGOUX/CHEFTEL, aaO, Rdnr. 8

36) ROUX, J.A., aaO, Rdnr. 47: "à cheval donné on ne regarde pas la bride!" Im übrigen argumentiert der Autor (Rdnr. 48), der Ersatz des Wortes "acheteur" durch "contractant" in Art. 1 stehe dem nicht entgegen. Die Änderung beruhe auf der Erkenntnis, daß auch der Käufer den Verkäufer irreführen könne durch Benutzung falscher Maße, Gewichte usw. (h.M., siehe VIVEZ, "Les fraudes", S. 30). Da nur verkaufsähnliche Verträge erfaßt werden sollten, sei auch der Gesetzestitel (vente) beibehalten worden.

37) Chambre des Députés, Débats, 1re séance, 8. 12.1904, J.O. 9. 12.1904, S. 2931, Spalte 2: "les conventions quelconques qui se traduisent par une dation ou par une tradition de marchandise"

38) Der Arbeitgeber, der seinen Angestellten zusätzlich zum Gehalt Waren liefert, kann verfolgt werden: Cass. crim. 20. 4. 1934, D.H.1934,318; 3. 11.1938, Gaz. Pal.1938,2,783. Anders jedoch, wenn es sich um eine "einfache Gratifikation" handelte: Cass. crim. 20. 4. 1934, Gaz. Pal.1934,2,98. Bestraft wird der Großhändler, der den Einzelhändlern verdorbene Gratiswaren schickt. die diese ahnungslos weiterverkaufen: Cass crim. 18. 11. 1880 (!), Bull. crim. n° 200; 12. 5. 1906, Gaz. trib. 5. 10.1906 das Düngergesetz von 1888 betrifft jedoch nach wie vor nur Kaufverträge; Cass. crim. 12. 2. 1975, Gaz. Pal. 1975, 1, Somm. 150

Im übrigen wird gemäß eben zitierter Vorschrift des Art. 1 des Gesetzes von 1905 der Täuschungsversuch (tentative) ebenso bestraft wie die vollendete Tat. Nach einhelliger Auffassung braucht es dabei nicht zum Abschluß eines Vertrages zu kommen. Die bloße Ausstellung der Ware kann schon ausreichen "außerhalb jeder Annäherung zwischen dem Verkäufer und dem eventuellen Käufer[39]".

Art. 1 des Gesetzes von 1905 bestraft zwar die Täuschung oder Irreführung (tromperie) des Vertragspartners, definiert sie aber nicht. An dieser Stelle mag eine allgemeine Definition genügen: Täuschung ist die Handlung, durch die ein Vertragspartner den andern irreführt bezüglich der Gegenleistung, die dieser zu erhalten glaubt[40]. Das Gesetz zählt aber die verschiedenen Kategorien von Täuschungsdelikten auf in Art. 1:

Täuschung oder Täuschungsversuch über die Natur, wesentliche Eigenschaften, die Zusammensetzung, den Gehalt an wertvollen Bestandteilen, die Gattung oder Herkunft, die Menge oder Identität. Als erschwerende Umstände nennt Art. 2 die Täuschung bezüglich Kontrollen, Messungen und Analysen. Art. 3 regelt die Verfälschung zum Verkauf bestimmter Lebensmittel, Art. 4 den Besitz falscher Maße und Gewichte sowie verfälschter Lebensmittel.

Daraus ergibt sich eine umfassende Regelung der "loyauté des transactions". Allerdings ist das Gesetz von 1905 nicht die einzige Sicherung der Redlichkeit im Geschäftsleben. Bereits im Jahre 1824 (!) erschien das heute noch gültige "Gesetz betreffend Veränderungen

---

39) für alle MONIER/CHESNEY/ROUX, E., aaO, Rdnr. 33; Trib. Corr. Seine, 18. 11. 1907, Loi, 26. 11.1907, Anmerkung: in der Praxis wird - wohl auch wegen der Häufigkeit der Fälle - meistens von Verkäufer und Käufer gesprochen, wenngleich, wie gezeigt, andere Vertragspartner möglich sind.

40) FOURGOUX/JUMEL, aaO, S. 175; siehe zum Begriff ansonsten § 5, S. 92 ff

oder falsche Angaben von Namen auf fabrizierten Produkten[41]. Das Gesetz hat für Handelsnamen noch Bedeutung[42]. Es gelten die Strafandrohungen des Gesetzes von 1905 (siehe dort Art. 15). Dieses Gesetz war die Grundlage für die Gesetzgebung zum Schutz der Ursprungsbezeichnungen (appellations d'origine)[43] vom 6. 5. 1919[44] und 22. 7. 1927[45] sowie der Herkunftsangaben (indications de provenance) vom 26. 3. 1930[46]. Für bestimmte Produkte - vor allem für Wein und Käse - erschienen diesbezüglich noch Sondergesetze[47].

Zeigt die Vielfalt der Vorschriften auch eine gewisse Rechtszersplitterung[48], so macht sie doch deutlich, wie viel dem französischen Gesetzgeber seit jeher an der Redlichkeit im Geschäftsleben gelegen ist.

2. Der Schutz der Volksgesundheit

Die Tatsache, daß das Lebensmittelrecht zu Anfang des 20. Jahrhunderts nicht aus der "répression des fraudes" ausgeklammert wurde, könnte Anlaß zu der Vermutung geben, daß die Sorge um Lebensmittelhygiene und Gesundheitspflege im Rang weit hinter der Redlichkeit im Geschäftsleben stehe[49]. Allerdings wurde schon bei den Parlamentsberatungen vom Abgeordneten VAILLANT der Versuch unternommen, das Gesetz von 1905 zu einem reinen Hygienegesetz zu machen[50]. Das Gesetz trägt dem Bemühen Rechnung,

---

41) loi du 28 juillet 1824 relative aux altérations ou suppositions de noms sur les produits fabriqués, Bulletin des Lois, 7e S., B 685, n° 17433

42) vgl. ULMER/KRASSER, aaO, Rdnr. 297 ff, 509

43) ROZIER, "Code du vin", Rdnr. 198

44) D.P. 1922, 4, 60

45) D.P. 1928, 4, 41

46) J.O. 29. 3. 1930

47) siehe § 5, S. 202 ff

48) BIGWOOD/GERARD, aaO, Bd. II, S. 47

49) vgl. FOURGOUX/JUMEL, aaO, S. 72

50) zitiert bei TOUBEAU, aaO, S. 13

indem es in Art. 3 Abs. 1 Nr. 2 das Ausstellen, Feilhalten oder Verkaufen verdorbener oder giftiger der menschlichen oder tierischen Ernährung dienender Produkte, Getränke, landwirtschaftlicher oder natürlicher Erzeugnisse unter Strafe stellt, Gesundheitsschädlichkeit oder Toxizität der "Substanzen" wirken strafschärfend (Art. 3 Abs. 2), auch der Besitz derselben (Art. 4 Abs. 1 und 2)[51]. Leider gibt das Gesetz auch hier keine Definition. Ebensowenig wie die Begriffe "Täuschung" und "Verfälschung" bestimmt sind, erklärt das Gesetz, was verdorben, was gesundheitsschädlich und was giftig ist. Allerdings machen die technische Entwicklung auf dem Gebiet des Lebensmittelrechts und der Einsatz von Zusatzstoffen eine solche Begriffsbestimmung recht schwer[52]. Der französische Gesetzgeber hat bald erkannt, daß er die Verantwortung hierfür nicht allein den Gerichten überlassen kann. Die Verordnung vom 22. 1. 1919 (erlassen auf Grund von Art. 11 des Gesetzes von 1905 und zur Anwendung dieses Gesetzes)[53] sieht deshalb in Art. 3[54] die Einsetzung einer ständigen Kommission zur Prüfung solcher Fragen und zur Festlegung einheitlicher Analysenmethoden und Probenahmen vor. Zusätzlich bestimmt die Verordnung vom 15. 4. 1912 in Art. 1[55], daß bei der Zulassung von chemischen Produkten als Zusatzstoffe zu Lebensmitteln die Stellungnahmen des "oberen französischen Hygienerates" (conseil supérieur d'hygiène publique de France) und der "nationalen Akademie für Medizin" (académie nationale de médecine) einzuholen sind. Aus Sorge um die öffentliche Gesundheit gilt bezüglich der Zusatzstoffe das Verbotsprinzip[56]. Man kann danach wohl mit BIGWOOD/GERARD davon ausgehen, daß der Schutz der Gesundheit der Redlichkeit im Geschäftsleben in der

---

51) siehe im einzelnen dazu § 5 S. 103 ff, 113 ff

52) vgl. SIMONET, Bull. Societé scientifique d'hygiène alimentaire 1955, n° 4

53) J.O. 31. 1. 1919

54) geändert durch VO n° 72-308 vom 19. 4. 1972

55) J.O. 29. 6. 1912, geändert durch Art. 15-I VO n° 73-138 vom 12. 2. 1973

56) siehe dazu § 5, 3 b

französischen Gesetzgebung nicht nachsteht, wenn auch die Gesundheitspflege erst durch die Ermächtigungsgrundlage des Art. 11 des Rahmengesetzes und durch die Arbeit der Gerichte (keine restriktive Auslegung, wie sonst bei Strafgesetzen üblich) das nötige Gewicht bekam[57].

Insgesamt ist zu sagen, daß heute der Schutz der Gesundheit des Verbrauchers das Wesentliche des Lebensmittelrechts ist und bei der Gesetzgebung an erster Stelle steht[58].

III. Indirekte Ziele des Lebensmittelrechts

Neben den direkten Zielen des Lebensmittelrechts, Gesundheitsschutz und Redlichkeit im Geschäftsleben, die im Rahmengesetz von 1905 Ausdruck gefunden haben, sind als Nebeneffekte oder Begleitziele die Lauterkeit des Wettbewerbs und in neuerer Zeit die Verbraucherinformation zu nennen.

1. Die Lauterkeit des Wettbewerbs

In Frankreich ist die Bekämpfung des unlauteren Wettbewerbs seit jeher ein Bestandteil der Gesetzgebung zur "répression des fraudes" gewesen[59].

Dabei waren es nicht einmal die Verbraucher, die ihren Schutz mit dem Gesetz von 1905 durchgesetzt haben, sondern vielmehr "ehrliche Fabrikanten und Händler, die Opfer unlauterer Konkurrenten geworden waren"[60]. Auch bei der Debatte des Entwurfs des Gesetzes von 1905 wird als Motiv die "Notwendigkeit, den Betrügereien, die dem ehrbaren Handel schaden, ein Ende zu setzen" genannt[61].

---

57) BIGWOOD/GERARD, aaO, Bd. I, S. 22/23; Bd. II, S. 48/49

58) GONDRE, J.C.P. 1967, I, 2047 bis

59) STRICKER, Gaz.Pal. 1972, 2, doct. 629

60) FOURGOUX/JUMEL, aaO, S. 75

61) J.O. Déb. parl. Sénat, Juni 1898, S. 406

Die "fraude commerciale" hatte in Frankreich um die Jahrhundertwende zu großen wirtschaftlichen Störungen und Unruhen geführt, die im Aufstand der südfranzösischen Weinbauern im Jahre 1907 gipfelten. Vorausgegangen waren Preismanipulationen, eine Überproduktion künstlicher Produkte, wodurch die natürlichen Erzeugnisse nicht verkauft werden konnten usw.[62]. Hieran wird der Einfluß des unlauteren Wettbewerbs auf das Lebensmittelrecht (Preise, Qualität, Angebot) bereits deutlich. Die Bekämpfung des unlauteren Wettbewerbs verhilft dem besseren Produkt zum Durchbruch. Umgekehrt haben z.B. Qualitätsanforderungen Einfluß auf den Wettbewerb[63].

Das Gesetz von 1905 zielt nicht direkt auf die Regelung des Wirtschaftslebens in diesem Sinne, die Ermächtigungsgrundlage des Art. 11 umfaßt jedoch auch "spezielle Marken, die fakultativ hinzugefügt werden können oder obligatorisch sind auf den französischen Waren, die ins Ausland exportiert werden", Abs. 2, zweiter Halbsatz. Diese Ermächtigung beruht auf dem "décret - loi" vom 14. 6. 1938[64], das eine besondere Qualitätskontrolle für zum Export bestimmte französische Produkte vorsieht und damit auch Einfluß auf die Lauterkeit des Wettbewerbs nimmt.

Daneben sichern die bereits oben[65] genannten Gesetze von 1824 betreffend Handelsnamen, von 1919 und 1927 betreffend Ursprungsbezeichnungen und von 1930 betreffend Herkunftsangaben die Lauterkeit des Wettbewerbs.

---

62) TOUBEAU, aaO, S. 10

63) MOUSSERON, J.M., Anm. zu Paris, 12. 11. 1965, J.C.P. 1967, 11, 14.919

64) J.O. 15. 6. 1938; décret - loi bedeutet so viel wie "gesetzvertretende Verordnung", Notverordnung, VO mit Gesetzeskraft. Gegen Ende der III. Republik - also zwischen 1935 und 1940 - und in der IV. Republik (1944-1958) wurde davon häufig Gebrauch gemacht. Der Vorteil lag darin, daß auf dem Verordnungswege schnell Gesetze geändert, bzw. Gebiete, die eigentlich Gesetzesmaterie waren, ohne Parlamentsdebatte geregelt werden konnten.

65) siehe S. 30/31

Eine umfangreiche Gesetzgebung ist auch auf dem Gebiet der Gütezeichen und Qualitätsbezeichnungen erschienen, von der hier nur die wichtigsten Normen genannt werden sollen[66]: auf Grund des Art. 11 des Gesetzes von 1905 wurde die Verordnung vom 12. 6. 1964[67] erlassen, die eine staatliche Qualitätsmarke schuf (marque nationale), allerdings nur für die Ausfuhr in Anwendung des Gesetzdekrets von 1938.

Größere Bedeutung hat das "Landwirtschafts-Orientierungsgesetz" (loi d'orientation agricole) vom 5. 8. 1960[68], das das "Prinzip einer staatlichen Überwachung als Prämisse einer wahren Qualitätssicherung"[69] in Form landwirtschaftlicher Gütezeichen (labels agricoles) anerkannte. Nach dem Ausführungsdekret vom 13. 1. 1965[70] dürfen daneben keine anderen Gütezeichen für landwirtschaftliche Erzeugnisse verwendet werden. Die Produkte müssen entweder französischen Normen oder solchen der EG entsprechen. Die Aufgaben der Normung werden in Frankreich von der A.F.N.O.R. (association française de normalisation) wahrgenommen[71]. Nach Art. 13 der Verordnung vom 24. 5. 1941 kann die A.F.N.O.R. für bestimmte (Industrie-)Produkte vorschreiben, daß sie der französischen Normung entsprechen müssen. Während die A.F.N.O.R. die geprüften Waren - außer landwirtschaftlichen Produkten und Lebensmitteln, womit ihr nur für Bedarfsgegenstände Bedeutung zukommt - mit dem Zeichen "N.F." (was bedeutet " marque nationale de conformité aux normes")[72] versieht, werden die obengenannten "labels

66) näheres dazu unter § 5 S. 197, 202 ff

67) D. 1964, lég. 256

68) J.O. 7. 8. 1960, S. 7360, geändert durch loi 10. 1. 1978, J.O. 11. 1. 1978, S. 301

69) NGUYEN-THANH, aaO, Rdnr. 676

70) D. 1965, lég. 72

71) VO vom 24. 5. 1941, J.O. 28. 5. 1941

72) die Grundlage für die Bezeichnung "N.F." wurde geschaffen durch décret - loi vom 12. 11. 1938, J.O. 15. 11. 1938, Art. 4; décret 24. 5. 1941, Art. 17, 18, J.O. 28. 5. 1941; arrêté 15. 4. 1942, J.O. 6. 8. 1942

agricoles" vom "Service de la Répression des fraudes" verliehen. Diese "kollektiven Marken" dienen dazu, einem Produkt zu bescheinigen, daß es gewisse spezifische Qualitäten besitzt[73] und tragen so zur Bekämpfung des unlauteren Wettbewerbs wie auch zum Verbraucherschutz bei[74].

2. Die Verbraucherinformation

Bereits in der Einleitung wurde auf die in Frankreich sehr starke Tendenz zur Verwirklichung eines umfassenden Verbraucherschutzes hingewiesen[75]. Dazu gehört in erster Linie die Verbraucherinformation. Bei der Vielfalt der Warenangebote ist es dem Verbraucher unmöglich, ohne nähere Hinweise das für ihn interessante Produkt auszuwählen. Unter "Information" ist diesbezüglich zu verstehen "jede Unterrichtung oder Nachricht, die an eine Einzelperson oder an eine Personengruppe gerichtet ist durch Informationsmittel aller Art, auch Massenmedien"[76]. Als Informationsmittel kommen in Betracht die im vorhergehenden Punkt genannten Handels- und Fabrikmarken, Qualitätszeugnisse oder "labels", die Normung, Herkunftsangaben und Ursprungsbezeichnungen. Zusätzlich zu nennen und weit wichtiger sind jedoch die Etikettierung der Ware, die Werbung und Warenvergleiche (Warentests).

Das Gesetz von 1905 kennt indes eine solche Verbraucherinformation als direktes Ziel nicht, ihre Verbindung mit den Hauptzielen (Redlichkeit im Geschäftsleben und Schutz der Gesundheit) ist aber unverkennbar[77]. Auch erstreckt sich die Ermächtigung der Verwaltung in Art. 11 auf die Regelung der

---

73) NGUYEN-THANH, aaO, Rdnr. 656

74) siehe dazu S. 205 ff

75) siehe oben S. 8 ff

76) C.E.S., J.O. 17. 9. 1974, S. 1224

77) vgl. BIGWOOD/GERARD, aaO, Bd. II, S. 49; Bd. I, S. 24

"Inschriften und Aufschriften, die entweder die Zusammensetzung oder den Ursprung der Waren angeben, und die der Käufer als Garantietitel vom Verkäufer fordern kann auf Rechnungen, Verpackungen oder der Ware selbst, die äußeren oder sichtbaren Angaben, die Art der Aufmachung, das Notwendige zur Sicherung der Redlichkeit des Kaufs oder Feilbietens; sowie die speziellen Marken, die fakultativ hinzugefügt werden können oder obligatorisch sind auf den französischen Waren, die ins Ausland exportiert werden; die Bezeichnung und Bestimmung der Getränke, Waren und Erzeugnisse nach dem Handelsbrauch ..." (Art. 11 Abs. 2).

a) Die Etikettierung

Diese von der Formulierung her recht komplizierte Ermächtigung (bedingt durch einige Änderungen) ist neben einer Sonderermächtigung in Art. 4 Abs. 4, die aber nur untergeordnete Bedeutung hat für Getränke, die Grundlage zum Erlaß von Etikettierungsvorschriften gewesen, von denen die Verordnung vom 12. 10. 1972[78] die wichtigste ist. Danach müssen vorverpackte Erzeugnisse mit einer Etikettierung versehen sein, die das Produkt genau bezeichnet, die Art der Ware, den Hersteller, das Ursprungsland, das Nettogewicht oder Volumen, ein Verfalldatum, die Bestandteile der Ware und verwendete Zusatzstoffe. Die Etikettierung gibt so eine genaue, vollständige Auskunft über das Lebensmittel und erleichtert dem Verbraucher die Auswahl. Sie ist die Grundvoraussetzung der Verbraucherinformation[79]. Sie ist eine Vorstufe zur Durchsetzung der anderen genannten Ziele. Gerade bei verpackter Ware hat der Verbraucher nicht die Möglichkeit, sich über deren Art zu informieren; in den Supermärkten findet er selten Personal, das hierüber Auskunft geben könnte. Sind die Zusätze und Bestandteile angegeben, können Gesundheitsschädigungen leicht verhindert werden (z.B. bei Diabetikern; für diätetische Produkte gelten Sonderregelungen).

Der Verbraucher sollte allerdings auch über die Preise deutlich informiert werden, denn gerade der Kostenfaktor ist oft kaufentschei-

---

78) J.O. 14. 10. 1972, S. 10811

79) I.N.C., "L'étiquetage des produits alimentaires", Education des Consommateurs, Documents, März 1975

dend. Dem hat der Gesetzgeber Rechnung getragen durch eine umfangreiche Regelung[80].

Bisher keinen Eingang in die Gesetzgebung gefunden hat die sich immer mehr verbreitende "freiwillige informative Etikettierung" (étiquetage informatif volontaire). Sie beruht auf der Gründung einer privaten Vereinigung im Jahre 1970, der A.F.E.I. (Association française pour l'étiquetage d'information) und will dem Verbraucher zusätzliche nützliche Informationen liefern auf Grund von Muster-Verträgen zwischen der A.F.E.I. und interessierten Herstellern[81].

Auch Warentests und Warenvergleiche sind noch nicht gesetzlich geregelt. Sie existieren zwar (sogar die A.F.N.O.R. hat dazu eine Norm X50-005 herausgegeben, wo als wichtigste Voraussetzung die Prüfung der Waren durch ein unabhängiges objektives Organ gefordert wird), interessieren aber nur einen noch relativ kleinen Teil der Verbraucher[82].

b) Die Werbung

Ein weiteres Problem der Verbraucherinformation ist die Werbung. Ihr Ziel ist es, den Verbraucher zum Kauf zu bewegen, und nichts verpflichtet sie, die Öffentlichkeit zu informieren. Der Phantasie sind dabei keine Grenzen gesetzt. Von dem Augenblick an aber, wo die Werbung den Verbraucher informiert und ein Produkt näher beschreibt, muß sie wahrheitsgemäß, exakt und unzweideutig sein[83].

---

80) ord. vom 30. 6. 1945, art. 38, J.O. 8. 7. 1945, ber. 21. 7. 1945 und 8. 9. 1945; arrêté vom 30. 5. 1970, B.O.S.P. 3. 6. 1970; arrêté vom 16. 9. 1971, V.O.S.P. 17. 9. 1971; arrêté 21. 9. 1973, B.O.S.P. 25. 9. 1973

81) nähere Ausführungen unter § 5 S. 229

82) C.E.S., J.O. 17. 9.1974, S. 1229; siehe dazu ausführlich § 5 S. 210, 229

83) FOURGOUX, Gaz.Pal. 1967, 1, doct. 2; Trib. corr. Seine, 22. 1.1966, D. 1967, jur. 16; Trib. corr. Seine, 24. 11. 1965, D. 1967, jur. 52

Durch Presse, Radio, Kino, Fernsehen usw. erreicht die Werbung ein immenses Publikum. Die Werbung in den Massenmedien (mass media) ist aber heftig umstritten, weil damit häufig Mißbrauch getrieben wird in Form der irreführenden oder "lügnerischen" Werbung (publicité mensongère)[84]. Diese Art Werbung erweckt im Verbraucher durch zweideutige oder schlicht falsche Angaben Erwartungen, die das Produkt in keiner Weise erfüllt. Mit dem Gesetz von 1905 ist diesen Machenschaften nur schwer beizukommen, da es den Vertrag, zumindest Vertragsverhandlungen voraussetzt[85]. Erst dann kann wegen "tromperie" gemäß Art. 1 bestraft werden[86]. Das Rahmengesetz hat die Bekämpfung der wahrheitswidrigen Werbung also nicht als direktes Ziel erfaßt und sieht auch in der Ermächtigungsgrundlage des Art. 11 keine entsprechende Rechtsverordnung vor. Das Finanzgesetz (!) vom 2. 7. 1963[87] bestrafte erstmals in Art. 5, 6

"jede bösgläubige Werbung, die falsche oder irreführende Angaben über die Natur, die Zusammensetzung, den Ursprung, die wesentlichen Eigenschaften, das Herstellungsdatum, die Verwendungsmöglichkeiten, den Hersteller oder Wiederverkäufer einer Ware macht".

Diese Bestimmungen erwiesen sich als zu eng, da sie den audiovisuellen Bereich der Werbung (Photo, Film, Ton) nicht erfaßten. Erst mit dem bereits in der Einleitung[88] erwähnten "Orientierungsgesetz für Handel und Handwerk"[89] aus dem Jahre 1973 wurde in dessen Art. 44, 45, 46 eine wirksame Waffe gegen die "lügnerische" Werbung geschaffen[90]. Eine wirksame Waffe auch deshalb, weil es den Verbraucherverbänden das Zivilklagerecht gewährt und das

---

84) C.E.S., J.O. 17. 9. 1974, S. 1231

85) abgesehen von der Strafbarkeit des Ausstellens, Feilhaltens und Besitzens, siehe S. 109 ff, 113 ff

86) BIHL, Gaz.Pal. 1972, 2, doct. 432

87) J.O. 3. 7. 1963

88) siehe oben S. 8

89) loi Royer, 27. 12. 1973, J.O. 30. 12. 1973

90) siehe dazu im einzelnen § 5 S. 207 ff

Recht, als Nebenkläger vor den Strafgerichten aufzutreten. Die Klage ist dabei nicht auf die Werbung beschränkt, das Klagerecht der Verbände ist generell anerkannt[91]. Die Verbände müssen nach Art. 46 lediglich die "direkte oder indirekte Schädigung des kollektiven Interesses der Verbraucher" nachweisen, um als "partie civile" auftreten und die öffentliche Klage (Strafverfahren) auslösen zu können, für die sonst der Staatsanwalt zuständig ist[92].

Zusammenfassend lassen sich demnach als direkte Ziele der französischen Gesetzgebung auf dem Gebiet des Lebensmittelrechts die Redlichkeit im Geschäftsleben und der Schutz der Volksgesundheit nennen. Indirekte Ziele sind die Bekämpfung des unlauteren Wettbewerbs und die Information des Verbrauchers.

---

91) siehe zu dieser Besonderheit § 7 S. 282 ff

92) vgl. CALAIS-AULOY, D. 1974, chr. 92

§ 4 : Anwendungsbereich und räumlicher Geltungsbereich des Lebensmittelrechts

I. Der Begriff des Lebensmittels

Das Lebensmittelrecht regelt sämtliche Stufen von der Erzeugung bis zum Verbrauch der Ware (Erzeugung der Rohware, Be- und Verarbeitung, Transport, Lagerung usw.). Es regelt insbesondere die Auswahl der Rohware, die Bezeichnung und Zusammensetzung der Erzeugnisse, aber auch die Betriebshygiene, die mit den Lebensmitteln in Berührung kommenden Stoffe, die Aufmachung und Etikettierung, dazu andere Randbereiche wie die Werbung und Erzeugnisse, die mit dem Körper in Berührung kommen und solche, die gelegentlich verschluckt werden, ohne dazu bestimmt zu sein[1].

1. Lebensmittel im eigentlichen Sinne

Im vorhergehenden Punkt wurden die Ziele des französischen Lebensmittelrechts dargestellt und deren Verwirklichung durch den Gesetzgeber umrissen. Der Anwendungsbereich dieser Normen ist zunächst von dem Begriff "Lebensmittel" abhängig. Das Rahmengesetz von 1905 enthält sich, wie bereits angemerkt, jeder Definition. Das Gesetz spricht nur von "Waren, die der menschlichen oder tierischen Ernährung dienen" (denrées servant à l'alimentation de l'homme ou des animaux), daneben nennt es Getränke (boissons) und landwirtschaftliche oder natürliche Produkte (produits agricols ou naturels)[2]. Das Gesetz hilft also nur insofern weiter, als es eine dem deutschen Recht unbekannte Unterscheidung trifft zwischen Lebensmitteln und Getränken, was wohl in der geschichtlichen Entwicklung des französischen Lebensmittelrechts begründet liegt[3].

---

1) FOURGOUX/JUMEL, aaO, S. 26

2) vgl. LÜCK, aaO, S. A 42

3) siehe § 1 Abs. 1 LMBG vom 15. 8. 1974, BGBl. 1974, I, 1946 und oben § 2 der Arbeit

Allerdings hat diese Unterscheidung heute keine praktische Bedeutung mehr[4]. Seit einiger Zeit werden Trinkwasser und das in der Lebensmittelindustrie verwendete Wasser als Lebensmittel angesehen[5]. Allerdings wird Trinkwasser heute weitgehend durch die öffentliche Wasserversorgung bereitgestellt, zusammen mit dem Wasser für den häuslichen Bedarf, die Körperhygiene usw.[6]. Landwirtschaftsministerium und "Service de la Répression des fraudes ..." haben bezüglich des Wassers nur allgemeine Produktions-, Struktur- und Entwicklungsaufgaben, die die Landwirtschaft betreffen[7]. Hierfür gibt es Außenstellen, sogenannte "Behörden für Wasserwesen in der Landwirtschaft" (services du génie rural et de l'hydraulique agricole). Wasserrechtlich und für die Trinkwasserversorgung insgesamt zuständig ist aber das Ministerium für öffentliche Arbeiten (ministère des travaux publics)[8]. Lebensmittelrechtlich ist somit nur das Wasser zu erfassen, das als Tafelwasser oder Mineralwasser in den Verkehr gebracht wird[9], dazu die Kontrolle der Behälter, Transportfahrzeuge, Zisternen und sonstigen Verteilereinrichtungen, also die Überwachung der Unschädlichkeit der Kontaktmaterialien[10].

Trotz rechtlicher Gleichbehandlung unterscheidet man immer noch zwischen "denrées alimentaires" und boissons". Begründet wird das damit, daß "der Gesetzgeber habe sicher gehen wollen und verhindern, daß Betrüger der Bestrafung entgingen, weil sie den

4) vgl. BIGWOOD/GERARD, aaO, Bd. I, S. 79

5) SOUVERAIN, "Environnement...", S. 10

6) siehe dazu allgemein: COLAS, "La pollution des eaux", Paris 1973

7) note de présentation, Police des eaux, décret 24. 11. 1962, J.O. 4. 12. 1962

8) siehe dazu SINA: "Gewässerbenutzung und Gewässerschutz im französischen Recht", insbesondere S. 121 ff

9) décret 12. 1. 1922 über den Wasserverkauf, J.O. 22. 1. 22, ber. 29. 1. 1922

10) SOUVERAIN, "Environnement et Répression des Fraudes (Contrôle de la Qualité des Millieux), S. 14

Lebensmittelcharakter einiger Getränke bestreiten könnten"[11]. Als Getränk im Sinne des Gesetzes von 1905 werden angesehen "alle Flüssigkeiten, mit Ausnahme derer, die wegen ihrer kurativen oder nutritiven Eigenschaften in andere Kategorien gehören[12]. Dabei ist man sich freilich nicht immer ganz einig: während Milch nach herrschender Literatur-Meinung[13] nicht "boisson", sondern "denrée alimentaire" ist, wird sie von der Rechtsprechung als Getränk angesehen[14]. Eine Diskussion hierüber ist indessen fruchtlos, es werden ohnehin feste und flüssige Stoffe als "aliments" betrachtet.

Der Begriff "aliment"[15] wird gemeinhin definiert als "jede verdauliche oder der Ernährung dienende Substanz, jeder Stoff, gleich welcher Art, der gewöhnlich der Ernährung dient oder dienen kann", kurz "alles, was ernährt"[16], Eine solche Definition enzyklopädischer Wörterbücher ist aber juristisch nicht genau genug[17], wenn auch die Problematik, die in jeder Fixierung jetzt weitgehend technisch bestimmter und damit auch in besonderem Maße der Entwicklung unterworfener Begriffe liegt, hinreichend bekannt ist[18]. Hier wirkt sich die allgemeine Fassung des Gesetzes von 1905 im übrigen

11) VIVEZ, "Traité des fraudes", Rdnr. 97

12) ROUX, J.A., aaO, Rdnr. 354

13) GALLON, aaO, Anhang 2, Tafel 1, S. 356; VIVEZ, "Traité des fraudes", Rdnr. 97

14) Cass. crim. 1. 3. 1939, Bull. crim. n° 46

15) hier ist anzumerken, daß "aliment" allgemein für Lebensmittel gebraucht wird (oder "denrée alimentaire"); Futtermittel werden als "aliments des animaux" bezeichnet.

16) Wörterbücher von LAROUSSE und LITTRE

17) vgl. FOURGOUX/JUMEL, aaO, S. 79

18) vgl. amtliche Begründung zum LMBG, BT-Drucksache 7/255, S. 24, wonach die Definitionen auf ein Mindestmaß beschränkt werden sollten. BIGWOOD/GERARD stellen gar die Frage, ob ein solcher Begriff überhaupt definiert werden muß, bejahen sie dann aber wegen der erforderlichen Abgrenzung des Rechtsgebietes, aaO, Bd. I, S. 66 ff

positiv aus. Nur durch den Verzicht auf jegliche Definition hat es die schnelle Entwicklung des Lebensmittelrechts ohne große Änderungen überstehen können. Die Begriffsbestimmung ist vielleicht einfacher vom naturwissenschaftlichen als vom juristischen Standpunkt aus. Der Mensch hat empirisch in der Natur das ausgewählt, was seinen Hunger stillte und ihm schmeckte, d.h. die Stoffe, die einen Nährwert hatten und - weil sie oral aufgenommen wurden - angenehm waren. So stellen FOURGOUX/JUMEL heute noch allein auf den Nährwert und die organoleptischen Eigenschaften ab[19]. Daß eine Wahl getroffen wurde, bedeutet, daß nach Erfahrungen und Beobachtungen ausgesondert wurde. Deshalb gibt es eine traditionelle und soziologische Konzeption des Lebensmittels (die von Gebiet zu Gebiet verschieden ist), eine physiologische (die Befriedigung körperlicher Bedürfnisse) und eine juristische, die festlegen muß, was erlaubt und was verboten ist.

Zunächst einmal ist also Lebensmittel alles, was vom Menschen gegessen und getrunken wird zur Befriedigung seiner Bedürfnisse. Damit ist aber nicht alles erfaßt, was dem Körper auf oralem Wege zugeführt wird. Das entspricht jedoch der französischen Auffassung, die z.B. Kaugummi (gomme à mâcher) und Kautabak (tabac à chiquer) nicht als Lebensmittel ansieht[20], obwohl das nach der Wortbedeutung zu erwarten wäre; denn der Begriff "alimentation" wird übersetzt mit "Verpflegung". Dennoch wird die Bedeutung des Wortes "aliment" reduziert auf eine "substance alimentaire déterminée"[21];

19) FOURGOUX/JUMEL, aaO, S. 79

20) BIGWOOD/GERARD, aaO, Bd. I, S. 79; FOURGOUX/JUMEL, aaO, S. 82, die hier von Randprodukten (produits marginaux) sprechen, hier zeigt sich ein Unterschied zur deutschen Auffassung, die bekanntlich Kaugummi als Lebensmittel ansieht (für Tabak gelten jetzt auch Sonderregelungen, § 3); vgl. F.A.O.-GERARD, aaO, S. 7, Fußn. 1 und § 7 Abs. 1 LMBG: "Im Sinne dieses Gesetzes ist: ... Verzehren: das Essen, Kauen, Trinken sowie jede sonstige Zufuhr von Stoffen in den Magen".

21) BIGWOOD/GERARD, aaO, Bd. I, S. 69, 79

bestimmt vor allem durch den Nährwert (valeur nutritive). Wesentlich ist für den Begriff "aliment" somit die Befriedigung der physiologischen Bedürfnisse des Menschen. Sie sind energetischer und plastischer Natur, d.h. sie betreffen den Kalorien- und Stoffbedarf des Körpers[22]. Nahrhaft ist, was den chemischen Umsetzungsprozeß im Körper ermöglicht im Gewebe und dem Verdauungsapparat, was den Stoffwechsel fördert. Das sind nicht nur eigentliche Speisen und Getränke, sondern auch deren Rohstoffe und Vorerzeugnisse, die vom Menschen erst gewonnen werden, nachdem sie - sei es für sich oder in Verbindung mit anderen Stoffen - zubereitet oder verarbeitet worden sind (z.B. Getreide)[23]. Verarbeitungsprodukte will SOUVERAIN nach seiner "empirischen Definition" als Lebensmittel aber nur anerkennen, wenn sie "auf Grund einer langen Erfahrung für gut und zur Entwicklung und zum Unterhalt des Körpers nötig" befunden worden sind[24]. Diese anerkennenswerte Aussage ist leider von der technischen Entwicklung überflügelt worden. Die Lebensmittelindustrie bringt ständig neue Pro-

---

22) SOUVERAIN, "Environnement et Répression des fraudes", S. 16

23) HIERONIMI, aaO, S. 45, der hier auch lebendes Schlachtvieh nennt. Bei letzterem ist man sich in Frankreich nicht ganz einig: z.T. wird die Auffassung vertreten, das Lebendvieh sei kein Lebensmittel, es werde es erst mit der Schlachtung (Cass. crim. 8. 2. 1856, S. 1856, 1,767); nach a.A. wird es bereits in dem Augenblick Lebensmittel, wo es zur Schlachtung bestimmt ist (Cass. crim. 15. 11. 1934, A.F.F. 1935, 191). Nach der Ansicht wäre z.B. der Besitz einer mit einer anstekkenden Krankheit behafteten Kuh bereits strafbar nach Art. 4 des Gesetzes von 1905.

24) SOUVERAIN, Chimie et Industrie 1966, n° 5, S. 7: "... reconnue par une longue expérience à la fois comme bonne et nécessaire pour assurer par ingestion le développement et l'entretien de la vie corporelle"

dukte auf den Markt. Ob diese als Lebensmittel akzeptiert werden, entscheidet dabei immer weniger die Erfahrung, sondern vielmehr die für das Produkt aufgewendete Werbung und die Empfänglichkeit hierfür seitens des Verbrauchers.

Dies ist bereits ein soziologischer Aspekt, der für die Begriffsbestimmung bedeutsam ist. Sitten und Gebräuche des gesellschaftlichen Lebens beeinflussen die Ernährungsweise der Menschen. Es ist auch bekannt, daß viele Speisen nur zu religiösen Riten zubereitet werden. "Dis - moi ce que tu manges, je te dirai qui tu es" ist ein in Frankreich bekanntes Wort von BRILLAT - SAVARIN in seiner "Physiologie du goût". Es ist der Begriff des Mahles, des "Aktes der Nahrungsaufnahme"[25], der hier in Erscheinung tritt.

Aus der Notwendigkeit sich zu ernähren, ist mit der Zivilisation ein gesellschaftlicher Vorgang, ein Ereignis geworden; umgekehrt sind gesellschaftliche Ereignisse kaum denkbar ohne kalte Buffets und dergleichen, wobei gerade neuen, ausgefallenen Speisen ein besonderes Interesse entgegengebracht wird. Im übrigen wurde bereits auf die sozialen Faktoren hingewiesen, die auch die Lebensmittelgesetzgebung beeinflussen[26].

Neben dem Nährwert spielen der Geschmack und der Geruch in der Auswahl der Substanzen eine wesentliche Rolle. Die eben zitierte Aussage von SOUVERAIN berücksichtigt dies nicht, sie erfaßt nur, was gut und nötig ist. Das Geschmacks- und Geruchsempfinden aber ist unabhängig von der Nützlichkeit oder Schädlichkeit eines Produktes für den menschlichen Organismus. Stellt man allein auf den Nährwert ab, so folgt daraus, daß Substanzen, die nur auf Grund ihrer organoleptischen Eigenschaften verzehrt werden und selbst nicht nahrhaft sind, nicht als Lebensmittel betrachtet werden kön-

---

25) BIGWOOD/GERARD, aaO, Bd. I, S. 68

26) siehe oben § 3, I, 2

nen[27]. Dabei ist aber anzumerken, daß solche Substanzen nicht für sich verzehrt werden, sondern in einem Produkt enthalten sind. Es sind hier zu nennen die Stoffe, die natürlicherweise in einem Lebensmittel enthalten sind und dieses charakterisieren und unterscheiden (z. B. Obst, Gemüse, Fisch, Fleisch). Daneben gibt es Substanzen, die den Lebensmitteln zugefügt werden zur Verbesserung oder Veränderung des Eigengeschmacks. Soweit diese Stoffe natürlicher Herkunft oder den natürlichen chemisch gleich sind, werden diese auch als Lebensmittel betrachtet[28]. Hierzu zählen die Würzstoffe und Gewürze (condiments et épices)[29], z. B. Salz, natürliche Aromen (Knoblauch)[30], Pfeffer[31] usw.

Keine Lebensmittel sind danach Zusätze wie Farbstoffe, Konservierungsstoffe und künstliche Aromen, die keinen Nährwert haben.

Vor einiger Zeit wurde der Vorschlag gemacht, nicht nur feste und flüssige Stoffe, sondern auch gasförmige nahrhafte Produkte zu den Lebensmitteln zu rechnen[32]. Was unter solchen Lebensmitteln in gasförmigem Zustand (aliments à l'état gazeux) zu verstehen ist,

---

27) F.A.O. - GERARD, aaO, S. 7

28) BIGWOOD/GERARD, aaO, Bd. I, S. 73; ebenso § 2 Abs. 1, 2. Hbs. LMBG

29) VIVEZ, "Traité des fraudes", Rdnr. 93; nach F.A.O. - GERARD hingegen müßten diese objektiv zu den "substances ajoutées" gerechnet werden, aaO, S. 7

30) FOURGOUX/JUMEL, aaO, S. 79

31) Cass. crim. 11. 11. 1887, Bull. crim. n° 379; damals wurde auch Essig als "aliment", nicht als "boisson" angesehen (Cass. crim. 15. 12. 1885, D. 1886, 1,21); seit dem Gesetz von 1905 ist diese Unterscheidung unerheblich, siehe § 2 der Arbeit

32) Die französische Vertretung in der gemischten Kommission zur Ausarbeitung eines codex alimentarius der F.A.O./W.H.O., Sitzung vom 4. - 8. 10. 1965 in Paris

wurde nicht näher ausgeführt. Es müßte allerdings auch der mit der Luft eingeatmete Sauerstoff dazugehören, da er für den Verbrennungsvorgang im Körper sorgt und somit nahrhaft ist. Man hatte wohl vor allem an kohlensäurehaltige Getränke gedacht. Die Kohlensäure ist aber ohne Einfluß auf den Stoffwechsel, sie ist ein Treibgas und somit als Zusatzstoff anzusehen[33]. Der Gedanke ist nicht weiterverfolgt worden. Heute sind derartige Produkte unter den Zusatzstoffen aufgeführt[34].

Die Frage, ob es sich um Lebensmittel oder um Zusatzstoffe handelt, ist deshalb wichtig, weil Zusatzstoffe dem Verbotsprinzip unterliegen[35].

Der Begriff "aliment" umfaßt demnach etwa die deutschen Begriffe "Nahrungs- und Genußmittel" = Lebensmittel[36], mit Ausnahme der zum Kauen bestimmten Produkte. Danach bietet sich folgende vereinfachte Definition an:

Lebensmittel im eigentlichen Sinne ist jede Substanz in ursprünglichem, be- oder verarbeiteten Zustand, die wegen ihrer nutritiven und organoleptischen Eigenschaften auf oralem Wege aufgenommen wird[37].

---

33) BIGWOOD/GERARD, aaO, Bd. I, S. 80/81 lehnen den Begriff des "aliment gazeux" ab; vgl. auch die gleichartige deutsche Regelung in § 2 Abs. 2 Nr. 3 LMBG

34) siehe z.B. DEHOVE, aaO, Rdnr. 5-12

35) vgl. dazu §§ 4, 5 S.56, 183 ff; als Konservierungsstoff z.B. ist grundsätzlich lediglich Kochsalz zulässig (Art. 1 Abs. 1 arrêté vom 28. 6. 1912, J.O. 29. 6. 1912).

36) das G betr. den Verkehr mit Nahrungsmitteln, Genußmitteln und Gebrauchsgegenständen vom 14. 5. 1879 (RGBl. 145) unterschied diese Begriffe noch, obwohl die Abgrenzung schwierig war und keine praktische Bedeutung hatte, da Nahrungs- und Genußmittel rechtlich gleichbehandelt wurden.

37) ähnlich NGUYEN-THANH, aaO, Rdnr. 64, die aber von festen und flüssigen Substanzen spricht

2. Diätetische Lebensmittel

Neben den Lebensmitteln im eigentlichen Sinne[38] sind solche zu erwähnen, die zu anderen als den genannten Zwecken - also nicht nur wegen ihres Nährwertes, Geschmacks und Geruchs - verzehrt werden. Gemeint sind Produkte, die bestimmten Ernährungsbedürfnissen entsprechen und sich von Erzeugnissen der gleichen Kategorie durch ihre Zusammensetzung oder eine spezielle Zubereitung unterscheiden. Sie haben besondere Eigenschaften, die die Gesundheit betreffen, bestimmten Anforderungen für die Kinderernährung genügen, Kranken, Alten, schwangeren oder stillenden Frauen zuträglich sind usw. Diese diätetischen Lebensmittel nahmen bis 1966[39] im französischen Lebensmittelrecht keine Sonderstellung ein[40]. Heute jedoch ist man der Überzeugung (angeregt durch die beispielhafte deutsche Regelung in der Verordnung über diätetische Lebensmittel vom 20. 6. 1963[41]), daß diätetische Lebensmittel mehr als alle anderen wegen ihrer obengenannten Eigenschaften und Zweckbestimmung besonderer Schutzmaßnahmen bedürfen[42]. Das liegt nicht zuletzt daran, daß der Markt mit Produkten überschwemmt wurde, denen solche Eigenschaften in vagen Formulierungen zugesprochen wurden ("bon pour la santé", "aliment naturel" usw.). Es wurde deshalb mit der Verordnung von 1966 eine Regelung geschaffen, die die besonderen Probleme der diätetischen Lebens-

---

38) so FOURGOUX/JUMEL, aaO, S. 78

39) Erlaß einer DiätVO vom 25. 3. 1966, J.O. 30. 3. 1966

40) vgl. BIGWOOD/GERARD, aaO, Bd. II, S. 138; Bd. I, S. 79

41) DiätVO, BGBl. I, 415, in der Fassung der Bekanntmachung vom 24. 10. 1975 (BGBl. I, 2687), geänd. d. VO v. 10. 5. 1976 BGBl. I, 1200)

42) CA, Sonderheft 17. 11. 1969, "Protection du consommateur" guide réglementaire), S. 164

mittel (Eigenschaften, Bezeichnung, Aufmachung, Etikettierung, Werbung usw.) berücksichtigt. Produkte, die besonders zubereitet sind und die menschliche Gesundheit (oder die bestimmten Personengruppen, wie z.B. Diabetiker) positiv beeinflussen und sich deutlich von den handelsüblichen Lebensmitteln unterscheiden, dürfen danach als "aliment diététique", "produit diététique", "aliment de régime" oder "produit de régime" (Art. 2 Abs. 1) bezeichnet werden[43]. Daß es sich bei solchen diätetischen Produkten um Lebensmittel (aliments) handelt, ist nie angezweifelt worden; eine Sonderstellung im Lebensmittelrecht, verstärkt noch durch die Neufassung der Verordnung vom 24. 1. 1975[44], ist aber nicht zu verkennen. Diätetische Lebensmittel werden im allgemeinen als eine zwischen den handelsüblichen Lebensmitteln und den Arzneimitteln stehende Gruppe betrachtet[45], sind aber nicht aus dem Lebensmittelrecht ausgeklammert oder als ein Randbereich anzusehen[46]. Werden dem Produkt jedoch chemische oder biologische Substanzen zugefügt, die ihm die Eigenschaften eines Medikaments verleihen, so unterliegen sie dem Arzneimittelrecht nach Art. L 511 Code de la Santé publique:

> "est considéré comme médicament tout produit diététique qui renferme dans sa composition des substances chimiques ou biologiques ne constituant pas par elles-mêmes des aliments, mais dont la présence confère à ces produits soit des propriétés spéciales recherchées en thérapeutique diététique, soit des propriétés des repas d'épreuve".

---

43) die Begriffe "aliment diététique" und aliment de régime" sind als Synonyme zu betrachten, BIGWOOD/GERARD, aaO, Bd. II, S. 134

44) J.O. 5. 2. 1975

45) GALLON, aaO, S. 139; CA, Sonderheft, 17. 11. 1969, "Protection du Consommateur" (guide réglementaire), S. 164

46) a.A. F.A.O.-GERARD, wonach die diätetischen Lebensmittel zwar in den allgemeinen Rahmen des Lebensmittelrechts gehören, dennoch aber wie z.B. Kosmetika einen Randbereich darstellen sollen, aaO, S. 9

Die Abgrenzung ist dabei nicht immer leicht. Generell kann man sagen, daß dem diätetischen Lebensmittel keine Heil- oder Verhütungseigenschaften zugesprochen werden dürfen[47], wobei die Art der Aufmachung entscheidend sein kann: wird z. B. Diabetikerkost, die sich im wesentlichen auszeichnet durch ihren geringen Gehalt an Kohlehydraten, dem Verbraucher mit "propriétés curatives" angeboten, so ist sie Arzneimittel. Wird die Betonung dagegen auf den Nährwert gelegt, handelt es sich um ein diätetisches Lebensmittel[48]. Die Unterscheidung ist wichtig, weil für Diätnahrung keine Verkehrsbeschränkungen bestehen wie für Arzneimittel. Eine Legaldefinition für den Begriff des Arzneimittels gibt Art. L 511 Code de la Santé publique:

> "toute drogue, substance ou composition présentée comme possédant des propriétés curatives ou préventives à l'égard des maladies humaines ou animales et conditionnée en vue de l'usage au poids médicinal, ainsi que tout produit destiné à être administré à l'homme en vue du diagnostic médical ..."[49].

An den Formulierungen "dargeboten als" und "zum medizinischen Gebrauch hergerichtet" zeigt sich, daß es nicht auf die Wirksamkeit der Produkte ankommt, um sie als Arzneimittel zu qualifizieren. Sie werden lediglich aus Sicherheitsgründen der strengen administrativen Kontrolle unterstellt, wenn sie therapeutisch angepriesen werden (d.h. sie müssen staatlich zugelassen werden, bevor sie in den Verkehr gebracht werden dürfen: dabei werden natürlich ihre Unschädlichkeit und Wirksamkeit überprüft[50]. Sie sind

---

47) DEHOVE, aaO, Rdnr. 6-61, S. 187; Art. 5 Abs. 1 der VO

48) BIGWOOD/GERARD, aaO, Bd. II, S. 141

49) siehe dazu: AUBY/COUSTOUS/BERNAYS/HAUSER, "Droit pharmaceutique", Paris 1963 ff

50) CA, Sonderheft, 17. 11. 1969, "Protection du Consommateur" (guide réglementaire), S. 168

apothekenpflichtig (Art. L 512, Code de la Santé Publique) und unterliegen einer strengen Produktionskontrolle. Dazu sollen einige Beispiele von Grenzfällen genannt werden: auf Mineralwasserbasis hergestellte Bonbons, denen kurative oder präventive Eigenschaften zugesichert wurden, betrachtete man als Arzneimittel[51], ebenso die "Vichy-Pastillen"[52]; nicht dagegen Menthol-Bonbons, weil hier die Eigenschaften offensichtlich (!) nicht vorlägen[53]. Diese Argumentation überzeugt ebensowenig wie die Auffassung, daß Jasminblütenkonfitüre, die mit kurativen Eigenschaften angepriesen wurde, im wesentlichen deshalb nicht unter die Arzneimittelregelung falle, weil sie in gewöhnlichen Marmeladentöpfen verkauft werde[54]. Mineralwässer können weder diätetische Lebensmittel sein (Art. 1 der DiätVO), noch sind sie als Arzneimittel zu betrachten, wenn ihnen entsprechende Eigenschaften zugesichert werden (Art. L 751 Code de la Santé publique), da für sie eine Sonderregelung besteht[55]. Das gilt auch für auf Chinin-[56] oder Kolabasis[57] hergestellte Getränke, selbst wenn diesen Stoffe zugesetzt wurden, die im Arzneimittelbuch (codex pharmaceutique) aufgeführt sind, ebenso für künstliche Mineralwässer (eaux minérales artificielles)[58].

---

51) Ministerielle Antwort auf eine Anfrage, Debatten der Assemblée nationale, J.O. 24. 7. 1964

52) Cass. crim. 6. 1. 1912, Bull. crim. n° 17

53) Paris, 31. 1. 1914, D. 1915, 2, 48

54) Trib.corr. Seine, 18. 4. 1964, zitiert bei AUBY/COUSTOUS/BERNAYS/HAUSER, aaO, Bd. IV, Rdnr. 476, die sich dagegen aussprechen; ebenso Trib. corr. Seine, 24. 11. 1965, D. 1967, jur. 52 mit Anm. FOURGOUX.

55) décrets vom 12. 1. 1922, geänd. 24. 5. 1957, dazu décr. 11. 12. 1964, Gaz. Pal. 1965, 1, 16

56) Cass. crim. 22. 5. 1890, Bull. crim. n° 106

57) Cass. crim. 15. 1. 1958, D. 1958, 351 mit Anm. FOURGOUX

58) Cass. crim. 3. 11. 1937, D.H. 1938, jur. 36

Bei der Behandlung der vorher genannten Produkte, vor allem der Getränke, taucht oft der Begriff der "hygienischen Lebensmittel" (aliments hygiéniques) auf. Darunter sind Produkte zu verstehen, die, ohne eine wirkliche pharmazeutische Bestimmung zu haben, eine "bessere Erhaltung der Gesundheit sichern" sollen[59]. Während in der Bundesrepublik Deutschland das Verbot der gesundheitsbezogenen Werbung gilt (Art. 18 LMRG)[60], darf in Frankreich für einige "hygienische Lebensmittel" mit ministerieller Billigung geworben werden. Es sind dies alkoholfreie Getränke, für die das Gesundheitsministerium eine Plakette zuläßt, die den Verbraucher auf den "hygienischen Charakter" des Produktes aufmerksam machen soll[61]. Allerdings hat man diese Erlaubnis wegen häufigen Mißbrauchs bald wieder insoweit einschränken müssen, als für diese Produkte keine Gesundheitsgarantie gegeben[62] und nicht behauptet werden darf, daß sich die Produkte von anderen gleichartigen Waren unterscheiden[63]. Damit wird die Bedeutung des Begriffes "hygienische Lebensmittel" stark eingeschränkt, sie nehmen ihren Platz ein unter den handelsüblichen Lebensmitteln, und ihre Bezeichnung ist lediglich als ein Qualitätshinweis zu betrachten. Die Bedeutung der Benennung "hygienische Lebensmittel" beschränkt sich somit auf das Gebiet der wahrheitswidrigen oder irreführenden Werbung (publicité mensongère[64]). Mit FOURGOUX/JUMEL ist daher davon auszugehen, daß die Schaffung einer besonderen Kategorie

---

59) Instructions ministérielles, art. 45: ... susceptibles d'assurer une meilleure conservation de la santé, J.O. 30. 4. 1943

60) ECKERT, ZLR 1977, 178 möchte lieber den Ausdruck "krankheitsbezogene Werbung" verwenden, um Mißverständnissen vorzubeugen.

61) arrêté ministériel vom 24. 6. 1955, J.O. 24. 6. 1955; vgl. dagegen ECKERT, ZLR 1977, 167

62) arrêté ministerériel vom 11. 5. 1966, J.O. 11. 5. 1966

63) décret 12. 10. 1972, Gaz. Pal. 1972, 2, 542, Art. 1 Abs. 2

64) siehe dazu § 5 S. 207 ff

"hygienische Lebensmittel" überflüssig ist (gewöhnlich verwendet bei Wein, Bier und cidre)[65]. Allerdings kann man den Begriff nicht ignorieren, da er von offizieller Seite gebraucht wird.

Als handelsübliche Lebensmittel sind schließlich auch solche zu betrachten, die lediglich angeboten werden als "naturelles", "non raffinées", "sans colorants", "sans conservateurs" usw.[66] und keinerlei diätetische Hinweise enthalten.

II. Lebensmittelrecht und Zusatzstoffbegriff

Zu allen Zeiten hat der Mensch in Lebensmitteln Zusätze verwendet, bereits im Familien-, Sippen- und Stammesstadium. Freilich war man dabei vorsichtig, und lange Zeit hindurch war Salz der einzige Stoff, der allgemein verwendet wurde[67]. Man erkannte bald, daß man die Lebensmittel aus wirtschaftlichen Bedürfnissen konservieren, ihren biologischen Verfall verhindern mußte. Dazu war die Verwendung "einfacher" Stoffe wie Zucker, Salz, Salpeter, Säuren, Alkohol angebracht. Zu diesen wirtschaftlichen Notwendigkeiten kamen Erfordernisse technischer Art (Konservierung durch Gärung oder Kochen). Andere waren geschmacklicher und kulinarischer Natur (Aromen und verschiedene Würzstoffe). Diese Gründe sind heute wichtiger denn je: bestimmte Zusatzstoffe sind für Lebensmittel unentbehrlich geworden, da sie eine bessere Nutzung der Rohwaren sichern. Konservierungsstoffe z.B. ermöglichen es der Lebensmittelindustrie, ihr Produktionsvolumen zu vervielfachen; den Verteilern und Transporteuren erlauben sie, ein weitverzweigtes Verbrauchernetz zu beliefern[68]. Die Lebensart der Menschen und die kulinarischen Gewohnheiten der Menschen haben sich geändert (wobei anzunehmen ist, daß der Einsatz von Zusatzstoffen diese Vorgänge erheblich beschleunigt und z.T. sogar erst in Gang gesetzt hat).

---

65) FOURGOUX/JUMEL, aaO, S. 81

66) GALLON, aaO, S. 141; DEHOVE, aaO, Rdnr. 6-61, S. 188

67) DEHOVE, aaO, S. 127

68) vgl. TSIOVARIDOU, aaO, S. 7 und 13

So schuf man Produkte, die durch den Einsatz von Zusatzstoffen länger haltbar sind als herkömmliche Lebensmittel (z. B. Flockenpüree mit Emulgatoren und Antioxydantien). Andere werden dem Verbraucher attraktiver dargeboten (Farbstoffe in Bonbons, Speiseeis, Aromen in Joghurt). Die Liste der Zusatzstoffe wird von Tag zu Tag länger[69]. Da diese Stoffe in den meisten Fällen chemische Verbindungen sind (und der menschlichen und tierischen Gesundheit gefährlich werden können[70]), ist es leicht verständlich, daß sehr strenge Regeln hinsichtlich der Reinheitskriterien, der Bedingungen ihrer Verwendung, die auf das unbedingt Notwendige beschränkt ist, sowie hinsichtlich der Kennzeichnung erlassen werden mußten[71], zumal die Neigung zur mißbräuchlichen Verwendung von Zusatzstoffen schon immer recht groß war. Das Bedürfnis einer gesetzlichen Regelung bestand schon seit 1880, wo infolge der Entwicklung der chemischen Industrie die Verwendung solcher Stoffe stark einsetzte[72]. Das Rahmengesetz von 1905 sah eine Zusatzstoffregelung noch nicht ausdrücklich vor; auf Grund der Ermächtigungsgrundlage in Art. 11 konnte aber in der Verordnung vom 15. 4. 1912[73] für "chemische Produkte" (produits chimiques) das Verbotsprinzip bzw. das System der "Positivlisten" (listes positives) ausgesprochen werden[74]. Die Zusatzstoffe sind somit im Lebensmittelrecht von zentraler Bedeutung.

---

69) vgl. FRANÇOIS/TRUHAUT/VIEL, Bull. techn. d'inf. du min. d'agriculture 1970, n° 252, 475

70) siehe dazu das bereits in § 2, S. 11 genannte Zitat des Dr. BROUARDEL

71) siehe dazu § 5 III, S. 175 ff

72) GALLON, aaO, S. 162

73) J.O. 29. 6. 1912

74) siehe dazu § 5 S. 150 ff, 167

1. Die Zusatzstoffdefinition

Um den Anwendungsbereich des Lebensmittelrechts hinsichtlich der Zusatzstoffe abgrenzen zu können, muß an dieser Stelle bereits eine Begriffsbestimmung erfolgen[75]. Eine offizielle Definition für den Begriff "Zusatzstoff" (additif) gibt es in Frankreich ebensowenig wie für das Lebensmittel[76]. Die Verbotsvorschrift der Verordnung von 1912 erfaßte ursprünglich Lebensmittel "qui ont été additionnées soit pour leur conservation, soit pour leur coloration, de produits chimiques" (Art. 1). Da es sich um eine Strafvorschrift handelte und Strafgesetze restriktiv auszulegen sind[77], hätten eigentlich nur Konservierungsstoffe und Farbstoffe als "additifs" angesehen werden dürfen. Man schloß diese Gesetzeslücke aber durch einen juristisch nicht unbedenklichen Schachzug: in einer auf Grund der Verordnung von 1912 ergangenen ministeriellen "arrêté" dehnte man das Verbot aus auf alle chemischen Produkte bis auf das "gewöhnliche Salz"[78]. Diese Ausweitung ist juristisch angreifbar, weil die Verordnung (arrêté) nur den Rahmen ihrer Ermächtigungsgrundlage ausfüllen kann, dieser aber nichts hinzufügen darf[79]. Erst eine Verordnung vom 12. 2. 1973[80] hat dem Abhilfe geschaffen und die Verordnung von 1912 dahingehend geändert, daß chemische Produkte Lebensmitteln nur zugesetzt werden dürfen, wenn sie durch ministerielle "arrêtés" nach Stellungnahme des "Conseil supérieur d'hygiène publique de France" und der "Académie nationale de médecine"[81] zugelassen worden sind. Danach gilt festzustellen, was als "natürliches" Produkt anzusehen ist und was als "produit chimique"

75) siehe ansonsten zur Zusatzstoffregelung § 5 S. 175 ff

76) BIGWOOD/GERARD, aaO, Bd. I, S. 78 und 104

77) vgl. CONSTANTINESCO/HÜBNER, aaO, S. 98

78) Art. 1, arrêté ministériel vom 28. 6. 1912, J.O. 29. 6. 1912

79) die Auslegung der "arrêté" ist indes umstritten; umfassend dazu FOURGOUX, Gaz. Pal. 1960, 1, doct. 93 (95); TOUBEAU, aaO, S. 61/62

80) décret 12. 2. 1973, J.O. 15. 2. 1973

81) siehe bereits § 3, II, 2

aufgefaßt werden muß. Zusatzstoff (additif)[82] ist zunächst jede chemische Substanz, die Lebensmitteln zugesetzt wird und nicht selbst Lebensmittel ist[83]. Der Begriff der chemischen Substanz aber wird vom französischen Gesetzgeber nicht weiter definiert, was die Interpretation des Textes schwierig macht[84]. FOURGOUX/CHEFTEL verstehen darunter "jede Substanz, die anders als mechanisch oder physikalisch zubereitet wird[85]". Diese Aussage scheint jedoch zu eng, da z.B. Mineralisierung und Bestrahlung nicht erfaßt würden. Genauer ist diesbezüglich DEHOVE; als "chemisch" im Gegensatz zu "natürlich" ist jede Substanz anzusehen, die gewonnen wird sei es durch Behandlung von Mineralien oder durch chemische Reaktion ausgehend von natürlichen Produkten pflanzlicher oder tierischer Herkunft, sei es durch vollkommene oder teilweise Synthese[86].

Es bleibt aber im Verborgenen, warum sich der Gesetzgeber auch in der Verordnung nicht zu einer näheren Begriffsbestimmung veranlaßt sah und den schwer faßbaren Begriff der "substance chimique" im Raume stehen ließ[87].

---

82) die deutsche Bezeichnung "Fremdstoff", die mit substance étrangère zu übersetzen wäre, ist auf den Begriff "additif" nicht anzuwenden, da Zusätze nicht unbedingt fremde Substanzen sein müssen, vgl. BIGWOOD/GERARD, aaO, Bd. I, S. 102, 105; sie wurde im übrigen im deutschen Lebensmittelrecht zugunsten des Begriffes "Zusatzstoffe" aufgegeben, siehe § 2 LMBG und amtliche Begründung dazu in BT-Drucksache 7/255, S. 25

83) NGUYEN-THANH, aaO, Rdnr. 62. Nach der deutschen Regelung in § 1 Abs. 1 LMBG sind Zusatzstoffe, die mit dem Lebensmittel verzehrt werden, unabhängig von ihrem Nähr-, Geruchs- oder Geschmackswert selbst Lebensmittel, da sie nicht zu anderen Zwecken als zur Ernährung oder zum Genuß verzehrt werden; vgl. amtliche Begründung, BT-Drucksache 7/255, S. 25

84) vgl. BIGWOOD/GERARD, aaO, Bd. III, S. 126

85) FOURGOUX/CHEFTEL, aaO, Rdnr. 86: Toute substance qui a fait l'objet d'une préparation autre que mécanique ou physique

86) DEHOVE, aaO, Rdnr. 5-1, S. 128; wobei zu bemerken ist, daß die Aussage eines Autors nicht befriedigen kann

87) vgl. BIGWOOD/GERARD, aaO, Bd. III, S. 126. In der Futtermittelregelung, décret 28. 11. 1973, J.O. 15. 12. 1973 wird in Art. 2 übrigens der Begriff "additif" definiert, jedoch nur für den Futtermittelbereich.

Allerdings läßt das Vorhandensein einer solchen chemischen Substanz in Lebensmitteln noch nicht darauf schließen, daß es sich um einen Zusatzstoff handelt; es können vielmehr auch Giftstoffe (substances vénéneuses) oder Rückstände (résidus, z.B. bei Pestiziden) oder sonstige Kontaminationen wie von technischen Hilfsstoffen sein. Das Charakteristische des Begriffes "additif" ist die Zweckbestimmung (der dem Lebensmittel zugesetzten chemischen Substanzen). Teilweise wird mit der Bedeutung des Wortes Addition argumentiert, es komme nicht auf den Zweck, sondern allein auf die Handlung an[88)], teilweise auch, die Natur des Stoffes sei wichtiger als seine Funktion im Lebensmittel[89)]. Es hat sich aber nach den Erfahrungen gezeigt (vor allem in Frankreich bis zur genannten Änderung der Verordnung von 1912), daß eine sachgerechte Erfassung der Stoffe, die grundsätzlich einer Zulassung bedürfen, nur dann möglich ist, wenn nicht nur auf Eigenschaften und Beschaffenheit, sondern in erster Linie auf die Zweckbestimmung der Stoffe abgestellt wird. Damit werden alle chemischen Stoffe erfaßt, die Lebensmitteln zugesetzt werden, unabhängig von ihrem ernährungsphysiologischen Wert. Vollkommene Klarheit über den Begriff der Zusatzstoffe besteht nicht, was sich noch bei der Erörterung der Strukturelemente des französichen Lebensmittelrechts und der Zusatzstoffregelung[90)] zeigen wird. An dieser Stelle mag es genügen, wenn einige klare Grundsätze herausgestellt werden:

1. Wenn man die Zweckbestimmung in den Vordergrund stellt, ergibt sich schon aus der Wortbedeutung, daß Zusatzstoffe nicht solche sind, die zufällig in das Lebensmittel gelangen. "Additifs" sind vielmehr solche chemischen Substanzen, die dem

---

88) BIGWOOD/GERARD, aaO, Bd. I, S. 101

89) F.A.O.-GERARD, aaO, S. 40

90) siehe § 5, II, III und BIGWOOD/GERARD, aaO, Bd. III, Kap. 14

Lebensmittel absichtlich zugesetzt werden[91].

2. Es sind Substanzen, die sich normalerweise nicht in den Lebensmitteln befinden, denen sie zugesetzt werden[92]. Zusatzstoffe sind demnach zu unterscheiden von Ingredienzien (ingrédients = Zutaten; das können beim Backen eines Kuchens z.B. Eier, Mehl, Milch und Zucker sein). Ingredienzien sind wichtig, damit das Produkt überhaupt entstehen kann; Zusatzstoffe hingegen sind rein fakultativ darin enthalten[93].

3. Zutaten haben also in der Regel einen Nährwert und werden auch deswegen verwendet, während Zusatzstoffe generell keinen Nährwert haben[94].

4. "Additifs" werden gewöhnlich nur in sehr geringen Dosen beigegeben[95], d.h. sie sind nicht Hauptbestandteile des Lebensmittels, was sich schon aus der Wortbedeutung herleiten läßt.

5. Bei der Zweckbestimmung spielen zunächst wirtschaftliche Gründe eine Rolle. Die Lebensmittel werden konserviert, d.h. sie werden geschützt gegen Veränderungen durch Mikroben, Schimmel, Enzyme, Sauerstoff usw. Hierzu werden antiseptische Stoffe und Antioxydantien eingesetzt.

---

91) FOURGOUX/JUMEL, aaO, S. 109; DEHOVE, aaO, Kap. V, S. 128 (einhellige Meinung)

92) F.A.O.-GERARD, aaO, S. 40; DEHOVE, aaO, Kap. V, S. 128, der sie als Gegensatz zu den "gewöhnlichen Bestandteilen", constituants habituels, sieht

93) Zur Vereinfachung schlagen BIGWOOD/GERARD vor, nur zwischen Ingredienzien und Zusatzstoffen zu unterscheiden. Das würde aber voraussetzen, daß zu den Zusatzstoffen auch Rückstände und Kontaminationen gerechnet würden, aaO, Bd. II, S. 244

94) FOURGOUX/JUMEL zählen das sogar zu den Voraussetzungen für eine derartige Qualifikation, aaO, S. 109

95) DEHOVE, aaO, Kap. V, S. 128; FOURGOUX/JUMEL, aaO, S. 109

Ein weiterer Zweck ist die Beeinflussung der organoleptischen Eigenschaften. Das Produkt soll appetitlich hergerichtet sein, damit es beim Verbraucher ankommt. Der Hersteller bedient sich dazu besonders der Farbstoffe, Aromen und Geschmacksstoffe (wie Salze, Süß-, Sauer-, Bitterstoffe, Geschmacksverbesserer überhaupt - "exhausters de goût"). Außerdem werden Stoffe verwendet, die die Konsistenz, die Dichtigkeit und Festigkeit der Lebensmittel beeinflussen (agents de texture)[96].

Auch aus technischen Gründen werden Zusatzstoffe eingesetzt zur Herstellung des Produktes. Es ist hier zu denken an Geliermittel und Emulgatoren. Der Bereich der "technischen Hilfsstoffe" (auxiliaires de fabrication) fällt unter die Zusatzstoffe. Hierzu gehören Lösemittel, z.B. um Kaffee das Koffein zu entziehen und daraus koffeinfreien Kaffee herzustellen oder dem Ölkuchen nach dem Pressen das Öl zu entziehen. Auch gewisse Säuren werden verwendet, die im Laufe des Herstellungsverfahrens wieder entzogen werden (also nicht zum Verbleib im Lebensmittel und zum Verzehr bestimmt sind)[97]. Hier hat der französische Gesetzgeber eine klare Entscheidung getroffen: chemische Produkte dürfen nach Art. 2 der Verordnung von 1912 auch nicht vorübergehend bei der "Zubereitung" von Lebensmitteln diesen zugesetzt werden[98].

Als Zusatzstoff ist jedoch nur zu bezeichnen, was eine "addition directe" zum Lebensmittel darstellt, d.h. es wird immer auf das beabsichtigte Zusetzen abgestellt: Rückstände und Kontaminationen zählen nicht zu den Zusatzstoffen. Diese Stoffe stellen "indirekte

96) vgl. GALLON, aaO, S. 161; FOURGOUX/JUMEL, aaO, S. 109

97) Ministère de l'Agriculture: "Le Service de la Répression des fraudes ...", S. 8

98) Art. 2 der VO 1912 ist so gefaßt durch décret vom 12. 2. 1973, J.O. 15. 2. 1973, Art. 15 - I: il est également interdit de faire intervenir, même à titre temporaire, au cours de la préparation des marchandises et denrées destinées à l'alimentation humaine, des produits chimiques autres que ceux dont l'emploi est déclaré licite par arrêtés pris dans les formes prévues à l'article 1er ci-dessus.

Zusätze" zu Lebensmitteln dar, die über Kontaktmaterialien oder infolge einer Behandlung, die das Lebensmittel nicht unmittelbar betraf, in das Produkt gelangten[99] (wie z.B. Rückstände von Pestiziden, von Reinigungsmitteln, mit denen die Geräte zur Herstellung der Waren in Berührung kamen oder von Verpackungsmaterialien, sogenannte "adjonctions indirectes"[100]).

2. Grenzfälle

a) Vitamine

Stoffe, die einen Nährwert haben, werden im allgemeinen nicht als Zusatzstoffe angesehen. So liegt es nahe, anzunehmen, daß der Zusatz von Vitaminen nicht als "addition de produits chimiques" anzusehen ist, wenn auch durch sie der Kaloriengehalt in Lebensmitteln gesteigert werden soll. Denn bei Vitaminen handelt es sich um lebenswichtige Wirkstoffe, die mit der Nahrung aufgenommen werden, die nötig sind für den Aufbau von Cofermenten und als Katalysatoren große Bedeutung für den Stoffwechsel haben. Jedoch kann die übermäßige Aufnahme mancher Vitamine zu Hypervitaminosen führen. Das berechtigt zu der Diskussion, ob Vitamine Zusatzstoffe sind und somit dem Verbotsprinzip unterliegen. Allerdings wird diese Frage in Frankreich nicht als ein Problem angesehen. Der Gesetzgeber hat

---

99) TRUHAUT/SOUVERAIN, aaO, S. 6; FOURGOUX/JUMEL, aaO, S. 110

100) Es ist hier noch anzumerken, daß nach F.A.O.-GERARD sowohl technische Hilfsstoffe wie auch deren und andere Rückstände nicht als "additifs", sondern als "contaminants" betrachtet werden, aaO, S. 41. Allerdings ist hier - wie auch bei BIGWOOD/GERARD, aaO, Bd. III, besonders S. 26 - der Ausgangspunkt nicht das Verbotsprinzip, sondern ein gemischtes System; vgl. ausführlich § 5, II, 3 wo auch aufgezeigt wird, in welchem Maße die Zusatzstoffregelung von strukturellen Prinzipien abhängig ist. Nach der dargestellten französischen Auffassung sind auch Rückstände von technischen Hilfsstoffen willentlich zugesetzt.

sich noch nicht ausdrücklich mit der Vitaminisierung befaßt[101]. Bei einigen Produkten, wie z.B. Margarine, ist die Verwendung von Vitaminen aber seit langem selbstverständlich[102]. Es soll deswegen nicht auf die Frage nach der Notwendigkeit oder Nützlichkeit der Vitaminisierung der Grundnahrungsmittel eingegangen werden, die aus juristischer Sicht ohnehin nicht beantwortet werden kann[103]. Die Tatsache der Verwendung von Vitaminen ist lediglich juristisch einzuordnen (das natürliche Vorhandensein von Vitaminen in Lebensmitteln bleibt dabei unberücksichtigt).

Niemals ist in Frankreich ausgesprochen worden, daß die Vitamine "produits chimiques" seien und der Zusatzstoffregelung unterliegen. Allerdings gibt es einige Rechtsnormen, aus denen die Qualifikation der Vitamine als "additifs" klar hervorgeht. So vor allem in einer arrêté vom 21. 5. 1953[104], wo Ascorbinsäure (= Vitamin C) in Lebensmitteln zugelassen wird. Jedoch sind auch hier bei der Etikettierung die Bezeichnungen "vitaminé", vitaminisé" oder "antiscorbutique" verboten (Art. 1), da das Vitamin in diesem Falle zu den Antioxydantien gerechnet wird (die Erhöhung des Nährwertes bleibt außer Betracht). Damit ist klar, daß der Gesetzgeber bei der Vitaminisierung vom Verbotsprinzip ausgeht. Deutlicher als bei Lebensmitteln zeigt sich die Zuordnung der Vitamine zu den Zusatzstoffen

---

101) bis auf Vitamin C, arr. 21. 5. 1953, J.O. 10. 6. 1953; im Gegensatz zur Bundesrepublik Deutschland, wo es die "Verordnung über vitaminisierte Lebensmittel" vom 1. 9. 1942 gibt (RGBl. I, 538, zuletzt geändert durch VO vom 16. 5. 75, BGBl. I, 1281).

102) siehe Butter- und Margarinegesetz von 1897 Art. 2, dazu VO v. 30. 12. 1931, und arrêté v. 31. 12. 1931, J.O. 14. 1. 1932, wonach eine Wirkstoffanreicherung vorgesehen ist, der Begriff "vitamines" aber nicht gebraucht wird.

103) BIGWOOD/GERARD widmen dieser Frage gründliche Ausführungen, aaO, Bd. II, S. 95-103

104) J.O. 10. 6. 1953

noch bei Futtermitteln. Hier ist die Vitaminisierung geregelt durch Verordnung vom 28. 6. 1949[105] und Verordnung vom 12. 7. 1954[106]. Eine neuere Verordnung bezeichnet nun die Vitamine ausdrücklich als Zusatzstoffe in folgender Form:

"Les additifs énumérés ci-après sont autorisés ...
e) Vitamines A, D et E ..."[107]. Auch die Literatur rechnet die Vitamine eindeutig zu den Zusatzstoffen, jedoch ohne daß irgendwelche Ausführungen dazu gemacht werden[108].

Auf dem Gebiet der diätetischen Lebensmittel ist seit langem eine Ermächtigung vorhanden, wonach durch Verordnung Vitamine zur Anreicherung der diätetischen Produkte verwendet werden dürfen[109]. Die gleiche Vorschrift dehnt den Begriff der Zusatzstoffe für diätetische Produkte aus auf chemische Produkte und <u>biologische Substanzen</u> (substances biologiques)[110].

b) Enzyme

Bezüglich der Enzyme besteht in Frankreich eine ähnliche Situation wie bei den Vitaminen. Enzyme sind - vereinfacht - von lebenden Zellen erzeugte Eiweißstoffe, die chemische Verbindungen verändern. Dabei ist jedes Enzym auf eine ganz bestimmte Leistung abgestimmt, d.h. es wirkt spezifisch (Pepsin z.B. spaltet Eiweiß) und das macht ihre Einordnung recht schwierig. Über die Wirkungsweise der Enzyme

---

105) décret 28. 6. 1949, Art. 3, Abs. 6, J.O. 30. 6. 1949

106) arrêté 12. 7. 1954, Art. 3, J.O. 29. 7. 1954

107) Art. 7 ZusatzstoffVO für Futtermittel, décret 28. 11. 1973, J.O. 15. 12. 1973

108) vgl. GALLON, aaO, S. 168, 169, Punkt D. 4; DEHOVE, aaO, Rdnr. 41-3, S. 1018, Rdnr. 41-19, S. 1038

109) früher décret vom 25. 3. 1966, jetzt décret 24. 1. 1975 (s.o. S. 49 ff), Art. 7, Abs. 2

110) vgl. auch FOURGOUX/JUMEL, aaO, S. 115

(oder Fermente) war man sich lange Zeit im Unklaren. Ihre Zusammensetzung, Wirkungsweise und Verwendung in der Lebensmittelindustrie sowie ihr Vorkommen in Lebensmitteln sind bei BIGWOOD/GERARD ausführlich dargestellt[111]. Gebraucht und verwendet werden Enzyme vor allem in der Backwaren- und in der Getränkeindustrie als "technische Hilfsstoffe"[112]. Zusammen mit den Mikroorganismen besorgen sie die Fermentation bei den entsprechenden Produkten. Sie sind somit wichtig für die Gärung beim Bier, Apfel- und Birnenmosten usw. (eine solche Gärung kann natürlich auch bei anderen Produkten ungewollt hervorgerufen werden, z. B. Obst, Gemüse und damit das Produkt verderben).

Wie bei den Vitaminen ist in keiner Rechtsnorm gesagt, daß Enzyme als "additifs" anzusehen wären, wie ja auch der Begriff "additif" erst neuerdings (im Futtermittelrecht) in Gesetzen verwendet wird. Dennoch gilt auch hier das Prinzip der Positivlisten, soweit man bei den wenigen zugelassenen Enzymen von "Listen" sprechen kann. Es sind dies Amylase-, Prokolyse- und Pektinaseenzyme (also für Stärke-, Eiweißspaltung und in Malz und Pollenkörnern), die verwendet werden dürfen in der Zwieback-, Fruchtsaft-, Gemüsesaftindustrie und bei der Bierherstellung[113]. Enzyme sind demnach Zusatzstoffe und dürfen generell nicht in der Lebensmittelherstellung verwendet werden[114].

---

111) BIGWOOD/GERARD, aaO, Bd. II, S. 161-169; Bd. I, S. 74, 75, 79

112) vgl. dazu GALLON, aaO, S. 169, der interessante Tabellen über die verwendeten Zusatzstoffe aufstellt. Die Zahl der "auxiliaires" ist dabei auffallend hoch: 95 zugelassene Arten im Jahre 1972 gegenüber z. B. 12 Antioxydantien

113) arrêtés vom 31. 7. 1964, J.O. 25. 8. 1964, und 15. 10. 1957, J.O. 20. 10. 1957

114) auch DEHOVE, aaO, vor Kap. V, S. 127, S. 168, Rdnr. 5-175 und GALLON, aaO, S. 168/169, Punkt D. 4 ordnen sie hier ein

Die obigen Ausführungen gelten sinngemäß auch für Mikroorganismenkulturen[115].

c) Bestrahlung

Die Bestrahlung von Lebensmitteln (irradiation) ist in Frankreich etwa seit 1930 bekannt[116]. Sie hat sich in den letzten Jahren wegen der Fortschritte, die in der Nukleartechnik zu verzeichnen waren, erheblich entwickelt und ausgeweitet. Vor allem zu Konservierungszwecken, wie Verhinderung der Keimbildung bei Kartoffeln, Zerstörung von Salmonellen, Schutz von Getreide vor Insektenbefall, Sterilisation von Fleisch, auch bei der Weinherstellung werden Strahlen eingesetzt. Es handelt sich hierbei um ultraviolette und ionisierende Strahlen (Röntgenstrahlen, die in der Lebensmittelindustrie aber noch nicht verwendet werden, Gammastrahlen, Elektronenstrahlen, (Beta), Alphastrahlen[117]. Diese Strahlen stellen wegen der von ihnen ausgehenden Radioaktivität neben der Gefahr für die Umwelt und die damit beschäftigen Personen ein Risiko für die menschliche Gesundheit dar bei der Verwendung in der Lebensmittelindustrie. Das mußte die öffentliche Gewalt zum Einschreiten veranlassen, und so wurde in Art. R 5163 des Code de la Santé publique ein eindeutiges Verbot ausgesprochen:

> "L'addition de radio-éléments ou de produits en contenant aux aliments ainsi qu'aux produits hygiéniques et de beauté, est interdite".

---

115) dies entspricht im übrigen der deutschen Regelung in § 2 Abs. 2 LMBG, wonach technische Hilfsstoffe, die Vitamine A und D, Enzyme und Mikroorganismen Zusatzstoffe sind. Allerdings sind Enzyme und Mikroorganismenkulturen von der Zulassungspflicht freigestellt, § 11 Abs. 3; beachte aber § 12 Abs. 2 Nr. 3 LMBG

116) FOURGOUX/JUMEL, aaO, S. 122

117) Die deutsche Lebensmittel-BestrahlungsVO vom 19. 12. 1959 (BGBl. I, 761, geänd. d. VO vom 16. 5. 1975, BGBl. I, 1281, ber. 1859) behandelt ultraviolette und ionisierende Strahlen. Hier sind zu Versuchszwecken neben Elektronen- und Gamma- auch Röntgenstrahlen zugelassen, jedoch nur bis 10 rad (§ 1). Ultraviolette Strahlen dürfen angewendet werden zur Behandlung von Wasser, Obst und Gemüse, Hartkäse und zur Entkeimung der Luft (§ 2).

Dieses Verbot spricht zwar von Zusatz (addition), sagt aber noch wenig über die Bestrahlung aus (die ja nicht unbedingt in einem Zusatz bestehen muß). Es bedurfte deswegen im Jahre 1960 noch einer Klarstellung durch die Rechsprechung, daß z.B. die Benutzung ultravioletter Strahlen für Lebensmittel in Frankreich verboten ist[118]. Ihr Einsatz bei Wein wurde als "Verfälschung" bezeichnet, obwohl er als Schutz des Produktes vor Verderb anerkannt wurde[119]. Die unvorhersehbaren Folgen des physikalisch-chemischen Effektes ultravioletter Strahlen waren dabei das Hauptargument[120]. Eine klare Linie der Argumentation oder der Zuordnung der Strahlen war bei alledem nicht erkennbar. Da der Einsatz ultravioletter Strahlen eine physikalische Behandlung darstellt[121], waren sie schwer mit der Zusatzstoffverordnung von 1912 zu erfassen. Dennoch geht aus neueren gesetzgeberischen Initiativen deutlich hervor, daß Strahlen als "substances chimiques" im Sinne der Verordnung von 1912 angesehen werden[122]. Auch nach der Verordnung über ionisierende Strahlen vom 8. 5. 1970[123] werden dieselben den Zusatzstoffen zugerechnet und unterliegen dem Verbotsprinzip[124].

Zusammenfassend läßt sich sagen, daß als Zusatzstoff jede Substanz anzusehen ist, die nicht selbst Lebensmittel ist, absichtlich angewendet wird und direkt oder indirekt dem Lebensmittel einverleibt

---

118) Urteil Amiens, 20. 5. 1960, Gaz. Pal. 1960, 2, 325 mit Anmerkung

119) Cass. crim. 28. 10. 1961, D. 1962, jur. 64

120) vgl. LIOTARD/BERGERET, D. 1962, jur. 65

121) siehe BIGWOOD/GERARD, aaO, Bd. II, S. 209

122) Ministère de l'agriculture: "Le Service de la Répression des fraudes ...", S. 8

123) décret n° 70-392, 8. 5. 1970, J.O. 12. 5. 1970, S. 4466

124) obwohl es sich um ein "technologisches Behandlungsverfahren" handelt, BIGWOOD/GERARD, aaO, Bd. III, S. 125

wird oder werden kann. Dazu gehören auch technische Hilfsstoffe, Vitamine, Enzyme, ultraviolette und ionisierende Strahlen. Unbeabsichtigte Rückstände und Kontaminationen sind nicht unter diesen Begriff zu fassen.

III. Randbereiche des Lebensmittelrechts und konnexe Materien[125)]

Das Lebensmittelrecht erfaßt alle das Lebensmittel betreffenden Vorgänge von der Quelle bis zum Verbraucher. Das ist bei der Darstellung des Eigenbereichs dieses Rechtsgebietes bereits erkennbar geworden. Mag es sich um natürliche Lebensmittel oder Verarbeitungsprodukte handeln, um Probleme der Kontaktmaterialien, der Verpackung, des Transports, der Lagerung oder Verteilung - der Schutz des Verbrauchers, in diesem Bereich vornehmlich der Gesundheitsschutz, ist bei jedem Vorgang und in jedem Stadium zu gewährleisten. Die Arbeit des Gesetzgebers kann sich daher nicht auf Lebensmittel und Zusatzstoffe beschränken, denn gerade in den Randbereichen des Lebensmittelrechts ergeben sich die meisten Probleme[126)].

Zunächst ist darunter das zu fassen, was man gemeinhin als Lebensmittelhygiene bezeichnet[127)]. Die Grundlage hierfür hat Art. 1 des Code de la Santé publique geschaffen, indem er den Präfekten den Erlaß departementaler Sanitätsvorschriften aufgab. Hierfür lieferte der "Conseil supérieur d'hygiène publique"[128)] eine Musterver-

---

125) Es wird nachfolgend keine strenge Unterscheidung zwischen Randbereichen und konnexen Materien vorgenommen, weil das rechtlich nicht ausschlaggebend ist. Nach F.A.O.-GERARD, aaO, S. 16 sind Randbereiche solche Gesetzestexte, die die Prinzipien des Basisgesetzes aufgreifen; konnexe Materien, die dies nicht tun aber dennoch eine Beziehung zum Lebensmittelrecht haben. Die Unterscheidung ist also nach den in § 3 genannten Zielen des Basisgesetzes zu treffen.

126) vgl. TRUHAUT/SOUVERAIN, aaO, S. 6

127) DEHOVE, aaO, vor Kap. IV, S. 88

128) siehe schon S. 32, 56

ordnung (règlement sanitaire départemental-type)[129], die die Anforderungen an die Beschaffenheit von Lebensmittelgeschäften regelt, den Verkauf von Lebensmitteln außerhalb der Geschäfte, die Märkte, Lager, Abfälle, den Transport sowie die Beschaffenheit von Räumen, in denen Lebensmittel zubereitet werden. Nicht nur die Überwachung der Lebensmittel selbst ist sichergestellt, auch die Materialien, mit denen sie in Berührung kommen, die für diese Materialien verwendeten Reinigungsmittel und die Bedingungen, unter denen die Lebensmittel hergestellt und gehandelt werden, sind Gegenstand eingehender Regeln des Lebensmittelrechts. Die Verordnung vom 12. 2. 1973 hat nicht nur die Zusatzstoffregelung der Verordnung von 1912 geändert, sie hat gleichzeitig die Basis für einen ganzen Katalog von Vorschriften für Kontaktmaterialien und deren Reinigungsmittel abgegeben[130]. Die Regeln sollen gewährleisten, daß von solchen - am treffendsten mit dem deutschen Begriff "Bedarfsgegenstände"[131] bezeichneten - Produkten und Gegenständen keine Gefährdung der menschlichen (oder auch tierischen) Gesundheit zu befürchten ist. Während die genannte Verordnung die Kontamination der Lebensmittel selbst verhindern soll, regeln weitere Bestimmungen Produkte, die mit dem menschlichen Körper in Berührung kommen. Hierher gehören nach französischer Auffassung zunächst die "Produkte, die versehentlich verschluckt werden können"[132] wie z.B. Kaufgummi, das nicht zu den Lebensmitteln zählt[133], kurioserweise aber den Zuckerwaren (confiserie) zugerechnet wird[134], Kautabak, Produkte der Mund- und Zahnhygiene

---

129) Anhang circulaire 24. 5. 1963, J.O. 24. 9. 1963

130) J.O., Brochure Nr. 1227, Répression des fraudes et contrôle de la qualité (recueil de textes concernant les matériaux au contact des aliments et denrées destinés à l'alimentation humaine), 27 VOen und Rundschreiben; Stand 6. 6. 1976

131) siehe dazu § 5 LMBG; in Frankreich wird ein so weitreichender Sammelbegriff jedoch nicht verwendet.

132) FOURGOUX/JUMEL, aaO, S. 82

133) siehe oben S. 44

134) circulaire 2. 5. 1966, unveröffentlicht

und Kinderspielzeug, das häufig in den Mund genommen wird und deshalb nicht schädlich sein darf (Art. L 143, Code de la Santé publique).

Eine Zwischenkategorie bilden die Produkte, die sowohl mit den Lebensmitteln als auch mit dem Körper in Berührung kommen. Es sind Erzeugnisse zur Kinderernährung wie z.B. Saugflaschen, Saugpfropfen und Schnuller (biberons, tétines, sucettes), denen im Code de la Santé publique ein ganzer Abschnitt gewidmet ist (Art. 5262 ff).

Ein Randbereich des Lebensmittelrechts ist auch die Regelung der sogenannten "Schönheitsprodukte" (produits de beauté), nüchterner bezeichnet als Produkte zur Körperpflege, Körperhygiene oder allgemeiner Kosmetika (produits d'hygiéne corporelle, cosmétiques)[135]. Was Kosmetika oder derartige Produkte sind, ist nirgendwo gesetzlich definiert worden[136]. Man versteht darunter allgemein "Produkte, die der Verbraucher zur Erhaltung oder Verbesserung seines Äußeren benutzt, sei es aus hygienischen oder ästhetischen Motiven, die oft von der Mode abhängig sind, wie z.B. Schminke, Lippenstift, Nagellack, Haarwaschmittel, Creme, Seife, Duftwasser"[137]. Zur Herstellung dieser Mittel werden zahlreiche Giftstoffe (substances vénéneuses) verwendet, die leicht auf oder in Lebensmittel gelangen oder auch sonst die menschliche Gesundheit gefährden können. Zwar befinden sich die Regelungen hierfür im V. Buch des Code de la Santé publique[138], der in den Kompetenzbereich des Gesundheitsministeriums fällt, mit der Durchführung bzw. Kontrolle sind aber die

135) Ministère de l'Agriculture, "Le Service de la Répression des fraudes ...", S. 10

136) siehe zum Vergleich § 4 LMBG; dazu § 5 Abs. 1 Nr. 6, wo "Schönheitsprodukte" und andere, die dazu bestimmt sind, längere Zeit am Körper zu bleiben, als Bedarfsgegenstände angesehen werden.

137) CA, Sonderheft 17. 11. 1969, "Protection du consommateur" (guide réglementaire), S. 165/166

138) neu durch loi 10. 7. 1975, J.O. 11. 7. 1975, ber. 16. 7. 1975

Beamten des "Service de la Répression des fraudes ..." vom Landwirtschaftsministerium beauftragt, die ja auch für Lebensmittel allgemein zuständig sind. Kosmetika sind also ein Randbereich des Lebensmittelrechts[139].

Das Lebensmittelrecht betrifft im wesentlichen die gesetzliche Regelung der Qualitätskontrolle und der Zusammensetzung der Substanzen, die der Mensch ißt oder trinkt, die, mit denen er sich ernährt, d.h. die er sich absichtlich einverleibt. Dazu kommen die genannten Randbereiche. Bei den Produkten, die auf oralem Wege in den Körper gelangen, sind jedoch Lebensmittel und <u>Arzneimittel</u> deutlich zu unterscheiden[140]. Medikamente und pharmazeutische Produkte[141], die oral eingenommen werden, gehören genauso in das Arzneimittelrecht wie alle übrigen Arzneimittel[142]. Es ist dabei unerheblich, daß von Medikamenten oft ein sogenannter "kumulativer Effekt" ausgeht, d.h. bei der Einnahme eines Arzneimittels mit irgendeiner anderen Substanz (Lebensmittel) die Gesundheit des Verbrauchers angegriffen werden kann[143]. Für Tierarzneimittel gelten allerdings Sonderregeln[144].

Weiter ausgedehnt hat sich der Anwendungsbereich des Lebensmittelrechts durch die immer stärkere Verwendung von Giftstoffen (wie z.B. bei Kosmetika) auch in der Landwirtschaft. Zur Steigerung der

---

139) vgl. Ministère de l'Agriculture "Le Service de la Répression des fraudes ...", S. 10

140) siehe dazu bereits S. 51

141) hierunter ist allerdings nicht der französische Begriff "produits pharmaceutiques" zu verstehen, der alles umfaßt, was man in Apotheken kaufen kann (Hygieneprodukte, Schädlungsbekämpfungsmittel, diätetische Produkte, Mineralwässer usw.; vgl. CA, Sonderheft, 17. 11. 1969, "Protection du consommateur" (guide réglementaire), S. 167

142) DEHOVE, aaO, Rdnr. 1-90, S. 38

143) FOURGOUX/JUMEL, aaO, S. 80

144) siehe unten S. 72/73

Produktion wird auf chemische Düngemittel zurückgegriffen, natürliche Dungstoffe reichen längst nicht mehr aus (z.T. auch bedingt durch die Spezialisierung im Agrarbereich[145]). Zur Erhaltung dieser Produktion bis zur Ernte, beim Transport, bei der Lagerung benutzt man Schädlingsbekämpfungsmittel. Zwischen 1951 und 1966 konnte dadurch die Welterzeugung an Nahrungsmitteln um 34 Prozent erhöht werden. Hierbei stiegen die Ausgaben für Nitratdünger um 46 Prozent und für Schädlingsbekämpfungsmittel um 300 Prozent[146]. Es liegt nahe, daß sich damit die natürliche Qualität der Produkte degradiert. Es finden sich Rückstände der Stoffe in und auf Lebensmitteln, die zu Risiken für die menschliche Gesundheit führen. Rückstände von Pestiziden z.B. finden sich vor allem in Milch und Eiern. Besonders gefährlich sind die chlorierten Kohlenwasserstoffe wie DDT (= Dichlordiphenyltrichloräthan), Aldrin, Dieldrin, Chlordan, Heptachlor usw., bei denen im Tierversuch bereits Leber- und Nervenschädigungen nachgewiesen wurden[147].

Hiergegen wurde zunächst nicht der Wunsch nach staatlicher Regelung, sondern der Ruf nach einer "biologischen Landwirtschaft" laut[148]. Eine "agriculture biologique", die mehr das natürliche Gleichgewicht respektiert und die Gesundheit der lebenden Arten, die gegen die Monokultur als eine "aberration écologique"[149] ist, gegen systematische Behandlungen mit hohen Dosen, gegen lösliche chemische Dünger, ist heute jedoch utopisch. Sie ist in Frankreich natürlich nur ein Randbereich, etwa 5000 Landwirte mit 200.000 Hektar (d.h. circa 1 % der landwirtschaftlichen Nutzfläche), arbeiten

145) siehe dazu bereits S. 21/22

146) MEADOWS, aaO, S. 43

147) LEVI, aaO, S. 52/53

148) siehe dazu BEAUJOUAN-REGNAUD, "Agriculture et alimentation biologique", Paris 1974

149) LEVI, aaO, S. 20

nach diesem Prinzip[150]. Ohne die Anwendung von Schädlungsbekämpfungsmitteln würde nämlich der Gesamternteverlust in Frankreich bei Ernte und Lagerung allein 34,8 Prozent betragen[151]. Die Kartoffel z.B. ist dem Angriff von wenigstens 200 verschiedenen Schädlingen und Krankheiten ausgesetzt[152].

Es muß allerdings dafür gesorgt werden, daß diese Produkte die Lebensmittel nicht unnötig kontaminieren, es müssen Höchstmengen für Rückstände solcher Stoffe in und auf Lebensmitteln festgesetzt und eine Gefährdung der menschlichen oder tierischen Gesundheit (die wegen der schweren Abbaubarkeit der Stoffe wie z.B. DDT über das Tier wieder den Menschen erreichen würde) verhindert werden. In diesem Zusammenhang sind das Düngemittelrecht, Pflanzenschutz- und Schädlungsbekämpfungsrecht konnexe Bereiche des Lebensmittelrechts[153]. Die Giftstoffregelung ist für das Lebensmittelrecht nur insoweit von Bedeutung, als diese "substances vénéneuses" in Kosmetika oder in der Landwirtschaft verwendet werden[154]; sie ist jedoch nicht als Randbereich oder konnexe Materie dieses Rechtsgebietes anzusehen.

Mit dem Lebensmittelrecht verknüpft ist das Futtermittelrecht. Daß die meisten Futtermittel Zusatzstoffe enthalten, ist beinahe schon selbstverständlich. Für Zusatzstoffe, die die Futtermittel selbst beeinflussen sollen, gelten in etwa die gleichen Regeln wie für die Lebensmittelzusatzstoffe. Weitreichende Probleme werfen jedoch die Zusatzstoffe auf, die die tierische Produktion beeinflus-

---

150) LEVI, aaO, S. 20

151) RIOUFOL, aaO, S. 5

152) RIOUFOL, aaO, S. 11

153) vgl. BIGWOOD/GERARD, aaO, Bd. II, S. 10, Tabelle S. 12-13

154) entsprechend unterscheidet der Code de la Santé publique nach dem Anwendungsbereich, vgl. Art. R. 5149

sen[155]. Die bekanntesten sind Antibiotika und Kokkidiostatika, deren Verwendung, bedingt durch die Massentierhaltung und die damit verbundenen Viehseuchenrisiken, immer mehr zunimmt. Diese an sich in den Bereich der Veterinärpharmazie gehörenden Produkte haben zugunsten der Lebensmittelhygiene[156] Sonderregelungen erfahren[157] zusammen mit den vorher genannten in der Landwirtschaft verwendeten Produkten[158].

Um die Sicherstellung der Unschädlichkeit von Lebensmitteln tierischer Herkunft zu vervollständigen, hat das Lebensmittelrecht schließlich die entsprechenden Regeln der Schlachttier- und Fleischbeschau zu erfassen. Sie dienen gewissermaßen der Durchführung und Kontrolle der die Lebensmittel betreffenden Vorschriften für die in Landwirtschaft und Zucht verwendeten Produkte (neben ihrer eigentlichen gesundheitsrechtlichen Funktion)[159].

Ein weiteres wichtiges Gebiet dieser Rechtsmaterie ist die Etikettierung von Lebensmitteln. Mit ihr können mehrere Ziele[160] des Lebensmittelrechts verwirklicht werden: der Verbraucher kann informiert werden, gleichzeitig wird er vor Täuschung, eventuell sogar vor Gesundheitsschädigung und unlauterem Wettbewerb geschützt. Das Gesetz von 1905 hatte in der Ermächtigung des Art. 11 Abs. 2 bereits die das Lebensmittel betreffenden Angaben erfaßt, dennoch

---

155) diese Produkte fallen nach Art. 2 der FuttermittelzusatzVO vom 28. 11. 1973, J.O. 15. 12. 1973, mit unter den Zusatzstoffbegriff

156) vgl. DEHOVE, aaO, Kap. IV, Rdnr. 4-80, S. 88, 111

157) arr. 18. 11. 1973, J.O. 15. 12. 1973; loi modifiant le livre V du Code de la Santé publique et relative à la pharmacie vétérinaire, 29. 5. 1975, J.O. 30. 5. 1975

158) "résidus de produits utilisés en agriculture et en élevage présentant un danger pour la santé humaine", décret 30. 7. 1971, J.O. 3. 8. 1971

159) vgl. décret 21. 7. 1971, J.O. 1. 8. 1971, unten Seite 184 ff, 230

160) siehe oben § 3

waren die Etikettierungsvorschriften zersplittert in anderen Rechtsbereichen wie z. B. dem Preisrecht, dem Recht der Werbung, dem Markenschutzrecht usw. untergebracht wie auch in Einzelregelungen für bestimmte Produkte. Die genannten Rechtsgebiete haben aber andere vorrangige Ziele als das Lebensmittelrecht. Sie wollen Einfluß nehmen auf das Wirtschaftsleben (auch auf die Lebensmittelwirtschaft), den unlauteren Wettbewerb verhindern, die Warenqualität und damit Wettbewerbsfähigkeit der Produkte erhöhen. Zwar hatte die bereits bekannte Durchführungsverordnung von 1912 in Art. 5 und 6 auch schon eine Etikettierungspflicht vorgesehen, eine Bereinigung und Zusammenfassung der für Lebensmittel geltenden Vorschriften wurde jedoch erst durch die Lebensmittelkennzeichnungsverordnung vom 12. 10.1972[161] geschaffen. Diese Verordnung konnte aber Gesetzesbestimmungen nicht aufheben[162]. So blieben (bis auf die Art. 5, 6 der VO von 1912 nach Art. 8 der VO von 1972) sämtliche Gesetzesvorschriften, wie z. B. über Preisangaben[163], über die wahrheitswidrige Werbung[164] über Qualitätserzeugnisse[165] weiter in Kraft. Auf diese Weise sind die soeben genannten Rechtsgebiete betreffend Preise, Werbung, Qualitätshinweise (hier sind besonders zu nennen das Recht der Normung, Marke "NF", Labels, Appellations d'origine)[166] weiterhin mit dem Lebensmittelrecht verknüpft.

---

161) décret n° 72-937, 12. 10. 1972, J.O. 14. 10. 1972, S. 10811

162) siehe dazu § 6

163) ordonnance 30. 6. 1945, Art. 38, J.O. 8. 7. 1945; die ordonnance erlangte nach der Ratifizierung durch das Parlament Gesetzeskraft, vgl. GUILLIEN/VINCENT, aaO, S. 246 und unten S. 141 ff

164) damals loi 2. 7. 1963, Art. 5, 6, J.O. 3. 7. 1963; jetzt loi Royer 27. 12. 1973, Art. 44, J.O. 30. 12. 1973, geänd. durch loi 10. 1. 1978, J.O. 11. 1. 1978; S. 301

165) z. B. ordonnance 22. 9. 1967, J.O. 27. 9. 1967 betreffend Importware

166) siehe dazu bereits S. 31

IV. Zwischenstaatlicher Verbraucherschutz

Der Zwischenstaatliche Verbraucherschutz wäre eigentlich als internationales Lebensmittelrecht zu bezeichnen und könnte Gegenstand einer selbständigen Arbeit sein; der immer stärker anwachsende grenzüberschreitende Verkehr macht jedoch einige Ausführungen hierzu erforderlich.

1. Die Einfuhrkontrolle

Der Verbraucherschutz macht eine Kontrolle der importierten Waren bei der Einfuhr unentbehrlich. Nur so kann sichergestellt werden, daß die Erzeugnisse zum Zeitpunkt der Verbringung auf den Binnenmarkt den gesundheits- und lebensmittelrechtlichen Inlandsbestimmungen entsprechen. Einen ersten Schritt dahin tat der französische Gesetzgeber mit dem "Gesetz über die Verpflichtung zur Angabe des Herkunftslandes bei ausländischen Produkten"[167], das aber eben weiter nichts als diese eine Verpflichtung enthielt und dessen Bedeutung bis heute gering ist. Alsdann folgte das Milchmarktgesetz von 1935[168], wonach die nationalen Vorschriften für Milchprodukte auch für Importeure gelten. Eine Regelung auf horizontaler Ebene wurde jedoch erst im Jahre 1967 mit der Änderung des "Landwirtschaftsorientierungsgesetzes"[169] geschaffen[170]. Dem Importeur werden dabei umfangreiche Pflichten auferlegt, die vor allem eine strenge Rechtsprechung herausgebildet hat. Er ist danach verpflichtet, sich zu vergewissern, ob die Ware den französischen Normen entspricht[171]. Hierfür ist er sogar beweispflichtig, und das im Strafprozeß trotz vorangegangener Einfuhrkontrolle[172]! Die Tendenz geht zu einer weiteren Ausdehnung der Haf-

---

167) loi 20. 4. 1932, J.O. 21. 4. 1932

168) loi 2. 7. 1935, J.O. 3. 7. 1935, S. 7026, Art. 14

169) siehe bereits S. 35

170) ord. n° 67-810, du 22. 9. 1967, modifiant l'art. 30-I de la loi sur l'orientation agricole, J.O. 27. 9. 1967, S. 9505

171) Cass. crim. 11. 7. 1963, D. 1964, jur. 411

172) FOURGOUX/JUMEL, aaO, S. 189

tung: der Importeur soll nicht allein verantwortlich sein, selbst der ausländische Lieferant soll in Frankreich strafrechtlich verfolgt werden können[173]. Es sind also Bestrebungen zu erkennen, den räumlichen Geltungsbereich des Lebensmittelrechts über das französische Staatsgebiet hinaus auszudehnen im Interesse des Verbraucherschutzes[174].

2. Die Ausfuhrkontrolle

Das Gesetz von 1905 ermächtigt in Art. 11 Abs. 2 die Verwaltung, Vorschriften zu erlassen über die "speziellen Marken, die obligatorisch sind auf den französischen Waren, die ins Ausland exportiert werden". COSTA meint deswegen, das Gesetz von 1905 habe damit den ausländischen wie den französischen Verbraucher schützen wollen, wobei COSTA aber einräumt, daß die eigentliche Zielsetzung das "gute Renommee der französischen Produkte" ist[175]. Es steht außer Zweifel, daß die Vorschrift rein wirtschaftliche Interessen verfolgt[176]. Das geht auch aus dem Titel der Bestimmung, die Art. 11 des Gesetzes von 1905 entsprechend änderte, deutlich hervor: Gesetzesdekret über Maßnahmen zur Sicherung der Redlichkeit im Geschäftsleben und zur Steigerung der Ausfuhr durch Verbesserung der Qualität der französischen Produkte[177]. Immerhin werden bei der Exportware danach (Art. 4) Analysen vorgenommen und Qualitätsbescheinigungen[178] verliehen. Das Lebensmittel-

173) FOURGOUX, "La poursuite pour fraude dirigée contre le vendeur étranger", Anmerkung zum Urteil des Trib. grande inst., Nice, 5. 6. 1962, das einen ausländischen Verkäufer bereits verurteilt hat, D. 1964, jur. 441

174) siehe unten S. 269, 273 ff

175) COSTA, D. 1971, jur. 244

176) FOURGOUX/JUMEL, aaO, S. 32 und 188

177) décret-loi 14. 6. 1938 prescrivant des mesures destinées à assurer la loyauté des transactions et à relever nos exportations par l'amélioration de la qualité des produits français, J.O. 15. 6. 1938

178) ROUSSEAU, aaO, S. 60: la marque nationale de conformité aux normes (N.F.) est obligatoire pour l'octroi des licences d'exportation

recht erfaßt damit grundsätzlich auch die Ausfuhrprodukte und bewirkt einen indirekten Schutz des ausländischen Verbrauchers.

3. Besonderheit der französischen Überseegebiete

In Art. 16 des Gesetzes von 1905 steht der lapidare Satz: "Dieses Gesetz ist anwendbar auf Algerien und die Kolonien" (La présente loi est applicable à l'Algérie et aux colonies). Zu diesem schon recht umfangreichen Geltungsbereich kam noch die Ausdehnung der Gesetzgebung auf die Protektorate, z.B. Tunesien und Marokko[179]. Freilich ist der Geltungsbereich durch die Entwicklung in den letzten 70 Jahren und die Politik der Entkolonisierung[180] wieder erheblich eingeschränkt worden. Daß Art. 16 des Gesetzes von 1905 überhaupt notwendig wurde, lag an der seit langem im französischen Kolonialrecht verankerten "Spezialität der Gesetzgebung". Die "spécialité législative" bedeutet, daß das Normenrecht des Mutterlandes nicht automatisch, sondern nur auf Grund eines besonderen, ausdrücklichen Rechtsetzungsaktes in den überseeischen Gebieten wirksam werden kann[181]. Eine neue Situation ergab sich mit der Schaffung der "Französischen Union" durch die Verfassung der IV. Republik vom 27. 10. 1946[182]. Die "Union française" sollte den Zerfall des Kolonialreiches verhindern. So erhielten die meisten Kolonien den neugeschaffenen Status von "Überseeterritorien" (T.O.M. = territoires d'outre-mer, Art. 74 ff der Verfassung 1946). Diese wurden als "staatsrechtliche Verwaltungsbezirke" angesehen, waren also Bestandteile der "einen und unteilbaren Republik" (Art. 1 und 60 der Verfassung 1946). Die sogenannten alten Kolonien aber

179) vgl. TOUBEAU, aaO, S. 38

180) vgl. dazu WEINBUCH: "Entkolonisierung und föderales Prinzip im Spiegel der französischen Gemeinschaft"

181) WEINBUCH, aaO, S. 33, Fußnote 27

182) Constitution francaise, 27. 10. 1946, J.O. 18. 10. 1946, S. 9166

(Guadeloupe, Martinique, Guyane, Réunion) wurden durch Gesetz vom 19. 3. 1946[183] umgewandelt in "Überseedepartements"(D.O.M. = départements d'outre-mer, Art. 73 der Verfassung 1946), was die vollständige Assimilation bedeutete. Damit wurde für diese Gebiete natürlich auch die Spezialität der Gesetzgebung beseitigt, während sie für die Überseeterritorien beibehalten wurde. Die Verfassung der V. Republik vom 4. 10. 1958[184] und die Umwandlung der Union in die "Französische Gemeinschaft" haben daran nichts geändert.

Das französische Lebensmittelrecht neben dem Gesetz von 1905 gilt demnach automatisch in den Überseedepartements Guadeloupe, Martinique, Französisch-Guayana und Réunion. Kraft besonderen Rechtsetzungsaktes gilt es in den verbliebenen Überseeterritorien Neu-Kaledonien, Französisch-Polynesien, Saint-Pierre und Miquelon, auch in den französischen "südlichen" (australen) und antarktischen Gebieten, wie auf den Protektorats-Inseln Wallis und Futuna und mit Einschränkungen (wegen der Unabhängigkeitsbewegungen bis 1977) auf dem Territorium der Afar und Issa und den Komoren. In Europa fallen noch Monaco und Andorra in den Geltungsbereich des französischen Lebensmittelrechts[185].

4. Französisches Lebensmittelrecht und EG

Seit der Gründung der Europäischen Wirtschaftsgemeinschaft durch den Vertrag von Rom vom 25. 3. 1957[186] kann das Lebensmittelrecht in den Mitgliedstaaten nicht mehr nach nur nationalen Gesichtspunkten betrachtet werden. Art. 2 des Vertrages verpflichtet die

---

183) loi n° 46-451, J.O. 20. 3. 1946, S. 2294

184) J.O. 5. 10. 1958; Verkündungsgesetz in Gaz. Pal. 1958, 2, 164

185) siehe auch S. 82

186) Ratifizierungsermächtigung des Präsidenten der Republik, loi 2. 8. 1957, J.O. 4. 8. 1957

Mitgliedstaaten zu einer harmonischen Entwicklung der wirtschaftlichen Aktivitäten, Art. 100 zur Annäherung[187] der nationalen Gesetzgebungen, soweit dies zum Funktionieren des gemeinsamen Marktes notwendig ist. Der Rat und die Kommission der Gemeinschaft bedienen sich zu dieser Harmonisierung juristischer Instrumente in Form von Verordnungen, Richtlinien, Entscheidungen, Empfehlungen und Stellungnahmen (Art. 189 EWG V)[188].

Daraus folgt eine Einschränkung der nationalen Kompetenzen durch das Gemeinschaftsrecht[189]. Die französische Verfassung von 1958 erkennt solche Einschränkungen ausdrücklich an[190]. Art. 55 der Verfassung sichert den Vorrang des EG-Rechts vor dem nationalen Recht:

> "Die ordnungsgemäß ratifizierten oder angenommenen Verträge oder Abkommen erlangen mit ihrer Veröffentlichung höhere Rechtskraft als die Gesetze, vorausgesetzt, daß die anderen Vertragsstaaten sie in gleicher Weise anwenden."

Der Harmonisierung des Lebensmittelrechts innerhalb der EG steht nach der französischen Verfassung also nichts im Wege. Das französische Lebensmittelrecht findet seine Schranken dort, wo die EG bereits eigene Regelungen getroffen hat. Dies gilt besonders für das in Frankreich sehr wichtige Weinrecht, das durch die Verordnungen Nr. 816 und 817[191] vollständig harmonisiert worden ist[192].

---

187) die Begriffe "Annäherung" und "Harmonisierung" haben keine unterschiedliche Bedeutung i.S. des Vertrages von Rom. Sie werden daher nachfolgend synonym gebraucht.

188) siehe unten S.232 ff

189) vgl. TOUCHARD, aaO, S. 15/17

190) siehe näher S. 216 ff, 232

191) VOen vom 20. 4. 1970, ABl. Nr. L 99, S. 1 ff, 20 ff

192) allerdings diente hier nicht Art. 100, sondern Art. 43 EWGV als Grundlage

Freilich muß die Verordnung im Lebensmittelrecht die Ausnahme bleiben, da mit ihr die nationalen Bestimmungen unanwendbar werden[193], was zu erheblichen Anpassungsschwierigkeiten führen kann[194]. In Frankreich hat sich - vielleicht deshalb - schon ein totaler Widerspruch zwischen Verfassungsauftrag und Verfassungswirklichkeit gezeigt: wegen sich durch die EG-Regelung ergebender Handelsschwierigkeiten mit Algerien entschied der "Conseil d'Etat", daß das spätere französische Recht dem EG-Recht vorgehe, nach dem Grundsatz "lex posterior derogat legi priori", ohne den Art. 55 der Verfassung auch nur zu erwähnen[195]. Auf diese scharf kritisierte Entscheidung und Einstellung wird an gegebener Stelle eingegangen[196].

Klassisches Instrument der Rechtsangleichung in der EG ist die Richtlinie mit ihrem System der zweistufigen Rechtsetzung[197]. Auf dem Gebiet des Lebensmittelrechts sind die Erfolge zwar noch bescheiden[198], der Spielraum des französischen Gesetzgebers ist aber insoweit begrenzt, somit auch der Anwendungsbereich des französischen Lebensmittelrechts.

Es bleibt anzumerken, daß das Recht der EG nicht auf die europäischen Gebiete beschränkt ist und auch den französischen territorialen Besonderheiten Rechnung trägt[199]. Für außereuropäische Gebiete

---

193) vgl. dazu TINLOT, Gaz. Pal. 1975, 2, doct. 407 (408)

194) ECKERT, ZLR 1974, 36

195) es ging um die Getreidemarktordnung; Urteil in Revue trimestrielle de droit européen 1968, S. 388, mit Anm. von CONSTANTINIDES-MEGRET

196) siehe unten S. 217

197) ECKERT, ZLR 1974, S. 32/34

198) siehe S. 177

199) vgl. RUNGE, aaO, S. 138, der aber die Départements d'outre-mer (D.O.M.) fälschlich als T.O.M. (= territoires d'outre-mer) bezeichnet bzw. diese nicht unterscheidet

sind jedoch Sonderregelungen getroffen:

Art. 227 Abs. 2 des EWG-Vertrages erklärt einen Großteil der Bestimmungen für anwendbar auf die französischen Überseedepartements und Algerien. Das sind Vorschriften über den freien Warenverkehr und die Landwirtschaft, nicht die Handelspolitik[200]. Es bestehen aber Handelsregelungen für bestimmte landwirtschaftliche Verarbeitungserzeugnisse[201]. Für Algerien hat Art. 227 Abs. 2 EWGV die Bedeutung verloren, weil das Land auf Grund des Abkommens von Evian vom 18. 3. 1962 am 1.7.1962 unabhängig geworden ist[202]. Algerien ist aus dem Assoziierungssystem dieser Art ausgeschieden und strebt eine Assoziierung i.S. von Art. 238 EWGV an[203]. Für ehemalige Kolonien sind in Art. 227 EWGV ebenfalls Assoziierungsabkommen vorgesehen.

Besondere Vorschriften gelten auch für die "territoires d'outre-mer". Es sind die Art. 131 bis 136 EWGV, die die außereuropäischen "Länder und Hoheitsgebiete" assoziieren. Ziel ist hier die wirtschaftliche und soziale Entwicklung der Länder (Abs. 2), die Schaffung gleicher Rechte wie für die Mitgliedstaaten untereinander (Art. 132), was im einzelnen mit Durchführungsabkommen zu regeln ist (Art. 136) und bereits geschehen am 25. 3. 1957[204]. Das EG-Recht ist also bei den T.O.M. nicht automatisch anwendbar wie in den genannten Bereichen bei den D.O.M., die quasi in die EG "eingemeindet[205]"

---

200) vgl. dazu GROEBEN/BOECKH/THIESING, aaO, I A 67, Art. 227, S. 197

201) siehe VO Nr. 1059/69 vom 28. 5. 1969, ABl. Nr. L 141, S. 1 ff; Art. 13 regelt Getreide, Butter, Milch, Rüben, Kartoffelstärkeerzeugnisse usw.

202) vgl. IPSEN, aaO, Rdnr. 7/9-17, 4/5; Urteil des Europäischen Gerichtshofes von 1973, EuGHE XIX, 1001

203) GROEBEN/BOECKH/THIESING, aaO, I A 67, Art. 227, S. 197

204) Durchführungsabkommen abgedruckt in EG: "Verträge zur Gründung der Europäischen Gemeinschaften, Änderungsverträge, Beitrittsdokumente", S. 469

205) so LAMPUE, Annuaire de Droit International 1960, 907 (915)

sind. Die assoziierten Länder und Hoheitsgebiete sind in Anhang IV des Vertrages aufgezählt[206]. Als französische T.O.M. sind danach zu nennen: Saint-Pierre und Miquelon, Komoren, Territorium der Afar und Issa[207], Neukaledonien und zugehörige Gebiete, französische Niederlassungen in Ozeanien, die australen und antarktischen Gebiete. Dazu kommt das französisch-britische Kondominum der Neuen Hebriden.

Der Vollständigkeit halber sei noch erwähnt, daß von den europäischen Ländern Monaco und Andorra durch die Wahrnehmung ihrer Interessen durch Frankreich ebenfalls in den Geltungsbereich des EG-Rechts fallen[208].

5. Die Normen des "Codex Alimentarius"

Der Gedanke der Harmonisierung der Gesetzgebungen auf internationaler Ebene wurde bereits mit dem Arrangement von Madrid vom 14. 4. 1891 ausgesprochen[209]. Aber erst 1962 wurde die Kommission des "Codex alimentarius" durch F.A.O. und W.H.O. begründet mit dem Ziel, das Lebensmittelrecht weltweit zu harmonisieren[210]. Dazu werden Normen erarbeitet, die Mindestanforderungen zum Schutz der menschlichen Gesundheit darstellen. Diese Normen sind allerdings nicht mit Rechtsvorschriften etwa der EG zu vergleichen. Zunächst müssen sie von den Mitgliedstaaten angenommen werden; aber selbst wenn sie angenommen sind, verpflichten sie

---

206) siehe EG: "Verträge zur Gründung ...", S. 403

207) Einschränkungen siehe bereits S. 78 , letztere 1977 unabhängig geworden

208) siehe IPSEN, aaO, Rdnr. 4/2; a.A. bezüglich Andorra GROEBEN/BOECKH/THIESING, aaO, I A 67, Art. 227, S. 201 mit der Begründung, Andorra sei kein selbständiger Staat. Durch die Zollunion etc. mit Frankreich ist Andorra aber doch faktisch einbezogen.

209) Dieses wurde eingeschlossen in die Friedensverträge des 1. Weltkrieges; vgl. ROUSSEAU, aaO, S. 8

210) zur gesamten Entwicklung FOURGOUX/JUMEL, aaO, S. 190/204

den betreffenden Mitgliedstaat nicht unbedingt gegenüber F.A.O. oder W.H.O.[211]. Das "Service de la Répression des fraudes ..." ist als französischer Vertreter in fast allen Arbeitsgruppen der Kommission vertreten, aber die seit 1969 über 60 "empfohlenen Normen des Codex Alimentarius" hatten keinerlei Beschränkungen des französischen Lebensmittelrechts zur Folge, d.h. der Geltungsbereich wird durch den "Codex Alimentarius" vorerst nicht eingeschränkt[212]. Die französischen Regelungen erfüllen diese Mindestanforderungen. Im übrigen hatte 1974 noch kein EG-Mitgliedstaat eine Annahmeerklärung abgegeben[213].

---

211) so das franz. Landwirtschaftsministerium zu den Normen F.A.O./O.M.S.; Ministère de l'Agriculture, "Le Service de la Répression des fraudes...", S. 16: L'acceptation n'a pas la valeur d'une convention au sens du droit public international.

212) vgl. auch FOURGOUX/JUMEL, aaO, S. 203/204

213) siehe dazu ECKERT, ZLR 1974, S. 32, 34, 35, 42

§ 5 : Generelle Struktur und Prinzipien des Lebensmittelrechts

I. Allgemeines

Will man das französische Lebensmittelrecht als selbständiges Rechtsgebiet betrachten, so müssen darin gewisse strukturelle Elemente erkennbar sein. BIGWOOD/GERARD bezeichnen als "élément structurel" alles, was die Gesamtheit der Regeln, die das Lebensmittelrecht darstellen, grundlegend charakterisiert[1]. Auf legislativer Ebene ist zunächst die geschriebene Regel zu nennen, also das allgemeine und dauerhafte, vom Parlament ausgearbeitete Gesetz (loi)[2]. Allerdings begnügt sich das lebensmittelrechtliche Gesetz damit, Grundsätze aufzustellen und deren Ausführung durch Delegierung der Kompetenz auf die exekutive Ebene der Verwaltung zu überlassen[3]. Diese technische Materie läßt es nicht zu, die Fülle der Probleme in einem Gesetz umfassend und abschließend zu regeln. Die Exekutive muß deshalb den Basistext konkretisieren. Der von ihm gesteckte Rahmen wird meist durch Verordnungen (règlements d'administration publique in Form von "décrets" oder auch nach Weiterdelegierung der Regelungskompetenz an untergeordnete Verwaltungsbehörden durch "arrêtés") ausgefüllt, die gewöhnlich vom Fachminister (hier also dem Landwirtschaftsminister[4]), auf departementaler Ebene auch vom Präfekten ausgehen[5]. Letzteres, weil sich die Erkenntnis durchgesetzt hat, daß Sonderregelungen auf Grund lokaler Gegebenheiten notwendig werden können, um z.B. Kontrollen verwirklichen zu können.

---

1) BIGWOOD/GERARD, aaO, Bd. III, S. 2

2) GUILLIEN/VINCENT, aaO, S. 217

3) F.A.O.-GERARD, aaO, S. 14

4) vgl. LÜCK, aaO, S. A 42

5) zur Kompetenzfrage siehe § 6

Neben diesen Rechtsvorschriften können andere parallel oder indirekt verpflichtende Bestimmungen aus den Bereichen der Herstellung, Behandlung, des Handels und der Kontrolle von Lebensmitteln die allgemeine Struktur des Lebensmittelrechts kennzeichnen.

Zunächst ist aber die Rechtsprechung (jurisprudence) zu nennen. Natürlich haben die Entscheidungen der Gerichte nach dem Grundsatz der relativen Wirkung der verhandelten Sache nur obligatorischen Charakter für die Prozeßparteien (im Unterschied zu den Ländern des "Common law"). Es ist aber nicht zu verkennen, daß Urteile eine gewisse Breitenwirkung entfalten, denn sie machen eine bestimmte Gesetzesauslegung deutlich. Die gerichtliche Interpretation wird so zu einer Orientierungshilfe. Sie macht auch Gesetzeslücken erkennbar.

Von besonderer Bedeutung können die Handelsbräuche sein (usages commerciaux, auch usages oder règles professionnels). Im Gegensatz zum deutschen Recht, wo Handelsbräuche keine Rechtsnormen, insbesondere kein Gewohnheitsrecht darstellen, wird der "usage" in Frankreich als "spezielle gewohnheitsrechtliche Regel" bezeichnet[6], die der Richter bei der Rechtsfindung zu berücksichtigen hat[7]. Speziell deswegen, weil sie sich auf eine bestimmte Branche oder Gegend bezieht und nur für diese von Bedeutung ist. Erforderlich für die Anerkennung ist ferner, daß der Brauch unter Zustimmung der beteiligten Kreise dauernd ausgeübt wird und keine gesetzliche Regelung für die betreffende Materie besteht. In diesem Fall ist der Brauch als Rechtsquelle zu betrachten[8], deren Mißachtung sogar

6) vgl. FOURGOUX, D. 1974, jur. 493

7) vgl. GUILLIEN/VINCENT, aaO, S. 349: règle coutumière spéciale. Die französischen Handelsbräuche gehen also weiter als § 346 HGB.

8) GALLON, aaO, S. 192/193; DEHOVE, aaO, Rdnr. 2-2, S. 13

strafrechtliche Sanktionen nach sich zieht[9].

Ein weiterer wichtiger Faktor bei der Betrachtung der Rechtsstruktur sind die Konventionen[10]. Völkerrechtliche Verträge sind Bestandteil des positiven Rechts der Vertragsstaaten. Dabei gibt es Bestimmungen, die auf nationaler Ebene Rechtswirkung entfalten, ohne daß sie in die Gesetzgebung integriert werden müßten (vgl. Art. 55 der französischen Verfassung). Das ist z.B. der Fall bei den Verordnungen der Europäischen Wirtschaftsgemeinschaft[11].

Auswirkungen auf die Struktur hat auch die Politik der Normung (normalisation = Handelsklassen vergleichbar). Es handelt sich um technische Vorschriften, die die Zusammensetzung oder die Reinheit bzw. die Qualität der Lebensmittel überhaupt betreffen. Ursprünglich aus rein wirtschaftlichen Gründen und auf privater, vertraglicher Ebene geschaffen, hat der Gesetzgeber diese Normen nach und nach aufgenommen. Die internationalen Normen der "Codex Alimentarius"-Kommission von F.A.O. und W.H.O. sind von geringerer Bedeutung, da sie nur Mindestanforderungen stellen, die von den im europäischen Raum geltenden Qualitätsanforderungen meist übertroffen werden[12].

Von untergeordneter Bedeutung, der Vollständigkeit halber aber erwähnt sei auch der Einfluß religiöser Bräuche auf die lebensmittelrechtliche Struktur[13]. Sie können sich auswirken in allen Bereichen der Lebensmittelproduktion, z.B. die Art der Schlachtung von Tieren,

---

9) h.M.: Ministère de l'Agriculture: "Le Service de la Répression des fraudes ...", S. 3/4; NGUYEN-THANH, aaO, Rdnr. 164; a.A. VERON, D. 1965, chron. 177 wegen des Grundsatzes "nulla poena sine lege" (Art. 4 CP).

10) französisch: convention. Es wird nicht zwischen Abkommen, Vereinbarung, Pakt, Übereinkommen, Konvention unterschieden.

11) siehe bereits § 4 S. 79

12) bereits S. 82

13) siehe dazu S. 96/97

die Art der Zubereitung oder die Zusammensetzung des Lebensmittels selbst, indem sie entweder den Gesetzgeber zu einer entsprechenden Regelung veranlassen oder die mit der Lebensmittelkontrolle betrauten Behörden diese Bräuche respektieren[14].

II. Struktur und Gehalt des nationalen positiven Rechts

1. Das Rahmengesetz (loi sur la répression des fraudes dans la vente des marchandises et des falsifications des denrées alimentaires et des produits agricoles)[15]

Für die formelle Struktur des französischen Lebensmittelrechts ist zunächst die Existenz eines Rahmengesetzes von Bedeutung. Wenn von Begriffen wie "Struktur" und "Prinzipien" die Rede ist, so läßt das eine klare Konzeption, eine umfangreiche, genaue Regelung erwarten. Allerdings wurde schon an verschiedener Stelle auf die Besonderheiten des französischen Rahmengesetzes zur Bekämpfung der Betrügereien aus dem Jahre 1905 hingewiesen[16], das die Grundlage der lebensmittelrechtlichen Regelung ist. Das Gesetz umfaßt nur 16 Artikel und enthält sich jeglicher Definition. Der materielle lebensmittelrechtliche Inhalt ist gering. Warum das Gesetz dennoch als "Grundlage der Konzeption, der Definition und der Qualitätskontrolle von Lebensmitteln", als "Charta des ehrbaren Handels" bezeichnet wird, und alle anderen Lebensmittel betreffenden Vorschriften nur als "lois orbitales"[17] angesehen werden, ist nachfolgend zu verdeutlichen.

Eine wesentliche Rolle spielt das Alter des Gesetzes und die damit verbundene Tradition in der französischen Lebensmittelgesetzgebung.

---

14) vgl. auch F.A.O.-GERARD, aaO, S. 15; siehe schon S. 46

15) der aktuelle Text ist erhältlich bei: Journaux Officiels, 26, rue Desaix, 75 732 Paris, CEDEX 15, als: N° 1163, Textes généraux, "Répression des fraudes"

16) siehe S. 27, 41

17) SOUVERAIN, "Environnement et Répression des fraudes", S. 20; Ministère de l'Agriculture, "Le Service de la Répression des fraudes", S. 2

Bei Verabschiedung des Gesetzes wurden präventive Maßnahmen zwar diskutiert, als solche sah man aber in erster Linie "unerbittliche Strafen" an[18]. Es entstand folglich ein Strafgesetz, dessen Autoren die "Idee der Prävention anstelle der Repression gänzlich aufgegeben zu haben schienen[19]". Diese Annahme ist nur richtig, wenn man den Begriff der Prävention mit der Produktionskontrolle gleichsetzt. Mit der Einführung einer Produktionskontrolle wäre der Gesetzgeber aber zu weit gegangen, sie konnte bis heute trotz einer dahingehenden Änderung nicht in das Rahmengesetz eingebaut werden[20]. Die genannte Aussage scheint ferner die Begriffe "prévention" und "répression" als sich ausschließende Gegensätze anzusehen. ROZIER erklärt dazu: "la répression est nécessaire, mais elle doit être efficace, préventive et punitive"[21]. Versteht man den Begriff "répression" als Bekämpfung und nicht als Bestrafung, so kann man leicht die Prävention mit einbeziehen[22].

Der Begriff "fraude" steht am Anfang der Analyse dieses Rahmengesetzes[23]. Die im Gesetzestitel getroffene Unterscheidung zwischen "fraudes" und "falsifications", wird in der Literatur nicht streng durchgeführt, was daher rührt, daß die Verfälschung meist als eine Vorstufe der Täuschung bzw. auch als Betrügerei anzusehen ist[24];

---

18) Landwirtschaftsminister RUAU, Parlamentsdebatte, J.O. 17. 11. 1904, S. 2488: la meilleure façon de prévenir la fraude est de la punir impitoyablement et d'effrayer les falsificateurs par la sévérité des sanctions pénales.

19) VERIN, aaO, S. 19

20) Änderungsgesetz vom 18. 7. 1912, jetzt Art. 11 Abs. 7; siehe dazu § 6 S. 252 f

21) ROZIER, aaO, Rdnr. 2

22) siehe oben S. 17 Fußn. 31

23) BIGWOOD/GERARD, aaO, Bd. III, S. 113

24) vgl. z.B. VIVEZ: "Traité des fraudes", Rdnr. 79; das Wort "falsification" impliziert die Idee der fraude, LEMERCIER, aaO, S. 9

die Trennung ist lediglich vorgenommen worden, da die Täuschung (tromperie = fraude im ursprünglichen Gebrauch und eigentlichen Sinne)[25] bezüglich jedweder Handelsware strafbar ist, die Verfälschung aber nur bei Lebensmitteln, Futtermitteln, Arzneimitteln, Getränken, landwirtschaftlichen oder natürlichen Produkten (Art. 1 und 3). "Fraudes" im hier relevanten Sinne sind die "fraudes commerciales", andere Arten der Betrügereien bleiben für das Gesetz von 1905 außer Betracht (fraudes douanières = Schmuggel, wie der Begriff ursprünglich verwendet wurde, fraude à la loi = Gesetzesumgehung usw.[26]). RICHARD definiert "fraude" als "einem bösen Gedanken gehorchend, den nichts rechtfertigen kann und der das Ziel hat, sich auf Kosten anderer zu bereichern; es ist nur eine Ableitung des Diebstahls"[27]. Bei LITTRE findet sich dort: Akt von Täuschung und bösem Glauben. Nach dem lateinischen "fraus, fraudis" bedeutet es Irrtum oder Irrtumserregung, d.h. Täuschung. In einem weiten Sinne verstanden ist es so auf alle Handlungen anwendbar, die auf ein "résultat malhonnête ou irrégulier" zielen[28]. Anders ausgedrückt ist "fraude" die "Erregung eines Irrtums auf Seiten des Käufers, der im Zivilrecht anerkannt ist als ein Grund für die Nichtigkeit des Vertrages" (Art. 1110 CC)[29]. Nach GARDENAT sind es "Handlungen, die geeignet sind, dem ehrbaren Handel oder der Volksgesundheit Schaden zuzufügen, und die der Gesetzgeber nach diesen beiden Gesichtspunkten unter Strafe gestellt hat"[30]. Daran zeigt sich die starke Strukturierung des Rahmengesetzes nach den unter § 3, II, 1 und 2 genannten direkten Zielen des Lebensmit-

---

25) ROUSSEAU, aaO, S. 7

26) vgl. dazu VIDAL, Essai d'une théorie générale de la fraude en droit français. Le principe "fraus omnia corrumpit"

27) RICHARD, aaO, S. 1/2

28) VIVEZ, "Les fraudes", S. 5

29) POPINEAU, aaO, Rdnr. 8; LEMERCIER, aaO, S. 4

30) GARDENAT, aaO, Rdnr. 1

telrechts. Weiter braucht auf den Begriff der "fraude" nicht eingegangen zu werden, da dessen juristischer Gehalt von der Erörterung der ihm untergeordneten Begriffe "tromperie" und falsification" bestimmt ist. Ihre Erörterung erfolgt im Rahmen der einzelnen Delikte.

Es sollen nun die Handlungen aufgezeigt werden, die als "fraudes vom sozialen, moralischen, ökonomischen und sogar medizinischen Standpunkt zu verdammen sind"[31] und in direkter Gesetzesanwendung unter die Strafnormen fallen[32]. Das Gesetz von 1905 enthält fünf selbständige Straftatbestände[33], nämlich

- das Verbot falscher Beschaffenheits-, Mengen- und Herkunftsangaben (Art. 1);
- die Strafschärfung bei Verwendung falscher Maße und Gewichte zur Begehung der Taten, dazu Fälschung diesbezüglicher Vorgänge und Vorspiegelung offizieller Kontrollen (Art. 2);
- das Verbot der Verfälschung von Lebensmitteln, Futtermitteln, Arzneimitteln, Getränken, landwirtschaftlichen und natürlichen zum Verkauf bestimmten Erzeugnissen (Art. 3 Abs. 1 Nr. 1);
- das Verbot des Anbietens oder des Verkaufens von verfälschten, verdorbenen oder giftigen Produkten dieser Art (Art. 3 Abs. 1 Nr. 2) oder Produkten zu deren Herstellung (Nr. 4);
- das Verbot des Besitzes solcher Erzeugnisse (Art. 4 Abs. 1).

---

31) ROZIER, aaO, Rdnr. 2

32) zur Entwicklung des Begriffes der "fraudes alimentaires" siehe GUILLOT, Bull. Acad. de médecine 1958, 808 ff

33) ULMER/KRASSER, aaO, Rdnr. 456 und französische Autoren nennen nur 4; sie nennen nicht die Strafbarkeit des Besitzes nach Art. 4 oder sehen Art. 2 nicht als eigenen Tatbestand an.

a) Die Täuschungsdelikte

Art. 1 nennt die Prinzipien, die der Gesetzgeber bei den geschäftlichen Transaktionen für wesentlich erachtet im Bezug auf den Schutz des Vertragspartners vor Täuschung. Es sind dies die Beschaffenheit (nature), die wesentlichen Eigenschaften (qualités substantielles), die Zusammensetzung (composition) und der Gehalt an wertvollen Bestandteilen (teneur en principes utiles) aller Handelswaren (marchandises), die Gattung (espèce) oder die Herkunft (oder Ursprung = origine), sofern die Gattungs- oder Herkunftsbezeichnung nach dem Vertrag oder nach den Handelsbräuchen als der wesentliche Grund für den Kauf anzusehen ist, dazu die Täuschung über die Menge (quantité) oder Identität (identité) der gelieferten Waren durch Lieferung einer anderen als durch den Vertrag bestimmten Ware.

Darin lassen sich für den Begriff der "tromperie" vier Elemente erkennen[34]:

1. eine Täuschungshandlung, die beim Vertragspartner einen Irrtum hervorruft; es kann sich um eine Worttäuschung handeln, eine geschickte Aufmachung der Ware, auch ein einfaches Verschweigen[35] (also eine "fraude");

2. ein Vertrag (contrat) oder wenigstens Vertragsverhandlungen. Dazu wurde schon gesagt, daß es sich nicht notwendigerweise um einen Kaufvertrag handeln muß[36]. Nun taucht der Begriff "vente" aber wieder auf bei der Gattungs- oder Herkunftsbezeichnung in Art. 1 Nr. 2: die Täuschung hierüber ist nur strafbar, wenn Gattung oder Herkunft "der wesentliche Grund des Kaufes waren" (la cause principale de la vente). Das veranlaßt die herrschende Meinung zu der Annahme, hier würden tatsächlich nur Kaufverträge erfaßt[37]. Es leuchtet jedoch nicht ein, daß der Gesetzgeber - trotz aller Vorsicht, die er bei dieser

34) vgl. ROUX, J.A., aaO, Rdnr. 25

35) VIVEZ "Traité des fraudes", Rdnr. 16; zum besonderen Problem der wahrheitswidrigen Werbung siehe schon S.39 und unten S.207

36) siehe oben S. 28/29

37) ROZIER, aaO, Rdnr. 815; VIVEZ, "Traité des fraudes", Rdnr. 59

Bestimmung hat walten lassen[38] - innerhalb einer Vorschrift mit zweierlei Maß mißt. Wenn VIVEZ argumentiert, eine solche Täuschung sei wirklich nur schlimm, wenn sie jemanden zum Kauf bestimme[39], müßte er bei Abstellen auf die Schwere der Tat auch die Identitätstäuschung (die der Gattungs- oder Herkunftstäuschung doch sehr ähnlich ist) nur beim Kauf als strafwürdig ansehen. Gerade diese aber führt er inkonsequenterweise als Beispiel bei anderen Vertragsarten an. Auch seine Bemerkung, der Text mache das Gesetz (und nicht die Überschrift), vermag nicht zu überzeugen[40]. Folgerichtig - wenn auch im Ergebnis falsch, da nur Kaufverträge überhaupt erfaßt werden sollen - sieht ROUX es als irrational an, einige Täuschungsarten nur bei Kauf, andere hingegen bei allen Vertragsarten zu bestrafen[41]. Die Diskussion deckt eine bedauernswerte Unsicherheit des Gesetzgebers in den Formulierungen auf; er hatte in all den Jahren nicht den Mut zur Klarstellung. Die Rechtsprechung hat den speziellen Fall kurioserweise noch nicht zu entscheiden gehabt.

Voraussetzung der Strafbarkeit ist außerdem, daß die Gattungs- oder Herkunftsbezeichnung als wesentlicher Grund aus dem Vertrag oder nach den Handelsbräuchen zu erkennen sein muß. Der gerade genannte Handelsbrauch[42] wird hier vom Gesetzgeber ausdrücklich herangezogen (der Handelsbrauch als Strukturelement wird noch einmal aufgegriffen in Art. 3 und Art. 11). Handelsbrauch ist dabei nicht nur die Handelspraxis bezüglich eines bestimmten Warentyps, sondern auch die zwischen den

---

38) TOUBEAU, aaO, S. 31

39) VIVEZ, "Traité des fraudes", S. 38, Fußn. 101

40) VIVEZ, "Traité des fraudes", S. 38, Fußn. 101

41) ROUX, J.A., aaO, Rdnr. 54 f

42) siehe oben S. 86

betreffenden Herstellern gebräuchlichen Berufsregeln[43]. Dem Handelsbrauch kommt somit, zunächst im Bereich der Gattungs- und Herkunftsangaben, eine große Bedeutung zu.

3. eine Handelsware (marchandise). Hierunter könnte man alles verstehen, was im Handel ist: körperliche und nichtkörperliche Objekte. Solch eine weite Fassung des Begriffes wird heute jedoch nicht mehr diskutiert. Bereits seit dem Art. 423 CP versteht man unter "marchandises" nur noch die gegenständlichen beweglichen Sachen, die sich messen oder wiegen lassen[44] und aus dem Boden gewonnen oder hergestellt werden[45], seien sie lebendig oder leblos[46]. Wesentlich für die Struktur ist allerdings nicht die Begriffsbestimmung als solche, sondern daß sie einen viel weiteren Bogen spannt als für Lebensmittelgesetze üblich. Das französische Rahmengesetz erfaßt einen Bereich, der weit über den Anwendungsbereich des Lebensmittelrechts[47] und über die lebensmittelrechtlichen Regelungen anderer Staaten hinausgeht; es hat den Charakter eines Verbraucherschutzgesetzes, der sich besonders an dem Begriff "marchandises" verdeutlichen läßt.

4. eine im Gesetz näher bestimmte Betrügerei (fraude spécifiée par la loi). Es handelt sich um die vorher[48] genannten, in Art. 1 des Gesetzes abschließend aufgezählten strafwürdigen Täuschungen. Im Gegensatz zu seinem sonstigen Anliegen hat

---

43) BIGWOOD/GERARD, aaO, Bd. III, S. 114/115

44) ROUX, J.A., aaO, Rdnr. 51

45) ROZIER, aaO, Rdnr. 807

46) VIVEZ, "Traité des fraudes", Rdnr. 47; lange hatten es die Gerichte abgelehnt, lebende Tiere als "marchandises" zu betrachten (s.o. S.45 u.), z.B. Trib. Seine 13. 3. 1908, Gaz. Tr. 14. 3. 1908. Nach heftiger Kritik (Le POITTEVIN, aaO, Rdnr. 8, Fußn. 7) wurde dann anders entschieden (Paris 27. 11. 1922, Gaz. Pal. 1922, 2, 718).

47) siehe oben § 4

48) siehe oben S. 92

der Gesetzgeber hier alles erfassen wollen, was die Redlichkeit im Geschäftsleben negativ beeinflussen könnte. Er hatte dabei wohl den Grundsatz "poenalia sunt restringenda" im Auge, nach dem das Gesetz von 1905 nur die "fraudes" bestrafen kann, die es nennt. Das mag nach den wenigen dort aufgezählten Delikten gar nicht so aussehen, die wenig präzisen, nicht hinreichend bestimmten und schwammigen Begriffe ermöglichen der Rechtsprechung jedoch eine extensive Interpretation des Art. 1, so daß man fast alle "fraudes dans les catégories légales"[49] unterbringen kann, womit der soeben genannte Grundsatz wieder in Frage gestellt ist. Die Begriffe selbst liegen wiederum so dicht beieinander, daß es zu Überschneidungen und Abgrenzungsschwierigkeiten kommt. Selbst wenn man sich um kasuistische Definitionen bemüht, läßt sich das nicht vermeiden. Die erklärenden Beispielfälle sind von den Gerichten nicht einheitlich entschieden worden.

Die Täuschung über die Natur ist noch die einfachste und älteste Form[50]. Hierunter ist die substantielle Beschaffenheit einer Ware zu verstehen. Die Sache wird für eine andere geliefert, z.B. Essig für Wein[51]. Diese Kategorie ist heute nicht mehr so bedeutend, da sie von "modernen fraudes" verdrängt wird.

Wesentliche Eigenschaften sind "solche, die der Sache, die den Gegenstand des Vertrages bildet, natürlicherweise zugehören, wenn sich entweder aus dem erklärten Willen der Parteien oder aus dem Umstande des Vertragsschlusses ergibt, daß der Vertrag gerade im Hinblick auf diese Eigenschaften geschlossen worden ist und ohne ihr Vorlie-

49) ROZIER, aaO, Rdnr. 810

50) VIVEZ, "Traité des fraudes", Rdnr. 18

51) ROZIER, aaO, Rdnr. 812

gen nicht geschlossen worden wäre". Die Aussage entstammt Art. 1110 CC, der den Eigenschaftsirrtum (erreur sur la substance) behandelt[52]. Diese objektive zivilrechtliche Theorie (Eigenschaften, die man normalerweise einem Produkt beimißt) ist aber in der Rechtsprechung nicht einheitlich angewandt worden; diese neigt zu einer subjektiven Konzeption und zieht die persönlichen Vorstellungen des Vertragspartners über die Eigenschaften der Ware in Betracht[53]. Mal fragt sie, was "normalerweise" den Käufer zum Vertragsschluß bewegt und stützt sich auf gesetzliche Bestimmungen über die Produkte oder auf die Handelsbräuche[54], ein andermal stellt sie auf eine besondere Verbrauchergruppe ab, die der Verkäufer befriedigen will. Viel Aufsehen erregten diesbezüglich die sogenannten "Cacher-Urteile". "Cacher" wird das Fleisch eines nach einem bestimmten jüdischen Ritus geschlachteten Tieres genannt. Unabhängig von den Abgrenzungsschwierigkeiten zwischen Verfälschung und Täuschung über eine wesentliche Eigenschaft taucht das Problem auf, ob die Bezeichnung "Cacher" als "qualité substantielle" anzusehen ist. Das Fleisch hat alle Eigenschaften, die der Normalverbraucher von ihm erwartet. Deswegen wurde früher die dem Fleisch fälschlich angediehene Bezeichnung "Cacher" nicht strafrechtlich geahndet[55]. Heute stellt man auf den speziellen Adressaten ab, nämlich den jüdischen Verbraucher und sieht den Ritus als wesentliche Eigenschaft an, weil sie der Käufer im Augenblick des Kaufabschlusses dafür gehalten hat[56]. Man geht sogar soweit, die (religiöse) Befähigung des Opferpriesters (sacrificateur) als wesentlich

52) VIVEZ, "Traité des fraudes", Rdnr. 21

53) NGUYEN-THANH, aaO, Rdnr. 195

54) z.B. Paris, 11. 3. 1947, D. 1949, jur. 148; Cass. civ. 27. 2. 1957, D. 1957, jur. 231

55) Trib. corr. Seine, 11. 4. 1935, Gaz. Pal. 1935, 1, 867

56) Cass. crim. 4. 5. 1971, CA 1971, n° 34, S. 23; cacher ist die französische Bezeichnung für koscher oder kauscher, hebräisch "rein".

anzusehen und diesen gegebenenfalls als Teilnehmer (complice) zu bestrafen[57]. Der Einfluß religiöser Bräuche auf die Struktur des französischen Lebensmittelrechts tritt hier bereits deutlich hervor und ist nicht zu unterschätzen[58].

Gehalt an wertvollen Bestandteilen und Zusammensetzung sind Begriffe der "wissenschaftlichen, modernen fraudes"[59]. Sie waren zwar für Dünger schon in einem Gesetz von 1867 vorgesehen, gehörten dann aber in die Kompetenz der Handelsgerichte. Zum Teil wurde deswegen die Ansicht vertreten, der Gesetzgeber sei mit der Einbeziehung dieser Fälle in das Strafgesetz von 1905 etwas weitgegangen[60]. Es ist aber nicht einzusehen, weshalb die raffinierter, meist technische ausgeführte Täuschung weniger strafwürdig sein soll als eine einfache, zumal erstere schwerer feststellbar ist. Die Täuschung über die Zusammensetzung betrifft die Quantität oder die Qualität der Stoffe, die das Produkt bilden; der Gehalt an wertvollen Bestandteilen hingegen meint nur die wirklich nützlichen Substanzen[61]. Die Begriffe sind schlecht abzugrenzen, es kommt immer wieder zu Überschneidungen und Verwechslungen, vor allem mit der Täuschung über die wesentlichen Eigenschaften, die in den Urteilen der Gerichte deutlich werden[62]. Man kann

---

57) Paris, 30. 10. 1974, Gaz. Pal. 1975, 1, 62; dabei ist bemerkenswert, daß die "Commission rabbinique intercommunautaire de l'abattage" diese Opferpriester über den Präfekten zuläßt. Schlachthäuser und Einzelhandel werden durch sie selbständig überwacht. Ausführlich dazu BELLOT, Liaisons n° 170, Juni 1970, S. 11 ff; Anmerkung D.S. Gaz.Pal. 1975, 1, jur. 63 f

58) siehe schon "Allgemeines" S.98 ff; auch der islamische Einfluß ist spürbar. Religiöse Riten haben selbst in die EG-Rechtsetzung Eingang gefunden, z.B. in der "RL des Rates über das Betäuben von Tieren vor dem Schlachten" vom 18. 11. 1974, (ABl. L 316, S. 10), wonach deren tierschutzrechtliche Vorschriften religiöse Schlachtungen unberührt lassen.

59) ROZIER, aaO, Rdnr. 814

60) VERIN, aaO, S. 20

61) NGUYEN-THANH, aaO, Rdnr. 198

62) VIVEZ, "Traité des fraudes", Rdnr. 26; z.B. Cass.crim. 20. 7. 1910, S. 1911, 1, 105

wohl sagen, daß Täuschung über Zusammensetzung einer Ware und Gehalt an wertvollen Bestandteilen Sonderfälle der wesentlichen Eigenschaften sind[63]. Die eigentliche Bedeutung dieser Begriffe liegt darin, daß sie strukturelle Schwächen des Gesetzes und eine neue strukturelle Orientierung gleichermaßen aufzeigen: Schwächen insofern, als nichts darüber gesagt ist, wie z. B. die Zusammensetzung überhaupt zu prüfen ist, was nützliche Bestandteile sind usw. Das alles ist in direkter Gesetzesanwendung nicht zu erfahren. Die neue Orientierung liegt darin, daß mit der Schaffung dieser Delikte die wissenschaftliche Untersuchung von Lebensmitteln begann, Analysen notwendig wurden, die Lebensmittelchemie zu einem wichtigen Faktor im Lebensmittelrecht wurde.

Zu Gattungs- und Herkunftsbezeichnungen wurde bereits bei der Erörterung des zweiten Elementes der "tromperie", des Vertrages, das Wichtigste gesagt[64]. Täuschungen über die Gattung sind im Lebensmittelrecht selten; sie betreffen in der Regel Tierrassen und Pflanzensorten[65], also die "Besonderheiten von Dingen gleicher Art, die auf Grund bestimmter Züge und Charakteristika eine Unterscheidung ermöglichen[66]".

Ganz besonders hat der Begriff "origine" auch das französische Lebensmittelrecht geprägt, das Rahmengesetz hat dazu jedoch nur einen geringen Teil beigetragen. Der im Gesetz von 1905 verwendete Begriff ist nicht mit den "appellations d'origine" des Gesetzes von 1919 oder den "indications de provenance" des Gesetzes von 1930 zu verwechseln, auf die gesondert einge-

63) ULMER/KRASSER, aaO, Rdnr. 460

64) siehe oben S. 92/93

65) Nancy 17. 5. 1955, A.F.F. 1955, 511: Lieferung von "Sussex"-Hühnern anstelle von "Leghorn"

66) NGUYEN-THANH, aaO, Rdnr. 196

gangen wird[67] und die die wesentlichen Prinzipien des gesamten Käse- und Weinrechts schufen. "Herkunft" im Sinne des Gesetzes von 1905 meint die geographische Bestimmung des Entstehungsortes eines Produktes: den Erzeugungsort bei natürlichen Produkten, den Herstellungsort bei Verarbeitungsprodukten[68]. Jedoch ist auch hier die Unterscheidung zwischen bloßen Herkunftsangaben und den bedeutenderen Ursprungsbezeichnungen zu treffen. Herkunftsangabe ist jeder Hinweis auf die geographische Herkunft eines Erzeugnisses, Ursprungsbezeichnung ist dagegen schon eine Benennung, die Anwendung eines geographischen Namens auf ein Erzeugnis, dem der Verbraucher eben wegen dieses Namens einen guten Ruf und eine gehobene Qualität beimißt[69], es sei denn, daß diese Namen zu Gattungsbezeichnungen geworden sind (z. B. Camembert). Die Unterscheidung ist bei der Beweisfrage von Bedeutung: es sei daran erinnert, daß der Richter in den Urteilsgründen feststellen muß, daß die falsche Bezeichnung der Hauptgrund für den Vertragsschluß war[70]. Bei einer Ursprungsbezeichnung (z. B. Cognac) wird dies unterstellt, bei einer Herkunftsangabe muß man nachforschen[71], wobei der Beweis nur selten gelingt. Dieses Prinzip ist ein Relikt vergangener politischer Überlegungen; es drückt die Unentschlossenheit des damaligen Gesetzgebers aus, den Betrügereien im Interesse des Verbraucherschutzes entschieden entgegenzutreten und sollte de lege ferenda abgeschafft werden (wie es in den Spezialgesetzen für Herkunftsangaben und Ursprungsbezeichnungen bereits geschehen ist).

---

67) siehe unten S. 202 und bereits S. 31

68) ROZIER, aaO, Rdnr. 815

69) vgl. ULMER/KRASSER, aaO, Rdnr. 506/507

70) Cass. crim. 5. 2. 1919, Bull. crim. 1919, n° 30

71) VIVEZ, "Traité des fraudes", Rdnr. 35

Im Gegensatz zu den bisher genannten Delikten werden Täuschungen über die Menge oder die Identität der Ware erst nach Vertragsschluß, respektive bei Erfüllung des Vertrages begangen, nämlich bei der Lieferung. Das sagen die Formulierungen "gelieferte Sachen" (choses livrées) und "durch Lieferung" (par la livraison) in Art. 1 Nr. 3 eindeutig aus. Bezüglich der Menge ist anzumerken, daß man vor dem Gesetz von 1905 den Verbraucher vor einfacher Täuschung nicht schützte[72]; lediglich die Benutzung falscher Maße und Gewichte war unter Strafe gestellt. Heute sieht man letzteren Umstand als so schwerwiegend an, daß darauf die strafschärfende Vorschrift des Art. 2 Nr. 1 Anwendung findet[73].

Die Identitätstäuschung setzt eine Einigung der Vertragsparteien über eine bestimmte Sache voraus, die Gegenstand des Vertrages ist. Alsdann wird nicht die in specie konkretisierte, sondern eine andere Ware gleicher Art geliefert. Die Bestimmung ist für das Lebensmittelrecht von geringer Bedeutung.

Ist schon die Abgrenzung zwischen Täuschung und Verfälschung sehr schwierig, so sollte man sich de lege ferenda doch bemühen, wenigstens innerhalb des Täuschungsdeliktes Überschneidungen und Falscheinordnungen, die bei Gerichtsurteilen letztlich deren Aufhebung bewirken können[74], durch eine einfachere Einteilung weitgehend zu vermeiden. FOURGOUX/JUMEL machen dazu einen interessanten Vorschlag, der sich leider noch nicht durchsetzen konnte:

1° Täuschung über die Natur und die Zusammensetzung (hier würden die wesentlichen Eigenschaften, der Gehalt an wertvollen Bestandteilen, die Gattung und die Identität miterfaßt werden können);

---

72) siehe die Gesamtdarstellung bei LORTHIOY, CA n° 25/26, 1973, S. 23 ff

73) siehe nachfolgend S. 101

74) h.M.: VIVEZ, "Traité des fraudes", Rdnr. 44; Cass. crim. 10. 11. 1910, Bull.crim. 1910, n° 554; a.A. Cass.crim. 16. 1. 1909, Bull.crim. 1909, n° 22

2° Täuschung über die Herkunft;

3° Täuschung über die Menge;

4° Täuschung bezüglich der Aufmachung[75].

b) Die qualifizierten Täuschungsdelikte

Die strafschärfende Vorschrift des Art. 2 zählt einen ganzen Katalog erschwerender Umstände (circonstances aggravantes) auf, die bei Begehung der Täuschung oder des Täuschungsversuchs nach Art. 1 zum Tragen kommen können: die Verwendung falscher Maße und Gewichte sowie sonstige falsche oder ungenaue Instrumente (Nr. 1); Handlungen oder Verfahren zur Fälschung der Vorgänge der Analyse, der quantitativen Bestimmung, des Wiegens oder der Messung oder zur betrügerischen Veränderung der Zusammensetzung, des Gewichtes oder des Volumens der Waren - schon vor Beginn dieser Verfahren (Nr. 2); betrügerische Angaben, die eine vorherige exakte Untersuchung oder eine amtliche Kontrolle vorspiegeln, die nicht stattgefunden hat (Nr. 3).

Wie beim Grunddelikt des Art. 1 handelt es sich auch hier um eine abschließende Aufzählung. Bei Maßen (poids), Gewichten (mesures) und sonstigen Instrumenten (instruments) kommt es auf die betrügerische Verwendung derselben an; nicht auf deren Besitz, der nach Art. 4 strafbar sein kann.

Falsch (faux) sind dieselben, wenn an ihnen selbst willentliche oder zufällige Veränderungen vorhanden sind[76].

Der Begriff "ungenau" (inexact) hingegen bedeutet lediglich, daß das betreffende Meßinstrument an sich einwandfrei ist, die ihm zugedachte Funktion aber nicht erfüllen kann, z.B. eine schiefgestellte

75) FOURGOUX/JUMEL, aaO, S. 175

76) ROUX, J.A., aaO, Rdnr. 121

Waage[77]. Hiermit hat der Gesetzgeber jede erdenkliche Manipulation bezüglich der Meßinstrumente erfaßt[78].

Die in Nr. 2 genannten Handlungen (manoeuvres) und Verfahren (procédés) sind in zwei Gruppen unterteilt: bei Analysen (analyses), quantitativer Bestimmung (dosage), Wiegen (pesage), Messen (mesurage) betreffen sie nicht die Ware selbst, sondern das Verfahren, dessen Resultat gefälscht ist; im zweiten Fall steht die Tat vor dem Beginn der Meß- oder sonstigen Vorgänge und betrifft die Ware selbst, z. B. durch Beimengung eines fremden Produktes, um das Gewicht zu erhöhen[79].

Bezüglich der betrügerischen Angaben (indications frauduleuses, Nr. 3) reicht die verbale Lüge nicht aus. Es können Stempel sein, falsche Bescheinigungen und dergleichen mehr[80]. Als der Gesetzgeber erkannte, daß damit nicht alle Fälle erfaßt werden konnten, wurde mit der Änderung von 1938[81] die "Vorspiegelung einer amtlichen Kontrolle" (... tendant à faire croire à un contrôle officiel qui n'aurait pas existé) angefügt.

Mit diesem Katalog sind die qualifizierten Delikte ebenso bedeutend geworden wie die einfachen Täuschungsdelikte, was den hauptsächlich strafrechtlichen Charakter des Rahmengesetzes noch verdeutlicht.

---

77) Paris, 28. 1. 1956, A.F.F. 1956, 237

78) ROZIER, aaO, Rdnr. 817

79) Cass. crim. 29. 10. 1937, Gaz. Pal. 1937, 2, 850; "Zusammensetzung" meint hier die Beimengung von Ballaststoffen (z. B. Wasser), nicht etwa eine Verfälschung der Ware.

80) Cass. crim. 26. 3. 1874, Bull. crim. 1874, n° 95

81) décret-loi 14. 6. 1938, J.O. 15. 6. 1938, Art. 1

c) Die Verfälschungstatbestände

Sind die Strafnormen der Art. 1 und 2 ausschließlich auf die Sicherung der Redlichkeit im Geschäftsleben gerichtet, so kommt mit den Verfälschungsdelikten der Art. 3 und 4 endlich der Gesundheitsschutz zur Geltung. Die Vorschrift des Art. 3 betrifft nicht wie Art. 1 und 2 Handelswaren allgemein, sondern nur die Verfälschung von Futtermitteln, Arzneimitteln, landwirtschaftlichen und natürlichen Erzeugnissen, Lebensmitteln und Getränken, sofern sie zum Verkauf bestimmt sind (Abs. 1, Nr. 1); also nur die Produkte, die eine Gesundheitsgefährdung unmittelbar hervorrufen können.

Darin lassen sich für den Begriff der "falsification" drei Elemente erkennen:

1. eine Verfälschung der Ware. Die "falsification" (falsum facere) besteht in der Herstellung eines falschen Erzeugnisses, in der falschen Be- oder Verarbeitung der Ware. Was aber eigentlich "falsch" ist, vermochten Rechtsprechung und Lehre während der gesamten Geltungsdauer des Gesetzes nicht eindeutig zu klären, da der Gesetzgeber keinerlei Hinweise zu diesem Begriff gab. Es wird immer wieder darauf hingewiesen, der Gesetzgeber habe sich mit Recht jeder Definition enthalten, da er sonst mit dem technischen Fortschritt und dem Einfallsreichtum der Betrüger nicht hätte Schritt halten können[82]. Fraglich ist jedoch, ob der Gesetzgeber auf solch einfache Weise berechtigt ist, dem Verbraucherschutz unter Verzicht auf strukturelle Klarheit und dem Aufkommen einer gewissen Rechtsunsicherheit in jedem Falle den Vorrang einzuräumen. Der stolze Hinweis auf die Tatsache, daß das Gesetz die Epochen ohne große Änderungen überstanden hat, da es so allgemein gehalten ist, kann nicht entschuldigen, daß nicht einmal der Versuch unternommen wurde, Abgrenzungsschwierigkeiten, Überschneidungen und

82) BIHL, Gaz. Pal. 1974, 2, doct. 754 (763); NGUYEN-THANH, aaO, Rdnr. 181

daraus resultierende konträre Urteile auf höchster gerichtlicher Stufe durch gesetzliche Maßnahmen zu beseitigen. Da das Gesetz schweigt, besteht die Hauptschwierigkeit darin, erlaubte Behandlungen der Erzeugnisse von unerlaubten Manipulationen, die Verfälschungen darstellen zu unterscheiden; denn nicht jede Behandlung einer Ware ist eine "fraude"[83]. Nach einer Auffassung verlangt der Begriff "Verfälschung" eine willentliche Veränderung oder Verringerung der wesentlichen Eigenschaften des Produktes, z.B. durch Zufügung von Wasser zu Milch oder Wein[84]. Eine andere Ansicht hält eine solche Veränderung oder Verringerung nicht für erforderlich. Das Gesetz müsse soweit ausgelegt werden, daß auch Handlungen, die darauf zielen, einer mäßigen Ware ein besseres Aussehen zu geben, erfaßt würden[85]. Man spricht hier oft von "Verkleidung" (déguisement)[86] und "Schminke" (fardage)[87]. Die Rechtsprechung ist diesbezüglich unschlüssig, sie"schwimmt"[88] zwischen einer engen[89] und einer weiten Auslegung des Verfälschungsbegriffes[90]. Man kann die Auffassungen jedoch auf eine einfache gemeinsame Formel bringen: als Verfälschung ist jede Behandlung eines Produktes anzusehen, die geeignet ist, dem Verbraucher Schaden zuzufügen. Das wird auch von den Befürwortern einer engen Gesetzesauslegung akzeptiert[91], weil der Begriff der "Veränderung" dann beibehalten

---

83) Cass.crim. 12. 2. 1964, D.S. 1965, 808; FOURGOUX, D. 1965, jur. 808

84) MONIER/CHESNEY/ROUX, E., aaO, Rdnr. 127

85) ROUX, J.A., aaO, Rdnr. 269

86) ROUX, J.A., aaO, Rdnr. 315

87) Cass.civ. 2. 12. 1901, S. 1902, 1, 33

88) ROZIER, aaO, Rdnr. 821

89) Cass.crim. 20. 3. 1909, S. 1909, 1, 64; Cass.crim. 11. 1. 1913, Bull.crim. 1913, n° 20

90) Cass.crim. 8. 1. 1897, Bull.crim. 1897, n° 4; Cass.crim. 1. 12. 1901, S. 1902, 1, 333

91) vgl. FOURGOUX/CHEFTEL, aaO, Rdnr. 30; Cass.crim. 15. 10. 1957, J.C.P. 1958, II, 10.696 bis

werden kann: man verfälscht also ein Produkt, wenn man seine Zusammensetzung oder Qualität[92] so "ändert", daß sie nicht mehr der Verbrauchererwartung entspricht. Und was der Verbraucher fordern kann, ist ein Lebensmittel, das den dasselbe betreffenden und in Ausführung des Gesetzes von 1905 erlassenen Regelungen konform ist[93]. Auf diese Weise gelangt man doch zu einer extensiven Auslegung des Verfälschungsbegriffes: wenn ein Text abschließend die erlaubten Behandlungen und Praktiken aufzählt im Sinne des Verbotsprinzips[94], stellt jedes nicht ausdrücklich genannte Verfahren eine Verfälschung dar, die geeignet ist, dem Verbraucher zu schaden. So z. B. die Entkeimung der über Weinbottichen befindlichen Luft mittels ultravioletter Strahlen, die dafür nicht zugelassen sind[95]. Nun kommen bei diesem Vorgang allerdings weder Gerätschaften mit dem Wein in Berührung, noch wird ihm etwas zugesetzt, noch wird er verändert. Im Gegenteil: es soll gerade eine Veränderung verhindert werden. Der Verfälschungstatbestand ist somit erfüllt bei jedem Verstoß gegen bestehende Vorschriften.

Wenn keine verbindliche Regelung besteht, was bei einigen Lebensmitteln durchaus noch der Fall ist[96], müssen wiederum die Handelsbräuche herangezogen werden um festzustellen, ob ein Produkt "normal" ist oder ob es eine unzulässige Behandlung erfahren hat[97]. Das ist wieder ein Indiz dafür, daß das Rahmengesetz von 1905 ursprünglich hauptsächlich beherrscht war von der Sorge zu verhindern, daß der Käufer getäuscht würde, sei es über die Natur, die Zusammensetzung oder die Qualität des von ihm gekauften Produk-

---

92) zum Qualitätsbegriff siehe besonders SOUVERAIN, "Cycle de perfectionnement ...", S. 1 ff

93) BIGWOOD/GERARD, aaO, Bd. III, S. 117

94) siehe dazu nachfolgend S. 150 ff

95) Cass.crim. 26. 10. 1961, D. 1962, 63; dazu Anm. LIOTARD; Anm. VIVEZ, J.C.P. 1962, II, 12441

96) vgl. GALLON, aaO, S. 192 ff

97) NGUYEN-THANH, aaO, Rdnr. 183

tes. Die Verfälschung von Lebensmitteln besteht also nicht nur in der betrügerischen Veränderung ihrer Bestandteile, sondern auch in der Verwendung anderer Stoffe als solcher, die normalerweise die Zusammensetzung ausmachen sowie der Einflußnahme auf das Aussehen der Produkte, um die wahre Beschaffenheit zu verschleiern ohne Wissen des Verbrauchers[98)], wozu auch das "Aufpolieren" der Ware gehört[99)]. Es sind also verschiedene Verfälschungsmöglichkeiten erfaßt:

1. das Hinzufügen von Stoffen (manipulation par addition), die wohl häufigste und einfachste Art der Verfälschung;
2. der Entzug von Stoffen (soustraction oder retranchement) wie z.B. die Entrahmung von Milch, wobei oft der wertvollere entzogene durch einen anderen Stoff ersetzt wird (substitution)[100)];
3. die Falschherstellung (falsification par fabrication[101)]) durch Verwendung normalerweise produktfremder Stoffe.

Damit hat sich trotz widerstreitender Ansichten[102)] eine weite Auslegung des Begriffes "falsification" durchgesetzt. Gehen FOURGOUX/JUMEL noch davon aus, die Verfälschung sei untrennbar mit der Täuschung verbunden[103)], so steht dem die Rechtsprechung entgegen, indem sie die Verfälschung auch dann bestraft, wenn sie nicht zur Begehung einer Täuschung vorgenommen wurde[104)]. Dies

---

98) Lyon, 2. 3. 1908, D. 1908, 82

99) Cass. crim. 12. 2. 1964, D.S. 1965, 808

100) Cass. crim. 5. 10. 1967, Bull. crim. 1967, n° 242

101) Einteilung nach VIVEZ, "Traité des fraudes", Rdnr. 83-89; FOURGOUX/CHEFTEL, aaO, Rdnr. 30; ROZIER, aaO, Rdnr. 822-824

102) ROZIER, aaO, Rdnr. 821

103) FOURGOUX/JUMEL, aaO, S. 171

104) Trib.corr. Poitiers, 2. 2. 1962, Gaz.Pal. 1962, 2, 118 betr. die Verwendung eines in Frankreich verbotenen Zusatzstoffes für Exportware, der auf den Etiketten angegeben und im Importland erlaubt war.

drückt das Interesse an einem allgemeinen, umfassenden Verbraucherschutz aus.

2. die Verfälschung muß sich auf ein bestimmtes Produkt beziehen.

Auf die unnötige Unterscheidung zwischen Lebensmitteln und Getränken, die weder der strukturellen Klarheit noch der Rechtssicherheit dient[105], ist bereits eingegangen worden[106]. Der Anwendungsbereich des Art. 3 deckt sich zunächst mit dem in § 4 der Arbeit gesteckten Rahmen. Darauf weist die Formulierung "denrées servant à l'alimentation de l'homme ou des animaux" hin. Außerdem ist natürlich die Verfälschung von Futtermitteln auch für den Bereich geregelt, wo sie für das Lebensmittelrecht keine Bedeutung hat (z. B. bezüglich der Beimengung von Ballaststoffen, die lediglich die Redlichkeit beim Verkauf von Futtermitteln betrifft). Die nicht rein lebensmittelrechtliche Struktur des Gesetzes zeigt sich hier auch an der Einbeziehung der Arzneimittel (wenn auch für jenes Rechtsgebiet nicht das Gesetz von 1905, sondern der "Code de la Santé publique" die Grundlage bildet).

Einer Erörterung bedürfen aber die bisher nicht näher in Erscheinung getretenen landwirtschaftlichen und natürlichen Produkte (produits agricoles ou naturels).

Es handelt sich hier um eine "politische" Vorschrift, die wegen der Krise in der Landwirtschaft am Ende des vorigen Jahrhunderts eingebaut wurde[107]. Die Bestimmung hat nur Bedeutung für die wenigen Produkte dieser Art, die nicht ohnehin schon von den anderen Rubriken erfaßt sind[108]. Landwirtschaftliche Produkte sind in

---

105) es kann auch der Volksgesundheit nicht dienlich sein, wenn Essig fälschlich als Getränk und nicht als Lebensmittel angesehen und ein entsprechendes Urteil deswegen aufgehoben wird (Cass. crim. 15. 12. 1885, D. 1886, 1, 21).

106) siehe oben S. 41 ff

107) ROZIER, aaO, Rdnr. 829

108) THEVENET, S. Lois annotées 1906, Rdnr. 13

der Regel Lebensmittel. Daneben gibt es solche, die für die industrielle Weiterverarbeitung bestimmt sind, wie z.B. Holz. Sie haben für das Lebensmittelrecht keine Bedeutung[109].

Das "produit naturel" steht im Gegensatz zum "produit fabriqué". Aus den Vorarbeiten zum Gesetz geht hervor, daß das Adjektiv "naturel" dem "agricole" angefügt wurde, um die Produkte der Natur zu beschreiben, die kein Resultat menschlicher Arbeit sind und sich naturaliter entwickeln[110]. Hierzu zählen z.B. Wild (es wird als res nullius betrachtet und kann somit nicht unter das Futtermittelrecht fallen[111]), Pilze, Honig, wilde Pflanzen usw.

Die Aufrechterhaltung dieser Kategorie , die heute mühelos in die Rubriken Lebensmittel und Futtermittel einbezogen werden könnte, zeigt wiederum, daß strukturelle Klarheit nicht das oberste Gebot des Gesetzgebers ist.

3. Die Bestimmung zum Verkauf (destination à la vente) . Zur Strafbarkeit der Verfälschung muß das verfälschte Produkt zum Verkauf bestimmt sein. Das läßt vermuten, daß auch in diesem Fall die Redlichkeit im Geschäftsleben vorrangiges Prinzip vor dem Schutz der Volksgesundheit ist. Dagegen wird argumentiert, der Gesetzgeber wolle natürlich die Volksgesundheit schützen, nicht aber den Fälscher vor sich selbst[112]. Wie ist dann aber der auch hier wieder auftauchende Begriff "vente" zu verstehen? Konsequenterweise kann daraus nur eine weite Auslegung des Begriffes folgen, die sich nicht auf den Kauf beschränkt, sondern alle Vertragsarten erfaßt[113]. Will man die Volksgesundheit vorrangig schützen, so

---

109) vgl. dazu ROUX, J.A., aaO, Rdnr. 357 bis

110) THEVENET, S. Lois annotées 1906, S. 156

111) VIVEZ, "Traité des fraudes", Rdnr. 94

112) h.M., VIVEZ, "Traité des fraudes", Rdnr. 100

113) siehe zu anderen Vorschriften bereits S. 28, 29, 92, 93. VIVEZ zieht diese Konsequenz nicht, er hält starr am Kauf fest und will nicht einmal kaufähnliche Verträge einbeziehen: "Traité des fraudes", Rdnr. 101, gegen die h.M. und Rspr. (Nancy, 26. 12. 1859, S. 1860, 2, 184), die sich auf Art. 1707 CC beruft, der für Tausch z.B. auf den Kauf verweist; POPINEAU, aaO, Rdnr. 36

darf nur der familiäre Gebrauch verfälschter Waren straffrei sein. Soll das "Gesetz mit einem repressiven Erscheinungsbild ein Gesetz zur Prävention jeder fraude" sein[114], so muß auch den Risiken vorgebeugt werden, die in einer unentgeltlichen Abgabe verfälschter Waren liegen. Sind diese Lebensmittel gesundheitsschädlich, entfällt freilich das Erfordernis (Strafschärfung in Art. 3 Abs. 2) der Verkaufsbestimmung[115]. Der Schutz der Volksgesundheit kann aber nicht erst im Stadium der Repression ansetzen, bzw. wenn die Gesundheitsschädlichkeit des Produktes bereits festgestellt ist.

Anzumerken bleibt hier noch, daß nichtnur die Verkaufsbestimmung erforderlich ist, sondern auch die Zweckbestimmung des Produktes als Lebensmittel. Das Delikt der Verfälschung liegt also nicht vor, wenn die Ware nicht zur Ernährung, sondern für die Industrie bestimmt ist[116].

d) Das Ausstellen, Feilhalten und Verkaufen nicht einwandfreier Produkte

Der vierte Straftatbestand des Rahmengesetzes (Art. 3, Abs. 1, Nr. 2) erfaßt das Ausstellen (exposition), Feilhalten (mise en vente) und den Verkauf der in Nr. 1 genannten Produkte[117]. Hier kommt es nicht auf eine aktive Verfälschung an, sondern auf das Wissen um den Zustand der Lebensmittel, Futtermittel, landwirtschaftlichen und natürlichen Produkte und Getränke[118]. Der Text macht

---

114) RICHARD, aaO, S. 98

115) vgl. GARDENAT, aaO, Rdnr. 389

116) LE POITTEVIN, aaO, Rdnr. 19

117) aus den vorherigen Ausführungen ergibt sich, daß diese Begriffe enger zu fassen sind als das "Inverkehrbringen" in § 7 Abs. 1 LMBG, das jedes Abgeben an andere erfaßt

118) nicht Arzneimittel, deren Ausstellen, Feilhalten und Verkauf nach Nr. 3 unabhängig vom Wissen des Betroffenen bestraft wird, wenn diese verfälscht sind

nun eine Unterscheidung zwischen dem, was verfälscht und dem, was verdorben (corrumpu) oder giftig (toxique) ist und erfaßt somit die vom menschlichen Handeln unabhängige unerwünschte Beschaffenheit der Produkte.

Die Unterscheidung der Begriffe "Ausstellen" und "Feilhalten" ist hier nicht von Wichtigkeit. Ihnen ist gemeinsam, daß die Ware in einem der Kundschaft zugänglichen Raum untergebracht ist[119]. Die Begriffe sind jedoch nur schwer von der Täuschung oder dem Täuschungsversuch abzugrenzen. Gehört zu letzteren eine Vertragsanbahnung, so sind Ausstellen und Feilhalten vertragsunabhängige Begriffe[120].

Verdorben ist ein Lebensmittel, wenn es sich (durch Fermentation) soweit verschlechtert hat, daß es zum menschlichen Verzehr ungeeignet ist[121]. Der hygienische Aspekt ist hier allein ausschlaggebend und es kommt darauf an, ob das Erzeugnis bestimmungsgemäß verwendet werden kann[122].

Giftig ist eine Substanz, wenn sie bei Aufnahme von nur geringen Dosen beim Normalverbraucher pathologische Veränderungen hervorruft und eine Gefahr für die Gesundheit darstellt[123]. Nach dieser unbestrittenen Definition ist der Leser des Gesetzestextes sehr überrascht, bei der strafschärfenden Vorschrift in Art. 3 Abs. 2 auf folgende Formulierung zu stoßen: "Falls die verfälschte oder verdorbene Substanz der menschlichen oder tierischen Gesundheit schädlich (nuisible à la santé) oder falls sie giftig ist (ou si elle est

119) FOURGOUX/CHEFTEL, aaO, Rdnr. 33

120) zum Begriff "Verkauf" kann auf S. 108 verwiesen werden, siehe ansonsten unter S. 113

121) Cass.crim. 19. 4. 1913, Bull.crim. 1913, n° 204

122) vgl. FOURGOUX/CHEFTEL, aaO, Rdnr. 35

123) FOURGOUX/JUMEL, aaO, S. 173

toxique), ... muß die Gefängnisstrafe[124] angewandt werden. Man glaubt zunächst an einen Druckfehler, da der Begriff "toxique" im Grundtatbestand (Art. 3 Abs. 1 Nr. 2) erscheint, dann wieder als erschwerender Umstand in Art. 3 Abs. 2. Das bedeutet, daß der Begriff im Grundtatbestand gestrichen werden kann, weil ohnehin bei giftigen Produkten das qualifizierte Delikt zur Anwendung kommt. Es ist aber kein redaktionelles Versehen, denn bezüglich des Besitzes wird in Art. 4 genauso verfahren. Von welchem Prinzip der Gesetzgeber hier geleitet war, bleibt im Verborgenen. Die französischen Autoren begnügen sich mit dem Hinweis, der Zusammenhang sei nicht klar zu erkennen[125]. Zudem entsteht bezüglich der Formulierung des Abs. 1 Nr. 2 die Vermutung, daß in den Augen des Gesetzgebers das, was verdorben, verfälscht oder giftig ist, nicht notwendig der Gesundheit schadet[126]. Auch in diesem Punkt vermißt man die in einem so weitreichenden Rahmengesetz zu erwartende strukturelle Klarheit.

Dem Betroffenen muß nachgewiesen werden, daß er die Beschaffenheit der Lebensmittel kannte[127]. Andererseits schützt das Gesetz ihn nicht, wenn er den Empfänger der Ware über deren Beschaffenheit aufklärt: "Diese Strafen sind selbst in dem Falle anwendbar, daß die schädliche Verfälschung dem Käufer oder Verbraucher bekannt ist" (Art. 3 Abs. 3). Hier rückt eindeutig die Volksgesundheit in den Vordergrund. Positiv ist und für die vorherigen Aussagen zum Kaufbegriff[128] spricht die ausdrückliche Einbeziehung des

124) Frankreich hat noch verschiedene Arten der Freiheitsstrafe, siehe dazu CONSTANTINESCO/HÜBNER, aaO, S. 101 ff

125) NGUYEN-THANH, aaO, Rdnr. 189; VIVEZ, "Traité des fraudes", Rdnr. 133

126) BIGWOOD/GERARD, aaO, Bd. III, S. 116

127) siehe dazu nachfolgend die Vorsatzprobleme S. 119 ff, 273 ff

128) siehe oben S.92, 108

Verbrauchers. Allerdings wird dieser Schutz durch eine "Unachtsamkeit des Gesetzgebers[129]" (die in über 70 Jahren nicht behoben wurde) gleich wieder empfindlich geschmälert: die Kenntnis des Empfängers hilft dem Verkäufer nur dann nicht, wenn es sich um eine gesundheitsschädliche Verfälschung handelt. Zunächst verliert damit das Grunddelikt seinen präventiven Charakter (durch "nuisible"; also Straflosigkeit, wenn der Empfänger den Zustand des unschädlichen Produktes kennt); außerdem aber sind gesundheitsschädliche verdorbene Erzeugnisse und giftige Produkte nach dem Buchstaben des Gesetzes ausgenommen. Eine Strafverfolgung wäre demnach nicht möglich, wenn der Empfänger weiß, daß das Produkt gesundheitsschädlich und verdorben oder giftig ist. Da die Gerichte aber auch verurteilen, wo es sich um ein nicht auf Grund einer Verfälschung gesundheitsschädliches Erzeugnis handelt[130], sah sich der Gesetzgeber nicht zu einer Änderung veranlaßt.

Zu dieser Strafvorschrift gehört ferner die Präventiv-Bestimmung des Art. 3 Abs. 1 Nr. 4, wonach auch das Ausstellen, Feilhalten und Verkaufen zur Verfälschung von Lebensmitteln geeigneter Produkte (produits propres à effecteur la falsification) unter Strafe gestellt ist; ebenso wird bestraft, wer zu deren Anwendung anstiftet. Bezüglich der Anstiftungsmöglichkeiten wird wieder eine erschöpfende Aufzählung geliefert: die "provocation" kann erfolgen durch Broschüren, Rundschreiben, Prospekte, Plakate, Annoncen und Instruktionen aller Art. Damit ist nur die geschriebene Aufforderung unter Strafe gestellt[131].

---

129) so ROZIER, aaO, Rdnr. 846; VIVEZ, "Traité des fraudes", Rdnr. 131

130) Cass. crim. 30. 1. 1920, Bull. crim. 1920, n° 57; ständige Rechtsprechung

131) VIVEZ, "Traité des fraudes", Rdnr. 163; ROZIER, aaO, Rdnr. 857; Bordeaux, 29. 11. 1927, S. 1928, 2, 75

e) Strafbarkeit des Besitzes

Die wohl wichtigsten präventiven Elemente enthält die fünfte Strafvorschrift des Rahmengesetzes: Art. 4 bestraft den Besitz nicht einwandfreier, unter das Gesetz fallender Erzeugnisse und Gegenstände (allgemein: détention de marchandises fraudées et instruments de fraude). Außer den eben in Art. 3 genannten Produkten (Abs. 1, Nr. 3-5) erfaßt der umfangreiche Katalog in Abs. 1 Nr. 2 auch falsche und ungenaue Meßinstrumente (um so bereits den Versuch der Täuschung nach Art. 1 zu verhindern) und seit der Änderung von 1912[132] in einer gesetzestechnisch nicht leicht zugänglichen Konstruktion eines Abs. 4 den Besitz und Verkauf von nicht vorschriftsmäßig etikettierten Produkten zur Zubereitung oder Konservierung von Getränken. Warum die in den Bereich der Übertretungen des Art. 13 gehörende[133] und auch auf diesen verweisende Vorschrift an Art. 4 angehängt wurde, bleibt unergründlich[134].

Abs. 1 Nr. 1 zählt sämtliche Lagerorte auf, an denen der Besitz der unter die Vorschrift fallenden Produkte "im Hinblick auf den Verkauf" (en vue de la vente) strafbar ist. Die mit dieser Formulierung bezweckte Unterscheidung von dem in Art. 3 bestraften Feilhalten (mise en vente) fällt nicht ganz leicht (ist aber schon deshalb wichtig, weil die Strafandrohung in Art. 4 geringer ist). Allgemein wird angenommen, daß "Besitz im Hinblick auf den Verkauf" ein Vorstadium des Feilhaltens ist. Feilgehaltene Ware ist also schon zum Verkauf bestimmt (destiné à la vente[135]), z. B. den Händlern zugeschickte Lebensmittel[136], während nur strafbarer Besitz vorliegt, wenn die Ware sich in einem Lagerhaus befindet, wo ihre weitere Verwendung noch nicht geklärt ist. In der Praxis ist deshalb

132) loi 28. 7. 1912, J.O. 1. 8. 1912, Art. 3

133) vgl. VIVEZ, "Traité des fraudes", Rdnr. 185 ff

134) siehe S. 121, 122

135) FOURGOUX/CHEFTEL, aaO, Rdnr. 33

136) Cass. crim. 15. 3. 1928, S. 1930, 1, 75

nach einem Grundsatz entschieden worden, der nachdenklich stimmen muß: eine "mise en vente" wird grundsätzlich auf den Einzelhandel angewandt, eine "détention en vue de la vente" auf den Großhandel[137].

Der Besitz ist allerdings nur strafbar, wenn dafür kein legitimer Grund vorliegt (sans motifs légitimes). Es ist klar, daß niemand bestraft werden kann, der ein Recht zum Besitz dieser Waren hat (z.B. von Gesetzes wegen die Beamten des "Service ..."). Die Vorschrift ist aber deshalb von Bedeutung, weil sie eine im französischen Lebensmittelrecht noch öfter anzutreffende[138] charakteristische Umkehr der Beweislast der Straftat ausdrückt, weil es dem Besitzer obliegt, das legitime Motiv zu begründen, wenn er den im Gesetz vorgesehenen Sanktionen entgehen will[139]. Ein legitimer Grund liegt z.B. vor, wenn ein Händler seinen Lieferanten wegen "fraude" angezeigt hat und die Ware noch besitzt[140].

Nach Abs. 2 erhöht sich die Strafe für den Betroffenen, wenn die in seinem Besitz befindlichen "substances alimentaires" gesundheitsschädlich oder giftig sind[141]. Wurde sonst immer deutlich zwischen Lebensmitteln und Getränken unterschieden, so ist jetzt keine Strafschärfung vorgesehen für den Besitz gesundheitsschädlicher oder giftiger "boissons". Es ist aber kein Grund ersichtlich, warum der Gesetzgeber hier die Getränke hätte ausklammern sollen und wollen. VIVEZ hält dennoch strikt am Gesetzestext fest und wendet auch auf solche Getränke nur den Grundtatbestand des Abs. 1 Nr. 3 an[142].

---

137) Trib. pol. Mâcon, 7. 6. 1938, dazu Anm. S. 1938, 754

138) siehe unten bei Vorsatz S. 120

139) LEMERCIER, aaO, S. 12; GARDENAT, aaO, Rdnr. 551, die darin eine "Vermutung der betrügerischen Absicht" sehen (présomption de l'intention frauduleuse); BIGWOOD/GERARD, aaO, Bd. III, S. 117

140) LE POITTEVIN, aaO, Rdnr. 28; FOURGOUX/CHEFTEL, aaO, Rdnr. 41; TOUBEAU, hingegen will die bewiesene Unkenntnis des Betroffenen über den Zustand der Ware als "motif légitime" anerkennen, aaO. S. 36, was aber eine Frage des Vorsatzes ist.

141) zu letzteren beiden Begriffen vgl. schon S. 110 - 112

142) VIVEZ, "Traité des fraudes", Rdnr. 142; Rechtsprechung und Lehre nehmen dazu ansonsten nicht Stellung

Sinnvoll kann aber nur sein, in den Begriff der "substances alimentaires" (die anderen Vorschriften verwenden den Ausdruck "denrées", der nur feste Stoffe meint[143]) feste und flüssige Stoffe einzubeziehen.

f) Ausnahmen für Frischobst und -gemüse

Die Vorschriften der Art. 3 und 4 gelten nicht für "frisches" fermentiertes oder verdorbenes Obst und Gemüse (fruits et légumes frais fermentés ou corrompus), Art. 3 Abs. 4, Art. 4 Abs. 3[144]. Hier scheint der Gesetzgeber den Verbraucherschutz wieder vergessen zu haben[145], selbst wenn man einräumt, der Verbraucher könne sich leicht selbst über den Zustand dieser Erzeugnisse informieren. Hat er diese Möglichkeit nicht auch bei vielen Fällen der Verfälschung und Täuschung? Wenn man nur den kleinen Erzeuger schützen wollte, der seine Ware verschickt und nicht wissen kann, wie sie ankommt beim Empfänger[146], hätte es keiner Ausnahmevorschrift bedurft, diese Frage wäre beim subjektiven Tatbestand zu klären gewesen. Nachsicht gegenüber dem Erzeuger ist wohl angebracht, nicht aber gegen den Wiederverkäufer, der sich von der einwandfreien Beschaffenheit der Ware vor dem Weiterverkauf zu überzeugen hat[147]. Tut er dies nicht, so kann freilich eine Täuschung im Sinne von Art. 1 vorliegen. Dabei ist jedoch abgesehen von erheblichen Abgrenzungsschwierigkeiten[148] zu bedenken, daß

---

143) siehe oben S. 13, 43

144) FOURGOUX/CHEFTEL schlagen statt "frais" die Formulierung "vendus à l'état cru", also, die in rohem Zustand verkauft werden, vor, aaO, Rdnr. 35

145) NGUYEN/THANH, aaO, Rdnr. 188

146) Argument von ROUX, J.A., aaO, Rdnr. 507

147) vgl. MONIER/CHESNEY/ROUX, E., aaO, Rdnr. 220

148) die "Schminke" (fardage), d.h. das Bedecken schlechter mit einer Schicht guter Ware wird z.B. von LEMERCIER, aaO, S. 11 als "tromperie sur la nature" angesehen, von MONIER/CHESNEY/ROUX, E., aaO, Rdnr. 223 als "tromperie sur l'identité", von ROUX, J.A., aaO, Rdnr. 315 als "falsification"

erschwerende Umstände, z.B. bei eventuell gesundheitsschädlichem verdorbenem Obst oder Gemüse, nicht berücksichtigt werden können.

Nun schließen die Vorschriften die Anwendung der Art. 3 und 4 aber nicht vollkommen aus[149)], sondern nur für verdorbenes und fermentiertes Frischobst und -gemüse. Das muß konsequenterweise bedeuten, daß verfälschtes und giftiges "Frisch"-Obst und Gemüse von Art. 3 und 4 erfaßt werden[150)]. Im Nachhinein hat sich diese Aufnahme doch als zu großzügig erwiesen und es wurde unter anderem wegen der angedeuteten Lücken eine Sonderregelung für den Handel mit Obst und Gemüse nötig[151)].

g) Strafbarkeit des Versuches

Nach Art. 3 CP ist der Versuch (tentative) eines Vergehens nur strafbar, wenn dies im Gesetz ausdrücklich bestimmt ist. Der Versuch ist in Art. 1 ausdrücklich unter Strafe gestellt, nicht dagegen in Art. 3 und 4. Strafbar ist somit nur die versuchte Täuschung; sämtliche Verfälschungs- und Besitzdelikte bleiben straflos, wenn sie im Versuchsstadium steckengeblieben sind[152)]. Die Bestrafung des Versuchs richtet sich nach den allgemeinen strafrechtlichen Grundsätzen[153)], d.h. es muß ein Anfang der Ausführung (commencement d'exécution) vorliegen (Art. 2 CP)[154)]. Bezüglich des Vertragserfordernisses bei Täuschungsdelikten ist dies nicht immer

---

149) BIGWOOD/GERARD nehmen dies fälschlich an, aaO, Bd. II, S. 47/48

150) ähnlich VIVEZ, "Traité des fraudes", Rdnr. 132, der jedoch die giftigen Erzeugnisse gar nicht erwähnt; letztbezüglich a.A. FOURGOUX/CHEFTEL, a.a.O, Rdnr. 35

151) loi 29. 6. 1934, J.O. 1. 7. 1934

152) so auch die einhellige Meinung, vgl. FOURGOUX/CHEFTEL, aaO, Rdnr. 31; VIVEZ, "Traité des fraudes", Rdnr. 121

153) LE POITTEVIN, aaO, Rdnr. 3; mit Einschränkung bezüglich Art. 1 CP auch MONIER/CHESNEY/ROUX, E., aaO, Rdnr. 29

154) GARDENAT, aaO, Rdnr. 117 ff

leicht festzustellen. In Abwesenheit einer gesetzlichen Definition des Versuchs obliegt es dem Richter, den Anfang der Ausführung von der bloßen Vorbereitung zu unterscheiden[155]. So wird zum Teil die Ansicht vertreten, das bloße Feilhalten betrügerisch aufgemachter Ware (z.B. zu hohe Gewichtsangabe) sei noch nicht als Versuch im Sinne von Art. 1 anzusehen, da die Käufer noch über die Beschaffenheit der Ware aufgeklärt werden könnten; es seien vielmehr als Anfang der Ausführung Vertragsverhandlungen erforderlich[156]. Dem ist jedoch entgegenzuhalten, daß auch dann noch eine Aufklärung des Kunden möglich ist. Auch der Hinweis von ROZIER, das Feilhalten könne kein Versuch sein, da es nicht gegen eine bestimmte Person, nämlich den Vertragspartner gerichtet sei[157], kann nicht überzeugen, da das Gesetz ja nicht einen bestimmten, sondern jeden möglichen Vertragspartner, die Allgemeinheit, schützen will. Die Gerichte haben diese Auffassung auch in ständiger Rechtsprechung zum Ausdruck gebracht und bereits die "exposition en vue de la vente" als Versuch gewertet[158].

Die versuchte Verfälschung, den Versuch der Herstellung gesundheitsschädlicher Lebensmittel und dergleichen hat der Gesetzgeber jedoch nicht unter Strafe gestellt. Wenn auch eine Reihe der in Art. 3 und 4 genannten Delikte des Besitzes, Ausstellens, Feilhaltens nach den obigen Ausführungen nichts anderes sind als spezifische Formen des Versuchs[159], entsteht hier doch der Eindruck, daß der präventive Gedanke sich noch nicht in allen Bereichen der Lebensmittelgesetzgebung durchsetzen konnte. Zum Teil wird deshalb kritisiert, das Gesetz von 1905 habe bezüglich des Versuchs

155) vgl. dazu POPINEAU, aaO, Rdnr. 13

156) ROUX, J.A., aaO, Rdnr. 57 f

157) ROZIER, aaO, Rdnr. 818

158) Cass. crim. 1. 7. 1859, S. 1859, 1, 930; nach 1905:
Cass. crim. 27. 1. 1911, Bull. crim. 1911, n° 60;
Cass. crim. 18. 3. 1932, Bull. crim. 1932, n° 121

159) vgl. VIVEZ, "Traité des fraudes", Rdnr. 121; ROZIER, aaO, Rdnr. 841

gar keine Neuerung geschaffen, da das Feilhalten bereits im Gesetz von 1851 erfaßt und bestraft worden sei[160].

h) Schadenserfordernis

Ein Teil der Lehre[161] fordert als weiteres konstitutives Element im Sinne eines "élément matériel"[162] sowohl bei den Täuschungs- wie auch bei den Verfälschungsdelikten den Nachweis eines durch die Handlung entstandenen konkreten Schadens. Diese Forderung entspringt wohl der Auffassung, die "fraude" sei ein betrügerischer Akt, der die Schädigung eines anderen um des eigenen Vorteils willen zum Ziel habe[163]. Selbst dann aber kann es nicht auf einen konkreten Schaden ankommen, sondern nur darum gehen, ob die Handlung eine solche Zielrichtung hatte. Diesbezüglich kann auf die bereits dargelegte Auffassung des Verfälschungstatbestandes verwiesen werden[164], wonach jeder Verstoß gegen bestehende Regelungen als Schaden zum Nachteil des Verbrauchers angesehen wird. Denn gerade hier unterscheiden sich Zivilrecht und Strafrecht. Beim ersten ist nicht das Motiv entscheidend, sondern nur der Schaden; beim zweiten spielt das Resultät keine Rolle. Die Feststellung eines Schadens kann nur von beiläufigem Interesse sein, nämlich im Hinblick auf eine Zivilklage zur Durchsetzung von Schadensersatzansprüchen[165] (die im übrigen im Strafprozeß im Adhäsionsverfahren geltend gemacht werden kann gemäß Art. 2 ff CPP[166]).

---

160) KRAINIK, aaO, S. 46

161) LE POITTEVIN, aaO, Rdnr. 1 und 15; POPINEAU, aaO, Rdnr. 3 und 39

162) etwa tatbestandsmäßiges Handeln i.S.d. kausalen Handlungslehre, vgl. CONSTANTINESCO/HÜBNER, aaO, S. 99

163) siehe dazu oben S. 90

164) siehe oben S. 104, 105

165) ähnlich RICHARD, aaO, S. 40

166) siehe unten S. 282 ff

j) Die subjektive Seite des Tatbestandes

Da es sich um Strafvorschriften handelt, ist zunächst nicht anzunehmen, daß das "élément moral", bei Verbrechen und Vergehen im Strafrecht immer Voraussetzung der Strafbarkeit (i.S. von Schuld), Hinweise auf die Struktur des Lebensmittelrechts geben kann. Gerade dieser Punkt aber ist seit jeher Gegenstand heftiger Diskussionen.

Schuldformen sind Vorsatz (dol, was auch Arglist im Zivilrecht bedeutet - oder faute intentionelle) und Fahrlässigkeit (imprudence = Unvorsichtigkeit, négligence = Nachlässigkeit). Im Bereich des Gesetzes von 1905 werden sie ausgedrückt durch die "betrügerische Absicht" (intention frauduleuse, die begrifflich der "Bösgläubigkeit", "mauvaise foi", gleichsteht)[167], Unvorsichtigkeit, Nachlässigkeit und Verletzung einer Überwachungspflicht (défaut de vérification ou de surveillance)[168]. Seit den ersten Beratungen des Gesetzes ist klar, daß die "Bösgläubigkeit in Form betrügerischer Handlungen ausdrücklich festgestellt werden muß, d.h. in Form wissentlich angewandter manoeuvres"[169]. Bei einigen der in Art. 3 und 4 genannten Delikte wurde das Wissen um die Beschaffenheit der Waren ausdrücklich als Voraussetzung der Strafbarkeit genannt. Indes erachtete man es für überflüssig, das Wort "sciemment" (wissentlich) in die Täuschungsdelikte einzufügen, wie es zum Teil gefordert wurde[170], denn im Täuschungsbegriff ist dieses Element bereits enthalten. Es gibt deswegen keine "fraude" ohne "intention"[171] oder "mauvaise foi"[172]. Als wesentliches Element der Straftat muß

---

167) NGUYEN-THANH, aaO, Rdnr. 205

168) vgl. FOURGOUX/CHEFTEL, aaO, Rdnr. 13

169) Rapport TRANNOY, J.O. 18. 6. 1899, annexe n° 940, S. 1577

170) siehe TOUBEAU, aaO, S. 33/34

171) h.M. ROUX, J.A., aaO, Rdnr. 80; VIVEZ, "Traité des fraudes", Rdnr. 49

172) Rapport DAUZON, J.O. 19. 6. 1903, S. 1913

sie dem Betroffenen in jedem Fall ausdrücklich nachgewiesen werden, eine Vermutung der "fraude" ist ausgeschlossen[173]. Eine Umkehr der Beweislast gibt es jetzt allerdings im Bereich der wahrheitswidrigen Werbung[174], wo der Betroffene die Richtigkeit seiner Angaben nach Art. 44 des Gesetzes von 1973 beweisen muß. Es wird den Tatrichtern aber vorgeworfen, daß sie ihre Urteile oft auf eine solche "présomption de mauvaise foi" stützen[175] und von einer Prüfung in concreto, die wirklich die subjektive Seite der Handlung untersucht, immer mehr zu einer Prüfung in abstracto übergehen, die auf das Verhalten des "guten Berufsstandes"[176] abstellt (beachte Handelsbräuche !). Diese Entwicklung ist auf den in der Rechtsprechung konfusen und unsicheren Begriff der "betrügerischen Absicht" zurückzuführen, die nur schwer nachzuweisen ist und die Gerichte zu einer kasuistischen, vielfach nuancierten Auslegung des Begriffes zwang, die letztlich auch die Unvorsichtigkeit und Nachlässigkeit erfaßte. Diese Begriffe reichen im Prinzip zur Feststellung der "Bösgläubigkeit" aber nicht aus[177], denn kein Gesetz setzt die Fahrlässigkeit der "fraude" gleich[178]. So wird den Gerichten vorgeworfen, sie urteilten bezüglich der "intention" nur im Hinblick auf die praktischen Resultate, die sie erhalten wollten[179]. Dieser Vorwurf ist insofern nicht von der Hand zu weisen, als die Vorsatzprüfung im Rahmen des Gesetzes von 1905 zu einer reinen Zurechnungsfrage geworden ist, wobei das psychologische, subjektive Element, welches nach dem Ziel, dem angestrebten Resultat der Handlung fragt,

173) ständige Rechtsprechung, Cass. crim. 15. 10. 1957, Bull. crim. 1957, n° 631; Cass. crim. 1. 12. 1964, Bull. crim. 1964, n° 317

174) PIGASSOU, aaO, S. 137

175) vgl. VIVEZ, zu J.C.P. 1966, 12663; FOURGOUX zu Gaz. Pal. 1965, 2, 139 und FOURGOUX, D. 1965, chr. 233 gegen LIOTARD, D. 1958, chr. 211, der die Schuldvermutung zuläßt.

176) NGUYEN-THANH, aaO, Rdnr. 202

177) ROUX, J.A., aaO, Rdnr. 32

178) Cass. crim. 2. 12. 1922, D. 1925, 1, 188

179) MERCADEL, Rev. sc. crim. et dr. pén. comp. 1967, n° 6, S. 8

von der Erörterung irgendwelcher Berufspflichten mehr und mehr verdrängt wird. Bei der Prüfung der "Bösgläubigkeit" werden unterschiedliche Maßstäbe angesetzt, je nachdem ob es sich beim Betroffenen um einen Erzeuger, Fabrikanten, Wiederverkäufer, Kommissionär, Importeur, Verteiler, Groß- oder Einzelhändler etc. handelt[180]. Dic Lehre fordert seit langem die Schaffung eines dringend notwendigen Fahrlässigkeitstatbestandes[181], der vor allem für die Verletzung von Kontroll- und Überwachungspflichten geringere Strafen androhen soll als für die tatsächlich in betrügerischer Absicht begangenen Täuschungen und Verfälschungen. Die Forderung blieb bislang ohne Echo.

k) Übertretungen (Ordnungswidrigkeiten)

Auf die besondere Vorschrift in Art. 4 Abs. 4 wurde bereits hingewiesen[182]. Sie gehört zu den Übertretungen (contraventions), die in Art. 13 geregelt sind und soll hier mit erörtert werden.

Art. 13[183] bestraft als Übertretungen die Verstöße gegen auf Grund von Art. 11 erlassene Rechtsverordnungen, die nicht von irgendeinem der in den Art. 1 bis 4 des Gesetzes vorgesehenen Betrugs- oder Verfälschungstatbestände kompensiert werden (Abs. 1).

Mit den gleichen Strafen wird belegt, wer, ohne die Ergebnisse einer laufenden amtlichen Kontrolle abzuwarten, Waren feilhält oder verkauft, die bei Ende der auf die Kontrolle folgenden gerichtlichen Untersuchung definitiv als "betrügerisch" oder "verfälscht" angesehen werden (Abs. 4).

---

180) siehe dazu S. 274 ff

181) vgl. vor allem FOURGOUX, D. 1965, chr. 233 ff; FOURGOUX/JUMEL, aaO, S. 173; KIEFE, A.N.A. 1966, 301 ff; VOULET, Quest. prud'h. 1964, 448 ff

182) siehe oben S. 113

183) in der Fassung des Änderungsgesetzes vom 21. 7. 1929, J.O. 24. 7. 1929

Bezüglich der allgemeinen lebensmittelrechtlichen Struktur tauchen hier keine neuen Gesichtspunkte auf; es ist nur anzumerken, daß Art. 4 Abs. 4 besser in den allgemeinen Etikettierungsvorschriften untergebracht worden wäre[184]. Art. 13 Abs. 4 hingegen hätte Platz finden können in den allgemeinen Verfahrensvorschriften über die Erforschung und Feststellung der "fraudes"[185] mit einem Verweis auf Art. 13 des Gesetzes.

Nach der gerade aufgezeigten weiten Auslegung des Vorsatz- und Fahrlässigkeitsbegriffes muß nun die Frage auftauchen, inwieweit noch Raum für die Anwendung des Art. 13 ist, da doch mit dem umfangreichen Katalog der Art. 1 bis 4 bereits mehr als die "fraude" im eigentlichen Sinne abgedeckt ist. In der Tat fällt nur das nicht unter Art. 1 bis 4 und somit unter Art. 13, was als rein materieller Verstoß gegen die auf Grund von Art. 11 erlassenen Rechtsnormen anzusehen ist[186]. Das "élément moral" wird bei Übertretungen überhaupt nicht in Betracht gezogen. Allerdings haben die Richter in jedem Fall über die Frage der "Bösgläubigkeit" zu befinden, um den Verstoß richtig einordnen zu können[187] als Übertretung oder Vergehen. Art. 13 erfaßt somit nur die Fälle absoluter Unwissenheit bei den Verstößen und diese auch nur dann, wenn sie nicht über die Zurechenbarkeit dem Wissen gleichgestellt werden[188]. Es besteht also kein Unterschied zwischen dem zivilrechtlichen und dem strafrechtlichen Fahrlässigkeitsbegriff[189].

---

184) siehe heute décret 12. 10. 1972, J.O. 14. 10. 1972

185) Durchführungs-décret vom 22. 1. 1919, J.O. 31. 1. 1919

186) vgl. ROZIER, aaO, Rdnr. 969 ff; VIVEZ, "Traité des fraudes", Rdnr. 165 ff; siehe dazu S. 273 ff

187) Cass. crim. 16. 11. 1911, Bull. crim. 1911, n° 524; Cass. crim. 20. 10. 1920, S. 1922, 1, 44; Cass. crim. 26. 10. 1954, J.C.P. 1955, II, 8526 bis

188) siehe unten S. 273

189) CONSTANTINESCO/HÜBNER, aaO, S. 101

Art. 13 schafft aber auch eine Möglichkeit zur Bestrafung der Beamten, die nicht nach den vorgeschriebenen Verfahren bei der Erforschung und Feststellung der "fraudes" vorgehen, denn die Bestimmung bezieht sich auf alle nach Art. 11 erlassenen Rechtsvorschriften, und die dortige Ermächtigung umfaßt auch Verfahrensvorschriften[190].

Abs. 1 spricht von Verstößen gegen die "règlements d'administration publique"[191]. Verstöße gegen Handelsbräuche fallen jedoch selbst dann nicht unter Art. 13, wenn sie bei Vorliegen einer betrügerischen Absicht ein Vergehen dargestellt hätten[192], bei der Prüfung der Art. 1 bis 4 des Gesetzes sind sie aber heranzuziehen[193].

1) Andere Strafnormen

Art. 5 des Gesetzes von 1905 regelt den Rückfall (récidive). Die Vorschrift ist nur interessant wegen des Verweises auf andere, neben dem lebensmittelrechtlichen Rahmengesetz in Kraft befindliche Gesetze (z.B. für Dünger, Wein, Butter, Saccharin, Zucker), für die diese Rückfallsregeln ebenfalls gelten. Der Rückfall ist außerdem besonders geregelt in Art. 7 Abs. 6 (betreffend die Veröffentlichung des Strafurteils) und Art. 13 Abs. 2 und 3 (Rückfall nach polizeilichen Regeln und wiederholte Verstöße gegen Rechtsverordnungen) des Gesetzes.

Art. 6 regelt die Einziehung (confiscation) der sich auf die Straftat

---

190) siehe unten S. 136 ; so die h.M.: LEMERCIER, aaO, S. 24; MONIER/CHESNEY/ROUX, E., aaO, Rdnr. 326; a.A. VIVEZ, "Traité des fraudes", Rdnr. 175 unter Berufung auf die Formulierung "soweit sie nicht unter Art. 1 bis 4 fallen"

191) siehe zum Begriff S. 144 ff

192) Cass. crim. 16. 3. 1930, Gaz. Pal. 1930, 2, 154; Cass. crim. 16. 1. 1957, Bull. crim. 1957, n° 50

193) siehe oben S. 86

beziehenden Gegenstände[194] und deren Verwertung. Es handelt sich hier um eine weitere Präventivvorschrift, die im Falle der Verurteilung angewendet werden muß[195].

Recht interessant ist die neben den gewöhnlichen Strafen (Freiheitsentzug, Geldstrafe) als Nebenstrafe mögliche "Anschlagsstrafe" (affichage) oder Anordnung der Urteilsveröffentlichung (publication de jugement) in Art. 7, die allgemein als "Demütigungsstrafe" (sanction humiliante) bezeichnet wird[196]. Die Vorschrift enthält einen umfangreichen Katalog von Maßnahmen, mittels derer Verurteilungen nach dem Gesetz von 1905, dessen Durchführungsverordnungen und nach den Spezialgesetzen betreffend die Betrügereien beim Handel mit Dünger, Wein, Butter und Margarine (Art. 15 Abs. 1) publik gemacht werden können. Es fällt allein in die Kompetenz des Richters, die Art und den Umfang der Bekanntmachung (z.B. Plakate an Fabriktoren oder Läden, Zeitungsinserate) zu bestimmen[197]. Zeitlich darf die "Anschlagsstrafe" sieben Tage jedoch nicht überschreiten (Art. 7 Abs. 3). Angesichts der Tatsache, daß Gefängnisstrafen nur selten verhängt werden und der finanzielle Nutzen von Betrügereien zu oft größer ist als die ausgesprochene Geldstrafe (die höchstmögliche Summe beträgt 54.000 F im Falle des Art. 3 Abs. 2), könnte diese Nebenstrafe zu einer wirksamen Waffe gegen "fraudeurs" auf dem Gebiet des Lebensmittelrechts werden, wenn sie öfter angewendet würde. Die Gerichte haben davon in der Vergangenheit aber außerordentlich selten Gebrauch gemacht[198]. Erst

---

194) die Beschlagnahme (saisie) nicht einwandfreier Waren ist im Rahmengesetz nicht geregelt. Hierfür gelten die Bestimmungen der Art. 7 bis 9, décret 22. 1. 1919, J.O. 31. 1. 1919

195) siehe unten S. 295 f

196) vgl. NGUYEN-THANH, aaO, Rdnr. 270

197) VIVEZ, "Traité des fraudes", Rdnr. 269, einhellige Meinung.

198) vgl. NGUYEN-THANH, aaO, S. 96, Fußn. 2

in letzter Zeit wurde einmal die Veröffentlichung des Urteils in einer großen Tageszeitung angeordnet mit dem Argument, eine Geldstrafe reiche wegen des durch den Betrug erzielten Nutzens nicht aus[199]. Obwohl Art. 5 Abs. 2 die Anschlagstrafe für den Rückfall zwingend vorschreibt, kommt sie selten zur Anwendung, weil die Richter diese Bestimmung meist durch die Gewährung von mildernden Umständen (circonstances atténuantes) nach Art. 8 Abs. 2 und 3 (i.V.m. Art. 463 CP) wieder entkräften. Eine weitere "Demütigungsstrafe" findet sich in Art. 6 Abs. 4, wonach das Gericht die Zerstörung der sich auf die Straftat beziehenden eingezogenen Gegenstände vor dem Geschäft oder Haus des Verurteilten anordnen kann[200]. Die Nichtanwendung dieser Vorschriften ist umso erstaunlicher, als der Gesetzgeber bei der minuziösen Ausarbeitung der Normen offensichtlich viel Mühe aufgewandt hat.

m) Verfahrensregeln

aa) Das Verbot des Wechsels des rechtlichen Anklagegesichtspunktes

"Jede Kraft dieses Gesetzes eingeleitete Verfolgung muß nach den gleichen Texten weitergeführt und beendet werden" (Art. 8 Abs. 1). Dieses "Verbot der Untauglichkeitserklärung" (interdiction de disqualifier) stellt eine Besonderheit des Gesetzes von 1905 und eine Abweichung vom allgemeinen Straf- und Strafprozeßrecht dar[201].

---

199) Paris, 31. 5. 1967, D. 1968, 643; dazu FOURGOUX, D. 1968, jur. 644; mit der "Demütigung" des Betroffenen durch die Urteilsveröffentlichung in "France Soir" erhoffte sich das Gericht also eine negative Werbewirkung und finanzielle Einbußen des Unternehmers.

200) praktisch nie angewandt; vgl. FOURGOUX/JUMEL, aaO, S. 178

201) ROZIER, aaO, Rdnr. 899; VIVEZ, "Traité des fraudes", Rdnr. 363; siehe dazu S. 271

bb) Unverzichtbarkeit der Gegengutachten

"Alle auf Grund der Anwendung dieses Gesetzes erforderlichen Gutachten sind streitig ..." (Art. 12, 1. Hbs.). Diese Vorschrift, die erst im Laufe der parlamentarischen Beratung ausgearbeitet wurde[202)], wird zum Teil als die beträchtlichste Neuerung des Gesetzes von 1905 bezeichnet[203)] und als ein großer Schritt vorwärts auf dem Gebiet der Strafverteidigung[204)]. Zwar gilt im Strafprozeß seit langem das kontradiktorische Prinzip[205)], jedoch nicht für die Gutachten, die besonders seit dem Prozeß Dreyfus' im Jahre 1894 Gegenstand heftiger Diskussionen waren. Gutachten waren oft die Ursache für krasse Fehlurteile, was den Schriftsteller ZOLA zur Verfassung seines berühmten Werkes "J'accuse" veranlaßte und die Wiederaufnahme des Dreyfus-Prozesses bewirkte[206)]. Das Hauptanliegen des streitigen Gutachtens (expertise contradictoire) besteht demnach darin, das Gutachten nicht nur einem Experten anzuvertrauen, der vom Untersuchungsrichter benannt wurde[207)]; es sollen zwei Gutachter zusammenarbeiten[208)], wobei der zweite Gutachter von dem Beschuldigten frei gewählt wird.

---

202) vgl. zur Entwicklung TOUBEAU, aaO, S. 38/39

203) vgl. aber unten S. 129/130

204) VERIN, aaO, S. 23

205) vgl. CONSTANTINESCO/HÜBNER, aaO, S. 108/109

206) eine beeindruckende Zusammenstellung findet sich bei DOLL, D. 1966, chr. 47 ff; der wohl krasseste Fall ist die Verurteilung eines Mädchens im Jahre 1868 wegen Abtreibung: wenige Tage nach dem Urteil gebar es ein 9-Monats-Kind, obwohl der Gutachter "Spuren einer Abtreibung" festgestellt und dafür sogar das Datum festgelegt hatte (S. 50)

207) WILLEMET, aaO, S. 58

208) TOUBEAU, Thèse, S. 136, der entscheidend die heutige Form der expertise contradictoire gestaltete

Im Jahre 1957 hatte man versucht, die "expertise contradictoire" allgemein im Strafprozeß einzuführen durch Änderung des Art. 159 CPP. Das Gesetz war schon beschlossen, kam aber nicht zur Anwendung: mit der Regierungskrise und dem -wechsel von 1958 wurde dem Strafverfahren eine neue Form gegeben[209], die "expertise contradictoire" nach dem Gesetz von 1905 blieb jedoch unangetastet. Im allgemeinen Strafprozeß ist demnach nur die Dualität der Gutachten gesichert (Art. 156 CPP), nicht aber der kontradiktorische Charakter, denn beide Experten werden vom Untersuchungsrichter benannt[210]. Insofern hat das Lebensmittelrecht unterschiedliche Verfahrensgrundsätze hervorgebracht gegenüber dem allgemeinen Strafrecht. Insgesamt ist das kontradiktorische Gutachten als Beitrag zur Objektivität des lebensmittelrechtlichen Strafverfahrens zu betrachten[211].

cc) Besondere Duldungs- und Mitwirkungspflichten

Besondere Duldungs- und Mitwirkungspflichten hat Art. 10 geschaffen:

"Im Falle einer Anklage wegen Täuschung oder Täuschungsversuches bezüglich der Herkunft von Waren, Lebensmitteln oder landwirtschaftlichen und natürlichen Erzeugnissen können der Untersuchungsrichter oder die Gerichte die Beschaffung der Register und Dokumente von den verschiedenen Behörden und insbesondere von den Steuerbehörden und Transportunternehmern verfügen."

Die Erforderlichkeit einer solch speziellen Verfahrensvorschrift ist nicht offenkundig. Nach dem Wortlaut betrifft die Bestimmung nur die in Art. 1 Nr. 2 genannte "tromperie sur l'origine", wobei daran erinnert sei, daß diese von den sogenannten "appellations

209) ordonnance 23. 12. 1958, J.O. 24. 12. 1958, S. 11711
210) DUTTLINGER, aaO, S. 73
211) zur expertise contradictoire siehe im einzelnen unten S. 264 ff

d'origine"[212] zu unterscheiden ist[213]. Das Gesetz enthält keine weiteren Duldungs- oder Mitwirkungspflichten. Zudem ist Voraussetzung, daß die öffentliche Klage bereits erhoben worden ist[214]. Der Grund für die Schaffung dieser Vorschrift liegt zunächst einmal wohl darin, daß die Beweissicherung bezüglich der Herkunftsfragen äußerst schwierig ist und eine solche Einsichtnahme oder Verwertung von Geschäftsunterlagen oder Registerauszügen nicht zu den "normalen" Beweismitteln im Strafprozeß gehört[215]. Die Behörden sind ausdrücklich einbezogen worden, da das französische Recht keine etwa dem Art. 35 des Grundgesetzes entsprechende Norm kennt, d.h. keine unmittelbare Amts- oder Rechtshilfeverpflichtung der Behörden oder Gerichte besteht. Eine weitere Berechtigung der Bestimmung findet sich darin, daß die Regelung des Strafverfahrens seit jeher Gesetzmaterie ist (heute Art. 34 der Verfassung der V. Republik), dem Verordnungsgeber also insoweit ein Rahmen gesteckt werden mußte.

n) Verteilung der Strafgelder

Neben der Bestimmung, daß die Verurteilten auch die Analyse- und Protokollkosten zu tragen haben (Art. 9 Abs. 2), regelt Art. 9 die Verteilung der auf Grund des Gesetzes von 1905 ausgesprochenen Geldstrafen nach den Finanzgesetzen (Abs. 1). Erwähnenswert und strukturell bedeutsam ist hierbei die Vorschrift des Abs. 7:

"Der Departementausschuß kann auf Vorschlag des Präfekten den Gemeinden, die an der Bekämpfung der Betrügereien mitwirken, in der durch die obengenannten Verordnungen vorgeschriebenen Weise Zuschüsse gewähren, die dem verfügbaren Bestand des Gemeinschaftsfonds entnommen werden."

---

212) siehe oben S. 98, 99

213) TOUBEAU, aaO, S. 32

214) vgl. dazu RICHARD, aaO, S. 176

215) vgl. CONSTANTINESCO/HÜBNER, aaO, S. 109

Seit jeher hatte das "Service de la Répression des fraudes" unter Geld- und Personalmangel gelitten[216]. Zudem erschwerte seine exzessive Zentralisierung eine erfolgreiche Anwendung des Gesetzes von 1905. Diese Umstände waren ausschlaggebend für die heute gültige, obige Fassung des Art. 9 Abs. 7[217]. Die Gemeinden sollten durch den finanziellen Anreiz dazu bewegt werden, Laboratorien zur Untersuchung von Lebensmitteln zu bauen, Kontrollbeamte auszubilden und dem Zentralbüro des "Service" zu überstellen. Heute noch verfügt das "Service" über nur 6 staatliche Laboratorien, daneben gibt es aber 75 departementale oder gemeindliche Labors[218]. Das zeigt, wie positiv sich diese Überlegungen auf die Lebensmittelkontrolle auswirken, wenngleich der finanzielle Anteil kaum nennenswert[219] und nicht ausschlaggebend gewesen sein kann für die Bereitstellung der Einrichtungen. Mit Hilfe dieser Labors ist jedenfalls eine effektive Überwachung der Lebensmittel auf nationaler Ebene möglich geworden.

2. Die Ermächtigungsnorm

Das Gesetz von 1905 offenbart seinen Rahmencharakter nicht nur in der allgemeinen Fassung seiner Bestimmungen, sondern auch oder vorwiegend in der umfangreichen Ermächtigungsgrundlage des Art. 11, deren überragende Bedeutung für das französische Lebensmittelrecht bereits angesprochen wurde[220]. Diese Ermächtigung der Verwaltung zum Erlaß von Rechtsverordnungen (règlements d'administration publique) wird zu Recht als die wichtigste

---

216) vgl. TOUBEAU, aaO, S. 38/39; GALLON, Gesamtdarstellung insbes. S. 330 ff

217) siehe Entwicklung bis zum Änderungsgesetz vom 31. 12. 1921, Art. 128 bei TOUBEAU, aaO, S. 47/48

218) Ministère de l'agriculture, "Le Service ...", S. 29

219) 1/4 der Gesamtgeldstrafen nach Art. 2, décret 7. 9. 1923, J.O. 15. 9. 1923; d.h. nach einer Statistik von GALLON, aaO, S. 358/359 rund 250.000 F im Jahre 1971

220) siehe oben S. 19

Neuerung des Gesetzes von 1905 angesehen[221]. Seither kann der Verordnungsgeber die Herstellung und Aufbewahrung der Lebensmittel, insbesondere hinsichtlich der Begriffsbestimmungen, der Bezeichnungen und der zulässigen Behandlungsverfahren regeln sowie vorschreiben, unter welchen Bedingungen die Überwachung durchgeführt wird (Probenahmen, Analysen). Der allgemeine Charakter der Bestimmungen des Rahmengesetzes erfordert ein solches Intervenieren von Behörden, die für die Anwendung des Gesetzes verantwortlich sind, um festzulegen, was ein Lebensmittel enthalten darfund was nicht, wie es zur Verhinderung jeder Täuschung der Öffentlichkeit präsentiert werden darf, welche Hygieneregeln zu beachten sind usw. Alle diese Kompetenzen finden sich in Art. 11 und sind von der Verwaltung vielfältig ausgeschöpft worden. Die etwa 130 auf Grund der Ermächtigungsgrundlage ergangenen Rechtsverordnungen haben heute eine größere Bedeutung für das Lebensmittelrecht als das Basisgesetz selbst, was auch mit der nur teilweisen Bezogenheit des allgemeinen Gesetzes auf Lebensmittel zusammenhängt[222]. Man hörte schon bei den Parlamentsdebatten des Gesetzes von 1905, die Bedeutung dieses Gesetzes werde an seinen Verordnungen gemessen; kritisiert von TOUBEAU mit dem Bemerken, es enthalte schließlich ausgezeichnete Generalklauseln[223].

Die Rechtsvorschriften können sich auf die Gesamtheit der Produkte wie auch auf verschiedene Kategorien von Produktion beziehen (horizontale Regelung), oder sie betreffen bestimmte Lebensmittel (vertikale Regelung)[224]. Während die horizontale Regelung die Behandlung von Lebensmitteln (Farb-, Konservierungs-, Zusatzstoffe usw.), Hygiene, Aufmachung, Werbung und dergleichen betrifft,

221) vgl. TOUBEAU, aaO, S. 37; GARDENAT, aaO, Rdnr. 24; KRAINIK, aaO, S. 57; DEHOVE, aaO, S. 3

222) LÜCK, aaO, S. A 42

223) TOUBEAU, aaO, S. 60; GALLON, aaO, S. 25

224) vgl. BIGWOOD/GERARD, aaO, Bd. III, S. 120

handelt es sich bei der vertikalen Regelung darum, ein Lebensmittel zu normen, ihm eine Legaldefinition zu geben, d.h. seine Zusammensetzung und Benennung festzulegen, unter der es der Öffentlichkeit angeboten werden darf. So gibt es auf vertikaler Ebene nur noch ganz spezielle Produkte[225)], die im Laufe der Zeit nicht Gegenstand eines "règlement d'administration publique" gewesen sind, wohingegen auf horizontaler Ebene weit weniger Aktivität gezeigt wurde[226)].

a) Inhalt

Im einzelnen umfaßt die Ermächtigung (habilitation) folgende Bereiche:

aa) den Verkauf, das Feilhalten, das Ausstellen und den Besitz aller unter das Gesetz fallenden Waren[227)]. Diese Vorschrift ermöglicht die weitere Ausformung der in den Art. 3 und 4 des Gesetzes ausgedrückten Ziele und Maßnahmen, vor allem zum Schutz der Volksgesundheit. Es können Hygieneregeln erlassen und durch bestimmte Anforderungen und Bedingungen an die Abgabe von Lebensmitteln eine gewisse Sicherheit für den Verbraucher erreicht werden. Bezüglich des Begriffes "Abgabe" wurde oben[228)] ausgeführt, daß "Feilhalten" und "Ausstellen" nicht so weit zu fassen sind wie der deutsche lebensmittelrechtliche Begriff des "Inverkehrbringens", der jede Abgabe an andere erfaßt. Mit der

---

225) vgl. GALLON, aaO, S. 192/193

226) siehe dazu unten S. 167 ff

227) ursprünglich war diese Ermächtigung beschränkt auf "boissons, denrées, substances et produits", was nur Rechtsvorschriften für landwirtschaftliche Produkte und Lebensmittel bedeutete; Art. 2 des Änderungsgesetzes vom 14. 6. 1938, J.O. 15. 6. 1938, weitete die Bestimmung dann aus auf "toutes marchandises", womit auch Industrieprodukte erfaßt waren. Damit war eine diesbezügliche Kontroverse zwischen "Conseil d'Etat" und "Service ..." zugunsten eines umfassenden Verbraucherschutzes (Redlichkeit im Geschäftsleben, Unschädlichkeit und Qualität der Produkte) beendet; siehe dazu ausführlich GALLON, aaO, S. 23-25

228) siehe S. 109 f

Ermächtigungsnorm wird jedoch ein ebensoweiter Anwendungsbereich eröffnet, da es sich bei den genannten Begriffen "Verkauf, Feilhalten, Ausstellen, Besitz" nur um eine beispielhafte Aufzählung handelt. Dies wird deutlich aus der Überschrift: "Durch Rechtsverordnung werden die zur Durchführung dieses Gesetzes erforderlichen Maßnahmen festgelegt, insbesondere (notamment) für: ...

Diese Formulierung muß eine extensive Auslegung der Ermächtigung bedeuten[229)], keinesfalls handelt es sich um eine abschließende Aufzählung[230)]. Auf den genannten Absatz 1 bezogen bedeutet dies, daß jedes Inverkehrbringen von Waren geregelt werden könnte. Hätte der Verordnungsgeber von der recht weiten Ermächtigung Gebrauch gemacht, so hätte zum Beispiel der Streit um die Frage, ob auch die unentgeltliche Abgabe von Lebensmitteln dem in wesentlichen Vorschriften des Gesetzes verlangten Vertragserfordernis genügt, längst positiv entschieden werden können[231)]. Selbst in neueren Verordnungen entdeckt man hier aber noch eine gewisse Zurückhaltung. Es kommen daher immer wieder Zweifel auf, ob die Volksgesundheit heute denn wirklich Vorrang hat vor der Redlichkeit im Geschäftsleben, wenn z. B. eine "Verordnung betreffend den Handel mit bestrahlten Lebens- und Futtermitteln" erlassen wird[232)], die die außerkommerzielle Abgabe solcher - möglicherweise gesundheitsgefährlicher - Produkte nicht berücksichtigt.

229) C.E. 17. 6. 1928, A.F.F. 1929, 60; Cass. crim. 4. 7. 1929, S. 1931, 1, 156

230) einhellige Meinung, GALLON, aaO, S. 27; NGUYEN-THANH, aaO, Rdnr. 96; BIGWOOD/GERARD, aaO, Bd. III, S. 118

231) siehe dazu die Ausführungen S. 108 mit Verweisen

232) décret 8. 5. 1970, J.O. 12. 5. 1970; eine erfreuliche Ausnahme ist in einer Min. VO die Formulierung betreffend "Meeresprodukte, die zur menschlichen Ernährung in den Verkehr gebracht werden", arrêté 1. 10. 1973, J.O. 25. 11. 1973

bb) Kennzeichnung, Redlichkeit im Geschäftsleben, Begriffsbestimmung

Bereits bei der Erörterung des indirekten Zieles der Verbraucherinformation ist die komplizierte Vorschrift des Art. 11 Abs. 2 zitiert worden[233]. Diese Ermächtigung, die die Inschriften, Aufschriften und Aufmachung der Lebensmittel betrifft, nennt am Schluß des 1. Halbsatzes das gesteckte Ziel selbst: die Sicherung der Redlichkeit des Kaufs oder Feilbietens. Hierfür kann der Verordnungsgeber festlegen, was vom Verkäufer an Auskünften über die Zusammensetzung oder den Ursprung der Ware auf Rechnungen, Verpackungen oder der Ware selbst verlangt werden kann. Diese Angaben stellen dann eine Garantie des Verkäufers dar, die etwa mit dem Begriff der "zugesicherten Eigenschaft" nach dem Bürgerlichen Gesetzbuch verglichen werden kann[234]. Zahlreiche nach diesem Textabschnitt erlassene Rechtsverordnungen[235] verbieten und erfassen praktisch alle Vorgänge, die auf eine Täuschung oder einen Täuschungsversuch des Vertragspartners hinauslaufen könnten.

Der zweite Halbsatz der Vorschrift hatte bereits an anderer Stelle Bedeutung: er betrifft die speziellen Marken, die auf französischen Exportwaren obligatorisch sind oder fakultativ hinzugefügt werden können[236]. In Verbindung mit dem diese Neuerung schaffenden Gesetzdekret[237] wurde die Ausfuhrkontrolle bei Lebensmitteln ermöglicht und gleichzeitig eine Qualitätsverbesserung bei Exportwaren angestrebt.

---

233) siehe oben S. 37

234) auch "versteckte Mängel werden erfaßt, vgl. GUILLIEN/ VINCENT, aaO, S. 174

235) vgl. dazu VIVEZ, "Traité des fraudes", Rdnr. 170, 369 ff umfassend

236) siehe schon oben S. 76

237) décret-loi 14. 6. 1938, J.O. 15. 6. 1938

Die Einfuhrkontrolle fand leider keinen Eingang in die Bestimmungen. Der Schutz des inländischen Verbrauchers wurde vernachlässigt[238]; denn nur durch die Einfuhrkontrolle kann sichergestellt werden, daß die Importware den gesundheits- und lebensmittelrechtlichen Inlandbestimmungen entspricht. Es ist daher unangebracht, zu rühmen, das Gesetz wolle mit der Vorschrift den ausländischen Verbraucher schützen[239]; letzteres ist eine zwar erfreuliche aber nur zufällige Begleiterscheinung.

Eine "obligatorische Marke" (d.h. vom Staat geschaffen) ist die Bezeichnung "N.F.", die für die Ausfuhr besondere Bedeutung hat[240]. Fakultativ sind insbesondere Warenzeichen, die von den einzelnen Herstellern benutzt werden dürfen[241].

Weiter enthält Abs. 2 die Ermächtigung betreffend die Bezeichnung und Benennung der Getränke, Güter und Erzeugnisse entsprechend den Handelsbräuchen, die zulässigen Behandlungen, denen sie unterworfen sein können im Hinblick auf ihre gute Herstellung oder ihre Konservierung, die Merkmale, die sie zum Verzehr untauglich machen (3. Hbs.).

Dieser Teil des Textes ist durch Gesetz von 1908[242] angefügt worden. Für die Wahl der Begriffe "boissons, denrées et produits" bzw. die darin getroffene Unterscheidung lassen sich keine Gründe finden. Die Formulierung "der unter dieses Gesetz fallenden Erzeugnisse" wäre klarer gewesen. Jedenfalls ermöglicht die Vorschrift eine

---

238) siehe aber oben S. 75 ff

239) siehe oben S. 76

240) décret-loi 12. 8. 1938, J.O. 15. 11. 1938, dazu décret 12. 6. 1964, D. 1964, lég. 256

241) siehe auch oben S. 35 ff

242) loi 5. 8. 1908, J.O. 11. 8. 1908; dieses Gesetz erkennt im übrigen den Verbänden (syndicats) das Zivilklagerecht grundlich zu.

gründliche Bekämpfung der Verfälschungen, da eine genaue Begriffsbestimmung der Produkte, deren Zusammensetzung und Beschaffenheit im Verordnungswege geregelt werden können[243]. Die Definition, der Begriff, wird in der Literatur als der "Bindestrich zwischen der Benennung und der tatsächlichen Zusammensetzung" einer Ware bezeichnet[244]. Soweit es sich um Rohware handelt (Fleisch, Obst etc.), birgt die begriffliche Bestimmung eines Lebensmittels keine allzugroßen Schwierigkeiten. Bei Be- oder Verarbeitungsprodukten jedoch müssen bestimmte technische Gesichtspunkte zur Definition herangezogen werden, wenn der Verbraucher über die Art des Produktes und seine Merkmale Klarheit gewinnen soll. Die Vorschrift überläßt die Methoden dabei ganz und gar dem Verordnungsgeber. Aus dessen Tätigkeit lassen sich jedoch Gesichtspunkte ablesen, die zur Definition der Lebensmittel herangezogen wurden: sie können bestimmt werden nach der Zusammensetzung, nach der Art der Zubereitung, nach dem Nährwert, nach der Natur[245]. Entscheidendes Kriterium ist dabei aber, wie das Produkt gewöhnlich im Handel vorkommt. Die Vorschrift zeigt deutlich, daß der Verordnungsgeber die Begriffsbestimmung nach dem jeweiligen Handelsbrauch vorzunehmen hat[246]. Dessen Berücksichtigung bei der Begriffsbestimmung beeinflußt diese und schränkt die Verwaltung ein in der Weise, daß die Definition in der Regel der Bezeichnung entspricht, unter der das Lebensmittel in den Handel kommt. Dabei wird allerdings der Verbrauchererwartung Rechnung getragen. Die sonst so weite Ermächtigung wird in diesem Punkt sehr restriktiv ausgelegt, wie die Haltung des "Con-

243) vgl. VIVEZ, "Traité des fraudes", Rdnr. 172

244) FOURGOUX/JUMEL, aaO, S. 103

245) ausführlich bei FOURGOUX/JUMEL, aaO, Kap. 7, S. 104 ff

246) siehe oben S. 86, 93, 105

seil d'Etat" zeigt, der den Art. 1 einer Verordnung vom 10. 1. 1969 aufhob, weil die Vorschrift Benennungen, die den Begriff "javel" enthielten, nur für wässrige Sodium-Hypochloritlösungen zuließ, unter der Bezeichnung "javellisant" aber Produkte mit den gleichen wesentlichen Eigenschaften in Puderform im Handel waren, die der Verordnungsgeber ignoriert hatte[247].

Die Benennung eines Lebensmittels soll möglichst dessen charakteristische Merkmale verdeutlichen. Es haben sich für bestimmte Produkte aber im Laufe der Zeit Phantasiebezeichnungen herausgebildet, die keinesfalls mit der Beschaffenheit der Produkte übereinstimmen. Selbst solche Phantasiebezeichnungen wurden zum Teil von der Verwaltung bestätigt, soweit sie als Handelsbrauch anzusehen waren[248]. Eine so enge Klammerung an die "usages commerciaux" liegt nicht im Interesse einer ernstgemeinten Verbraucheraufklärung; denn der Verbraucher wählt ein Produkt eher nach seiner Handelsbezeichnung aus und der Vorstellung, die er mit derselben verbindet, als nach der dem Lebensmittel zugedachten gesetzlichen Definition. Das heißt, die Bestätigung von Phantasiebezeichnungen durch den Verordnungsgeber steht der Verbrauchererwartung entgegen. Hinzu kommt, daß Phantasiebezeichnungen im allgemeinen unter die wahrheitswidrige Werbung fallen[249].

cc) Die notwendigen Formalitäten zur Durchführung von Probenahmen und Beschlagnahmen an den in Art. 4 genannten Orten sowie zu den Gegengutachten über die verdächtigen Waren (Abs. 3)[250].

---

247) arrêt vom 1. 12. 1972, zitiert bei GALLON, aaO, S. 27

248) z.B. "sirop de grenadine" in der VO vom 28. 7. 1908 i.d.F.v. 16. 9. 1925, J.O. 23. 9. 1925, Art. 2 und 3 für Zuckersirup mit Zitronensäure, der nichts mit Granatäpfeln gemein hat; oder für "pâte de guimauve" (Eibischpaste), im Runderlaß vom 19. 10. 1910 (unveröffentlicht), die nichts mit den Malvengewächsen zu tun hat.

249) siehe schon S. 38 ff

250) siehe dazu auch S. 257 ff

Der hier zuletzt genannte Punkt ist die konsequente Weiterführung des in Art. 12 aufgestellten Grundsatzes über die "expertise contradictoire"[251]. Aus der hier gewählten Formulierung "verdächtige Waren" (marchandises suspectes) hatte der Verordnungsgeber ursprünglich geschlossen, daß das kontradiktorische Prinzip bei den Gutachten erst nach Anklageerhebung zur Anwendung kommen könne und dieser Überlegung im Durchführungsdekret von 1906 Ausdruck gegeben in dessen Art. 17 und 18[252]. TOUBEAU ist zu verdanken, daß die Gutachten mit der Neugestaltung des Verfahrens durch die Verordnung von 1919[253] vor Klageerhebung erstellt werden können[254].

Probenahme und Beschlagnahme haben erst in der Ermächtigungsgrundlage Eingang in das Gesetz gefunden (ebenso die in Abs. 4 genannten Analysen), der Grundsatz der Streitigkeit der Gutachten hingegen bereits in der Sondervorschrift des Art. 12. Das erweckt den Anschein, daß Probenahmen und Beschlagnahmen weniger Bedeutung zugemessen wird als der "expertise contradictoire". Ein Verteidigungsmittel ist sicher wichtiger als der Schutz des Eigentums, wobei zu bemerken ist, daß für gut befundene Proben eine Entschädigung zu leisten ist (Art. 12, 2. Hbs.)[255]; dennoch ist bezüglich der strukturellen Klarheit die Frage angebracht, warum der Gesetzgeber die Gutachten prinzipiell regelte, Probenahmen und Beschlagnahmen aber vollständig der Verwaltung überließ? Eine Antwort darauf gibt der seit langem geübte Verfassungsgrundsatz, wo-

---

251) die Einordnung der expertise contradictoire zwischen Ermächtigungsnorm und den diesbezüglichen Übertretungen ist rein zufällig und wohl als redaktionelle Panne zu bezeichnen.

252) vgl. dazu die ausführliche Dokumentation bei TOUBEAU, aaO, S. 111-114

253) décret 22. 1. 1919, J.O. 31. 1. 1919

254) vor allem durch TOUBEAUS thèse 1908, S. 151-153 und durch seine spätere Mitarbeit im "Service ...", wo er das Verfahren insgesamt reformierte

255) vgl. die abweichende Regelung in § 42 LMBG

nach das Strafverfahren (und das Gegengutachten war ja ursprünglich als Verteidigungsmittel nach Anklageerhebung gedacht) Gesetzesmaterie ist[256)], die "expertise contradictoire" somit nicht vollständig dem Verordnungsgeber überlassen werden konnte.

Übersichtlicher wäre es aber gewesen, die Verfahrensvorschriften nicht über mehrere Artikel (8, 10, 12) zu verstreuen. Es zeigte sich jedoch bald, daß der Rahmen zu weit gesteckt worden war, zumindest was die Beschlagnahme angeht; die Ermächtigung des Abs. 3 mußte eingeschränkt werden: an den obengenannten Orten[257)] und auf öffentlichen Straßen dürfen Beschlagnahmen ohne richterliche Anordnung nur vorgenommen werden, wenn eine Verfälschung auf frischer Tat entdeckt wird, oder wenn die Waren als verdorben oder giftig erkannt werden (Abs. 6)[258)]. Hiermit ist der anfangs aufgestellte Grundsatz der beispielhaften Aufzählung[259)] durchbrochen[260)].

Die Probenahme ist ganz auf die "expertise contradictoire" zugeschnitten, d.h. Proben werden nur zum Zweck einer anschließenden Laboranalyse und eventuell darauf folgender Gutachten genommen. In anderen Fällen kann eine Probenahme nicht erfolgen. Sie ist auch nicht immer erforderlich, denn im Bereich der "fraudes" können alle Beweismittel des gemeinen Rechts verwendet werden (Art. 1, Satz 2 der VO von 1919[261)]).

---

256) siehe bereits S. 128

257) gemeint sind die in Art. 4 genannten Orte

258) angefügt durch loi 28. 7. 1912, art. 5, J.O. 1. 8. 1912; außerdem regelt das Gesetz in Abs. 7 und 8 die Beschlagnahme bei "nichtpatentierten" (gewerbesteuerfreien) Personen und bei Steuer- und Zollfahndung.

259) siehe oben S. 132

260) siehe im übrigen S. 257 ff

261) "Ces dispositions ne font pas obstacle à ce que la preuve desdites infractions puisse être établie par toutes voies de droit commun".

dd) Die Wahl der Analysemethoden zur Feststellung der Zusammensetzung, der Hauptbestandteile und des Gehalts an wertvollen Bestandteilen oder zur Erkennung von Verfälschungen der Produkte (Abs. 4).

Die Analyse der Proben dient nur der Aussonderung[262].

Was die Einheitlichkeit der Verfahren anbetrifft, so ist in Frankreich die Anpassung an internationale Vorschriften noch nicht gesetzlich vorgesehen. Obwohl der Bereich von Probenahme und Analyse ebenfalls durch die Änderungsverordnung von 1972[263] neu geregelt wurde, ist z.B. die EG-Richtlinie vom 20. 7. 1970 über die Einführung gemeinschaftlicher Probenahmeverfahren und Analysemethoden für die amtliche Untersuchung von Futtermitteln[264] nicht berücksichtigt worden[265]. Zwar gibt es schon seit 1919 eine "Allgemeine Kommission zur Vereinheitlichung der Analysemethoden"[266]; deren Aufgabe jedoch sollte es sein, die Verfahren von Probenahme und Analyse zunächst auf nationaler Ebene den Labors einheitlich vorzuschreiben. Obgleich dies eine "commission permanente" sein sollte, ist sie rund 35 Jahre gar nicht zusammengetreten[267]. Neu organisiert legte sie dann 1963 offizielle Analysemethoden für Wein fest[268], im gleichen Jahr rief sie eine Expertenkommission ins Leben, die die wirksamsten Analysemethoden erforschen[269] und

262) ROZIER, aaO, Rdnr. 881; siehe ansonsten S. 261 ff

263) décret 19. 4. 1972, J.O. 22. 4. 1972, zur Änderung der VerfahrensVO von 1919

264) ABl. Nr. L 270 vom 3. 8. 1970

265) dann allerdings gesondert umgesetzt durch arrêté vom 10. 10. 1972, J.O. 26. 10. 1972

266) Art. 3 der VO von 1919; "commission générale d'unification des méthodes d'analyse..."

267) vgl. NGUYEN-THANH, aaO, Rdnr. 262

268) arrêté 24. 7. 1963, J.O. 20. 9. 1963; nachdem Frankreich schon dem Wein-Abkommen vom 13. 10. 1954 von Paris am 31. 10. 1956 (décret, J.O. 18. 12. 1956) beigetreten war

269) arrêté 18. 9. 1963, J.O. 5. 12. 1963

der technischen Entwicklung anpassen soll. Die Arbeiten sind noch nicht abgeschlossen[270].

ee) Die für die Erforschung und Feststellung von Verstößen gegen dieses Gesetz zuständigen Behörden, sowie deren Informationsbefugnisse gegenüber der öffentlichen Verwaltung und den Transportkonzessionären (Abs. 5).

"Zur Erforschung und Feststellung der Verstöße gegen das Gesetz von 1905 wird eine staatliche Zentralbehörde im Landwirtschaftsministerium eingerichtet, bei eventueller Mitwirkung der Departements und Gemeinden (Service de la répression des fraudes). Die Wirksamkeit sichern in den Departements die Präfekten, in Paris und im Zuständigkeitsbereich der Polizeipräfektur die Polizeipräfekten[271]" (Art. 2 der VO von 1919). Eine so extreme Zentralisierung konnte aber keine wirksame Lebensmittelüberwachung auf nationaler Ebene garantieren[272]. So kann heute nicht mehr von einer eventuellen, sondern von einer grundlegenden Mitwirkung der Departements und Gemeinden und sogar von Berufsverbänden[273] bei der Lebensmittelüberwachung gesprochen werden[274]. Zum Teil werden die Beamten auch von Interessenverbänden abgestellt und sogar finanziert, so daß auf dem Gebiet der Lebensmittelüberwachung von einer echten Zusammenarbeit zwischen Staat und Interessengruppen gesprochen werden kann. Die Zulassung erfolgt nach sogenannten "concours", einem in Frankreich sehr beliebten

270) siehe Ministère de l'Agriculture: "Le Service ...", S. 29

271) Paris nimmt seit der Revolution von 1789 in der Verwaltungsstruktur eine Sonderstellung ein; es ist, vereinfacht ausgedrückt, Stadt und Département in einem, vgl. GUILLIEN/VINCENT, aaO, S. 254. Überall, wo die Präfekten genannt sind, muß für Paris auf den Polizeipräfekten verwiesen werden. Die Situation hat sich allerdings mit der Wahl eines Bürgermeisters im März 1977 etwas geändert.

272) für die Ausarbeitung der Normen ist natürlich nach wie vor die Zentralbehörde zuständig; siehe nächster Paragraph S. 218 ff

273) vgl. BIGWOOD/GERARD, aaO, Bd. IV, S. 30

274) siehe ausführlich § 6 S. 246 ff

Auswahlverfahren auf nationaler oder regionaler Ebene. Die Beamten werden im "Centre National de Formation et de Perfectionnement" auf ihre speziellen Aufgaben vorbereitet[275].

Die Behörde kommt natürlich nicht ohne ihre auf die Untersuchung von Lebensmitteln spezialisiserten Laboratorien aus, die die Probenahmen der Kontrollbeamten analysieren. Da das "Service..." nur über sechs staatliche Labors verfügt[276], ist in Art. 19 der Verfahrensverordnung die Beteiligung anderer geeigneter Einrichtungen der Departements, Gemeinden oder staatlich kontrollierter Organisationen vorgesehen. Die Struktur des "Service..." gliedert sich von der zentralen Stufe ausgehend demnach in zwei Bereiche: Aufsicht (inspection) und Labors. "Centralisé" aber "déconcentré" zugleich zieht das "Service..." seine Wirksamkeit aus den engen Beziehungen dieser beiden Strukturen zueinander[277].

b) Ermächtigungsnorm und Spezialgesetze

Bei all diesen Ermächtigungen sei noch einmal daran erinnert, daß es sich nur um eine beispielhafte Aufzählung handelt. Daraus wird geschlossen, die Exekutive könne jedwede Maßnahme zur Durchführung des Gesetzes ergreifen ungeachtet der Art der Ware[278]. So unbegrenzt ist die Ermächtigungsnorm jedoch wiederum nicht, denn das Rahmengesetz hat die bereits bestehenden Spezialgesetze, die sowohl horizontal wie vertikal bestimmte Bereiche des Lebensmittelrechts regeln, nicht aufgehoben, sondern lediglich deren Strafvorschriften durch die des Gesetzes von 1905 ersetzt (Art. 15). Darüber hinaus sind auch nach dem Erlaß des Rahmengesetzes noch neue Spezialgesetze geschaffen worden. Sie sind so zahlreich, daß sie hier nicht aufgeführt werden können. Allein die im "Code du

---

275) es wurde im Jahre 1963 gegründet und ist dem "Service..." direkt unterstellt; siehe Ministère de l'agriculture: "Le Service...", S. 30

276) siehe oben S. 129

277) Ministère de l'Agriculture: "Le Service...", S. 26

278) NGUYEN-THANH, aaO, Rdnr. 96

vin"[279] zusammengefaßte Weingesetzgebung enthält etwa 100 Gesetzes- und Verordnungstexte. Abgesehen von diesem Werk und den Gesetzen betreffend Butter, Margarine und Dünger[280] sind die übrigen, einzelne Produkte betreffenden Gesetze nur für deren Definitionen, manchmal auch für ihre Zusammensetzung und Bezeichnung von Bedeutung. Ansonsten kommen auch dort die Bestimmungen des Gesetzes von 1905 zur Anwendung[281]. Bei den auf die Lebensmittel insgesamt (bzw. "toutes marchandises") bezogenen Spezialgesetzen sind vor allem hervorzuheben die Ursprungsbezeichnungen (1919), Herkunftsangaben (1930), Handelsnamen (1824), Identifizierungshinweise (1928), Ursprungslandangabe (1932), Preis- (1945) und Qualitätsvorschriften (Ausfuhr 1938, labels 1960), Marken (1964) und die Regelung der Werbung (1973)[282]. Daneben ist das Gesetz über Handelsbräuche von 1866 zu beachten[283]. Diese horizontalen Regelungen gehen alle über den Eigenbereich des Lebensmittelrechts hinaus. Sie haben teilweise marktwirtschaftliche Funktion und regeln Randbereiche und konnexe Materien[284], vor allem den unlauteren Wettbewerb. Hinzu kommt ein Gesetz, das die Behinderung der Beamten bei der Ausübung ihrer Funktion unter Strafe stellt[285]. Durch die Vielzahl der Spezialgesetze entstanden zwar recht vollständige, komplexe lebensmittelrechtliche Regelungen, wobei man aber keineswegs von einer festen Struktur oder übersichtlichen Organisation sprechen kann. In jedem Falle muß erst

---

279) décret 1. 12. 1936, S. 1937, 4, 112

280) vgl. schon S. 16

281) BIGWOOD/GERARD, aaO, Bd. 3, S. 121

282) siehe oben S. 33 ff

283) das diese aber nicht definiert, sondern bestimmte Regeln aufstellt z. B. für den Verkauf von Waren nach Gewicht, loi 13. 6. 1866, Bull. off. 1397, n° 14.282

284) vgl. oben S. 67 ff

285) loi 28. 7. 1912, J.O. 1. 8. 1912; nach Art. 6 sind die Strafen der Art. 1, 5, 7 des Gesetzes von 1905 anzuwenden, ebenso Art. 8, siehe unten S. 291

geprüft werden, ob irgendwelche spezielle Normen noch Raum lassen für die Anwendung des Rahmengesetzes. Manche Bereiche, die vom Verordnungsgeber hätten geregelt werden können, sind dessen Kompetenz vorerst durch die Spezialgesetze entzogen. Verfassungsrechtlich wären die Sondergesetze nicht erforderlich gewesen, da der "Conseil de'Etat" der Ermächtigung des Gesetzes von 1905 insoweit eine Sonderstellung im positiven Recht einräumt: "die Trennung von Gesetzes- und Verordnungsmaterie in Art. 34 und 37 der Verfassung hindert und beeinflußt nicht die aus Art. 11 des Gesetzes gezogene Ermächtigung zum Erlaß von Durchführungsverordnungen, deren Mißachtung eine Übertretung im Sinne von Art. 13 des Gesetzes darstellt"[286]. Danach könnte im Bereich des Gesetzes von 1905 praktisch alles im Verordnungswege geregelt werden, solange der Normenverstoß nicht als Vergehen oder Verbrechen bestraft wird[287]. Hiermit wird allerdings auch ein Argument für die Spezialgesetze geliefert: sie regeln oft Bereiche, für die wegen der großen Gefahr für die Volksgesundheit, die Redlichkeit im Geschäftsleben oder auch für die Hersteller[288] die für Übertretungen vorgesehenen Geldstrafen (höchstens 5.400 F nach Art. 13) als nicht ausreichend angesehen werden. Das Gesetz kann dagegen das Strafmaß frei bestimmen und auch Freiheitsstrafen vorsehen. Damit ist aber noch nicht gesagt, daß diese Bereiche nicht durch eine Ausweitung des Rahmengesetzes hätten geregelt werden können. Das Lebensmittelrecht hätte durch mehr System und weniger Zersplitterung jedenfalls gewonnen.

---

286) déc. C.E. 27. 2. 1967, abgedruckt bei GALLON, aaO, S. 22

287) für diese ist nach Art. 34 der Verfassung das Parlament zuständig, aber nicht mehr für Übertretungen; vgl. CONSTANTINESCO/HÜBNER, aaO, S. 98

288) eine solche Gefahr sieht jedenfalls VIVEZ, "Traité des fraudes", Rdnr. 370

c) Begriff des "règlement d'administration publique"

BIGWOOD/GERARD sprechen in diesem Zusammenhang von einer "confusion dans la nature des règlements d'administration publique[289]". Sie kommen vor in Form von "décrets, arrêtés, ordonnances, décrets-lois, lois spéciales" und sehr oft sogar "circulaires". Die einzige Form, die begriffsmäßig unter "règlement d'administration publique" fällt, ist nach allgemeiner Rechtsausffassung das "décret"[290], was soviel wie Verordnung nach Anhörung des Staatsrates bedeutet[291]. Es handelt sich um eine "Exekutiventscheidung von allgemeiner (oder individueller) Geltung, die entweder vom Präsidenten der Republik oder vom Premierminister unterzeichnet wird"[292]; auch die "arrêté" ist eine Verordnung, allerdings auf Grund der Weiterdelegierung der Regelungsbefugnis an einen oder mehrere Minister. Sie kann auch auf Präfekten und Bürgermeister übertragen werden, die dann ebensolche Exekutiventscheidungen von allgemeiner (oder individueller) Geltung treffen können[293]. Voraussetzung für die Zulässigkeit der Subdelegationsermächtigung ist lediglich, daß es sich um Detailmaßnahmen handelt[294].

Hier ist interessant anzumerken, daß die Pflicht zur Anhörung des "Conseil d'Etat" beim Erlaß von "décrets" als Einschränkung der Verwaltungskompetenz aus Art. 11 des Gesetzes von 1905 angesehen wird[295]. In der Tat ist die Nichtanhörung des "Conseil d'Etat" kein Formfehler, sondern bedeutet Unzuständigkeit (incompétence),

---

289) BIGWOOD/GERARD, aaO, Bd. III, S. 121

290) GUILLIEN/VINCENT, aaO, S. 298

291) DOUCET, Bd. I, S. 130

292) GUILLIEN/VINCENT, aaO, S. 115

293) siehe dazu S. 215

294) C.E., Sitzung 2. 2. 1962, Gaz. Pal. 1962, 2, 72; J.C.P. 1962, 2, 12.934

295) NGUYEN-THANH, aaO, Rdnr. 101

da die Verwaltung zwar handeln durfte aber nicht allein[296].

Das "décret-loi"[297] ist heute nicht mehr von großer Bedeutung. Von dieser Form wurde im Lebensmittelrecht nach dem Gesetz von 1905 nur einmal Gebrauch gemacht: das genannte Gesetzdekret[298] von 1938 ermöglichte eine schnelle Änderung des Rahmengesetzes und setzte Qualitätsanforderungen für die Ausfuhr fest.

Eine interessante Einrichtung sind die "ordonnances" nach Art. 38 der Verfassung. Hiermit können Gesetzesmaterien im Verordnungswege geregelt werden, wenn der Gesetzgeber seine Regelungskompetenz auf die Exekutive überträgt. Die "ordonnance" wird also als "règlement" (Verordnung) erlassen, muß aber später vom Parlament durch Ratifikationsgesetz für verbindlich erklärt werden, womit sie Gesetz im formellen Sinne (loi) wird! Geschieht dies nicht, so wird die "ordonnance" ungültig. Diese Form ermöglicht im Bedarfsfalle eine schnelle Regelung von Gesetzmaterien, ohne daß dem Bürger die gegen "règlements" zustehenden Rechte beschnitten würden[299]. Die Verwirrung des Begriffes "règlement d'administration publique" hängt sicher damit zusammen, daß es entgegen der französischen Verfassungstradition keine systematische Hierarchie mehr gibt zwischen Gesetz und Verordnung als Regelungsformen für verschiedene Bereiche[300].

---

296) VEDEL, aaO, S. 157

297) siehe schon S. 34

298) die sogenannte "gesetzesvertretende Verordnung" ist in der Bundesrepublik Deutschland unzulässig, ältere Ermächtigungen nach Art. 129 Abs. 3 GG erloschen

299) sie können als "actes administratifs" beim C.E. angefochten werden; vgl. CONSTANTINESCO/HÜBNER, aaO, S. 6, 65 ff

300) CA, Sonderheft "Protection du consommateur" (guide réglementaire) 17. 9. 1969, S. 188; siehe dazu die Werke von RASENACK, aaO, bes. S. 244 ff und KLISCH, aaO, bes. S. 60 ff; siehe unten S. 213/214

d) Problem der Maßnahmen ohne Vollzugscharakter

Verfassungsrechtlich bedenklich ist aber nicht das "Mehr" an Regelung, sondern ein "Weniger", das sich in der Schaffung zahlloser Runderlasse, Rundschreiben oder Rundbriefe (circulaires, lettres-circulaires, instructions administratives) äußert. "Circulaires" sind dem deutschen Recht vergleichbare "schriftliche Dienstanweisungen kraft hierarchischer Gewalt einer Behörde an eine untergeordnete Dienststelle[301)]". Sie verpflichten nach einhelliger Auffassung nur die Beamten, an die sie gerichtet sind und interpretieren lediglich die geltenden Gesetze[302)]. Weder dürfen "circulaires" den gesetzlichen Bestimmungen etwas hinzufügen[303)], noch dürfen sie sie ändern[304)]. In der Praxis jedoch sind diese von einer einfachen Erklärung der Rechtsnormen und einer Beschränkung auf den verwaltungsinternen Rahmen weit entfernt. Da die "circulaires" in den freien Entscheidungsbereich der betreffenden Behörde fallen, ermöglichen sie eine schnelle Anpassung an neue Techniken, denn weder Parlament noch Staatsrat müssen dazu gehört werden. Auf Grund dieser Bequemlichkeit tut die Verwaltung recht oft so, als könne sie durch einfache Entscheidung das Gesetz (im materiellen Sinne) ändern oder nicht anwenden, indem sie statt die erforderlichen "règlements d'administration publique" zu erlassen mit "circulaires" arbeitet. Manchmal werden darin strengere Maßstäbe angelegt, als es das Gesetz erfordert, meistens aber ändern sie das "règlement" im Sinne einer Toleranz. Wird durch "circulaire" etwas geduldet, so hat das zur Folge, daß Verfolgungen ausbleiben,

---

301) GUILLIEN/VINCENT, aaO, S. 65

302) FOURGOUX, Gaz. Pal. 1963, 2, doct. 43; AYGUEBERE, Gaz. Pal. 1963, 1, doctr. 58; LEVANTAL, D. 1954, chr. 99; C.E. déc. 6. 10. 1961, Gaz. Pal. 1962, 1, 54; ständige Rechtspr. seit Cass. crim. 23. 9. 1853, D.P. 1854, 3, 376; grundlegend die Thèse von RIVERO

303) C.E. déc. 6. 5. 1955, Gaz. Pal. 1955, 2, 69

304) Cass. crim. 21. 2. 1925, Rev. Fr. 1926, 138; Cass. crim. 24. 5. 1935, Rev. Fr. 1936, 144

weil die damit betrauten Beamten natürlich ihre Dienstanweisungen respektieren müssen[305]. "Circulaires" sind nicht nur an Beamte, sondern auch an die betroffenen Wirtschaftskreise gerichtet. Oft erreichen die Hersteller eine solche administrative Toleranz in Form von Rundschreiben, indem sie einfach bei der Behörde anfragen, ob z.B. irgendein Zusatzstoff trotz gesetzlichen Verbotes "vorübergehend oder versuchsweise" angewendet werden dürfe[306]. Vielfach wird als Begründung für die "circulaires" vom Landwirtschaftsminister die Erwartung oder Ausarbeitung eines "règlement d'administration publique" oder einer Harmonisierungsvorschrift der EG angegeben. Daß diese Begründung nicht stichhaltig ist, soll anhand der Praxis des Landwirtschaftsministeriums bezüglich der Praxis der Kontaktmaterialien von Lebensmitteln aufgezeigt werden: die auf Grund der Zusatzstoffverordnung von 1912[307] erlassene Verordnung über Färbung, Konservierung und Verpackung von Lebensmitteln[308] ging unzulässig über ihre Ermächtigungsgrundlage hinaus, indem sie den Zusatz sämtlicher chemischer Produkte außer dem gewöhnlichen Salz verbot[309]. Als sich die Vorschrift wegen der industriellen Entwicklung in der Verpackung von Lebensmitteln als zu eng erwies, schrieb der Landwirtschaftsminister an die Beamten der "répression des fraudes" mit "circulaire" vom 23. 6. 1950[310]:

"In Erwartung einer neuen Regelung sind folgende Toleranzen bei der Verwendung von Verpackungsmaterialien zu gewähren im Einvernehmen mit dem conseil supérieur d'hygiène publique de France ...". Da die Stellungnahme des obersten Hygienerates also ohnehin schon

---

305) CONSTANTINESCO/HÜBNER, aaO, S. 67, 80

306) siehe dazu S. 280 ff

307) décret 15. 4. 1912, J.O. 29. 6. 1912

308) arrêté 28. 6. 1912, J.O. 29. 6. 1912

309) siehe oben S. 56 ; hier zeigt sich bereits, daß keine klare Rangordnung mehr besteht zwischen loi - décret - arrêté (vgl. S. 145). TRUHAUT/SOUVERAIN meinen dazu, in obengenannter "arrêté" sei der Gedanke des Gesetzgebers doch klar zum Ausdruck gekommen, ob durch loi, décret oder arrêté sei dabei nicht so wichtig, aaO, S. 5

310) J.O. 20. 7. 1950

vorlag, wäre es zeitlich sicher möglich gewesen, die Medizinakademie auch noch zu hören[311] und die Materie gleich in Form einer "arrêté" bzw. eines Gesetzes im materiellen Sinne zu regeln. Bis zu dieser Regelung[312] wurden dann in den nächsten 21 Jahren (!) noch 9 weitere "circulaires" verfaßt[313], die den Überwachungsbeamten Toleranzen auferlegten. Als die Kontaktmaterialienverordnung endlich erlassen war, kam sie aber noch längst nicht zur Anwendung:

Einerseits war es nicht gelungen, in der Zeit vom Erlaß (12. 2. 1973) bis zum Inkrafttreten (16.2.1974 nach Art. 16) die erforderlichen Anwendungsarrêtés auszuarbeiten, andererseits hatte man übersehen, daß es seit 1972 einen Richtlinienvorschlag auf EG-Ebene gab und dessen Vorstellungen nicht berücksichtigt[314]. Deshalb wurde den Kontrollbeamten aufgegeben, bis zum Erscheinen der erforderlichen "arrêtés" wie bisher zu verfahren, d.h. die Verordnung von 1973 nicht anzuwenden. Dies geschah durch "circulaire" vom 21. 3. 1974[315] und bedeutet das Außerkraftsetzen einer Verordnung durch Rundschreiben, und zwar auf unbestimmte Zeit[316]. So großzügig wird vom französischen Verordnungsgeber mit dem Begriff des

---

311) siehe dazu S. 56

312) décrét 12. 2. 1973, J.O. 15. 2. 1973

313) circ. 25. 4. 1952, J.O. 13. 5. 1952; 12. 1. 1954, J.O. 20. 1. 1954; 2. 4. 1955, J.O. 16. 4. 1955; 26. 6. 1956, J.O. 7. 7. 1956; 25. 3. 1959, J.O. 16. 4. 1959; 2. 12. 1959, J.O. 30. 12. 1959; 22. 2. 1966, J.O. 3. 4. 1966; 2. 4. 1969, J.O. 4. 6. 1969, ber. 6. 7. 1969; 26. 5. 1971, J.O. 27. 7. 1971

314) es war der Vorschlag einer "RL über Materialien und Gegenstände, die dazu bestimmt sind, mit Lebensmitteln in Berührung zu kommen", ABl. 75 Nr. C 108/72, erlassen am 23. 11. 1976 (Abl. Nr. L 340, S. 19).

315) J.O. 24. 4. 1974

316) bis heute ist erst eine "arrêté" betreffend Reinigungsmittel (Detergentien) erschienen am 27. 10. 1975, J.O. 30. 11. 1975. Bezüglich aller anderen Kontaktmaterialien wird die VO noch immer nicht angewandt bzw. es gelten die alten "arrêtés" weiter.

"règlement d'administration publique" umgegangen, eine Praxis, die heftig kritisiert wird[317]. Zwar bieten "circulaires" Vorteile gegenüber den "règlements d'administration publique" hinsichtlich einer schnellstmöglichen Anpassung an neue Gegebenheiten. Am aufgezeigten Beispiel gewinnt man jedoch den Eindruck, daß dies nur ein vorgeschobener Grund ist. Die wahren Motive sind oft politischer Natur, wie es am Beispiel eines Rundschreibens betreffend die Einfuhr von Kaviar deutlich wird:
"um den Handelsaustausch mit dem Ausland nicht zu stören, darf auch Kaviar eingeführt werden, der in Frankreich nicht zugelassene Zusatzstoffe enthält[318]". Daß auch der Schutz der Volksgesundheit nicht immer Vorrang hat vor wirtschaftlichen Zielsetzungen, zeigt die über ein halbes Jahrhundert durch "circulaires" geduldete Verwendung von Borsäure in Lebensmitteln, obwohl deren Toxizität seit langem bekannt ist[319].

Abschließend läßt sich sagen, daß die Ermächtigung des Art. 11 zwar außerordentlich weit ist[320], bezüglich der Form der zu erlassenden Durchführungsvorschriften jedoch eine klare Aussage trifft. Der gewählte Begriff der "règlements d'administration publique" wird allerdings von der Exekutive nicht respektiert. Die das Gesetz von 1905 ergänzenden (oder auch verdrängenden) Vorschriften reichen von Spezialgesetzen über Verordnungen (in Form von "décrets" und "arrêtés") bis hin zu den an sich für die Allgemeinheit unverbindlichen Maßnahmen der Verwaltung ohne Vollzugscharakter.

---

317) vgl. NGUYEN-THANH, aaO, Rdnr. 111; FOURGOUX/CHEFTEL, aaO, Rdnr. 4; PIERRON, Anm. zu Dijon, 11. 3. 1963, J.C.P. 1963, 13.146; TALLINEAU, Actualités jur. adm. 1978, 3

318) circulaire 14. 9. 1962, A.F.E. 1962, 346

319) vgl. LÜCK, aaO, S. A. 42; SPITERI/CASTANG/METAYER, A.F.E. 1965, 228; TRUHAUT/BOUDENE/NGUYEN PHU LICH, A.F.E. 1966, 257

320) aber nicht unbegrenzt, C.E. déc. 10. 2. 1914, A.F.F. 1914, 14

Zwar hat der "Conseil d'Etat" den Mißbrauch der "circulaires" beanstandet, gleichzeitig aber eingeräumt, für "Übergangslösungen innerhalb einer vernünftigen Frist" seien diese durchaus verwendbar[321]. Diese Übung ist sowohl der strukturellen wie auch der begrifflichen Klarheit abträglich; sie birgt eine Gefahr für die Rechtssicherheit und im Falle der administrativen Toleranzen auch für die Volksgesundheit.

3. Regulativprinzipien des Lebensmittelrechts

In der formellen Struktur des Lebensmittelrechts lassen sich zwei vorherrschende Strukturprinzipien unterscheiden: einerseits das Mißbrauchsprinzip oder das System der Negativlisten, das darin besteht, jeden Zusatz von Substanzen oder jede technologische Behandlung als zulässig anzuerkennen, die nicht durch ein "règlement" formell verboten sind;

andererseits das Verbotsprinzip oder das System der Positivlisten, das gerade die konträre Methode darstellt, da es nur Bearbeitungen von Lebensmitteln durch Zusatz von Substanzen oder technologische Behandlungen für zulässig erachtet, die durch eine gesetzliche Regelung formell erlaubt, also in den Positivlisten als Zusatzstoffe oder Behandlungsverfahren ausdrücklich genannt sind[322].

Anders ausgedrückt stehen sich das Erlaubnisprinzip mit Verbotsvorbehalt und das Verbotsprinzip mit Erlaubnisvorbehalt gegenüber[323].

Allerdings läßt die Ausstattung des Rahmengesetzes von 1905 nicht auf eine solch theoretische Betrachtung der Dinge schließen. Das Basisgesetz deutet weder auf das eine noch auf das andere Prinzip

---

321) C.E. déc. 24. 7. 1936, D.P. 1937, 41; 6. 7. 1934, D. 1934, 513; 24. 6. 1966, J.C.P. 1967, 15.028

322) vgl. BIGWOOD/GERARD, aaO, Bd. III, S. 2/3

323) so SCHULZE, DVBl. 1973, 944 (945)

hin, auch nicht in der Ermächtigungsgrundlage des Art. 11[324]. Die Frage, von welchen Prinzipien die französische Regelung geleitet ist, konnte daher nur anhand der Durchführungsverordnungen und Spezialgesetze untersucht werden. Dies zeigt, daß der formellen Struktur seitens des Gesetzgebers keine große Bedeutung beigemessen wird. Auch in der Literatur werden die Prinzipien kaum diskutiert[325]; weder in begrifflicher Hinsicht (bezüglich einer nuancierten Darstellung der Grundsätze[326], noch die Problematik des staatlichen Eingreifens in die wirtschaftliche Entfaltungsfreiheit des Lebensmittelherstellers und -händlers überhaupt[327]. Es ist also völlig der Verwaltung überlassen, wie sie die Behandlungsverfahren, die Verwendung von Zusatzstoffen, die Benennung von Lebensmitteln usw. regelt. Dies hatte zur Folge, daß weder das eine noch das andere Prinzip im französischen Lebensmittelrecht Vorrang genießen bzw. systematisch oder gar in reiner Form verwendet werden. Deswegen wird allgemein von einem "ungewissen System" (système incertain) in weiten Teilen der französischen Regelung gesprochen[328], von "Unzulänglichkeiten", die sie ungeordnet erscheinen lassen, was darauf zurückzuführen ist, daß die Verwal-

---

324) die deutsche Regelung hingegen war seit dem LMG von 1927 (RGBl. I, 134) vom Mißbrauchsprinzip geprägt; mit der Teilreform von 1958 (G v. 21. 12. 58, BGBl. I, 95o) trat das Verbotsprinzip in den Vordergrund, vor allem in dem wichtigen Bereich der Zusatzstoffe und wurde im Interesse eines umfassenden Gesundheitsschutzes in der Reform von 1974 weitergeführt.

325) lediglich FOURGOUX/JUMEL, aaO, S. 83-86, messen der Problematik wesentliche Bedeutung bei

326) wie z.B. bei SCHULZE, DVBl. 1973, 944 (945), der den Erlaubnisvorbehalt untergliedert in Genehmigungs-, Ausnahme- und Zulassungsvorbehalt. Zum Mißbrauchsprinzip nennt er den "Pflichtenzusatz" und die "Förderung der Selbstregulation".

327) Eigentumsgarantie, Gleichheitsgrundsatz, Bestimmtheitsgrundsatz usw., grundlegend dazu SCHULZE: "Mißbrauchs- und Verbotsprinzip im deutschen Lebensmittelgesetz", Diss. München 1967

328) FOURGOUX/JUMEL, aaO, S. 84; NGUYEN-THANH, aaO, Rdnr. 72

tung nicht nach einem vorgegebenen Schema, sondern ein wenig auf Zufall und nach den Umständen handelte"[329]. Bei der Ausfüllung der gesetzlichen Blankettnormen wie z.B. "définition et la dénomination des denrées, boissons et produits conformément aux usages commerciaux" (Art. 11, Abs. 2, 3 Hbs.) wurde nicht klar nach dem Mißbrauchs- oder Verbotsprinzip vorgegangen, es wird vielmehr ein "gemischtes System" (système mixte), ein Zwischensystem erkenntlich. Dieses intermediäre Prinzip besteht nach einer aus der Gesetzgebung gewonnenen Definition darin, das Verbotsprinzip z.B. im Bereich der Zusatzstoffe oder Behandlungsverfahren "auf einen bestimmten Zweck" (à but défini) zu begrenzen, d.h. nach der (ursprünglich) geltenden Regelung die zur Färbung oder Konservierung bestimmten Zusatzstoffe wie auch die Konservierungsverfahren dem Verbotsprinzip zu unterwerfen, auf andere Zusatzstoffe oder Verfahren hingegen nur das Mißbrauchsprinzip anzuwenden[330]. Die Auffassung geht auf die Durchführungsverordnung von 1912 zurück, die den Verkauf, das Feilhalten und den Besitz von Lebensmitteln verbot, denen Farbstoffe oder chemische Produkte zum Zwecke des Färbens oder Konservierens zugesetzt worden waren, die nicht ausdrücklich durch "arrêté" nach Stellungnahme des obersten Hygienerates und der Medizinakademie zugelassen waren[331]. Allerdings ist der Sinn einer solchen Zweckbegrenzung immer verborgen geblieben. Nichts spricht dafür, Zusatzstoffe nur dann dem Verbotsprinzip zu unterwerfen, wenn es sich

1. um Farbstoffe oder "chemische Produkte" handelt und
2. diese zur Färbung oder Konservierung verwendet werden.

---

329) NGUYEN-THANH, aaO, Rdnr. 88

330) FOURGOUX/JUMEL, aaO, S. 85; a.A. zum Begriff des "système mixte" BIGWOOD/GERARD, aaO, Bd. I, S. 40-51, Bd. III, S. 4-7, die aber die in Frankreich geübte Praxis im genannten Sinne nicht bestreiten

331) Art. 1 décret 15. 4. 1912, J.O. 29. 6. 1912

In der Praxis wurde die Verbotsnorm ohnehin bald auf sämtliche "produits chimiques" ausgedehnt, wobei man sich auf die bereits genannte "arrêté" vom 28. 6. 1912 stützte, deren Rechtsgültigkeit freilich in Frage gestellt war[332]. Aber auch formell kehrte man 1973 im Bereich der Zusatzstoffe zum Verbotsprinzip mit Zulassungsvorbehalt zurück bezüglich des Zusatzes "chemischer Produkte", wobei der Zweck gleichgültig ist[333]. Jedenfalls hat die frühere unglückliche Unterscheidung zur Herausbildung der Theorie eines Mischsystems geführt, die sich am Bestimmungszweck orientiert und Mißbrauchs- und Verbotsprinzip dementsprechend wechselseitig verwenden will. Nachfolgend soll anhand einiger grundsätzlicher Bemerkungen aufgezeigt werden, daß der Bestimmungszweck allein als Abgrenzungsmerkmal ungeeignet ist[334].

a) Das Mißbrauchsprinzip

Gewinnung, Herstellung, Behandlung und Vertrieb von Lebensmitteln haben sich in den letzten Jahrzehnten geändert. War früher die Redlichkeit im Geschäftsleben vorrangiges Ziel im Lebensmittelrecht, so hat die rasche Entwicklung der Lebensmitteltechnologie die Sorge um die Volksgesundheit in den Vordergrund gerückt. Die lebensmittelrechtliche Normsetzung hinkte diesen Veränderungen nach. Die Strukturprinzipien werden seither mehr und mehr von der Zusatzstoffregelung und bestimmten technologischen Behandlungen (z.B. Bestrahlung) geprägt. Heute ist es nicht mehr möglich, auf ein einfaches Mißbrauchssystem mit Negativlisten einen wirksamen Schutz des Verbrauchers gegen die Vielfalt von Täuschungen und Verfälschungen zu gründen, deren Opfer er werden könnte[335]. Zwar ist

---

332) siehe oben S. 56

333) Art. 1 der VO von 1912, geändert durch décret 12. 2. 1973, J.O. 15. 2. 1973

334) siehe dazu auch S. 161

335) BIGWOOD/GERARD, aaO, Bd. III, S. 3; NGUYEN-THANH, aaO, Rdnr. 69

das Mißbrauchsprinzip das älteste[336)] und liberalste[337)] Regulativ auf dem Gebiete des Lebensmittelrechts. Es ermöglicht jede nicht ausdrücklich verbotene Handlung, solange sie nicht einen Mißbrauch darstellt, birgt aber dadurch einige im Hinblick auf den Gesundheitsschutz empfindliche Mängel:

aa) die staatliche Intervention ist erst nachträglich möglich, nämlich wenn der Mißbrauch (eventuell schon der Unfall) bereits festgestellt worden ist[338)]. Der Verbraucher wird erst "a posteriori" geschützt, wenn die Erfahrung gezeigt hat, daß z.B. die Verwendung eines bestimmten Zusatzstoffes (eventuell über gewisse Mengen hinaus) eine Gefahr für die Gesundheit darstellt.

bb) Die Verwaltung muß sich die nötigen Informationen beschaffen, um die Gefährlichkeit einer bestimmten Substanz oder eines Behandlungsverfahrens zu beweisen, bevor sie ein Verbot aussprechen kann. Da der Zeitfaktor hier eine große Rolle spielt, sind die Gefahren unübersehbar.

cc) Wenn tatsächlich gesundheitsschädliche Substanzen verwendet wurden, muß noch bewiesen werden, daß deren Verwendung eine Gesundheitsschädigung beim Verbraucher hervorgerufen hat oder hervorrufen wird; erst dann kann eine Strafe ausgesprochen werden[339)].

---

336) F.A.O. - GERARD, aaO, S. 36
337) FOURGOUX/JUMEL, aaO, S. 83
338) NGUYEN-THANH, aaO, Rdnr. 69
339) F.A.O. - GERARD, aaO, S. 36

b) Das Verbotsprinzip

Gerade diese Mängel treten beim Verbotsprinzip nicht auf:

aa) der Verbraucherschutz setzt nicht erst im Stadium der Repression ein, sondern "a priori". Das Verbotsprinzip ermöglicht einen präventiven Verbraucherschutz, da es die Verwendung neuer Stoffe und Verfahren verhindert, solange nicht deren Unschädlichkeit bewiesen ist und der Gesetzgeber vom Erlaubnisvorbehalt Gebrauch gemacht hat.

bb) Diesen Beweis der Unschädlichkeit[340)] hat nun nicht die Verwaltung zu erbringen, sondern der Hersteller, der eine Genehmigung, Ausnahme oder die Zulassung schlechthin begehrt[341)].

cc) Im Stadium der Repression rechtfertigt die einfache Feststellund der Verwendung eines nicht erlaubten Zusatzstoffes oder Behandlungsverfahrens oder die Nichtbeachtung der Anwendungsbedingungen eine strafrechtliche Sanktion[342)].

Theoretisch scheint das Verbotsprinzip demnach einen vollkommenen Verbraucherschutz zu garantieren. Zudem hat es gegenüber dem Mißbrauchsprinzip den Vorzug der Klarheit[343)] und Deutlichkeit[344)], sowohl für den Hersteller wie für den Verbraucher. Es gibt keinen Anlaß zu Kontroversen, solange sich der Hersteller im

---

340) Was natürlich nichts zu tun hat mit der Umkehr der Beweislast i.S. der Erörterungen auf S. 114

341) Vgl. BIGWOOD/GERARD, aaO, Bd. I, S. 41. Hier ist aber die Frage wichtig, wie man dem Antragsteller Gelegenheit gibt, die Unschädlichkeit zu beweisen. Beispielhaft ist die deutsche Regelung, die hierfür Versuche zuläßt (§ 37 LMBG); dagegen besteht bei dem in Frankreich praktizierten Verfahren der probeweisen befristeten Zulassung oder gar der administrativen Toleranzen mittels "circulaires" oder dergleichen kein Vorteil gegenüber dem Mißbrauchsprinzip; siehe Zulassungsverfahren S. 169 ff

342) F.A.O. - GERARD, aaO, S. 36

343) NGUYEN-THANH, aaO, Rdnr. 71

344) FOURGOUX/JUMEL, aaO, S. 83

Rahmen der Positivlisten bewegt. Gleichzeitig bürgt es für eine größere Rechtssicherheit, da die Positivliste "limitativ"[345] und damit verläßlich, die Negativliste aber nur "indicativ" ist[346]. Wegen dieser Vorteile hat sich der französische Verordnungsgeber im Bereich der Zusatzstoffe eindeutig für das Verbotsprinzip entschieden und damit die in der Literatur seit langem gestellte Forderung erfüllt, "jede noch nicht zugelassene neue Substanz zu verbieten, solange die zuständigen Behörden sich noch nicht über deren Unschädlichkeit ausgesprochen haben"[347]. Das Landwirtschaftsministerium äußerte dazu nicht ohne Stolz, dieses auch auf die sogenannten technischen Hilfsstoffe[348], Kontaktmaterialien, Pestizide, Giftsubstanzen in Kosmetika und biologische Substanzen in diätetischen Lebensmitteln sowie die Bestrahlung von Lebensmitteln[349] angewendete "sehr restriktive System" sei eine "barrière fondamentale et efficace pour la sauvegarde de la santé des consommateurs"[350]. Daß die undifferenzierte Anwendung des Verbotsprinzips aber unmöglich generell zu verwirklichen ist[351], beweist bereits das im vorigen Punkt angesprochene Problem der administrativen Toleranzen (die ja im übrigen nicht nur ausdrücklich vorkommen, son-

345) Cass. crim. 22. 1. 1948, Bull. crim. 1948, n° 20

346) LIOTARD, D. 1955, chron. 35; FOURGOUX/JUMEL, aaO, S. 84

347) FOURGOUX, Gaz. Pal. 1960, doct. 93; TOUBEAU, Lois nouvelles 1960, 337; TRUHAUT, A.F.F. 1959, 319; FOURGOUX/JUMEL, aaO, S. 115; LIOTARD/BERGERET, Anm. zu Cass. crim. 26. 10. 1961, D. 1962, jur. 63

348) Auch in der Bundesrepublik Deutschland haben die Erfahrungen mit dem Begriff "technische Hilfsstoffe" gezeigt, daß es nicht zweckmäßig ist, zwischen Zusatzstoffen und technischen Hilfsstoffen zu unterscheiden, BT-Drucksache 7/255, S. 29

349) Zum Zusatzstoffbegriff siehe oben S. 54 ff

350) Ministère de l'agriculture: "Le service ...", S. 9

351) Vgl. NGUYEN-THANH, aaO, Rdnr. 71

dern auch stillschweigend als "tolérances de fait"[352]). Ein Verbot aller Zusatzstoffe würde nach BIGWOOD/GERARD mehr einer Geisteshaltung entsprechen als einer realistischen Konzeption der Dinge und der Versteifung auf einen Konservatismus, der dem Fortschritt und den Interessen aller schädlich wäre[353]). Auch der "Conseil d'Etat" hat einmal ausgesprochen, daß eine diesbezügliche Reglementierung ein Hindernis des Fortschritts sei[354]). Und so werden auch einige Mängel des Verbotsprinzips deutlich:

dd) die übermäßige Strenge des Systems, das sich schlecht der permanenten Entwicklung wissenschaftlicher Erkenntnisse und der Lebensmitteltechnologie anpaßt, vor allem, wenn die Änderung der Positivlisten einem langwierigen Verfahren unterworfen ist;

ee) die praktischen Schwierigkeiten der Anwendungskontrolle eines solchen Systems: da alles verboten ist, was nicht ausdrücklich erlaubt ist, wird eine allumfassende Überwachung erforderlich. Nirgendwo aber kann es eine ausreichende Infrastruktur geben (Personal und Laboratorien), um eine solche Kontrolle zu verwirklichen;

ff) eine besondere Schwierigkeit wird beim Verbotsprinzip zum Teil in der Notwendigkeit einer genauen Definition des Zusatz-

---

352) Sie stellen eigentlich ein noch größeres Problem der Rechtsdurchsetzung dar als die Rundschreiben usw. (gegen die in erster Linie formelle Bedenken bestehen), da sie nur schwer zu enthüllen sind. Sie sind die Folge der Untätigkeit von Verwaltungsbehörden bezüglich der Feststellung von Verstößen gegen die gesetzliche Regelung oder der strafrechtlichen Verfolgung. Diese passive Haltung kann gezielt sein oder auch nur die "Kraft der Trägheit" (force d'inertie, NGUYEN-THANH, aaO, Rdnr. 112) der Verwaltung ausdrücken; der Verbraucher steht ihr machtlos gegenüber.

353) BIGWOOD/GERARD, aaO, Bd. III, S. 4

354) C.E. déc. 15. 2. 1956, A.J. éd. adm. 1956, n° 85, S. 65: "règlement signifie entrave au progrès"; so auch FOURGOUX/CHEFTEL, aaO, Rdnr. 3

stoffbegriffs gesehen[355]. Der französische Gesetzgeber hat eine Definition bisher nicht für nötig gehalten und lapidar den Zusatz "chemischer Produkte" verboten[356]. Damit ist weder dem Hersteller noch dem Verbraucher geholfen, da nicht gesagt wird, was unter "produits chimiques" zu verstehen ist. Im Hinblick auf die Rechtssicherheit ist eine solche Vereinfachung bei Anwendung des Verbotsprinzips äußerst bedenklich. Es liegt z. B. nicht nahe, einen Weinhersteller, der die Luft über den Weinbottichen mittels ultravioletter Strahlen entkeimte, wegen "verbotenen Zusetzens nicht zugelassener chemischer Produkte" zu verurteilen, zumal die Bestrahlung eine technologische Behandlung darstellt[357].

c) Das "gemischte System"

Wegen der hier aufgezeigten Unzulänglichkeiten von Mißbrauchs- und Verbotsprinzip liegt im Verbraucherinteresse ein gemischtes System, das darin besteht, in demselben Verordnungstext zugleich eine Liste erlaubter und eine Liste verbotener Handlungen aufzustellen[358].

Gerade das französische Lebensmittelrecht ist für ein "système mixte" geeignet, da das Rahmengesetz auf jede Aussage zur Anwendung eines bestimmten Strukturprinzips verzichtet und der Verwaltung jedwede Regelungsart offenläßt (was wiederum die Vorteile des sonst ungenauen und unvollständigen Textes ausmacht).

Allerdings sind Mißbrauchs- und Verbotsprinzip antinomisch und leiden es nicht, kumulativ auf dieselbe Gruppe von Zusatzstoffen oder Behandlungsverfahren angewendet zu werden. Zwar wäre dies theoretisch denkbar, würde den Gesetzgeber aber zwingen, jeden

---

355) F.A.O. - GERARD, aaO, S. 37

356) Siehe dazu oben S. 56 ff

357) Cass. crim. 28. 10. 1961, D. 1962, 64, scharf kritisiert in der Anm. von LIOTARD/BERGERET

358) NGUYEN-THANH, aaO, Rdnr. 73

erdenklichen Stoff oder jede Handlung entweder auf der Positivliste oder der Negativliste zu erfassen, weil sonst bezüglich der nicht aufgeführten Substanzen und Behandlungen eine Art Niemandsland entstehen müßte[359]. In dem Augenblick wird das Vorgehen nach bestimmten Prinzipien überhaupt fragwürdig und die Regelung insgesamt für Hersteller und Verbraucher unverständlich. Es handelt sich dann zudem nicht mehr um ein gemischtes, sondern um ein "doppeltes System"[360].

Das berühmteste Beispiel, das auch Gegenstand einer umfangreichen Rechtsprechung war, bietet hierfür der "Code du vin"[361]: das Weingesetzbuch enthält eine nach den Bestimmungen des Gesetzes von 1905 erstellte Liste von "manipulations permises", die für die ordnungsgemäße Herstellung und Konservierung von Wein gelten (Art. 4). Neben diesen erlaubten Behandlungen werden aber noch "verbotene Praktiken" aufgeführt und definiert (Art. 7). Die "pratiques interdites" betreffen die Veränderung des natürlichen Zustandes des Weines, sei es, um den Käufer über die wesentlichen Eigenschaften oder die Herkunft des Weines zu täuschen oder um einen Qualitätsverlust zu verschleiern. Der Streit entzündete sich an der Verwendung von "ferrocyanure de potassium" (Kaliumferrocyanid oder gelbes Blutlaugensalz, gemeinhin als "collage bleu", blaues Klären, bezeichnet), das nicht auf der Positivliste der Klarmacher verzeichnet war, ebenso aber auf der Negativliste fehlte. Bei sachgemäßer Verwendung ist dieses Produkt unschädlich[362]. Es war auch vorübergehend zugelassen[363], allerdings wegen seiner konservierenden

359) Vgl. BIGWOOD/GERARD, aaO, Bd. III, S. 4/5

360) Système double, BIGWOOD/GERARD, aaO, Bd. III, S. 6

361) Décret 1. 12. 1936, D. 1937, 4, 112

362) Pau, 3. 1. 1961, D. 1961, 345

363) Durch décret vom 20. 5. 1955 für 2 Jahre. Die Zulassung sollte durch circulaire vom 20. 5. 1957 verlängert werden, der Conseil d'Etat hob dieses Rundschreiben am 21. 2. 1959 auf, weil das Landwirtschaftsministerium nicht befugt ist, durch circulaire ein décret zu ändern (Recueil Lebon 1959, 95). Ausführlich hierzu FOURGOUX, Gaz. Pal. 1960, 1, doct. 93 ff

Eigenschaften. Die Lösung der Frage aber, ob dieses "Niemandsland" nun der Positiv- oder der Negativliste zuzurechnen wäre[364], wird leider von den Gerichten umgangen, indem sie argumentieren, unabhängig davon, ob das Produkt unter die "collage" nach Art. 4 zu fassen wäre, stehe dessen Verwendung jedenfalls das Zusatzstoffverbot der Verordnung von 1912 entgegen[365]. Ausgehend vom Verbotsprinzip ist diese Aussage nicht anzuzweifeln; da der "Code du vin" jedoch auch eine Negativliste enthält, kann nicht vom Vorrang des Verbotsprinzips ausgegangen werden, das in der Lebensmittel allgemein betreffenden Zusatzstoffverordnung ausgesprochen ist. Das im Weingesetzbuch enthaltene Mißbrauchsprinzip würde damit bedeutungslos. Die Tatsache, daß die Gerichte das Problem nicht entscheiden konnten, macht die Unbrauchbarkeit eines solchen "doppelten Systems" deutlich[366].

Ein gemischtes System kann nur bestehen in der Anwendung des Mißbrauchsprinzips auf bestimmte Gruppen Zusatzstoffe und aus dem Verbotsprinzip, angewandt auf andere Gruppen Zusatzstoffe (oder auch Behandlungsverfahren)[367]. Dieses System unterscheidet die Zusatzstoffe nach ihrer Natur und nicht allein nach ihrem Bestimmungszweck[368]. FOURGOUX/JUMEL stützen ihre Theorie vom Bestimmungszweck (d.h. Anwendung des Verbotsprinzips nur auf Färbung und Konservierung) auf die "jahrzehntelange Prüfung dieses Systems

---

364) Die zeitweilige Zulassung könnte für die Positivliste sprechen; diese ist andererseits aber limitativ, die Negativliste dagegen indikativ.

365) Cass. crim. 10. 3. 1960, Gaz. Pal. 1960, 2, 5; früher schon Cass. crim. 25. 1. 1929, Gaz. Pal. 1929, 1, 486; Bordeaux, 16. 12. 1954, D. 1955, 35 mit Kritik LIOTARD; Cass. crim. 19. 3. 1958, Bull. crim. 1958, n° 466; ebenso GONDRE, J.C.P. 1967, I, 2047 bis, a.A.COMBES, aaO, S. 107

366) NGUYEN-THANH, bezeichnet es gar als verdammenswert, aaO, Rdnr. 74

367) Vgl. BIGWOOD/GERARD, aaO, Bd. III, S. 6

368) Siehe oben S. 152

in Frankreich"[369] nach der Verordnung von 1912. Diese Aussage trifft jedoch nicht zu, da die bereits zitierte "arrêté" des gleichen Jahres[370] in der Praxis ein allgemeines Zusatzstoffverbot bewirkte und der Gesetzgeber 1973 auch formell zum Verbotsprinzip zurückkehrte. Die Verfasser liefern kein Argument für die Zweckmäßigkeit einer solchen Abgrenzung. Vermutlich hat der Verordnungsgeber im Jahre 1912 auch gar keine Regelung nach einem bestimmten System treffen wollen (darauf deutet auch das Fehlen von Definitionen hin), sondern ist einfach empirisch vorgegangen, wobei es ihm geboten schien, Färbung und Konservierung als damals bekannte Behandlungen besonders anzusprechen. Die Theorie "à but défini" ist nicht haltbar.

Für die Anwendung eines gemischten Systems bietet sich eine Abgrenzung eher nach folgenden Kategorien an:

1. Zusatzstoffe in Form von natürlichen Substanzen; das sind solche, die in der Lebensmittelrohware oder im menschlichen Organismus vorkommen. Hinzu kommen die Stoffe, deren chemische Struktur mit der natürlicher Substanzen identisch ist.

2. Synthetische Substanzen; es sind Fremdstoffe oder künstliche Substanzen, die normalerweise nicht im menschlichen Organismus vorkommen, d.h. Produkte, die aus einer chemischen Synthese im Labor resultieren[371].

Die synthetischen Produkte werden dem Verbotsprinzip unterworfen, für die natürlichen Substanzen hingegen ist die Negativliste ausreichend für einen umfassenden Verbraucherschutz. Als Beispiel für

---

369) FOURGOUX/JUMEL, aaO, S. 86

370) Siehe oben S. 153

371) Vereinfachte Darstellung nach F.A.O. - GERARD, aaO, S. 39; ausführliche Erläuterung des Systems bei BIGWOOD/GERARD, aaO, Bd. I, S. 40-51, die auch aufzeigen, daß Vorurteile gegen synthetische Produkte nicht immer gerechtfertigt sind und auch natürliche Substanzen gefährlich sein können.

eine ähnliche Einteilung wird die deutsche Aromaregelung bezeichnet[372], die als Grundlage dieser Unterscheidung zwischen natürlichen und synthetischen Substanzen angesehen werden kann[373]. Außer dem Vorteil der "Geschmeidigkeit" würde dieses System eine recht einfache Definition des Zusatzstoffbegriffs ermöglichen: jegliche Substanz, sei sie selbst ein Lebensmittel oder nicht, habe sie Nährwert oder nicht, auch jede fremde Substanz, ist in dem Augenblick ein Zusatzstoff, wo sie dem Lebensmittel - aus welchem Grund auch immer - zugesetzt wird. Nach der genannten Unterscheidung braucht sie nur noch bei Bedarf den Positiv- bzw. Negativlisten zugeordnet zu werden[374]. Gerade in diesem Punkt aber birgt auch das gemischte System eine große Schwierigkeit: die Entscheidung darüber, ob die Substanzen natürlicher oder synthetischer Art sind. Es muß daher sichergestellt sein, daß kompetente Stellen hierüber entscheiden. Als Sachverständige kämen in Frankreich der oberste Hygienerat und die Medizinakademie in Betracht, die bisher nur bei der Aufstellung von Positivlisten gefragt werden müssen, deren Stellungnahme aber für den Verordnungsgeber nicht bindend ist (Art. 1 der VO von 1912). Um Pannen auszuschließen, sollte das Mißbrauchsprinzip auch innerhalb des gemischten Systems einen Pflichtenzusatz[375] enthalten, etwa in Form einer Anzeigepflicht bei Verwendung natürlicher Zusatzstoffe oder bestimmter Behandlungsverfahren.

Denkbar sind statt des gemischten Systems auch subsidiäre oder komplementäre Systeme zu Verbots- oder Mißbrauchsprinzip wie

---

372) BIGWOOD/GERARD, aaO, Bd. I, S. 49/50; Bd. III, S. 6, 46

373) VO über Essenzen und Grundstoffe vom 19. 12. 1959, BGBl. I, 747, später mehrfach geändert

374) BIGWOOD/GERARD, aaO, Bd. I, S. 48; Bd. III, S. 26; leicht abweichend F.A.O. - GERARD, aaO, S. 41

375) Vgl. SCHULZE, DVBl. 1973, 944 (945) und § 9 Abs. 1 Nr. 4 Buchstabe b LMBG

z.B. die amerikanische "GRAS" -Klausel (= generelly recognized as safe), nach der Substanzen, die allgemein als für ihren bestimmungsgemäßen Gebrauch ungefährlich angesehen werden, nicht der Zulassungspflicht von Zusatzstoffen unterliegen[376]. Bemerkenswert ist auch der österreichische "Codex Alimentarius Austriacus", dem das "Deutsche Lebensmittelbuch" etwa entspricht (allerdings mit begrenzterem Aufgabenbereich) und der Vorbild für die internationalen Bemühungen um einen "Codex Alimentarius" wurde[377]. Ähnliche Möglichkeiten bieten auch die englischen "Codes of Practice"[378]. Die hierdurch aufgestellten Lebensmittelnormen haben allerdings den Nachteil, daß sie keine "Rechtsregelungen im juristischen und verpflichtenden Sinne des Begriffes sind; auch die "GRAS"-Klausel bietet keine rechtliche Sicherheit[379]. Sie können daher bei den Strukturprinzipien nur eine untergeordnete Rolle spielen[380].

d) Gegenwärtige Situation

In der gegenwärtigen französischen Regelung ist weder ein gemischtes System im dargestellten Sinne noch ein anderes bekanntes Regulativ neben dem Verbotsprinzip zu erkennen. Deswegen wirkt sich das Fehlen einer Zusatzstoffdefinition negativ aus: das Landwirtschaftsministerium allein bestimmt, was es darunter versteht[381]. Es konnte so jedoch das einmal in der Verordnung von 1912 ausgesprochene Verbotsprinzip auf praktisch alle lebensmittelrechtlich wichtigen Bereiche ausdehnen und in den letzten Jahren wesentliche Lücken der doch recht fragmentarischen Regelung des Rahmenge-

376) Siehe dazu von LOESCH, aaO, S. 93-97; BIGWOOD/GERARD, aaO, Bd. I, S. 34, 36; Bd. II, S. 210-212; Bd. III, S. 148-161; Bd. IV, S. 157-192

377) Siehe oben S. 82, 87

378) BIGWOOD/GERARD, aaO, Bd. I, S. 52

379) F.A.O. - GERARD, aaO, S. 37/38

380) BIGWOOD/GERARD, aaO, Bd. III, S. 49

381) Siehe dazu oben S. 156

setzes schließen (z. B. im Bereich der Kontaktmaterialien, Etikettierung, Bestrahlung und diätetischen Lebensmittel). Für Kosmetika wurde ein Sondergesetz geschaffen, das auch am Verbotsprinzip orientiert ist[382]. Es fehlen aber noch Bestimmungen für Tabak und eine grundsätzliche Regelung für neue wissenschaftliche Verfahren[383].

Da der Gesundheitsschutz heute Vorrang haben soll, wird ihm in Frankreich, dessen Lebensmittelgesetzgebung stark auf die Redlichkeit im Geschäftsleben ausgerichtet war, mit dem Verbotsprinzip mehr Rechnung getragen als mit anderen Regulativprinzipien[384], zumindest in technischer Hinsicht. Auch wird die Verwaltung dadurch entlastet, weil sie z. B. nicht die Schädlichkeit eines Zusatzstoffes beweisen muß (wie bei der Erstellung einer Negativliste).

Im Bereich der Kontrolle aber erfordert das Verbotsprinzip eine Behörde, die alle technischen und wissenschaftlichen Möglichkeiten besitzt, die zur Durchsetzung der Vorschriften notwendig sind. Ungenügende finanzielle, personelle und räumliche Ausstattung des "Service de la Répression des fraudes et du Contrôle de la qualité" sind jedoch seit jeher als Hauptmängel des französischen Lebensmittelrechts angeführt worden[385] (es gibt z. B. immer noch keine Laboratorien in den überseeischen Besitzungen[386]). Die starre Anwendung des Verbotsprinzips ohne Korrekturen ist daher nicht durchführbar. Allerdings hat die Verwaltung von den aufgezeigten Möglichkeiten keinen Gebrauch gemacht; ihre Korrekturen bestehen vielmehr darin, administrative Toleranzen zu gewähren. Sicher

382) Loi 10. 7. 1975, J.O. 11. 7. 1975, ber. 16. 7. 1975; das Gesetz wurde in Buch V des "Code de la Santé publique" eingegliedert.

383) Vgl. VIVEZ, Anm. zu Cass. crim. 26. 10. 1961, J.C.P. 1962, II, 12441; NGUYEN-THANH, aaO, Rdnr. 78/79

384) Vgl. BIGWOOD/GERARD, aaO, Bd. III, S. 8/9, 30/31

385) Vgl. TOUBEAU, aaO, S. 90/91, 178/179; GALLON, aaO, S. 39, 120, 238, 330

386) Vgl. Ministère de l'Agriculture: "Le Service ...", S. 27, 31, 32

gibt es "Strömungen, die stärker sind als Gesetzesformeln, es gibt totgeborene Texte und solche, die nicht den wahren Bedürfnissen entsprechen und von selbst in Vergessenheit geraten"[387]; andererseits gibt es aber keine Omnipotenz der Verwaltung, die es ihr erlaubt, nach Belieben gesetzliche Bestimmungen durch innerdienstliche Weisungen zu unterlaufen. Administrative Toleranzen sind das schlechteste Korrektiv des Verbotsprinzips, eine solche Praxis ist ein Widerspruch in sich, da der mit dem Verbotsprinzip bezweckte bessere Verbraucherschutz durch die Untätigkeit der Verwaltung ausgehöhlt wird.

Zusammenfassend lassen sich folgende Strukturelemente herausstellen:

Die Grundlage des französischen Lebensmittelrechts bildet ein Rahmengesetz. Es ist ein Strafgesetz, das der präventiven Idee noch keine vorrangige Bedeutung einräumt, und dessen ursprüngliches Ziel die Sicherung der Redlichkeit im Geschäftsleben war. Dieses Motiv hat die einzelnen Bestimmungen geprägt und den zentralen Begriff der "fraude" herausgebildet. Danach werden die "Irreführung beim Verkauf von Waren und die Verfälschung von Lebensmitteln, Futtermitteln, Arzneimitteln, Getränken, landwirtschaftlichen und natürlichen Produkten" unter Strafe gestellt. Das Gesetz steckt also einen weiteren dem Verbraucherschutz dienenden Rahmen als für Lebensmittelgesetze üblich. Tabak und Kosmetika sind allerdings bei den für den Gesundheitsschutz wichtigen Tatbeständen nicht mit einbezogen. Auch wird allgemein nur die entgeltliche Abgabe nicht einwandfreier Waren als strafwürdig angesehen, nicht aber jedes Inverkehrbringen. In der direkten Gesetzesanwendung können Abgrenzungsschwierigkeiten auftreten, da die aufgeführten Täuschungs- und Verfälschungstatbestände sich teilweise überschneiden oder verwechselbar sind. Hierin - wie auch außerhalb des geschriebenen

387) CRUET, aaO, S. 26

Gesetzes - kommt den Handelsbräuchen eine große rechtliche Bedeutung zu; ebenso der Rechtsprechung. Das liegt daran, daß das Gesetz nur allgemeine Regeln aufstellt und keinerlei Definition enthält. Für die Begriffsbestimmung wird deswegen auf die Handelsbräuche verwiesen, und die Gerichte haben diese in ihrer Prüfung zu berücksichtigen. Sogar religiöse Bräuche finden im französischen Lebensmittelrecht Beachtung.

Zwar bestraft das Basisgesetz die versuchte Irreführung (versuchte Verfälschung nicht!), es fehlt aber ein Fahrlässigkeitstatbestand. Dies hat dazu geführt, daß die Gerichte bei der Erörterung der subjektiven Seite des Tatbestandes immer öfter eine Schuldvermutung zugrunde legen, was allerdings nachdrücklich bestritten wird. Besondere Bedeutung mißt das Gesetz den Nebenstrafen und bestimmten Verfahrensregeln bei. Das Gesetz regelt auch Verstöße gegen Rechtsverordnungen (Übertretungen) und die Verteilung der eingenommenen Strafgelder.

Die wichtigste Vorschrift des Rahmengesetzes ist aber zweifellos die Ermächtigungsnorm, die der Verwaltung eine fast uneingeschränkte Regelungsbefugnis im Lebensmittelrecht einräumt. Die Struktur ist daher stark von den auf dieser Grundlage ergangenen Rechtsverordnungen geprägt. Hinzu kommen allerdings noch Spezialgesetze in Kern- und Randbereichen des Lebensmittelrechts, die neben dem Basisgesetz zu beachten sind. Deswegen ist das französische Lebensmittelrecht nicht eine in sich geschlossene Materie, sondern ein aus vielen Einzelbestimmungen zusammensetzbares Mosaik. Die der Verwaltung zum Erlaß dieser Durchführungsbestimmungen vorgeschriebene Form (règlement d'administration publique) wurde oft nicht gewahrt. Vielmehr wurden hierbei alle erdenklichen Formen der Rechtsetzung verwendet. Daneben aber - und das ist zu mißbilligen - wurden und werden wichtige Bereiche des Lebensmittelrechts (vor allem Zusatzstoffe) unter Umgehung des normalen Rechtsetzungsverfahrens durch "Maßnahmen der Verwaltung ohne Vollzugscharakter", durch innerdienstliche Anweisungen in Form von Rundschreiben oder Stellungnahmen geregelt. Der Schutz der Volksgesundheit wird in Frage gestellt durch die sogenannten "administrativen Toleranzen", die sich in der (bewußten) Nachlässigkeit in der Durchsetzung gesetzlicher Vorschriften äußern. Jedoch werden die Kontrollbeamten teilweise zu solcher Nachsicht durch das Regelungssystem selbst gezwungen: das Rahmengesetz kennt keinerlei Regulativprinzipien. Da es ursprünglich auf die Redlichkeit im Geschäftsleben ausgerichtet war, heute aber der Gesundheitsschutz Vorrang hat, der mit den allgemeinen Bestimmungen des Basistextes kaum zu gewährleisten ist, sind die Durchführungsbestimmungen vom Verbotsprinzip beherrscht. Alle wichtigen Bereiche wie Zusatzstoffe, Rückstände und Kontaminationen sind nach dem Verbotsprinzip geregelt worden. Dessen starre Anwendung ist aber schon rein technisch nicht möglich, eine vollkommene Überwachung der Anwendung von Verbotsnormen ist nicht zu erreichen, und die Verwaltung muß durch Toleranzen das Verbotsprinzip korrigieren[388]. Dies hat eine gewisse Rechtsunsicherheit zur Folge, was neben der Unklarheit, fehlenden Legaldefinitionen und ungenügender Homogenität schwerwiegende strukturelle Mängel deutlich macht; schwerwiegend auch wegen des Strafcharakters des Rahmengesetzes, weil es das Prinzip eines jeden demokratischen Rechtsstaates ist, daß Strafbestimmungen einer genauen Interpretation bedürfen nach dem Grundsatz "nulla poena sine lege" und eng auszulegen sind.

III. Einzelregelungen auf horizontaler[389] Ebene

Vertikale[389] Einzelregelungen finden sich in Sondergesetzen und Verordnungen. Sie darzustellen hieße eine Fülle von technischen Begriffen erläutern, die rechtlich weniger interessant sind und den Rah-

---

388) Zur Abhängigkeit der Strukturelemente von anderen Grundelementen (Motivation, Qualifikation, Institution, Kontrolle, Sanktion) siehe ausführlich BIGWOOD/GERARD, aaO, Bd. III, S. 7-36

389) Begriffe sind erläutert auf S. 130

men dieser Arbeit sprengen würden, Deswegen werden nachfolgend nur die wichtigsten für alle Lebensmittel geltenden allgemeinen Regelungen erläutert.

1. Schädlingsbekämpfungsmittel

a) Allgemeines

Der Einsatz antiparasitärer Produkte ist nicht nur vom wirtschaftlichen, sondern auch vom medizinischen Standpunkt her nötig, denn zahlreiche Krankheiten werden durch Insekten auf den Menschen übertragen[390]. Allerdings ist der Einsatz von Pestiziden, Fungiziden, Herbiziden, Insektiziden usw. nicht ganz ungefährlich, da die Giftstoffe nur schwer abbaubar sind und über die Nahrung in den tierischen[391] und menschlichen Körper gelangen können[392]. Auch zahlreiche Lebensmittel-"Unfälle" haben sich mit derartigen Stoffen in aller Welt ereignet, vor allem nach längeren Transporten[393]. Die Gefahren des unüberlegten Einsatzes von Schädlingsbekämpfungsmitteln haben den Gesetzgeber schon vor dem Gesetz von 1905 bewogen, diesbezügliche Regelungen zu treffen[394]. Die Anwendung solcher Produkte hat in den letzten Jahren in Frankreich eine rasante

---

390) Vgl. KALOYANOVA/SIMEONOVA/FOURNIER, "Les pesticides et l'homme", Masson 1972

391) Vgl. GUIBAULD, "La pêche et le droit", Paris 1974; "Les résidus de pesticides en alimentation du bétail et leurs conséquences sur la pollution", Le technicien du lait, mars 1972, 7 ff

392) VENAILLE, "La pollution dans votre assiette", Paris 1974; TRUHAUT, A.F.F. 1959, 319; PECOT, "Le blé, la farine, le pain ... et la santé de l'homme", Angers 1969

393) Z.B. das vergiftet Brot von Pont Saint Esprit 1951, Resultat aus einem Mehl, das während des Transports mit Insektiziden verseucht wurde; die Lieferung von Saatgetreide, das mit einem Fungizid behandelt worden war, als Brotgetreide an die Türkei 1957; das 1967 auf einer Seereise nach Iran mit dem Pestizid Aldrin kontaminierte Mehl usw.; vgl. SOUVERAIN, "Environnement ..." S. 17

394) Produits cupriques ou anticryptogamiques (Insektizide und Pilze betreffend) loi 4. 8. 1903, J.O. 7. 8. 1903

Entwicklung genommen. So wurden im Jahre 1959 rund 30 chemische Substanzen als Pestizide angewendet, 1972 waren es 300 Basisprodukte. Hierzu wird eine Verkaufsziffer von 1200 Millionen F im Jahre 1971 genannt. Frankreich nimmt damit in der Welt den vierten Platz ein hinter den USA, Japan und der Bundesrepublik Deutschland[395]. Dies hat eine Flut von Rechtsvorschriften hervorgerufen und heftige Diskussionen in der Literatur ausgelöst[396], die schließlich zur Reform und einer Rückstandshöchstmengenregelung führten, die 1963 noch vergeblich gefordert wurde[397].

b) Zulassungsverfahren[398]

Seit 1943 ist die Zulassung der "produits antiparasitaires" gesetzlich geregelt[399]. In erster Linie wollte man die Verbraucher schützen, gleichzeitig sollte aber auch die "Degradierung der natürlichen Qualität der Produkte" verhindert werden[400]. Die öffentliche Gewalt hatte zwei Mittel, das Lebensmittel gegen unerwünschte Kontaminationen dieser Art zu schützen: <u>1.</u> konnte sie Regeln über landwirtschaftliche Techniken erlassen, <u>2.</u> konnte sie Normen über die Zusammensetzung eines Lebensmittels erlassen und die zulässigen Rückstandsmengen bestimmen[401]. Das Landwirtschaftsministerium

---

395) "Réglementations pesticides (monde)", Marché int. des prod. laitiers 1974, 22; RIOUFOL, aaO, S. 32, 38

396) 11 lois und ordonnances, 12 décrets, 57 arrêtés, 22 circulaires; siehe J.O. Ass. Nat., 1972, 3842; abgedruckt bei MOREAU/ BOURON/KERN/FABRE/PELISSIER, aaO; ferner AMBRIGUET, Economie agricole, févr. 1974, 7; DESPAX, J.C.P. 1973, 1, 2533; "Résidus de pesticides et substances auxiliaires dans les denrées alimentaires", Bull. techn. d'information, n° 252 spécial, 1970, 475; TOUBEAU, Lois nouvelles 1952, 21; PEYRANDT, Rev. de l'élevage 1971, 95

397) TRUHAUT/SOUVERAIN, aaO, S. 8

398) Siehe dazu DEHOVE, aaO, Rdnr. 44-11, S. 1077 ff

399) Loi 2. 11. 1943, J.O. 4. 11. 1943, i.d.F. der loi 22. 12. 1972, J.O. 23. 12. 1972

400) LEVI, aaO, S. 19

401) TRUHAUT/SOUVERAIN, aaO, S. 6-8

hat von beiden Möglichkeiten Gebrauch gemacht.

Art. 1 des Gesetzes von 1943 verbietet zunächst die Abgabe von Schädlingsbekämpfungsmitteln, solange diese nicht zugelassen sind. Mit der Einfügung eines Art. 1 bis wurde 1972 auch ein Importverbot ausgesprochen. Die Zulassung kann nach Art. 3 nur nach einer Wirksamkeits- und Unschädlichkeitsprüfung erfolgen. Die Zulassung erfolgt durch die Verwaltung, wobei der institutionelle Rahmen 1974 neu gestaltet worden ist[402)].

Bevor die Zulassung beantragt wird, werden in der Regel Versuche vom Erfinder des Mittels durchgeführt. Aber auch hierfür gelten die Zulassungsvorschriften. Das Zulassungsverfahren ist 1974 ebenfalls neu geregelt worden[403)]. Wer Versuche unternehmen will, muß die Verteilung der dafür notwendigen Produkte beim Landwirtschaftsminister beantragen (Art. 12 der arrêté). Im Dossier sind die bereits bekannten Wirkungen des Produkts anzugeben. Nach Stellungnahme der "Commission d'études de la toxicité des produits antiparasitaires à usage agricole" wird der Antrag vom "comité d'homologation des produits antiparasitaires à usage agricole" geprüft. Über dessen Vorschlag und den Antrag entscheidet dann der Minister, der die Versuche auch überwachen läßt. Die Zulassung erfolgt für ein Jahr.

Die Anträge auf Zulassung zum Verkauf werden von den gleichen Organen bearbeitet. Zusätzlich ist aber noch die "Commission des produits antiparasitaires à usage agricole" zu hören, die eine Wirksamkeitsprüfung vornimmt (während sich die obengenannte Kommission mit der Schädlichkeit befaßt; Art. 4). Vom 1. 4. 1944 bis zum 1. 1. 1972 lagen dem Landwirtschaftsministerium 14 355 Zulassungsanträge vor. Jährlich werden etwa 150-200 Spezialitäten neu zugelassen[404)].

402) Décret 1. 8. 1974, J.O. 4. 8. 1974

403) Arrêté 7. 10. 1974, J.O. 20. 10. 1974

404) RIOUFOL, aaO, S. 51

Bei der Entscheidung über den Antrag hat der Landwirtschaftsminister vier Möglichkeiten:

1. Zulassung, wenn die Wirksamkeit und die Unschädlichkeit nach den allgemeinen Regeln anerkannt sind (Art. 4 § 1 der arrêté; Art. 3 des Gesetzes). Das Produkt wird in ein "régistre d'homologation" eingetragen.

2. Vorläufige Zulassung, wenn das Produkt "nicht strikt den allgemeinen Regeln entspricht, seine Wirksamkeit und Unschädlichkeit jedoch hinreichend bekannt sind" (Art. 4 § 1 Abs. 2 der arrêté; Art. 6 des Gesetzes). Dies ist eine problematische Vorschrift, da sie keine klare Aussage trifft, was ja eigentlich der Gegenstand einer "arrêté" zur Konkretisierung von "loi" und "décret" sein soll. Allerdings kann man aus Art. 8 Abs. 3 entnehmen, daß die vorläufige Zulassung nur bei geringfügigen Mängeln (unzureichende Etikettierung) und nicht ganz sicherer Langzeitwirkung ausgesprochen wird[405).]

3. Weitere Erprobung (maintien en étude), wenn die Wirkungen des Produktes noch nicht hinreichend bekannt sind. In diesem Falle kann das Produkt lediglich nicht verkauft werden, die Anwendung ist jedoch erlaubt (Art. 4 § 1 Abs. 3).

4. Wenn das Produkt nicht den gesetzlichen Regelungen entspricht, Wirksamkeit und Unschädlichkeit nicht gesichert sind, ist die Zulassung abzulehnen (Art. 4 § 2).

Die Zulassung ist im übrigen auf zehn Jahre befristet; sie kann danach um die gleiche Zeit verlängert werden, wenn das Produkt noch den gesetzlichen Anforderungen entspricht (Art. 7). Die vorläufige Zulassung gilt in der Regel für vier Jahre, ausnahmsweise nur für zwei Jahre (Art. 5 Abs. 1 der arrêté, Art. 6 des Gesetzes). Danach bestehen wieder die vier genannten Entscheidungsmöglichkeiten. Im Falle einer nachfolgenden Zulassung beginnt die Frist jedoch bereits

---

405) Vgl. dazu LEVI, aaO, S. 52, 77

zum Zeitpunkt der provisorischen Zulassung zu laufen (Art. 7 Abs. 2). Gleiches gilt auch für den Fall der weiteren Erprobung. Nur ist diese auf zwei Jahre befristet (Art. 5 Abs. 2).

Wird ein vorläufig zugelassenes Produkt nach Zeitablauf verboten, so darf es noch ein Jahr lang vom Hersteller verkauft werden und noch ein weiteres Jahr im Handel sein (Art. 8 Abs. 1). Hier wird die oben angesprochene Gefahr deutlich: ein von Anfang an nicht ganz sicheres Produkt kann - mit Versuchszeit - mindestens sieben Jahre angewendet werden!

Die Anwendungsmöglichkeiten der Spezialitäten werden durch "circulaire" (!) des Landwirtschaftsministers näher bestimmt (Art. 6; Verfahren, Zeiten, Flächen, Ernte usw.).

Die Zulassung kann wieder entzogen werden, wenn neue Versuche ergeben, daß das Produkt nicht mehr den gesetzlichen Regelungen entspricht (Art. 3 Abs. 3 des Gesetzes). Diese Rücknahmemöglichkeit ist vorgesehen worden, um jeden "recours"[406], der die Haftung des Staates hervorrufen könnte, auszuschließen[407].

Natürlich ist der "recours" gegen solche Zulassungsentscheidungen zum Zwecke ihrer Aufhebung immer möglich. Art. 9 der VO sieht den "recours gracieux" sogar ausdrücklich vor. Es ist eine Art Gegenvorstellung, bei der neue Untersuchungen unter Beteiligung und Anhörung des Betroffenen vor dem "Comité d'homologation des produits antiparasitaires à usage agricole" stattfindet. Innerhalb von vier Monaten muß dann eine abschließende Entscheidung ergehen (Art. 9). im übrigen kann die Zulassung auch bei Verstößen gegen die Kennzeichnungsvorschriften des Art. 10 der Verordnung entzogen werden. Ein neuer Zulassungsantrag kann dann vor Ablauf eines Jahres nicht gestellt werden (Art. 10 Abs. 2).

Auch nach Rücknahme der Zulassung darf das Produkt vom Hersteller noch 1 Jahr verkauft werden und ein weiteres Jahr im Handel

406) Siehe unten "Rechtsschutz", S. 235 ff

407) RIOUFOL, aaO, S. 87

sein (Art. 8 Abs. 2).

Jedes Produkt muß in seiner Originalverpackung (Art. 11) abgegeben werden und Angaben über Zusammensetzung und Anwendungsmodalitäten enthalten.

Die Werbung für antiparasitäre Produkte, die nicht endgültig oder vorläufig zugelassen sind, ist bereits seit dem 1. 1. 1944 verboten (also auch für die lediglich zu Versuchszwecken freigegebenen Produkte; Art. 9 des Gesetzes, Art. 12 Abs. 5 der arrêté).

Das Gesetz enthält in Art. 11 eine eigene Strafvorschrift. Verstöße können mit Geldstrafen von 1500 bis 30000 F belegt werden. Dazu ist eine Verordnung betreffend Ordnungswidrigkeiten (bestimmte kleinere Verstöße) erlassen worden, wonach 60 bis 400 F zu zahlen sind[408].

Zu dieser Regelung ist noch folgendes zu bemerken: seit der Änderung des Gesetzes im Jahre 1972 betrifft die Zulassungspflicht nun alle Produkte, die nach der WHO unter den Begriff "Pestizide" fallen[409]. Das heißt, die Zulassungspflicht wurde ausgedehnt auch auf die Wachstumsregler, Mittel gegen Bakterien, Viren und Bodenverbesserungsmittel (nicht Düngemittel!) sowie Mittel gegen pflanzliche oder tierische Organismen, die Krankheitserreger sind. Ferner sind alle Produkte zur antiparasitären Behandlung der landwirtschaftlichen Gebäude, Material, Fahrzeuge usw. erfaßt[410]. Nicht unter die Regelung fallen die "substances dangereuses". Diese auf Grund ihrer Natur für Gebraucher und Verbraucher der behandelten Produkte gefährlichen Pestizide unterliegen dem "Code de la Santé publique" (Art. 5158). Bezüglich Identität, Natur und Gefahr des Produktes besteht eine Informationspflicht, der Verkauf

408) Décret 25. 11. 1963, J.O. 29. 11. 1963

409) O.M.S., Rapport technique 1972, n° 502 - Annexe 3

410) Vgl. RIOUFOL, aaO, S. 53

ist reglementiert (Art. 5158, 5159, 5167), wie auch die Anwendung. Darauf wird unten näher eingegangen (ebenso bezüglich der Rückstände)[411].

Der Schutz des Käufers ist gewährleistet wie auf kaum einem anderen Gebiet: die Werbung und die Auskunftspflicht sind besonders geregelt, ein Schutz vor Täuschung findet sich bereits in dem ersten Gesetz von 1903, Wirksamkeit und Unschädlichkeit müssen gewährleistet bzw. besondere Anwendungsbedingungen angegeben sein. Die strengen Vorschriften schaffen fast einen Typenvertrag (contrat type), weswegen manchmal von einer Verletzung des Prinzips der Vertragsfreiheit gesprochen wird[412]. Dafür ist der Zulassungszeitraum mit zehn Jahren recht lang[413]. Andererseits besteht für den Hersteller das Risiko, daß die Zulassung innerhalb dieser Zeit entschädigungslos widerrufen werden kann (siehe Art. 3 Abs. 3 des Gesetzes). Zwar berührt ein Wechsel der Umstände grundsätzlich nicht die Wirksamkeit eines Verwaltungsaktes[414], und der Widerruf steht nicht im freien Ermessen der Verwaltung[415]. Der Widerruf des rechtsbegründenden Verwaltungsaktes ist aber dann möglich, wenn dies in Gesetz oder Verordnung ausdrücklich vorgesehen ist[416]. Wird die Zulassung widerrufen, so ist dies nur durch einen "acte contraire" möglich, das heißt Zuständigkeit, Form und Verfahren müssen dieselben sein wie beim Erlaß des Verwaltungsaktes[417]. Ist dies geschehen, so tritt eine Verantwortlichkeit des Staates nicht ein. Zwar ist die Zulassung ihrer Rechtsnatur nach eine "autorisation de police", also eine Erlaubnis auf Grund einer Verbotsnorm mit Erlaubnisvorbehalt. Für deren Wider-

---

411) Siehe unten S. 187 ff

412) Vgl. RIOUFOL, aaO, S. 104/105

413) Gegenüber 5 Jahren im amerikanischen Recht, vgl. v. LOESCH, aaO, S. 81

414) VEDEL, aaO, S. 163

415) DE LAUBADERE, "Traité ...", Rdnr. 510

416) RIVERO, "Droit administratif", Rdnr. 103; VEDEL, aaO, S. 167

417) C.E. 6. 11. 1953, Rec. 1953, 471

ruf gelten aber wie im deutschen Recht[418] die Grundsätze über den Widerruf begünstigender Verwaltungsakte[419]. Auch nach der Zulassung hat das Landwirtschaftsministerium Versuche und Kontrollen durchzuführen (vgl. Art. 342 CR[420]; Art. 12 des Gesetzes), die zur Streichung aus dem Register führen, wenn das Produkt nicht mehr den gesetzlichen Bestimmungen entspricht. Die Gesetzgebung garantiert einen recht guten präventiven Schutz[421], wenn auch die Bestimmungen zu "autorisation provisoire de vente" und "maintien en étude" etwas großzügig formuliert sind.

2. Zusatzstoffe, Kontaktmaterialien, Reinigungsmittel[422]

a) Allgemeines

In direkter Anwendung des Gesetzes von 1905 ist der Zusatz von Stoffen aller Art untersagt, wenn hierdurch das Lebensmittel verfälscht würde oder der menschlichen Gesundheit schädlich wäre (Art. 3). In den Ausführungsverordnungen setzte sich dann das Verbotsprinzip durch. Das System der Positivlisten wird zum Teil auch "principe de sélection" genannt und ist seit den ersten Verordnungen in der Form angewendet worden, daß Farbstoffe, Fäulnishemmer und Aromen nur zugesetzt werden dürfen, wenn sie in "arrêtés ministériels" namentlich aufgeführt waren[423]. Das Prinzip wurde 1912 ausgedehnt auf alle Lebensmittel, soweit es sich um

---

418) Vgl. dazu § 49 VwVfG

419) Vgl. RIOUFOL, aaO, S. 94

420) Dazu arr. 1. 6. 1961, J.O. 4. 7. 1961; 15. 11. 1967, J.O. 9. 12. 1967; 20. 11. 1967, J.O. 9. 12. 1967

421) Zur Anwendungsüberwachung siehe unten S. 187/188

422) Zu den gesetzgeberischen Aktivitäten in Europa siehe F.A.O.: "Additifs aux aliments", législation récente, 1957-1968

423) Liqueurs et sirops, décr. 28. 7. 1908; sucrerie, confiserie, chocolaterie, décr. 19. 12. 1910; bei TRUHAUT/SOUVERAIN, aaO, S. 5

Farb- und Konservierungsstoffe handelte[424], und gleichzeitig wurde der Zusatz "aller chemischen Produkte außer dem gewöhnlichen Salz zu Zwecken der Färbung, Konservierung und Verpackung" verboten[425]. Seit 1973 gilt das Prinzip der Positivlisten unabhängig vom Zweck des Zusetzens für alle "produits chimiques", selbst wenn diese nur vorübergehend angewendet werden und nicht im Lebensmittel verbleiben[426]. Dabei sieht Art. 1 der Verordnung vor, daß die Zulassung im Wege von "arrêtés interministériels" erfolgt. Das heißt, eine allgemeine Regelung gibt es nicht, wohl aber Einzelverordnungen darüber, welche Zusätze bei welchen Lebensmitteln und in welchen Höchstmengen zulässig sind. Die Verordnungen über Konservierungsstoffe[427], Farbstoffe[428], Antioxydantien[429], Vitamine[430], Emulgatoren, Stabilisatoren, Verdickungs- und Geliermittel[431], Enzyme[432], Geschmacksverbesserer[433], die BestrahlungsVO[434], DiätVO[435], Zusatzstoffe in Futtermitteln[436], Kontaktmaterialien und Reinigungsmittel[437] sowie das Kosmetikagesetz[438] enthalten solche Bestimmungen und entsprechen inhaltlich

---

424) Décret 15. 4. 1912, J.O. 29. 6. 1912

425) Arr. 28. 6. 1912, J.O. 29. 6. 1912

426) Décr. 12. 2. 1973, J.O. 15. 2. 1973

427) Arr. 24. 9. 1971, J.O. 15. 10. 1971

428) Arr. 15. 10. 1964, J.O. 4. 11. 1964

429) Arr. 30. 10. 1973, Gaz. Pal. 1973, 2, 431

430) Arr. 21. 5. 1953, J.O. 10. 6. 1953

431) Arr. 28. 3. 1950, J.O. 6. 4. 1950

432) Arr. 31. 7. 1964, J.O. 25. 8. 1964

433) Arr. 8. 7. 1968, J.O. 3. 8. 1968

434) Décr. 8. 5. 1970, J.O. 12. 5. 1970

435) Décr. 24. 1. 1975, J.O. 5. 2. 1975

436) Décr. 28. 11. 1973, J.O. 15. 12. 1973

437) Décr. 12. 2. 1973, J.O. 15. 2. 1973

438) Loi 10. 7. 1975, J.O. 16. 7. 1975, allerdings besteht hier nur eine Anmelde-, keine Zulassungspflicht

weitgehend den bereits vorhandenen EG-Richtlinien[439]. Dies ist der Bereich des Lebensmittelrechts, wo das Gemeinschaftsrecht bisher den größten Einfluß genommen hat[440]. Der französische Verbraucher, der noch immer dem "Mythos eines produit naturel anhängt"[441], hat sich mit dem vermehrten Einsatz von Zusatzstoffen abfinden müssen[442]. Bei der Begründung ihres Einsatzes wird allgemein zwischen Nützlichkeit, Zweckmäßigkeit und Notwendigkeit (utilité, opportunité, nécessité) unterschieden[443].

Ihr Anwendungsbereich geht von der Tierernährung über die Herstellung, Verarbeitung und Verpackung bis zur Lagerung und hat Pessimisten schon zu dem Ausruf veranlaßt: "L'alimentation suicide!"[444]. Die umfangreiche Literatur[445] macht eine gewisse Besorgnis über die Entwicklung deutlich.

---

439) Konservierungsstoffe 64/54/EWG, 5. 11. 1963, ABl. 1964, 161, ber. 1965, 808; dto. Reinheitskriterien 65/66/EWG, 26. 1. 1965, ABl. 1965, 373; dto. Zitrusfrüchte 67/427/EWG, 27. 6. 1967, ABl. Nr. L 148, 1; Farbstoffe 23. 10. 1962, ABl. 1962, 2645; Antioxydantien 70/357/EWG, 13. 7. 1970, ABl. 1970 Nr. L 157, 31; Emulgatoren usw. 16. 6. 1974, ABl. 1974 Nr. L 189, 1; Zusatzstoffe in der Tierernährung, 23. 11. 1970, ABl. 170 Nr. L 270, 1. Die neueren Richtlinien sind natürlich noch nicht umgesetzt worden, z.B. diätetische Lebensmittel 77/94/EWG, 21. 12. 1976, ABl. 1977, Nr. L 26, 55; Kontaktmaterialien 76/893/EWG, 23. 11. 1976, ABl. 1976, Nr. L 340, 19; Kosmetika 76/768/EWG, 27. 7. 1976, ABl. 1976, Nr. L 262/169; dazu die letzten Änderungen der Farb- und KonservierungsstoffRL; siehe dazu auch TOUCHARD, aaO, S. 206; LÜCK, ZLR 1977, 103

440) Vgl. DEHOVE, aaO, S. 128

441) GALLON, aaO, S. 161

442) Zum Begriff siehe oben S. 54 ff, 66/67

443) Siehe BIGWOOD/GERARD, aaO, Bd. II, S. 225 ff

444) MESSADIE, "L'alimentation suicide. Les dangers réels et immaginaires des produits chimiques dans notre alimentation", Paris 1973

445) Aliment pour bébé, Agra-Alimentation 1975, Pet M 1; Aliment de régime, RTVA 1974, 913; CRAPLET, "Alimentation d'aujourd 'hui et de demain"; CHENE, "Les régimes alimentaires; STERN, 50 Mill. de consommateurs 1975, n° 56, 35; FERRANDO, Rec. Méd. vét. Alfort 1970, 452; LABLE, Industries de l'alimentation animale 1974, n° 5, 30

b) Zulassungsverfahren

Trotz des Verbotsprinzips ist das Zulassungsverfahren für die Anwendung von Zusatzstoffen nicht gesetzlich geregelt. Für Futtermittelzusatzstoffe ist nach der Neuregelung[446)] eine Zulassung überhaupt nicht vorgesehen[447)], für Zusatzstoffe in Lebensmitteln und Kontaktmaterialien nennt ein Rundschreiben von Gesundheits- und Landwirtschaftsminister[448)] die näheren Voraussetzungen:

die Anträge sind an das "Service ..." beim Landwirtschaftsminister zu richten mit einem Begleitprotokoll, mit dem der Antragsteller die Unschädlichkeit wie folgt beweisen[449)] muß:

1. chemische Bezeichnung des Stoffes, wenn möglich die dazu entwickelte Formel;
2. Reinheitsgrad, Art und Prozentsatz der Unreinheiten;
3. angewendete Analysemethoden;
4. Anwendungsart und -mengen und die Lebensmittel oder Kontaktmaterialien, in denen der Stoff verwendet werden soll;
5. technische oder andere Rechtfertigung (justification!) für die Anwendung des Stoffes;
6. Versuchsergebnisse über die physiologischen und pathologischen Eigenschaften und Wirkungen der Unreinheiten; die Versuche müssen nicht in Frankreich vorgenommen worden sein[450)];
7. eventuell Unterlagen über bekannte Auswirkungen des Stoffes beim Menschen;
8. Referenzen bezüglich einer Anwendungserlaubnis in Ländern der EG oder im übrigen Ausland (!);
9. Übersetzung ausländischer Unterlagen in die französische Sprache.

---

446) Décret 28. 11. 1973, J.O. 15. 12. 1973

447) Zur alten Regelung vgl. CRAPELET, "Aliments et Alimentation des Animaux domestiques", Paris 1955

448) Circulaire 12. 9. 1963, J.O. 26. 9. 1963, ber. 3. 10. 1963

449) Vgl. GALLON, aaO, S. 163

450) DEHOVE, aaO, Rdnr. 5-2, S. 129

Dieses technische Dossier ist alles, worauf sich der Antragsteller stützen kann und wozu er verpflichtet ist. Wie das weitere Verfahren abläuft, bleibt für ihn weitgehend im Verborgenen. Gewiß ist aber, daß die Zulassung nach Art. 1 der Verordnung von 1912 nur durch "arrêté" des Landwirtschafts-, Wirtschafts-, Gesundheits- und Wissenschaftsministers nach Stellungnahme des Hygienerates und der Medizinakademie erfolgen darf. Das bedeutet zunächst, daß der Antragsteller sich auf ein langwieriges Verfahren gefaßt machen kann. Wenn es um ionisierende Strahlen geht, muß auch das "Centre national de coordination des études et recherches sur la nutrition et alimentation" gehört werden[451], dazu die "Commission interministérielle des radio-éléments artificiels"[452]. Wenn es tatsächlich die Politik des Landwirtschaftsministeriums wäre, die Zusatzstoffe auf die geringstmögliche Zahl zu beschränken[453], so würde dieser Weg eingehalten und es wäre kaum möglich, innerhalb "vernünftiger Fristen"[454] einen Zusatzstoff neu zuzulassen. Aber das Fehlen gewisser Garantien in dieser Hinsicht hat dem französichen Antragsteller in der Regel bisher nicht geschadet, denn die Praxis des Landwirtschaftsministeriums ging seit jeher dahin, schon während der Untersuchung des Antrages und des Stoffes durch den Hygienerat oder gleich danach die Substanz durch "circulaire" schon einmal zuzulassen, "provisoirement, dans l'attente d'un texte officiel postérieur" wie der einleitende Satz dann immer heißt[455]. Dies trotz der Forderung von Juristen und Hygienefachleuten[456], erst die Festellung der Unschädlichkeit des Stoffes durch die kom-

---

451) Ministère de l'agriculture, "Le Service ...", S. 9; GALLON, aaO, S. 165

452) Décret 8. 5. 1970, J.O. 12. 5. 1970

453) Wie BIGWOOD/GERARD, aaO, Bd. III, S. 235 es behaupten

454) GALLON, aaO, S. 165

455) Siehe dazu die Ausführungen über circulaires S. 146 ff

456) LIOTARD/BERGERET, D. 1962, jur. 63; SIMONET, Bull. Société sc. d'hygiène alimentaire 1955, 4

petenten Stellen abzuwarten[457] und manchmal trotz entgegenstehender Stellungnahme des Hygienerates[458]. Auf diese Weise wurden sozusagen im "Parallelverfahren" allein 1971 und 1972 jeweils 10 circulaires ausgegeben, die nicht einmal im "Journal Officiel" veröffentlicht wurden und dabei doch so wichtige Bereiche wie Aromastoffe regelten[459]. Die Medizinakademie wird dann meistens nicht gehört[460]. Dieses Verfahren ermöglicht zwar eine schnelle Anpassung an die fortschreitende Entwicklung, gerade deswegen ist es aber für die demselben Unterworfenen und den Verbraucher gefährlich. Die Zulassung ist vertraulich und kann ebenso diskret wieder entzogen werden. Der Verbraucher braucht von alledem nichts zu erfahren. Er ist im Falle der Anonymität der "circulaires" auch nicht durch die Rechtsprechung des "Conseil d'Etat" bezüglich dieser "rechtsetzenden" Rundschreiben geschützt[461]. Durch den "Ausschluß der Öffentlichkeit" kann sich auch eine Ungleichbehandlung der Betroffenen ergeben.

Denn die Kriterien, nach denen ein Zusatzstoff zugelassen oder abgelehnt werden kann, sind nicht eindeutig festgelegt. Sicher ist die Ablehnung, wenn die Substanz der menschlichen oder tierischen Gesundheit schädlich ist, oder wenn sie eine zu hohe Toxizität besitzt[462]. Aus den obengenannten Angaben, die im Zulassungsantrag zu machen sind, läßt sich aber - vor allem wegen der Einbeziehung

---

457) Wobei diese Forderung z.T. als "Sterilisation des technischen Fortschritts" bezeichnet wird, FOURGOUX/JUMEL, aaO, S. 115

458) Kritik von LEVI, aaO, S. 77; GALLON, aaO, S. 165

459) Circulaire 20. 12. 1971, unveröffentlicht

460) Das ergibt sich eindeutig aus den Einleitungsbegründungen, wo positive Stellungnahmen, soweit vorhanden, aufgeführt werden, vgl. z.B. circulaire 12. 9. 1968, J.O. 13. 10. 1968 betr. Reinigungsmittel für Kontaktmaterialien.

461) Siehe oben S. 146 und unten S. 238

462) Vgl. "Instruction" und "protocole d'examen" des Gesundheitsministers zur circulaire vom 12. 9. 1963, J.O. 26. 9. 1963, ber. 3. 10. 1963

der EG-Richtlinien - schließen, wann eine "justification" für den Einsatz der Substanz nicht vorliegt. Die allgemeine Unterscheidung nach Nützlichkeit, Gebotenheit und Notwendigkeit kann danach natürlich nicht vorgenommen werden. Der Begriff der "Gebotenheit" findet darin praktisch überhaupt keinen Niederschlag. Der Begriff "Notwendigkeit" hingegen wird nicht so eng aufgefaßt wie im deutschen Recht[463] und läßt der Verwaltung einen sehr weiten Spielraum[464]. Man kann es einfach formulieren: was nützlich ist, ist auch notwendig, was sich an der folgenden Unterscheidung von GALLON zeigt[465]:

1. Wirtschaftliche Notwendigkeit: wenn die Lebensmittel (außer durch physikalische Behandlungen wie z.B. Kälte oder Hitze) gegen den durch Mikroben, Enzyme, Sauerstoff ... bedingten Verfall geschützt werden sollen (Konservierungsmittel);

2. Organoleptische Notwendigkeit: sie hängt mit der wirtschaftlichen Notwendigkeit zusammen. Durch Farbstoffe, Aromen, Geschmacksverbesserer, Geliermittel usw. soll das Lebensmittel appetitlicher und für den Verbraucher attraktiver werden;

3. technologische Notwendigkeit: sie betrifft den Einsatz bestimmter Mittel, um ein Produkt in einer bestimmten Art überhaupt herstellen zu können (z.B. Lösemittel, um zur Herstellung eines koffeinreien Kaffees das Koffein zu entziehen);

4. diätetische Notwendigkeit: Einsatz von meist biologischen Substanzen zur Anreicherung der nützlichen Bestandteile oder auch eine medizinische Behandlung (Diabetikerkost);

---

463) Absolute Unentbehrlichkeit der Fremdstoffe früher; jetzt technologische Notwendigkeit, vgl. BT-Drucks. 7/255, Begründung zu § 12 LMBG, S. 30

464) Vgl. BIGWOOD/GERARD, aaO, Bd. II, S. 229

465) GALLON, aaO, S. 161

5. außergewöhnliche Notwendigkeit: Krisenvorsorge durch Vorratshaltung und Anwendung entsprechend intensiver Konservierungsmethoden.

In diesem Sinne werden die Zusatzstoffe gemäß ihrem Bestimmungszweck nach dem Rundschreiben von 1963 geprüft. Die "justification d'emploi" läßt sich je nach Art und Zweck des Stoffes auf folgende allgemeine Grundsätze beschränken:

1. der Nährwert des Lebensmittels darf durch den Zusatzstoff nicht beeinträchtigt werden;

2. Konservierung, Stabilität oder organoleptische Eigenschaften müssen verbessert werden;

3. technologische Hilfe bei Herstellung, Verarbeitung, Vermarktung, Verpackung, Transport oder Konservierung;

4. Anreicherung der wesentlichen Bestandteile im Falle von diätetischen Lebensmitteln[466].

Eine Ablehnung des Zusatzstoffes wird deswegen erfolgen, wenn durch dessen Einsatz der Nährwert spürbar herabgesetzt wird, wenn er die mangelhafte Beschaffenheit des Lebensmittels oder nicht erlaubte Behandlungsverfahren verdeckt, wenn er geeignet ist, den Verbraucher über die Beschaffenheit des Lebensmittels zu täuschen oder wenn das erwünschte Resultat durch andere wirtschaftlich und technisch ausreichende Herstellungsmethoden erreicht werden kann. Diese Gesichtspunkte können weitgehend aus den Strafbestimmungen des Basisgesetzes von 1905 und den zahlreichen Durchführungsverordnungen geschlossen werden. Es sei aber nochmals darauf hingewiesen, daß dort weder ein spezielles Verfahren noch ein Rechtsschutz bestimmt sind und die Verwaltung völlig freie Hand hat in der Ablehnung oder Zulassung von Zusatzstoffen[467].

---

466) Vgl. GALLON, aaO, S. 164

467) Vgl. BIGWOOD/GERARD, aaO, Bd. III, S. 235

Im Jahre 1951 waren in Frankreich 24 Konservierungsstoffe, 11 Emulgatoren, Stabilisatoren und Geliermittel, 25 Farbstoffe und 87 "technische Hilfsstoffe" zugelassen[468]. 1972 waren es 44 Konservierungsstoffe, 50 Emulgatoren, Stabilisatoren, Verdickungs- und Geliermittel, 29 Farbstoffe, 5 Nährwertverbesserer (Vitamine, Aminosäuren), 95 technische Hilfsstoffe[469]. Deren Einzelregelungen, Anwendungsbereiche, Reinheitskriterien und Anwendungsmengen sind bei DEHOVE[470] umfassend dargestellt und können hier nicht erörtert werden. Dazu nur einige Randbemerkungen:

Farbstoffe dürfen nach Art. 9 der Verordnung[471] nur "bis zur unbedingt notwendigen Dosis für die nach dem Handelsbrauch übliche Färbung" zugesetzt werden[472]. Auf die Bedeutung der "usages" ist bereits hingewiesen worden[473]. Der Handelsbrauch entspricht einer konstanten Übung, die aber doch flexibel sein kann[474]. Abgrenzungskriterien gibt es hier nicht[475]. FOURGOUX kommt daher zu der Auffassung, die "usages" seien nicht weniger wichtig als Gesetze und Verordnungen[476].

Die Aromastoffe haben noch immer keine gesetzliche Regelung erfahren. Der Europarat hatte bereits 1970 eine Liste aufgestellt mit

---

468) SOUVERAIN, Alim. et vie 1955, 6, 127 ff

469) GALLON, aaO, S. 168, 169

470) DEHOVE, aaO, Rdnr. 5-5, S. 130-176

471) Arr. 15. 10. 1964, J.O. 4. 11. 1964

472) Siehe dazu auch CASTANG, A.F.F. 1959, 602, 77

473) Siehe S. 135

474) Vgl. FOURGOUX, D. 1974, jur. 493; derselbe D. 1975, 775

475) Bis auf eindeutige Fälle: Gelb darf Teigwaren nicht zugefügt werden, weil der Verbraucher über den Eiergehalt getäuscht werde; Cass.crim. 23. 5. 1959, Bull. crim. 1959, n° 271

476) FOURGOUX, Gaz. Pal. 1974, 1, jur. 389

489 natürlichen und 1026 künstlichen Aromastoffen, die in Lebensmitteln verwendet wurden[477]. Die Lebensmittelindustrie hat im Jahre 1957 eine "Convention professionnelle sur le commerce des matières aromatiques pour les industries alimentaires" getroffen. Sie ersetzt als Handelsbrauch die gesetzliche Regelung[478].

Auf dem Gebiet der Lebensmittelbestrahlung besteht wegen der Krebsgefahr noch immer Zurückhaltung[479]. Vor der Verordnung von 1970 hatten die Gerichte des öfteren Schwierigkeiten mit der Einordnung der ultravioletten oder ionisierenden Strahlen. Die Bestrahlung wurde als verbotene Änderung der Konsistenz betrachtet[480]. Seit 1972 ist die Bestrahlung von Kartoffeln zur Verhinderung der Keimbildung für einen Probezeitraum von fünf Jahren zugelassen. Die Dosis wurde auf 25 rads festgesetzt[481]. Dasselbe gilt seit 1977 für Zwiebeln[482].

Insgesamt kann man sich des Eindrucks nicht erwehren, daß trotz Einbeziehung des Gemeinschaftsrechts das Zusatzstoffzulassungsverfahren mehr auf Zufall ausgerichtet ist, als daß ihm eine klare Konzeption zugrundeläge, wie etwa bei den Pestiziden.

3. Rückstände, Kontaminationen, Hygiene

Der wohl wichtigste Bereich des Lebensmittelrechts ist die sogenannte "Sanitärkontrolle"[483]. Seit langer Zeit wird ihr besondere Aufmerksamkeit gewidmet, da hier der Verbraucherschutz unmit-

---

477) GALLON, aaO, S. 168, Fußn. 2.

478) DEHOVE, aaO, Rdnr. 5-101, S. 151; dazu die unveröffentlichte lettre-circulaire vom 20. 12. 1971

479) LEVI, aaO, S. 38

480) Cass. crim. 26. 10. 1961, D. 1962, 64 mit Kritik von LIOTARD/BERGERET

481) Arrêtés 8. 11. 1972, J.O. 12. 12. 1972

482) Arrêté 9. 8. 1977, J.O. 31. 8. 1977, numéro complémentaire S. 5548

483) Ministère de l'agriculture, "Le Service...", S. 6

telbar wirken kann[484]. Ferner trägt sie zur Verbesserung der Qualität der Lebensmittel bei[485]. Andererseits sind in diesem Bereich die Kompetenzen am stärksten zersplittert. Das "Service ..." kann diese Aufgabe nicht allein und schon gar nicht vom Zentralbüro in Paris aus bewältigen[486]. Wenn z.B. jemand in einem Laden Lebensmittel findet, deren Verkaufsdatum überschritten ist, kann er sich an das Landwirtschaftsministerium wenden; nicht dagegen, wenn es sich um Speiseöl handelte, da dieses dem Ministerium für Industrie und Forschung untersteht. Hat er durch den Verzehr zweifelhafter Lebensmittel eine Vergiftung erlitten, so ist die "police économique et au contrôle des fraudes" beim Innenminister zuständig[487]. Allerdings erledigt das "Service ..." auf dem rein lebensmittelrechtlichen Gebiet auch hier die Hauptarbeit[488]. Eine Kompetenzverteilung rührt lediglich daher, daß der Gesundheitsschutz möglichst bürgernah sein sollte und somit seit dem Gesetz vom 5. 4. 1884 auf Präfekten und Bürgermeister übertragen wurde[489]. Art. 97 lautet:

> "La police municipale a pour objet d'assurer le bon ordre, la sureté et la salubrité publique. Elle comprend notamment ... l'inspection sur la fidélité du débit des denrées qui se vendent au poids ou à la mesure, et sur la salubrité des comestibles mise en vente".

Praktisch stützen sich die Präfekten und Bürgermeister auf Bestimmungen des Gesundheitsministeriums, die in einem "règlement sanitaire départemental-type"[490] niedergelegt sind, das dann von allen Departements übernommen wurde. Ergänzend haben Präfekten

---

484) Vgl. DIENG, "De la police sanitaire de la viande à Paris sous l'ancien régime

485) CHEFTEL, Rev. Conserve 1966, 91; SOUVERAIN, Alim. et vie 1960, 251

486) Siehe dazu S. 246/247

487) Vgl. den beeindruckenden Bericht von Rosemonde PUJOL in "Le Figaro" vom 15. 1. 1976, S. 12

488) SOUVERAIN, Annuaire off. de la France rurale 1959, 389

489) TRUHAUT/SOUVERAIN, aaO, S. 24

490) Circ. 24. 5. 1963, J.O. 24. 9. 1963

und Bürgermeister nach Art. 1 und 3 "Code de la Santé publique" die Möglichkeit, nach Stellungnahme des departementalen Hygienerates die zur Ausführung notwendigen "arrêtés" zu erlassen. Das "règlement" enthält Bestimmungen über Gebäude, Trinkwasser[491)], Hygiene in der Landwirtschaft, Bestimmungen bezüglich der Ursachen für die Verschmutzung, Lebensmittelhygiene. Sie behandeln Herstellung und Verkauf von Lebensmitteln in Geschäften und auf Märkten[492)], die Hygiene in Restaurants, Schankstätten[493)], Lebensmittelautomaten. Spezielle Bestimmungen gibt es für besondere Einrichtungen wie Schlachtereien[494)] und Metzgereien[495)], Bäckereien und Konditoreien, Milchbetriebe[496)], Fischgeschäfte.

Die Kontrolle muß aber alle Stadien der Produktion erfassen, denn Kontaminationen treten nicht erst in den obengenannten Einrichtungen bei der Herstellung oder dem Verkauf von Lebensmitteln auf, sondern bereits in der Landwirtschaft. Es gilt deswegen zunächst die Anwendung von Schädlingsbekämpfungsmitteln zu überwachen, Rückstände soweit wie möglich zu verhindern, Düngemittel und Futtermittel zu kontrollieren, dann Kontaminationen und Rückstände von Zusatzstoffen, technischen Hilfesmitteln, Kontaktmaterialien und schließlich Reinigungsmitteln zu vermeiden oder zu verringern.

---

491) Vgl. dazu FRECHET, "La protection juridique des eaux souterraines"

492) Siehe dazu und in den folgenden Fußnoten allgemeine Literatur: BELLIER, "Le succursalisme alimentaire", Paris 1975; und schon 1933 DELCASSE D'HUC DE MONTSEGU, "La répartition des denrées alimentaires"

493) Vgl. LARRUCHON, "Législation des débits de boissons, hôtels et restaurants", Paris 1975

494) Vgl. dazu LAURENT, "L'abattoir", Paris 1973

495) Vgl. MARY, "La viande hachée", Alfort 1970

496) Vgl. für Müllereien MAGIMEL-PELONNIER, "L'entreprise de meunerie", Bordeaux 1956

a) Anwendungsbedingungen für Pestizide

Die Anwendungsüberwachung zugelassener Pestizide ist über mehrere Rechtsvorschriften verteilt. Da der Landwirtschaftsminister sich nach Art. 342 CR um den Pflanzenschutz zu kümmern hat, kann es sogar zu einer Anwendungspflicht kommen: nach Art. 350 CR besteht eine Meldepflicht beim Auftreten gefährlicher Schädlinge. Der Landwirtschaftsminister hat die zu bekämpfenden Schädlinge zu benennen[498)], worauf der Präfekt erforderlichenfalls ein schnelles Einschreiten anordnen kann[499)].

Im Normalfall der Anwendung von Pestiziden ist als erste Regel zu beachten, daß die Höchstkonzentration des Produktes zum Zeitpunkt der Anwendung gegeben sein muß[500)]. Gefährliche Nachwirkungen sollen hierdurch ausgeschlossen werden. Einige Produkte dürfen nur von Spezialisten angewendet werden. Hierüber sind besondere Verordnungen ergangen[501)].

Der Schutz der Rechte Dritter ist in einer Verordnung von 1971 geregelt[502)]. Nach Art. 2 müssen alle Vorsichtsmaßnahmen getroffen werden, damit durch die Anwendung der "produits phytosanitaires" nicht beeinträchtigt werden: Wohngebiete, Wasserstellen zur Entnahme von Trinkwasser für Menschen und Tiere[503)], Kulturen, die nach den Vorschriften nicht behandelt werden dürfen, Wasser-

---

497) Vgl. PETILLOT, "Prévention et lutte contre les pollutions et les nuisances dans les laiteries-fromageries", Paris 1974; COQUIN, "Produire du lait aujourd'hui", St. Cloud 1975

498) Arrêté 30. 7. 1970, J.O. 9. 9. 1970

499) Vgl. RIOUFOL, aaO, S. 147 ff

500) Art. 1 décret 11. 5. 1937, J.O. 15. 5. 1937

501) Arr. 20. 7. 1938, J.O. 25. 7. 1938; arr. 19. 7. 1967, J.O. 13. 8. 1967; arr. 25. 1. 1971, J.O. 3. 2. 1971; arr. 24. 5. 1973, J.O. 26. 5. 1973

502) Arr. 1. 6. 1971, J.O. 6. 6. 1971

503) Über die Wasserverschmutzung und den Anteil der Landwirtschaft durch Einsatz von Dünger und Pestizide siehe "Pollution de l'eau en France", Paris 1974

läufe, Kanäle, Teiche, Zuchtbassins, Bienenstöcke und angemeldete Bienenhäuser, Wildaufzuchtparks und Jagdreviere sowie geschützte Gebiete. Durch präfektorale Verordnung kann dieser Katalog ergänzt werden, wenn besondere Risiken das rechtfertigen[504]. Art. 4 sieht besondere Vorsichtsmaßnahmen für die Anwendung der "produits antiparasitaires" aus der Luft vor. Die Behandlung ist nur erlaubt, wenn Menschen und Tiere sich dort nicht aufhalten. Titel II der Verordnung enthält Bienenschutzbestimmungen. Danach besteht ein Behandlungsverbot für blühende Bäume und Pflanzen, die von Bienen besucht werden.

b) Rückstandskontrolle

Da die Rückstandskontrollen von Pestiziden in Lebensmitteln und Futtermitteln Probenahmen und Analysen erforderlich machen[505], werden sie heute von den Beamten des "Service ..." ausgeführt, weil diese über das geeignete Material und Labors verfügen. Die Ortspolizeibehörde kann nur noch "grobsinnliche" Kontrollen in den Geschäften durchführen[506].

Die Kontrollen stützen sich auf die HöchstmengenVO von 1971[507]. Sie verbietet das Feilhalten und den Verkauf von Lebensmitteln, deren Gehalt an Rückständen von in der Landwirtschaft oder Zucht verwendeten Produkten eine Gefahr für die menschliche Gesundheit darstellt, auch wenn diese erst auf lange Sicht zu erwarten ist (Art. 1 Abs. 1; gleiches gilt für Futtermittel)[508]. Diese allgemeine Regelung hat also nur einen begrenzten Anwendungsbereich. Sie ist einmal auf Lebens- und Futtermittel beschränkt, zum anderen auf

504) Vgl. RIOUFOL, aaO, S. 180

505) Vgl. NEY, Ann. fals. et expertise chimique 1970, n° 690, 101

506) Vgl. SOUVERAIN, Annuaire off. de la France rurale 1959, 389

507) Décret 30. 7. 1971, J.O. 3. 8. 1971

508) Zur früheren Regelung siehe TOUBEAU, Lois nouvelles 1952, 21

die Produkte, vor deren Kontamination diese Erzeugnisse geschützt werden sollen. Nach Art. 1 Abs. 2 sind dies Pestizide (einschließlich Wachstumsregeler usw.) und Produkte, die zu therapeutischen Zwecken eingesetzt werden[509].

Die Verordnung sagt aber noch nichts aus über die höchstzulässigen Rückstandsmengen im einzelnen. Sie bestimmt vielmehr in Art. 2, daß die Höchstmengen für jede einzelne Kategorie von Lebensmitteln[510] durch "arrêté" das Landwirtschafts-, Wissenschafts- und Gesundheitsministers festgelegt werden müssen. Dazu sind die Stellungnahmen von Hygienerat und Medizinakademie einzuholen.

Bis 1977 ist erst eine einzige dieser Verordnungen erlassen worden[511]. Sie betrifft Obst und Gemüse und ist inzwischen durch die "EG-Richtlinie über die Festsetzung von Höchstgehalten an Rückständen von Schädlingsbekämpfungsmitteln auf und in Obst und Gemüse"[512] reformbedürftig.

Dringend notwendig wären auch Höchstmengenbegrenzungen für Getreide und tierische Produkte[513]. Vorläufig müssen sich die Kontrollbeamten überlegen, ob die vorgefundenen Rückstände ausreichen, um die menschliche oder tierische Gesundheit zu schädigen. Anhaltspunkte kann ihnen vielleicht die HöchstmengenVO für Obst und Gemüse geben, die eine allgemeine Begrenzung von 0,01 mg Rückstände auf 1 kg Obst oder Gemüse festlegt (Art. 2 Abs. 3).

---

509) Vgl. zu letzterem BROCHART/ANTOINE, "Production et hygiène animales"; "Hygiène et industrialisation des productions animales", Inf. techn. des dir. des serv. vét., n° 41-42, 1973; FERRANDO, Rec. Méd. vét. Alfort 1970, 452; LABLE, Industries de l'alim. animale 1974, n° 5, 30

510) Ähnlich wie in Deutschland; in USA dagegen für einzelne Produkte; vgl. v. LOESCH, aaO, S. 88 ff

511) Arr. 5. 7. 1973, J.O. 4. 10. 1973

512) Nr. 76/895/EWG, 23. 11. 1976, ABl. 1976 Nr. L 340, 26

513) Vgl. schon "Alimenation: Compte rendu des journées d'étude de l'inspection des denrées animales", Inf. techn. des Dir. Serv. vét. 1970, n° 30, 43

Man kann danach "zwar nicht sicher sein, aber doch voller Hoffnung"[514) keine mit Pestiziden verseuchten Lebensmittel zu verzehren[515)]. Bei Futtermitteln und der therapeutischen Behandlung von Tieren sind die Regelungen klarer bezüglich einiger Stoffe. Nach Art. 3 der Verordnung von 1965[516)] sind das Feilhalten und der Verkauf von Tieren, die zum menschlichen Verzehr bestimmt sind oder Lebensmitteln tierischer Herkunft verboten, wenn diesen Arsen, Antimon oder Oestrogen oder nicht zugelassene Zusatzstoffe irgendwie zugesetzt worden sind[517)]. Hier kommt es also auf die Rückstandsmengen gar nicht an. Im übrigen gilt aber für Futtermittel auch die RückstandshöchstmengenVO 1971.

c) Andere Kontaminationen

aa) Außer durch Rückstände können Kontaminationen auch entstehen durch Unreinheiten erlaubter Zusatzstoffe, Kontaktmaterialien, Reinigungsmittel, bei der Verarbeitung und durch die Verarbeitungsmethoden selbst[518)].

Die zugelassenen Konservierungsstoffe müssen beispielsweise den Reinheitskriterien der Richtlinie der EG[519)] entsprechen[520)]. Nach Art. 7 der Richtlinie dürfen sie demnach nicht mehr als 3 mg/kg Arsen und nicht mehr als 10 mg/kg Blei enthalten, 50 mg/kg Kupfer

---

514) RIOUFOL, aaO, S. 198

515) Vgl. auch PEYRANDT, "Faut-il crier haro sur les pesticides", Rev. de l'élevage 1971, 95; AMBRIGUET, Economie agricole, févr. 1974, 7

516) Décret 13. 8. 1965, Gaz. Pal. 1965, 2, 144; so geändert durch die ZusatzstoffVO vom 28. 11. 1973, J.O. 15. 12. 1973

517) vgl. zur Problematik: LABLE, Industries de l'alimentation animale 1974, n° 5, 30

518) TRUHAUT/SOUVERAIN, aaO, S. 6; F.A.O. - GERARD, S. 45

519) Nr. 65/66EWG, 26. 1. 1965, ABl. 1965, 373

520) Art. 1 arr. 24. 9. 1971, J.O. 15. 10. 1971

und Zink zusammen, Zink nicht mehr als 25 mg/kg, sie dürfen keine meßbaren Spuren anderer (toxischer) Schwermetalle aufweisen. Eine so eindeutig auf die EG-Vorschriften bezogene Formulierung findet sich in keiner anderen Verordnung, und man kann annehmen, daß der Verbraucher hinsichtlich der Reinheitskriterien ausreichend geschützt ist. Zu den Einzelheiten und Einzelregelungen kann auf das Werk von DEHOVE verwiesen werden[521].

bb) Kontaktmaterialien

Das Zulassungsverfahren unterliegt wie das der Zusatzstoffe den Bedingungen der "circulaire" von 1963[522]. An Kontaktmaterialien werden aber noch weitergehende, strengere Anforderungen gestellt. Die Verordnung von 1973[523] bestimmt insbesondere, daß Bedarfsgegenstände[524] hinreichend inert sein müssen, um die Zusammensetzung der mit ihnen in Berührung kommenden Lebensmittel nicht nachteilig zu beeinflussen; insbesondere dürfen diese dadurch nicht gesundheitsschädlich und die geschmacklichen Eigenschaften nicht beeinträchtigt werden (Art. 2 Abs. 1). Behälter und Verpackungen, die giftige Substanzen enthielten, dürfen z.B. keinesfalls im Lebensmittelbereich verwendet werden[525].

Durch interministerielle Verordnung soll festgelegt werden, unter welchen Bedingungen die Materialien und Gegenstände inert sind, und wann ein Lebensmittel als "anormalement modifié" anzusehen ist (Art. 2 Abs. 2, 3).

Ihre Bestandteile müssen auf einer durch Verordnung aufgestellten Positivliste zugelassen sein. Um jedes Gesundheitsrisiko auszuschließen, soll die Verordnung Reinheitskriterien, Anwendungsbedingungen und den Höchstgehalt in Lebensmitteln festlegen (Art. 3).

---

521) DEHOVE, aaO, Rdnr. 5-10, S. 131 ff

522) Siehe oben S. 178 ff

523) Décret 12. 2. 1973, J.O. 15. 2. 1973

524) Vgl. dazu § 5 LMBG

525) Auszug aus Art. R 5153, 5167 Code de la Santé publique

Die Behandlung der Bestandteile, Materialien und Gegenstände mit ionisierenden Strahlen richtet sich nach den allgemeinen Regeln (Art. 4). Das heißt, daß die Bestrahlung nach der Verordnung von 1970[526)] nach dem Verbotsprinzip nur durch Verordnung zugelassen werden kann.

Besondere Kennzeichnungspflichten sollen Verwechslungen ausschließen und Gesundheitsschädigungen vermeiden helfen. Die generell zugelassenen Bedarfsgegenstände müssen die Kennzeichnung "pour contact alimentaire" tragen; ist der Anwendungsbereich begrenzt, so muß dies deutlich gemacht werden durch die Einschränkung "seulement pour contact ..." (Art. 5). Die Verordnung gilt nicht für Mineralwässer, Tafelwässer, Bedarfsgegenstände für die Babyernährung (biberons, tétines, sucettes, Art. 9)[527)]. Bezüglich der Einzelregelungen, erlaubter Behandlungen (verchromen, vernickeln, versilbern, vergolden usw.), verbotener Verfahren (galvanisieren, Bleiverbindungen), Maße und Gewichte kann auf DEHOVE verwiesen werden[528)].

cc) Reinigungsmittel

Die Reinigung der Bedarfsgegenstände ist eine weitere Quelle von Kontaminationen in Lebensmitteln. Art. 10 der Verordnung von 1973 stellt deswegen an die Reinigungsmittel die gleichen strengen Anforderungen wie an Kontaktmaterialien: zum Reinigen der Bedarfsgegenstände sind lediglich solche Erzeugnisse zugelassen, deren Unschädlichkeit eindeutig feststeht. Wann das der Fall ist, ist nicht gesagt. Jedoch muß die Reinheit gesichert sein. Eine entsprechende Verordnung soll die Kriterien, maximale und geringste Konzentration und Anwendungsbedingungen festlegen (Art. 11). Die

---

526) Décret 8. 5. 1970, J.O. 12. 5. 1970

527) Hierfür enthalten die Verordnungen décret 12. 1. 1922, J.O. 22. 1. 1922 und décret 24. 5. 1957, J.O. 28. 5. 1957 besondere Bestimmungen.

528) DEHOVE, aaO, Rdnr. 4-15 bis 4-60, S. 91-105

Behandlung der Materialien mit ionisierenden Strahlen ist nach Art. 12 ebenfalls verboten. Abweichend von der Regelung für Kontaktmaterialien ist die Anwendung anderer Strahlen aber lediglich "mesures d'interdiction ou à des prescriptions particulières pour des raisons d'hygiène et de santé fixées dans des arrêtés" unterworfen. Solange diese Verordnungen noch nicht erlassen sind, ist eine solchartige Bestrahlung demnach erlaubt. Auch für diese Produkte bestehen weitreichende Kennzeichnungsvorschriften (Art. 13). Insbesondere müssen Anwendungsweise und Dosierung angegeben werden[529].

d) Hygiene, Herstellungs- und Vermarktungsbedingungen

Ein Wesentliches Element des Lebensmittelrechts sind auch die Hygienebedingungen, denen die Ausgangserzeugnisse, Apparaturen, Herstellungs-, Aufbewahrungs- und Verkaufsräume sowie das Personal entsprechen müssen. Neben dem "règlement départemental sanitaire-type" sind Verordnungen mit gleicher Zielrichtung ergangen, jedoch speziell auf Lebensmittel zugeschnitten. Zunächst soll als repräsentatives Beispiel die "Verordnung zur Anwendung der Art. 258, 259, 262 CR betreffend die sanitäre und qualitative Kontrolle der lebenden Tiere und der tierischen Produkte oder Erzeugnisse tierischer Herkunft" herangezogen werden[530]. Die Verordnung dient in erster Linie der Schlachttier- und Fleischbeschau, gilt nach Art. 1 Abs. 3 aber auch für Milch, Eier, Honig und deren Verarbeitungsprodukte.

Die "services vétérinaires" können in jedem Statium der Produktion die Einhaltung der Hygieneregeln und die ordnungsgemäße Beschaffenheit der Erzeugnisse überwachen (Art. 5 Abs. 2 der VO).

Die Normen werden durch interministerielle Verordnungen festgelegt (Art. 3 der VO).

---

529) Siehe auch DetergentionVO, décret 14. 3. 1973, J.O. 24. 3. 1973; geänd. durch décret 28. 12. 1977, J.O. 18. 1. 1978, 406

530) Décret 21. 7. 1971, J.O. 1. 8. 1971

aa) Schlachttiere

Alle zum menschlichen Verzehr bestimmten Tiere müssen in Schlachthäusern geschlachtet werden. Ausnahmen gibt es nur für Notschlachtungen und Tiere, die zum Verbrauch innerhalb der Familie bestimmt sind (Hausschlachtungen, Art. 2 der VO)[531]. Schlachthäuser müssen bei der Verwaltungsbehörde angemeldet werden (Art. 7 der VO). Wenn sie ausführen wollen, brauchen sie eine besondere Zulassung (Art. 19 der VO). Die allgemeinen Hygieneregeln sind recht vage gehalten: Schlachthäuser müssen eine Trinkwasserversorgung haben, leicht zu reinigen und zu desinfizieren, gut beleuchtet und belüftet sein. Gebäude, Geräte und Verpackungen müssen so beschaffen sein, daß eine Verschmutzung oder Beeinträchtigung der Beschaffenheit der Erzeugnisse nicht zu erwarten ist (Art. 8, 9, 10). "Das Personal hat größte Sauberkeit an Körper und Kleidung zu halten". Es ist in regelmäßigen Abständen medizinisch zu untersuchen. Mit ansteckenden Krankheiten behaftete Personen dürfen nicht beschäftigt werden (Art. 21 der VO).

Jedes Tier wird vor und nach der Schlachtung (Art. 4 der VO), sowie bei der Ein- und Ausfuhr (Art. 15 ff) der sanitären Kontrolle unterzogen. Werden hierbei Mängel festgestellt (vgl. Art. 265 CR), so wird die Ware beschlagnahmt und unbrauchbar gemacht oder vernichtet (Art. 6, Art. 18 Abs. 2)[532].

bb) Herstellungs- und Verkaufsräume

In fast jeder der umfangreichen Einzelregelungen des "règlement départemental sanitaire-type" ist die Vorschrift zu finden: "Es sind alle Vorkehrungen zu treffen, damit die Erzeugnisse vor Verschmutzung geschützt sind"[533]. Die Vorschriften betreffen Herstellungs-

531) Siehe dazu LAURENT, "L'abattoir", Paris 1973

532) Siehe dazu unten S. 257 ff

533) Art. 104 a Abs. 7; 104 b Abs. 1; 105 Abs. 1, 5; 106 Abs. 3; 110 Abs. 1, 2; 111 Abs. 5; 122 R.D.S.T.

und Verarbeitungsbetriebe, Lager, Geschäfte, Märkte, ambulanten und Kleinhandel, Transport, Küchen. So allgemein gehalten sagt die genannte Formel zu viel und zu wenig zugleich. Die einzelnen Artikel konkretisieren diese Aussage zwar, sind aber auch wieder viel zu allgemein gehalten[534)]. Was ist denn eine "gute" Belüftung der Räume[535)], ein "regelmäßiges" Waschen der Wände[536)], die "höchste" Sauberkeit des Personals bezüglich Körper und Kleidung[537)] oder die Reinigung der Gerätschaften "nach Maßgabe ihres Gebrauchs"? [538)] Wie und in welchem Umfang trifft man die "erforderlichen Maßnahmen", um Insekten, Fliegen und Nager von den Räumen fernzuhalten[539)], und wie geschieht dies beim Verkauf im Freien[540)]?

Andere Vorschriften dagegen sind wegen ihrer Präzision kaum ernst zu nehmen: beim Verkauf außerhalb der Geschäfte müssen die Verkaufstische eine Bodenhöhe von 70 cm haben[541)]. Zu den Verkaufsgeschäften haben Tiere keinen Zutritt[542)]. Andere Räume, wo das Verbot viel wichtiger wäre, bleiben außer Betracht. Das Problem ist aber weniger, die Gesetzgebung zu verbessern oder die Kontrolle zu verschärfen, als vielmehr erzieherisch auf die Verantwortlichen zu wirken[543)]. Was nützt die Vorschrift, beim Umgang mit verderblicher Ware Schutzhandschuhe zu tragen, z.B. bei Hackfleisch[544)],

---

534) Vgl. RUASSE/GONNELLE DE PONTANEL/PREVOT, Bull. Acad. nat. méd. 1971, 406

535) Art. 104 a Abs. 1; 104 b Abs. 1; 111 Abs. 3 R.D.S.T.

536) Art. 104 a Abs. 2; 111 Abs. 1 R.D.S.T.

537) Art. 104 a Abs. 5; 111 Abs. 8 R.D.S.T.

538) Art. 111 Abs. 10 R.D.S.T.

539) Art. 104 a Abs. 10; 104 b Abs. 3; 111 Abs. 11 R.D.S.T.

540) Art. 105 Abs. 3 R.D.S.T.

541) Art. 105 Abs. 2 R.D.S.T.

542) Art. 104 a Abs. 9 R.D.S.T.

543) Vgl. RUASSE/GONNELLE DE PONTANEL/PREVOT, Bull. Acad. nat. méd. 1971, 407; dazu nachfolgend allg. Literatur

544) Art. 122 R.D.S.T.; vgl. dazu MARY, "La viande hachée", Alfort 1970

wenn diese Vorschrift von Herstellern und Verbrauchern als sinnlos angesehen und die Ware weiterhin mit bloßen Händen abgegeben wird? Wer kennt nicht die Tradition, aus praktischen Zwecken die Milchkannen am Lattenzaun aufzuhängen[545)]?

Art. 107 Abs. 2 R.D.S.T. schreibt vor, daß nicht originalverpackte Lebensmittel in einem Schutzumschlag oder Papier (außer bedrucktem) abgegeben werden müssen (mit Ausnahme von Gemüse, Obst, Krustentieren, Muscheln)[546)]. Im regen Geschäftsbetrieb werden Ausnahme und Regel jedoch schnell verwischt. Im übrigen reicht es nicht, bedrucktes Papier auszuklammern, denn über die Einflüsse bestimmter Verpackungsmaterialien auf Lebensmittel (z.B. die Einzelverpackung in Zellulose- oder Plastikhüllen) ist noch viel zu wenig bekannt[547)].

Die Verbesserung der Lebensmittelhygiene ist eines der Hauptziele des Landwirtschaftsministeriums[548)], und so werden einige Verbesserungsvorschläge, die z.T. schon in dem "règlement sanitaire du département de Paris"[549)] aufgenommen sind, verwirklicht werden können:

- Anzeigepflicht bei Veränderungen innerhalb der Betriebe (bauliche, personelle);
- präzisere Vorschriften über die Unterhaltung der Gerätschaften;
- klare Angaben über die zulässige Dauer zwischen Vorbereitung, Zubereitung und Verkauf der Ware[550)];

545) Vgl. COQUIN, "Produire du lait aujourd'hui", St. Cloud 1975

546) Vgl. dazu LEFAUX, "Emballage et conditionnement d'aujourd'hui," Paris 1967

547) Vgl. LEFAUX, "Chimie et toxicologie des matières plastiques", Paris 1964

548) So PONS mit dem gleichlautenden Titel in Rev. méd. vét. 1971, 1059

549) Rec. des actes administratifs de la ville de Paris, 10. 4. 1965 und 6. 4. 1966

550) Eindeutig festgelegt bisher nur für Hackfleisch nach der VO vom 15. 5. 1974, J.O. 26. 6. 1974; vgl. dazu "Viande hachée", C.A. n° 64, 1974, 23

- Ausweitung der bakteriologischen Kontrolle[551] und Festsetzung offizieller Normen dafür.

4. Kennzeichnung, Qualitätshinweise, Werbung

Mit der Zielsetzung der Verbraucherpolitik, den Verbraucher zu informieren, damit er zu seinem eigenen Schutz und zur Qualitätsverbesserung durch aufmerksame Beobachtung beitragen kann[552], hat sich in Frankreich in den letzten Jahren eine Art Informationsrecht herausgebildet[553]. Kennzeichnung der Lebensmittel, Werbung und Qualitätshinweise sind damit untrennbar verbunden. Mit den nun behandelten Vorschriften wird weniger der Gesundheitsschutz angestrebt, als vielmehr die Verhinderung der wirtschaftlichen Übervorteilung der Verbraucher. Für die Kontrolle ist in allen diesen Bereichen das "Service ..." beim Landwirtschaftsministerium zuständig[554].

Generalklausel bleibt selbstverständlich das Täuschungsverbot des Art. 1 des Gesetzes von 1905[555].

a) Obligatorische Kennzeichnung[556]

Nach Art. 1 des "Gesetzes betreffend die Anwendung der französischen Sprache"[557] muß jede Kennzeichnung, das Angebot, die Auf-

551) Bisher beschränkt auf Milch, Konserven, Tiefkühlprodukte, Fertiggerichte; vgl. GALLON, aaO, S. 173

552) Siehe oben S. 36 ff

553) Vgl. NGUYEN-THANH, J.C.P. com. 1973, 2538; allgemein: AUBY/DUCOS-ADER, "Droit de l'information", Paris 1976; PAQUET, Gaz. Pal. 1977, 1, doct. 9

554) Vgl. Ministère de l'agriculture, "Le Service ...", S. 4, 5, 11

555) Siehe oben S. 92 ff, aber auch S. 37, 38, 73

556) Allgem. Lit.: BIHL, "Les règles de l'étiquette", Gaz. Pal. 1973, 2, doct. 734; "A propos de l'étiquetage des denrées alimentaires préemballées", Bull. inf. Min. agriculture n° 614, 1974, 2; TINLOT, Gaz. Pal. 1975, 2, doct. 407: "La réglementation de l'étiquetage des vins en France"; F.A.O. -GERARD, aaO, S. 55 ff

557) Loi 31. 12. 1975, J.O. 4. 1. 1976

machung, geschriebene oder gesprochene Werbung, Rechnungen und Quittungen in französischer Sprache gehalten sein; außer bei einem in der breiten Öffentlichkeit bekannten typischen Produkt oder einer speziellen ausländischen Bezeichnung. Hierin liegt ein politischer und kultureller Hintergrund: die "Verordnung betreffend die Bereicherung der französischen Sprache"[558]. Man war besorgt ob der starken ausländischen Einflüsse, vor allem im Bereich des Warenangebots. Indirekt schützen diese Vorschriften den französischen Verbraucher, weil sie sprachliche Irrtümer beim Kauf ausschließen helfen.

Allgemein gilt für die Kennzeichnung von vorverpackten Lebensmitteln die Verordnung von 1972. Der Anwendungsbereich wird aber wieder eingeschränkt durch die bereits bestehenden EG-Regelungen für Speiseöle und nicht kennzeichnungspflichtige Zusatzstoffe, Eier, Wein, Kakao, Schokolade, Zucker, Fisch, Milch[559]. Die EG-Kennzeichnungsrichtlinie wird weitere Einschränkungen nicht bringen[560]. Erwähnt seien hier noch die Sonderregelungen des neuen Kosmetikagesetzes[561]. Allerdings werden dessen Etikettierungsvorschriften allgemein als nicht ausreichend angesehen[562], da der Verbraucher nicht umfassend über die Gefahren der Produkte informiert wird. Die Angaben dürften sich nicht auf die Zusammensetzung beschränken, die den Verbraucher in manchen Fällen eher irreführen als aufklären kann[563].

---

558) Décret 7. 1. 1972, Gaz. Pal. 1976, 1, lég. 101

559) Vgl. I.N.C., "L'Etiquetage des produits alimentaires", S. 2, 5

560) Vgl. ECKERT, ZLR 1975, 374 und ZLR 1977, 153 ff

561) Loi 10. 7. 1975, J.O. 11. 7. 1975, ber. 16. 7. 1975

562) "Que savoir?", sept.-oct. 1975, S. 5; STERN, "Une loi insuffisante", 50 mill. de cons. n° 56, 1975, 35

563) Z.B. wenn in einem Haarwaschmittel 0,33 % Eigelbpulver enthalten sind. Der Käufer ist beeindruckt, obwohl man sich mit dieser Dosis 1 Jahr lang täglich die Haare waschen könnte, um die Menge eines Eigelbs zu verbrauchen!

Zwar ist der Gesetzgeber in der Verordnung von 1972 nicht vom Verbotsprinzip ausgegangen[564], dennoch reicht das Verkaufsverbot in Art. 1 sehr weit:

Unbeschadet der werberechtlichen Vorschriften dürfen Lebens- und Futtermittel nicht in den Handel kommen, die Angaben, Zeichen, Phantasiebezeichnungen, Aufmachung, Etiketten tragen oder Werbe-, Ausstellungs- oder Verkaufs- und Ankündigungsmethoden unterworfen sind, die beim Käufer irrige Vorstellungen hervorrufen können, insbesondere über die Art, Zusammensetzung, wesentlichen Eigenschaften, Gehalt an wertvollen Bestandteilen, Herstellungsverfahren, Volumen, Gewicht oder Herkunft der Waren. Ferner ist jede krankheitsbezogene "référence" verboten[565].

Alle zum Verkauf bereitgestellten vorverpackten Lebensmittel müssen eine mit der Ware verbundene Kennzeichnung tragen[566].

Wie das Etikett auszusehen hat, bestimmt Art. 3: obligatorische Angaben sind die Handelsbezeichnung des Produktes, Name und Anschrift des Herstellers oder Händlers, Herkunftsland des Erzeugnisses, wenn eine Verwechslung möglich ist, Nettogewicht oder Nettovolumen, Bestandteile, Aufzählung der Zusatzstoffe nach Kategorien und für verderbliche Waren ein Verfalldatum.

Dazu sind bereits einige ministerielle Verordnungen ergangen, die Ausnahmen festlegen oder das "décret" näher konkretisieren:

Die Volumenangaben sind genormt worden für Weine und geistige Getränke allgemein[567]. Bei einigen Produkten müssen Nettogewicht und -volumen nicht angegeben werden[568].

---

564) Vgl. BIHL, Gaz. Pal. 1975, 2, doct. 735

565) Siehe dazu aber S. 51 ff

566) Art. 2; auch hier ist noch einmal auf die französische Sprache hingewiesen.

567) Arrêté 8. 11. 1973, J.O. 10. 11. 1973

568) Arrêté 23. 10. 1974, J.O. 29. 10. 1974; bei Abgabe in Mengen von 50 bis 100 g

Das Verfalldatum bei verderblichen Waren muß im Klartext angegeben sein, gefolgt von den Worten: "date limite de vente"[569]. Frisches Obst und Gemüse sind davon traditionell ausgenommen[570].

Die zu benennenden Zusatzstoffe sind in neun verschiedene Kategorien aufgeteilt worden[571]. Es wird also nicht der einzelne Stoff angegeben, sondern die Kategorie, in die er gehört (Konservierungsstoffe, Antioxydantion, Aromen usw.). Im übrigen wird auf die numerische Bezeichnung nach den EG-Vorschriften verwiesen. Dies hat zu einigen Diskussionen geführt, weil der Verbraucher für unmündig erklärt werde[572] und diese Verschlüsselung nicht zu seiner Aufklärung beitrage. Andererseits muß man sagen, daß der Verbraucher mit dem Namen des Zusatzstoffes wohl ebensowenig anfangen kann wie mit der Chiffre.

Von der Verpflichtung zur Angabe der Bestandteile gibt es zahlreiche Befreiungen[573]. Die Liste ist lang, Ausnahme und Regel sind kaum zu unterscheiden. Sie ist unter dem Druck der Hersteller zustandegekommen, die es durchgesetzt haben, daß die Bezeichnung "nur nach den Handelsbräuchen" anzugeben ist (Art. 3 Abs. 1 Nr. 1 der VO von 1972)[574].

Hinzugekommen ist noch eine Verordnung über die Angabe des Nettopreises im Einzelhandel[575]. Ein Etikett muß den Kilo- oder Literpreis nennen, wobei natürlich auch wieder Ausnahmen gelten.

---

569) Arrêté 16. 11. 1973, J.O. 21. 11. 1973, 12374

570) Vgl. zum Basisgesetz S. 115

571) Arrêté 16. 11. 1973, J.O. 21. 11. 1973, 12375

572) I.N.C., "L'Etiquetage des produits alimentaires", S. 3

573) Arrêté 16. 11. 1973, J.O. 21. 11. 1973, 12374

574) Siehe schon S. 183 mit Verweisen

575) Arrêté 21. 9. 1973, J.O. 22. 10. 1973

b) Diätetische Lebensmittel

Sonderregeln gelten für diätetische Lebensmittel nach der Verordnung von 1975[576]. Neben der soeben genannten Grundkennzeichnung ist eine genaue Nährwertangabe erforderlich. Der Handelsbezeichnung müssen die Worte "diétetique" oder gleichbedeutend "de régime" in gleicher Größe angefügt werden. Auch das Herstellungsdatum ist im Klartext anzugeben (Art. 4 Abs. 1, 5, 8). Letzteres fehlt im übrigen in der allgemeinen Kennzeichnungsverordnung. So ist es möglich, daß z.B. Konserven immer noch mit einem für Verbraucher unverständlichen Code auf den Markt kommen.

Schließlich sind Angaben über die Beschaffenheit oder eventuell die Anwendungsweise zu machen. Es sind die Elemente, die gerade die diätetischen Eigenschaften des Erzeugnisses ausmachen. Nicht erforderlich ist die Angabe eines diätetischen Zwecks, wie es im deutschen Recht für wesentlich gehalten wird[577]. Gesundheitsbezogene Angaben darf die Etikettierung nicht enthalten. Auch hier gibt es aber die Möglichkeit, durch Verordnung Ausnahmen zuzulassen (Art. 5).

Nach der weiten Fassung des Art. 1 der Verordnung von 1972 ist jede falsche Angabe bezüglich eines Lebensmittels und im Zusammenhang mit dem Verkauf desselben verboten. Die verbotene Kennzeichnung ist nicht auf das falsche Etikett beschränkt, sondern erfaßt alles, was das Lebensmittel bis zum Verbraucher begleitet, also auch die verbalen Äußerungen anläßlich des Verkaufs, soweit dies nicht unter die wahrheitswidrige Werbung fällt. Dennoch sieht die Praxis anders aus. Abgesehen von den wenigen Produkten, die Gegenstand vertraglicher Vereinbarungen zwischen Herstellern und der A.F.E.I. sind und eine "étiquetage informatif volontaire" tragen[578], erfüllen nur

---

576) Décret 24. 1. 1975, J.O. 5. 2. 1975

577) Die deutsche DiätVO weicht insoweit auch von der EG-Diätrichtlinie vom 21. 12. 1976, ABl. 1977, Nr. L 26, 44 ab.

578) Vgl. dazu S. 38, 229

wenige vorverpackte Waren diese Anforderungen[579]. Zwar hatten die Hersteller ein Jahr lang Zeit, sich auf die neue Regelung einzustellen, als aber die Verordnung am 14. 10. 1973 in Kraft trat (Art. 9), änderte sich kaum etwas. Die wichtige Verbraucherorganisation C.N.A.P.F. hat dies in mehr als 100 Supermärkten in ganz Frankreich beobachtet und eine Flut von Anzeigen ausgelöst. Das "Service ..." äußerte dazu, die Betroffenen könnten noch nicht strafrechtlich verfolgt werden, da die Anpassungszeit zu kurz gewesen sei. Daraufhin wurden die Verfahren eingestellt[580].

c) Qualitätshinweise

Außer der obligatorischen Kennzeichnung sind die Waren oft mit besonderen Qualitätshinweisen versehen. Die Angaben müssen natürlich richtig und zulässig sein.

aa) Herkunftsangaben

Schon das Gesetz von 1824[581] bestraft die unbefugte Verwendung, Änderung und Fälschung von Herstellernamen auf Fabrikprodukten. Dieses Gesetz und die nachfolgend genannten Normen sind schon ein Teil des gewerblichen Rechtsschutzes, also angrenzende Gebiete des Lebensmittelrechts. Die Ausführungen können sich deshalb auf das Notwendigste beschränken. Das Gesetz hat nur noch für Handelsnamen Bedeutung, ansonsten ist es weitgehend im Gesetz von 1930 über falsche Herkunftsangaben[582] aufgegangen. Letzteres ist bezüglich der Herkunftsangaben auch eine Spezialregelung gegenüber Art. 1 des Gesetzes von 1905, für dessen Anwendung nur der Versuchstatbestand bleibt[583]. Das Gesetz von 1930 schützt ebenso wie das

---

579) Vgl. BIHL, Gaz. Pal. 1973, 2, doct. 734 und derselbe pessimistisch in Gaz. Pal. 1975, 2, doct. 736

580) Vgl. ausführlich BIHL, Gaz. Pal. 1975, 2, doct. 736

581) Loi 28. 7. 1824, Bull. des Lois, 7e S., B. 685, n° 17433

582) Loi 26. 3. 1930, J.O. 29. 3. 1930

583) Vgl. zu letzterem schon COQUET, "Les indications d'origine et la concurrence déloyale", S. 13

Gesetz über die Ursprungsbezeichnungen von 1919[584)] geographische Bezeichnungen. Von erheblicher Bedeutung ist weiterhin der Schutz der Marken (Handelsmarken bzw. Warenzeichen)[585)] die wiederum von den bloßen Qualitätsbescheinigungen (labels)[586)] zu unterscheiden[587)] sind.

Bei diesem weitverzweigten System in der französischen Gesetzgebung ist zunächst charakteristisch, daß streng unterschieden wird zwischen Herkunftsangaben und Ursprungsbezeichnungen[588)]. Letztere bilden eine engere Gruppe geographischer Bezeichnungen, die einen besonderen Schutz genießen und als Gegenstand eines kollektiven Rechts der im Ursprungsgebiet tätigen Erzeuger angesehen werden[589)]. Das hat zur Folge, daß Ursprungsbezeichnungen gegen unberechtigte Verwendung unabhängig davon geschützt werden, ob im konkreten Fall die Gefahr einer Täuschung der Abnehmer besteht, während sich bei bloßen Herkunftsangaben das Verbot auf die täuschende Benutzung beschränkt[590)]. Die falsche Ursprungsbezeichnung kann deswegen nicht durch einen berichtigenden Zusatz gerechtfertigt werden, wohl aber eine falsche Herkunftsangabe[591)]. Eine Ursprungsbezeichnung liegt vor, wenn ein geographischer Name zu dem Erzeugnis angegeben wird, der auf eine spezifische Beschaffenheit desselben wegen der Verhältnisse am Ursprungsort hinweist.

---

584) Loi 6. 5. 1919, D.P. 1922, 4, 60

585) Schon loi 23. 6. 1857, Bull. 1857, 4720, jetzt loi 31. 12. 1964, J.O. 1. 1. 1965 mit wichtiger Änderung loi 23. 6. 1965, J.O. 24. 6. 1965

586) Décret 13. 1. 1965, J.O. 19. 1. 1965

587) Vgl. ausführlich NGUYEN-THANH, aaO, Rdnr. 336 ff, insbes. 441 ff

588) Zu den Begriffen siehe schon S. 31, 35

589) Siehe schon VIRENQUE/BONN, "Traité des fraudes et falsifications et des appellations d'origine", S. 31; ULMER/KRASSER, aaO, Rdnr. 505

590) Vgl. NGUYEN-THANH, aaO, Rdnr. 592 ff

591) Vgl. auch FOURGOUX, D. 1966, jur. 231

Die geographische Angabe ist gleichzeitig eine Aussage über die Beschaffenheit[592]. Der besondere Schutz gilt also geographischen Namen, die für gehobene Qualität sprechen. Ursprungsbezeichnungen haben so ihre größte Bedeutung im Weinbau, was auch in der Literatur zum Ausdruck kommt[593]. Aber auch für Käse sind nach anfänglicher Zurückhaltung[594] in den letzten Jahren insgesamt 18 Ursprungsbezeichnungen durch Verordnung festgelegt worden[595], einige sind in Sondergesetzen geregelt[596]. Das Gesetz von 1905 ist in diesem Bereich nur anwendbar, soweit die falsche Ursprungsbezeichnung die "cause principale de la vente" war (Art. 1)[597].

Das Gesetz von 1930 lehnt sich stark an das Gesetz von 1905 an, auf dessen Strafandrohungen es verweist. Herkunftsangabe ist jeder Hinweis auf die geographische Herkunft eines Erzeugnisses, gleich welcher Art. Entscheidend ist dabei die Täuschungsgefahr, weswegen das Gesetz auch als Sonderregelung der wahrheitswidrigen Werbung angesehen werden kann[598]. Es verbietet die Benutzung von Marken, Namen, Zeichen oder sonstigen Angaben, die den Käufer über die Herkunft der Ware täuschen könnten (Art. 1 Abs. 1). Soweit die geographischen Namen allerdings zur Gattungsbezeichnung (wie z.B. Camembert) geworden sind (was bei Ursprungsbezeichnungen nach Art. 10 des Gesetzes von 1919 nicht möglich ist), dürfen sie

---

592) Vgl. FOURGOUX, D. 1969, jur. 53

593) Vgl. BREJOUX/BLAQUIERE, "Précis de la législation des appellations d'origine des vins et eaux-de-vie"; QUITTANSON/VANHOUTTE, "La protection des appellations d'origine des vins et eaux de vie"; ROZIER, "Code du vin" und Gaz. Pal. 1975, 2, doct. 463; TINLOT, Gaz. Pal. 1975, 2, doct. 407

594) Zunächst nur für Roquefort, loi 26. 7. 1925, J.O. 30. 7. 1925

595) Auf Grund des Gesetzes vom 12. 12. 1973, J.O. 13. 12. 1973, zur Änd. des Gesetzes betreffend appellations d'origine für Käse vom 28. 11. 1955, J.O. 30. 11. 1955; vgl. Ministère de l'agriculture, "Le Service ...", S. 13

596) Z.B. "Noix de Grenoble", décret-loi 17. 6. 1938, J.O. 26. 6.1938

597) Vgl. auch VOULET, Quest. prud'h. 1963, 895

598) ULMER/KRASSER, aaO, Rdnr. 508

ohne einen richtigstellenden Zusatz verwendet werden; denn sie können für sich allein keine Herkunftstäuschung im Sinne des Gesetzes mehr bewirken[599]. Dies zu entscheiden ist aber Sache des Gerichts, das bei seiner Prüfung den Handelsbrauch zu berücksichtigen hat[600].

bb) Marken, Normung, Gütezeichen

Die Handelsmarken haben in Frankreich eine wohl noch umfangreichere Regelung erfahren als in der Bundesrepublik Deutschland[601]. Dabei unterscheidet das Gesetz zwischen "marques individuelles" und "marques collectives"[602]. Hier soll das Warenzeichenrecht aber nicht vertieft werden[603]. Erwähnt sei lediglich die ebenfalls unter das Gesetz fallende "marque nationale de conformité aux normes"[604]. Die sogenannte "N.F." ist interessant, weil sie eine staatliche (kollektive) Qualitätsmarke ist, die von einer privaten Organisation, der A.F.N.O.R.[605] gehalten und auf Grund eines "Lizenzvertrages" von ihr an die interessierten Hersteller verliehen wird, wenn deren eingesandte Muster den Normen der A.F.N.O.R. entsprechen[606]. Die N.F. ist Ausdruck der französischen "politique de normalisation"[607]. Sie bescheinigt dem betreffenden

---

599) Riom 30. 11. 1937, Gaz. Pal. 1938, 1, 219

600) Vgl. PEROT-MOREL, Rev. trim. du com. 1966, 9

601) Loi 31. 12. 1964, J.O. 1. 1. 1965 und Warenzeichengesetz i.d.F. vom 2. 1. 1968, BGBl. 1968 I, 29

602) Dazu NGUYEN-THANH, aaO, Rdnr. 336 ff, 430 ff

603) Interessant dazu POUILLET/TAILLEFER/CLARO, "Traité des marques de fabrique et de la concurrence déloyale"; FOURGOUX, Gaz. Pal. 1967, 1, doct. 2; derselbe D. 1968, jur. 560; PEROT-MOREL, Rev. trim. droit com. 1966, 9

604) Geschaffen durch décret-loi 12. 11. 1938, J.O. 15. 11. 1938

605) Siehe dazu S.35, 38; C.E.S., J.O. 17. 9. 1974, S. 1227

606) NGUYEN-THANH, aaO, Rdnr. 552 ff, 561

607) Siehe dazu VERON, D. 1965, chr. 175

Produkt, daß es den derzeit geltenden Normen entspricht. Dabei werden verschiedene Arten von Normen zugrundegelegt: die privatrechtlich relevanten, die ihren Ausdruck in den Verträgen finden können und die für die Verwaltung wichtigen Normen, die durch ministerielle Verordnung obligatorisch sind[608]. Zu letzteren gehören die bereits akzeptierten Normen der "Codex-Alimentarius"-Kommission[609] und die EG-Handelsklassen[610].

Von wachsender Bedeutung sind die "labels agricoles"[611], mit denen irgendwelchen privaten Qualitätsbescheinigungen, die dem Verbraucher keinen Schutz boten, ein Ende gemacht werden sollte[612]. Darum können Inhaber von "labels" nur juristische Personen des öffentlichen oder privaten Rechts sein, die nicht selbst diese Produkte herstellen oder mit ihnen Handel treiben (Art. 4 der LabelVO)[613]. Von diesen Organisationen wird ein "label" beim Landwirtschaftsministerium beantragt[614], welches die Statuten und innere Organisationen des Antragstellers überprüft (Art. 13, 14). Erst dann wird das landwirtschaftliche Produkt darauf geprüft, ob es "gewisse spezifische Qualitäten aufweist, die es von den im Handel befindlichen gleichartigen Erzeugnissen unterscheidet und die Vergabe dieser 'marque collective' rechtfertigt" (Art. 2). Die Eigenschaften können geographischer Natur sein. Sodann wird ein "label" eingetragen, das von der Inhaberin an die interessierten Hersteller nach den technischen Bedingungen verliehen werden kann. Die Etikettierung darf ein "label rouge" tragen, muß dem Verbraucher aber die besonderen

608) Vgl. Ministère de l'agriculture, "Le Service ...", S. 11, 12

609) Siehe oben S. 82

610) Vgl. NGUYEN-THANH, aaO, Rdnr. 570 ff, die alle relevanten Normen aufführt, z.B. auch I.S.O.

611) Siehe S. 35

612) NGUYEN-THANH, aaO, Rdnr. 683

613) décret 13. 1. 1965, J.O. 19. 1. 1965

614) Siehe unten S. 229, 298

Eigenschaften der Ware nennen. So darf das Erzeugnis nur in den Handel kommen mit Angabe von Name und Anschrift des Inhabers und der Nummer des "labels" und dessen "caractères spécifiques" (Art. 5 Abs. 1)[615].

d) Werbung

Die geltende französische Regelung zur Bekämpfung der wahrheitswidrigen Werbung kann wohl als die fortschrittlichste überhaupt bezeichnet werden. Nachdem die ersten umfangreichen gesetzlichen Maßnahmen[616] nicht die erhoffte Wirkung hatten und in der Literatur teilweise verspottet wurden[617], entschloß sich der Gesetzgeber mit der "loi Royer" 1973 zu einer rigorosen Regelung[618]:

> "Die falsche oder irreführende Angaben, Zitate, Anzeigen, Auskünfte oder Aufmachungen enthaltende Werbung jedweder Art und Form ist verboten, wenn sie sich auf die nachfolgenden Elemente bezieht: Existenz (Vorrat), Beschaffenheit, Zusammensetzung, wesentliche Eigenschaften, Gehalt an wertvollen Bestandteilen, Art, Gattung, Ursprung, Menge, Art und Tag der Herstellung, Eigenschaften, Preis und Verkaufsbedingungen der Güter oder Dienstleistungen, die Gegenstand der Werbung sind, deren Gebrauchsbedingungen, die durch den Gebrauch zu erwartenden Resultate, Motive oder Verfahren des Verkaufs (Kaufs) oder der Dienstleistungen, Umfang der Verpflichtungen

---

615) Dazu das Beispiel des "Poulet mayennais": Syndicat du poulet mayennais, 53-Ambrières-le-Grand, n° 003-67, poulet élevé en plein air dans la Mayenne, pendant 100 jours et engraissé aux céréales

616) Art. 5, 6 FinanzG vom 2. 7. 1963, J.O. 3. 7. 1963

617) Vgl. GUERIN, J.C.P. 1964, 2, 1864; DIVIER, Gaz. Pal. 1972, 2, doct. 678; derselbe: "Le mensonge en publicité, sa répression et sa prévention en France, "Paris 1972; CALAIS-AULOY, D. 1970, chr. 37; FOURGOUX, Gaz. Pal. 1967, 1, doct. 2; GUINCHARD, "La publicité mensongère", Lyon 1970; BIHL, Gaz. Pal. 1972, 2, doct. 432; GAUSSEL, "Un panier de mensonges", Paris 1973

618) Loi 27. 12. 1973, J.O. 30. 12. 1973, geänd. d. loi 10. 1. 1978, J.O. 11. 1. 1978, S. 301; siehe schon S. 8, 39 ; zu der Entwicklung siehe BAILLE, "Le délit de la publicité mensongère de la loi d'origine à la loi nouvelle du 27-11-1973", Paris 1974

des 'annonceurs' (Auftraggebers)[619], Identität, Stand oder Fähigkeiten des Herstellers, der Wiederverkäufer, der Veranstalter oder der Dienstleistungspflichtigen[620]".

Damit ist jede Art und Form der Werbung, jeder Werbeträger erfaßt. Die falschen Angaben sind den irreführenden gleichgestellt, wodurch die subjetive Vorstellung des Verbrauchers ein besonderes Gewicht bekommt. Eine wesentliche Erweiterung der Strafbarkeit gegenüber der "tromperie" nach Art. 1 des Gesetzes von 1905 liegt darin, daß die Vorschrift keine Täuschung des Verbrauchers beim Vertragsschluß voraussetzt. Auf die Wirksamkeit der Täuschung kommt es gar nicht an. Vielmehr sieht das Gesetz in Art. 44 § 2 S. 2 eine Umkehr der Beweislast vor: die Beamten des "Service ..." können vom "annonceur", also dem Auftraggeberoder Verantwortlichen einer Werbeaussage verlangen, daß ihnen alle Belege für die Richtigkeit der Werbebehauptungen vorgelegt werden[621]. Im Falle der Weigerung drohen die Strafen des Art. 1 des Gesetzes von 1905 (Art. 44 § 2 Abs. 9). Die Beamten übermitteln der Staatsanwaltschaft das übliche Protokoll[622] (Abs. 1), sodann kann auf Antrag des Staatsanwaltes von Amts wegen durch den Untersuchungsrichter oder das erkennende Gericht das Unterlassen der Werbung

---

619) Zum Begriff siehe PIROVANO, D. 1977, jur. 502 und nachfolgende Ausführungen

620) Der französische Text lautet: Art. 44 § 1: Est interdite toute publicité comportant, sous quelque forme que ce soit, des allégations, indications ou présentations fausses ou de nature à induire en erreur, lorsque celles-ci portent sur un ou plusieurs éléments ci-après: existence, nature, composition, qualités substantielles, teneur en principes utiles, espèce, origine, quantité, mode et date de fabrication, propriétés, prix et conditions de vente de biens ou services qui font l'objet de la publicité, conditions de leur utilisation, motifs ou procédés de la vente ou de la prestation des services, portée des engagements pris par l'annonceur, identité, qualités ou aptitudes du fabricant, des revendeurs, des promoteurs ou des prestataires.

621) Vgl. auch ECKERT, ZLR 1977, 153, 167

622) Siehe unten S. 263 ff

angeordnet werden, denn nun wird die Unrichtigkeit der Werbeaussage vermutet[623]. Die Maßnahme ist sofort vollziehbar, ihre Aufhebung kann aber mit den üblichen Rechtsmitteln begehrt werden. Sie wird unwirksam mit Einstellung des Verfahrens oder Freispruch (Abs. 2). Gegen die Entscheidung über den Aufhebungsantrag gibt es die Beschwerde zur "chambre d'accusation" oder "cour d'appel", die innerhalb von zehn Tagen entscheiden müssen (Abs. 3,4).

Der Auftraggeber ist der Hauptverantwortliche, aber die Beteiligung ist nach den Regeln des "droit commun" ebenfalls strafbar. Wenn der Auftraggeber eine juristische Person ist, haften die Geschäftsführer (Abs. 6).

Das Vergehen ist vollendet, wenn die Werbung in Frankreich betrieben, empfangen und wahrgenommen wird (Abs. 7). Es war bisher ein großes Problem, die vom Ausland ausgehende wahrheitswidrige Werbung zu bekämpfen[624]. Ob diese Vorschrift Verbesserungen bringt, bleibt abzuwarten[625].

Im Falle der Verurteilung muß das Gericht die Veröffentlichung des Urteils anordnen. Dazu kann es die Verbreitung einer oder mehrerer berichtigender Anzeigen anordnen. Wird die dabei genannte Frist nicht eingehalten, so nimmt die Staatsanwaltschaft die Veröffentlichung auf Kosten des Verurteilten vor (Abs. 5). Auch in diesem Falle können wie bei jedem Verstoß die Strafen des Art. 1 des Gesetzes von 1905 verhängt werden (Abs. 8, 9). Die Strafvorschriften sind durch ein Änderungsgesetz Anfang 1978[626] noch ergänzt und verschärft worden. Die Strafen können nun bis zu 50 % der Werbekosten betragen. Wer die für deren Feststellung erforderlichen Unterlagen nicht vorlegt, kann für jeden Tag der Zurückhaltung mit einer Erzwingungsstrafe von 30.000 F belegt werden[627].

---

623) Vannes, 15. 4. 1976, Gaz. Pal. 23. 9. 1976

624) Vgl. C.E.S., J.O. 17. 9. 1974, 1229 ff

625) Vgl. FOURGOUX, Gaz. Pal. 1974, 1, doct. 208; PIROVANO, D. 1977, jur. 502

626) loi 10. 1. 1978, J.O. 11. 1. 1978, S. 301

627) Art. 40 des Änderungsgesetzes

Leider machen die Gerichte von der Anordnung der Veröffentlichung berichtigender Anzeigen bisher keinen Gebrauch[628]. Allerdings hat sich die Situation zugunsten der Verbraucher entscheidend geändert. Die Regelung hat dazu geführt, daß bei der Fernsehwerbung eine präventive Vorkontrolle üblich ist. Die "Régie Française de Publicité" hat dies in Form eines "quasi-offiziellen Vertrages" mit dem "Service ..." vereinbart[629]. Selbst wenn das Gesetz noch einige Fragen offenläßt[630], so ist es sicherlich eine wirksame Waffe gegen die wahrheitswidrige Werbung[631], wenn es konsequent angewendet wird, und die Tendenz scheint dahin zu gehen[632].

Erwähnt seien in diesem Zusammenhang noch die Bezugnahmen auf Warentests[633]. Sie sind in Frankreich möglich, seit die A.F.N.O.R. mit der Norm X 50-005 die Grundlage für Warenvergleiche geschaffen hat[634]. Der Rahmen ist sehr begrenzt. Es dürfen nur die Qualitäten des eigenen Produktes herausgestellt werden, die andere Erzeugnisse nicht haben. Die Konkurrenzerzeugnisse würden aber nicht abgewertet werden[635]. Die vergleichenden Warentests haben bisher in Frankreich nur ein geringes Echo gefunden[636] und sollen hier nicht vertieft werden.

Die Werbung darf nicht krankheitsbezogen sein und muß in französischer Sprache erfolgen[637].

---

628) BIHL, Gaz. Pal. 1975, 2, doct. 736

629) Ministère de l'agriculture, "Le Service ...", S. 6

630) So FOURGOUX, Gaz. Pal. 1974, 1, doct. 208

631) KARILA, Gaz. Pal. 1976, 1, doct. 210

632) BIHL, Gaz. Pal. 1975, 2, doct. 736

633) Siehe dazu HARTIG, "Vergleichende Warentests im Recht Deutschlands, Frankreichs, der Niederlande und Großbritanniens", Frankfurt 1973

634) Siehe dazu C.E.S., J.O. 17. 9. 1974, 1229

635) Siehe dazu HARTIG, aaO, S. 82 ff

636) HARTIG, aaO, S. 20

637) Siehe oben S. 197 ff

§ 6 : Institutionelle Elemente

Unter dieser Überschrift sollen die Rechtsetzungs- und Kontrollinstitutionen im Lebensmittelrecht dargestellt werden. Ausgehend von der Verfassung wird die Beteiligung verschiedener Ministerien an der Ausarbeitung und Kontrolle lebensmittelrechtlicher Normen untersucht sowie die diesbezüglich überragende Funktion des "Service de la Répression des fraudes et du Contrôle de la qualité". Hinzu kommen der Einfluß öffentlicher und privater Organisationen, besonders der Interessenverbände und die Regelungsbefugnis von Bürgermeistern und Präfekten. Ferner wird der Rechtsschutz des Bürgers in seinen Grundzügen dargestellt werden.

I. Verfassungsrechtliche Grundlagen

Die Verfassung von 1958[1)] enthält keinen Hinweis darauf, wie die Materie des Lebensmittelrechts zu regeln sei[2)]. Da das Gesetz von 1905 unangetastet geblieben ist[3)], können hier nur rechtstechnische Fragen erörternswert sein.

Art. 34 und 37 der Verfassung enthalten die wichtige Abgrenzung zwischen "Gesetz" (loi) und "Verordnung" (règlement).

Das Gesetz ist eine Maßnahme von allgemeiner Geltung, über die das Parlament abgestimmt hat[4)]. Es muß sich dabei um eine Maßnahme handeln, die unter die in Art. 34 genannten Materien fällt. Dies sind jedoch nur Bereiche, die "für das Staatswesen als besonders wichtig erachtet werden oder in die Individualsphäre des Bürgers besonders eingreifen"[5)]. Als wesentlicher Bereich muß

---

1) Vgl. oben S. 78

2) Der Zentralstaat erfordert keine etwa den Art. 74 Nr. 17 und 20 GG entsprechende Vorschrift.

3) Siehe oben S. 143

4) GUILLIEN/VINCENT, aaO, S. 217

5) CONSTANTINESCO/HÜBNER, aaO, S. 6

auch das Lebensmittelrecht angesehen werden, dennoch ist es nicht ausdrücklich unter den in Art. 34 aufgeführten Rechtsgebieten[6)] genannt. Unter Art. 34 Abs. 4, der dem Gesetz die Bestimmung der "Grundprinzipien" einer Reihe von Rechtsgebieten vorbehält[7)], ist aber der Bereich der "fraudes et falsifications" zu fassen[8)]. Betrügerei und Verfälschung, die wesentlichen Begriffe des französisichen Lebensmittelrechts nach dem Rahmengesetz von 1905, sind also nach wie vor durch Gesetz grundsätzlich zu regeln. Allerdings ist bereits erwähnt worden, daß dadurch die im Rahmengesetz ausgesprochene Ermächtigung zum Erlaß von Rechtsverordnungen nicht angetastet wird und das formelle Gesetz nur erforderlich wird, wenn der Normenverstoß als Verbrechen oder Vergehen geahndet werden soll[9)]. Die Bedeutung des Gesetzes als Regelungsform ist im Lebensmittelrecht somit gering, wenn auch die zahlreichen Spezialgesetze dies anders erscheinen lassen.

Wird davon Gebrauch gemacht, so geht die Initiative gemeinsam vom Premierminister (Entwurf = projet) und den Mitgliedern des Parlaments (Vorschläge = propositions) aus (Art. 39). "Assemblée nationale" und "Sénat" (= Parlament) debattieren darüber (Art. 45), Parlament und Regierung haben ein Abänderungsrecht (Art. 44). Bei Meinungsverschiedenheiten zwischen den beiden Versammlungen entscheidet eine gemischte Kommission. Nach erneuter doppelter Lesung kann die Regierung die Nationalversammlung auffordern, endgültig zu beschließen. Der Präsident der Republik verkündet

---

6) Steuerrecht, Gerichtsverfassungsrecht, der größte Teil des bürgerlichen Rechts, Strafrecht (ohne Übertretungen)

7) Die Bestimmung ist das Gegenstück zu einer Rahmengesetzgebungskompetenz des Bundes, wie sie in Art. 75 GG enthalten ist, SATTLER, AöR 87 (1962), 335 (362)

8) TOUCHARD, aaO, S. 129; TRUHAUT/SOUVERAIN, aaO, S. 22

9) Siehe oben S. 143 bezüglich der für Lebensmittel relevanten Spezialgesetze; dazu auch CA Sonderheft, "Protection du Consommateur" (guide réglementaire), 17. 11. 1969, S. 191

und veröffentlicht das angenommene Gesetz im "Journal Officiel"[10]. Für die Durchführung der Gesetze ist der Premierminister verantwortlich (Art. 21).

Dies sieht so aus, als seien die mit dem Lebensmittelrecht befaßten Organe (Landwirtschafts-, Gesundheits-, Wirtschaftsminister u.a.) an den Gesetzesentwürfen nicht beteiligt. Tatsächlich geht die Gesetzesinitiative jedoch meist vom Landwirtschaftsministerium aus, nämlich von dessen "Service ..."[11], das für die Ausarbeitung von Gesetzen über ein "Bureau de la réglementation nationale et internationale" verfügt[12] und die fertigen Entwürfe dem Premierminister oder dem Parlament zuleitet. Was nicht Gesetzesmaterie ist, wird durch "règlement" geregelt (Art. 37). Die Regelungsbefugnis ist nach Art. 21 der Exekutive übertragen worden. "Règlement" ist der Oberbegriff für allgemeine Maßnahmen von Verwaltungsbehörden[13]. Hierbei wird unterschieden zwischen "règlements autonomes" und Durchführungsverordnungen (règlements d'application), die zu einem Gesetz ergehen. Erstere hingegen sind direkt der Verfassung untergeordnet (nicht einem Gesetz) und müssen mit deren Prinzipien im Einklang stehen[14]. An den "autonomen Verordnungen" zeigt sich deutlich die Abkehr von einer systematischen Hierarchie zwischen Gesetz und Verordnung. Man vertraut mehr auf die Verwaltung als auf das schwerfällige Parlament, das sich in der IV. Republik oft am Rande der Funktionsunfähigkeit bewegte[15].

---

10) Dazu insgesamt Art. 34-47; TRUHAUT/SOUVERAIN, aaO, S. 22; AUBY/DUCOS-ADER, aaO, Bd. I

11) Vgl. Ministère de l'Agriculture: "Le Service ...", S. 26; GALLON, aaO, S. 40

12) Siehe Anhang

13) GUILLIEN/VINCENT, aaO, S. 298

14) CHAPUS, D. 1960, chr. 119

15) CONSTANTINESCO/HÜBNER, aaO, S. 6; RASENACK, aaO, S. 205; KLISCH, aaO, S. 40

Daraus darf aber nicht geschlossen werden, die "règlements autonomes" hätten den gleichen Rang wie Gesetze: erstere sind wie jede andere Verordnung der Kontrolle des "Conseil d'Etat" unterworfen[16], nicht aber die Gesetze.

Art. 37 enthält noch eine interessante Passage: "Texte gesetzgebenden Charakters, die für diese Sachgebiete erlassen worden waren, können nach Anhörung des Staatsrates durch Verordnungen geändert werden" (also décrets). Solche Änderungen von Gesetzen, die nach der Verfassung von 1958 nicht mehr Gesetzesmaterie sind, bleiben bei lebensmittelrechtlichen Normen jedoch die Ausnahme[17]. Die Bestimmung macht aber die Verwischung des Unterschiedes zwischen Gesetz und Verordnung in der französischen Verfassung deutlich[18].

Die Verordnungen des Lebensmittelrechts werden vom Landwirtschaftsministerium bzw. dem "Service ..." vorbereitet und - eventuell nach Konsultierung wissenschaftlicher Organe[19] - den betroffenen Ministern zugeleitet, von dort mit Bericht und Begründung an den "Conseil d'Etat" gegeben und nach dessen Anhörung dem Premierminister (in bestimmten Fällen auch dem Staatspräsidenten, Art. 13) zur Unterzeichnung und Veröffentlichung vorgelegt. Diese Verordnungen (décrets) sind der "verlängerte Arm des Gesetzes

---

16) Siehe unten S. 235 ff

17) Es sind nur einige Beispiele bekannt: die Befugnisse des durch ordonnance (27. 12. 1958, J.O. 30. 12. 1958) errichteten "Institut scientifique des pêches maritimes" wurden durch décret vom 30. 12. 1960 (J.O. 7. 1. 1961) ausgeweitet. Art. 4 und 5 des G von 1943 betreffend antiparasitäre Produkte wurden durch VO vom 1. 8. 74 (J.O. 4. 8. 74) aufgehoben.

18) Siehe oben S. 145 ; vgl. auch SATTLER, AÖR 87 (1962), 335 (362), der bezüglich Art. 37 Abs. 2 von einer bedrohlichen Abwertung des Gesetzes spricht.

19) Vgl. LÜCK, aaO, S.A 42, wonach es den Anschein hat, das Landwirtschaftsministerium handele immer im Einvernehmen mit dem obersten Hygienerat und der Medizinakademie. Diese müssen aber nur bei der Zulassung von Zusatzstoffen gehört werden, Art. 1 VO 1912

von 1905"[20], die dort genannten "règlements d'administration publique"[21]. Sie können eine Weiterdelegierung der Regelungskompetenz an einen oder mehrere Fachminister vorsehen (in der KontaktmaterialienVO z. B. an den "ministre de l'agriculture et du développement rural, ministre de l'économie et des finances, ministre de la santé publique, ministre du développement industriel et scientifique, après avis du conseil supérieur d'hygiène publique de France"[22].

Die daraufhin erlassenen ministeriellen "arrêtés" werden auch vom "Service ..." ausgearbeitet, womit die Behörde eine Zentralstellung in der Verwaltung innehat[23]. Den "arrêtés" müssen nur der oder die Minister zustimmen; eventuell ist die Stellungnahme technischer Organe notwendig (wie im Beispiel oben die des obersten Hygienerates), die aber die Exekutive nicht bindet[24]. Auch Präfekten und Bürgermeister können "arrêtés" erlassen. Diese haben ihren Ursprung aber nicht im Verfassungsrecht, sondern für unseren Bereich im Gesetz vom 5. 4. 1884[25], welches noch heute das Kernstück des "Code de l'administration communale" bildet[26]. Von erheblicher Bedeutung für das Lebensmittelrecht ist besonders seit der Gründung der Europäischen Wirtschaftsgemeinschaft[27] Art. 55 der Verfassung, der bereits im Wortlaut zitiert worden ist[28].

---

20) TRUHAUT/SOUVERAIN, aaO, S. 24

21) Siehe zum Begriff schon S. 144 ff

22) Art. 2, décret 12. 2. 1973, J.O. 15. 2. 1973

23) Vgl. Ministère de l'Agriculture; "Le Service ...", S. 26

24) LEVI zeigt beeindruckend auf, wie unbefangen sich das Landwirtschaftsministerium über ablehnende Stellungnahmen von Hygienerat und Medizinakademie jahrelang hinwegsetzte, aaO, S. 77

25) TRUHAUT/SOUVERAIN, aaO, S. 24

26) CONSTANTINESCO/HÜBNER, aaO, S. 58

27) EWG V 25. 3. 1957, ErmächtigungsG 2. 8. 1957, J.O. 4. 8. 1957

28) Siehe oben S. 79

Danach haben völkerrechtliche Verträge Vorrang vor dem Gesetz. Art. 53 gibt die Befugnis zum Abschluß solcher Verträge. Der Präsident der Republik führt die Vertragsverhandlungen und ratifiziert die Verträge (Art. 52)[29]. Hierzu wird der Staatspräsident durch Gesetz ermächtigt. In der Hierarchie steht der völkerrechtliche Vertrag über allen internen Normen (Art. 54 erlaubt auch durch solche Verträge erforderlich werdende Verfassungsänderungen). Er ist allerdings im Lebensmittelrecht nur insofern von Bedeutung, als er den Beitritt zu Organisationen betrifft, die sich mit dieser Materie beschäftigen. Zu nennen sind hier der Europarat, die O.E.C.D., die Europäische Wirtschaftskommission der Vereinten Nationen, dazu die Codex-Alimentarius-Kommission von F.A.O. und W.H.O.. Zwar ist bei diesen Organisationen der einmal vollzogene Beitritt verpflichtend i.S. des Art. 55, nicht aber die von ihnen ausgearbeiteten Normen. Selbst wenn diese vom französischen Staat angenommen werden, hat die "acceptation" nicht den Wert eines Vertrages im Sinne des Völkerrechts[30]. Trotz der regen Mitarbeit des "Service ..." an der Festlegung internationaler Normen[31] ist deswegen die Bedeutung des Art. 55 bezüglich der genannten Organisationen gering[32].

Unmittelbar relevante Normen sind bisher nur die Verordnungen der EG. Diese sind im Lebensmittelrecht aber die Ausnahme[33], da mit ihnen die nationalen Bestimmungen unanwendbar werden; der EWG-Vertrag ist in dieser Beziehung eindeutig: "Verordnungen haben un-

29) Dem Parlament stehen dabei erstaunlich geringe Kompetenzen zu, vgl. TOUCHARD, aaO, insbesondere S. 125

30) Ministère de l'Agriculture: "Le Service ..." S. 16

31) Siehe unten S. 232 ff

32) Siehe schon S. 82 f ; hierzu allgemein: BURDEAU, "Les accords internationaux sur les produits alimentaires de base", Th. Dr. Paris 1962; interessant auch CENTRE NATIONAL DU COMMERCE EXTERIEUR: "Comment exporter en Allemagne fédérale", Paris 1971

33) ECKERT, ZLR 1974, 36

mittelbare Rechtsgeltung in jedem Mitgliedstaat, sie haben Vorrang vor dem nationalen Recht" (Art. 189 Abs. 2 EWGV). Trotz dieser Klarheit ergeben sich jedoch verfassungsrechtliche Probleme bei der Durchsetzung der Verordnungen[34]. Der "Conseil d'Etat" hat abweichend von Art. 55 entschieden[35], womit er auf schärfste Kritik stieß[36] und sich in Widerspruch zu dem vom EuGH in ständiger Rechtsprechung[37] anerkannten Grundsatz vom Vorrang des Gemeinschaftsrechts[38] stellte. Damit geht konsequenterweise jedes einfache nachträgliche französische Gesetz dem früheren Gemeinschaftsrecht vor[39]. So wird das Gemeinschaftsrecht, das seinem Wesen nach nur in allen Mitgliedstaaten einheitlich gelten kann (Art. 189 Abs. 2), zur Disposition des nationalen Gesetzgebers gestellt. Dieser kann sich entgegen Art. 5 Abs. 2 EWGV den durch den Vertrag übernommenen Verpflichtungen wieder entziehen. Die Einstellung der Richter hängt wahrscheinlich damit zusammen, daß das französische System die Kontrolle der Verfassungsmäßigkeit von Gesetzen nicht kennt. Das Fehlen eines Verfassungsgerichts macht sich hier negativ bemerkbar. Glücklicherweise hat sich der Kassationshof in einem neueren Urteil nicht im Sinne des "Conseil d'Etat" entschieden[40].

---

34) Siehe ferner unten S. 232 und oben S. 80

35) C.E. 1. 3. 1968, A.J.D.A. 1968, 235

36) CONSTANTINESCO/IPSEN, Anm. in EuR 1968, 317; LAGRANGE, Anm. in D.S. 1968, 1, 286; CONSTANTINIDES-MEGRET, Anm. in Rev. trim. dr. eur. 1968, 388; WARNERY, aaO, S. 87; GUERIN, J.C.P. com. 1972, 10757; DRUESNE, Rev. marché commun 1975, 387

37) EuGHE X, 1269; XII, 266; XIII, 508; XIV, 230; XV, 373

38) Siehe dazu Literatur bei CONSTANTINIDES-MEGRET, "Le Droit de la C.E.E., et l'ordre juridique des Etats membres", S. 99 ff; vgl. ECKERT, NJW 1967, 473

39) CONSTANTINESCO/IPSEN, Anm. in EuR 1968, 317

40) Cass. ch. mixte 24. 5. 1975, besprochen von DRUESNE, Rev. marché commun 1975, 387

Bei Richtlinien der EG gibt es diese Schwierigkeiten offenbar nicht[41]. Die Umsetzung geht langsam, aber doch stetig voran[42]. Allerdings wird manchmal angezweifelt, ob das System der zweistufigen Rechtsetzung immer gilt. Nach den sogenannten "Leber-Pfennig-Urteilen" des EuGH[43] können auch Richtlinien gegenüber einzelnen Staatsbürgern unmittelbare Rechtswirkung entfalten, wenn sie genügend bestimmt sind. Hiermit wird der Unterschied zwischen Verordnung und Richtlinie verwischt[44]. Die Problematik kann im Rahmen dieser Arbeit nicht weiter erörtert werden.

II. Aufgabe des "Service ..." (Rechtsausarbeitung)

Von wesentlicher Bedeutung sind im Lebensmittelrecht die auf Grund der Ermächtigung des Art. 11 des Rahmengesetzes erlassenen "règlements d'administration publique". Formell werden die Durchführungsverordnungen zwar vom Premierminister erlassen, aber sie alle werden unter der Verantwortlichkeit des Landwirtschaftsministeriums vom "Service ..." ausgearbeitet[45].

Die Art ihrer Ausgestaltung hängt in starkem Maße von den strukturellen Prinzipien ab. Zudem kann man bei der Ausarbeitung drei verschiedene Ebenen unterscheiden, die alle besondere institutionelle

---

41) Immerhin spricht ECKERT für 1976 von einem erfolgreichen Jahr für die EG-Lebensmittelrechtsangleichung, ZLR 1977, 103

42) Vgl. NGUYEN-THANH, aaO, Rdnr. 118 ff; GALLON, aaO, S. 281 ff; TOUCHARD, aaO, S. 206

43) EuGHE XVI, 825, 861, 881

44) ECKERT, ZLR 1974, 32

45) F.A.O.-GERARD, aaO, S. 72 ist diesbezüglich kritisch: es sei wünschenswert, die Kompetenzen in die Hand des Gesundheitsministeriums zu legen; und zwar sowohl für die Ausarbeitung der Normen wie auch für deren Überwachung, denn das entspreche der Natur und der Funktion des Lebensmittelrechts. Dem ist grundsätzlich zuzustimmen, allerdings ist das "Service ..." technisch besser ausgerüstet als das Gesundheitsministerium, was wohl auch in der ständigen Ausweitung seiner Aufgaben begründet liegt, und es denkt in Frankreich niemand ernsthaft daran, die Behörde aus dem Landwirtschaftsministerium auszugliedern.

Probleme aufwerfen: die wissenschaftliche, die soziale und wirtschaftliche, die administrative Ebene[46].

Bevor eine ein Lebensmittel betreffende juristische Regel erstellt werden kann, müssen technische und wissenschaftliche Arbeiten erledigt werden. Eines der institutionellen Elemente ist daher die Regelung der Aktivitäten hierfür zuständiger Institutionen. In der Regel enthält das Basisgesetz Bestimmungen über die technischen und wissenschaftlichen Institutionen. In Frankreich jedoch schweigt sich das Rahmengesetz aus, die Verwaltung hatte selbst Regelungen zu treffen über die zuständigen Behörden, deren innere Organisation und Befugnisse. So ist es vielleicht zu erklären, daß die beiden großen wissenschaftlichen Organisationen, der "Conseil supérieur d'hygiène publique" und die "Académie de médecine" z.B. nur beratende Funktion haben und auch nur zu ganz speziellen Problemen(Zusatzstoffe) gehört werden müssen. Ein harmonisches Zusammenwirken zwischen Wissenschaft, Technik und Verwaltung ist aber für einen wirksamen Verbraucherschutz unerläßlich. Davon ist man noch weit entfernt. So werden Zusatzstoffe zur Verbesserung der organoleptischen Eigenschaften in Lebensmitteln zugelassen, wobei die von ihnen ausgehende Krebsgefahr völlig ignoriert wird, teilweise mit dem Argument, daß es noch keine ausreichende Analysenmethode zur kanzerogenen Untersuchung von Lebensmitteln gebe[47]. Auf dem Gebiet der Pestizide und Insektizide werden immer aktivere Mittel erforscht und zugelassen, ohne daß man Genaues über die vertretbaren Rückstandshöchstmengen in und auf Lebensmitteln wüßte[48]. Der Verordnungsgeber hätte eine solche Praxis nach juristischen Gesichtspunkten nicht nötig, da er für die genannten Bereiche das Prinzip der Positivlisten verfolgt, wonach die Antragsteller die Unschädlichkeit der Produkte zu beweisen

46) Vgl. BIGWOOD/GERARD, aaO, Bd. I, S. 52

47) Vgl. TRUHAUT, A.F.F. 1956, 163

48) TRUHAUT, A.F.F. 1959, 319

haben, die sie verwenden wollen[49]. Aber das Verbotsprinzip hilft diesbezüglich nur scheinbar: soziale und wirtschaftliche Interessen zwingen den Verordnungsgeber zur dauernden Durchbrechung dieser Grundsätze in Form der administrativen Toleranzen.

1. Beeinflussung von außen

Einmal muß man allgemein Rücksicht nehmen auf die französische Wirtschaft, die dem Druck der ausländischen Konkurrenz ausgesetzt ist und nur bestehen kann, wenn sie neue Produkte rasch und ohne langwierige Zulassungsverfahren auf den Markt bringen kann. Dazu kommt der direkte oder tatsächliche Einfluß der Interessengruppen auf die Gesetzgebung. Die Anhörung von Hersteller-, Händler- und Verbraucherverbänden wird schon fast regelmäßig praktiziert und ist zum Teil sogar gesetzlich vorgesehen[50]. Nicht unerheblich ist aber auch der tatsächliche Einfluß der sogenannten "pressure-groups", also sozialer, wirtschaftlicher und politischer Gruppen, der natürlich auch innerhalb der obengenannten Interessengruppen ausgeübt werden kann, sich aber vor allem in eigenen Informationsmitteln ausdrückt (z.B. organisierte Presse).

Den stärksten Einfluß von allen Interessenverbänden und "groupes de pression" auf die Gesetzgebung haben zweifellos die der Hersteller mit der Festlegung der "usages loyaux du commerce". Bereits das Rahmengesetz berücksichtigt die Handelsbräuche (Art. 1) und verpflichtet die Verwaltung, diese beim Erlaß von Verordnungen zu beachten (Art. 11)[51]. Sie bilden dabei nicht nur Grundlage und Rahmen für die gesetzlichen Bestimmungen, sondern werden häufig selbst durch "règlement" in solche umgewandelt, d.h. für obliga-

---

49) Vgl. BIGWOOD/GERARD, aaO, Bd. I, S. 53

50) Vgl. C.E.S. zur Frage der Verbraucherinformation, C.E.S., J.O. 17. 9. 1974, S. 1219 (1250-1253)

51) Siehe oben S. 135 mit Rückverweisung

torisch erklärt[52]. Ihren größten Einfluß haben die Handelsbräuche wohl auf dem Gebiet der Ursprungsbezeichnungen[53], wo sie - neben dem Gesetz von 1919 - zahlreiche Sondergesetze hervorgebracht haben[54].

Das Streben nach besserer Qualität der Lebensmittel wird unterstrichen durch die Politik der Normung[55]. Sie ist weniger beeinflußt von innerstaatlichen Interessengruppen, sondern vielmehr von der EG-Marktorganisation, die vor allem mit den Handelsklassen für Obst und Gemüse feste Maßstäbe gesetzt hat[56].

GERARD meint, den Einfluß der Rechtsprechung auf die Gesetzgebung besonders hervorheben zu müssen[57]. Dazu ist zu sagen, daß die Rechtsprechung zwar hilfreich ist in der Gesetzesanwendung, da sie die Rechtsnormen auszulegen hat, wodurch sie zur Vervollständigung des positiven Rechts beitragen und Gesetzeslücken aufzeigen kann[58], bei der Ausarbeitung der Vorschriften aber ist ihr Einfluß äußerst gering und nur indirekter Natur[59].

2. Das Verfahren

Das Verfahren selbst für die Ausarbeitung von Rechtsnormen steht nicht in direktem Zusammenhang mit dem Lebensmittelrecht. Die

---

52) F.A.O. - GERARD, aaO, S. 74

53) Siehe oben S. 98, 202

54) z.B. für "cidre", loi 21. 7. 1932, J.O. 23. 7. 1932, "Cognac et Armagnac", loi 4. 7. 1934, J.O. 6. 7. 1934, eaux de vie "fines", loi 20. 2. 1928, J.O. 24. 2. 1928, "miel", loi 15. 7. 1921, J.O. 15./16. 7. 1921, "Noix de Grenoble", décret-loi, 17. 6. 1938, J.O. 26. 6. 1938, "Roquefort", loi 27. 7. 1925, J.O. 30. 7. 1925

55) Siehe schon S. 87

56) Vgl. Ministère de l'agriculture, "Le Service ...", S. 12

57) F.A.O. - GERARD, aaO, S. 73

58) Vgl. oben S. 86

59) Zur Bindungswirkung vgl. CONSTANTINESCO/HÜBNER, aaO, S. 8 f

administrative Ebene, d.h. die verwaltungsinterne Regelung, gewinnt jedoch an Bedeutung im Hinblick auf das Zeiterfordernis für die Rechtsetzungsakte. Viel Zeit erfordert naturgemäß die Schaffung von Gesetzen. Das war mit ein Grund, warum der Verwaltung auf dem Gebiet des Lebensmittelrechts die umfassende Verordnungsgewalt nach Art. 11 des Gesetzes 1905 übertragen wurde. Es erscheint jedoch äußerst zweifelhaft, ob dadurch im Hinblick auf den Zeitfaktor wirklich etwas gewonnen wurde. Die Untersuchungen von GALLON zeigen, daß "règlements d'administration publique" bzw. "décrets" nur sehr ungern und relativ selten erlassen werden, "arrêtés" öfter, die Masse der innerdienstlichen Anweisungen dagegen, die sich in Form von "circulaires" keineswegs nur auf die Interpretation von Gesetzestexten beschränken[60], ist kaum zu übersehen[61].

Hieran wird das institutionelle Hauptproblem offenkundig: trotz der starken Zentralisierung des Lebensmittelrechts auf das "Service ..." im Landwirtschaftsministerium und dessen Alleinzuständigkeit für die Ausarbeitung der lebensmittelrechtlichen Normen ist eine Kompetenzzersplitterung im technischen Sinne festzustellen. Obwohl das Rahmengesetz eine solche "Sorgfalt" nicht vorschreibt, sind die "décrets" in der Regel außer vom Premierminister noch von vier bis fünf Fachministern unterzeichnet. Diese veraltete verwaltungsmethodologische Verfahrenstradition führt zu Verzögerungen und Blockierungen[62], die den Erlaß eines "décret" fast umständlicher erscheinen lassen als die Verabschiedung eines Gesetzes. Berücksichtigt man noch die Anhörung des "Conseil d'Etat", so vergeht von der Fertigstellung des "décret " bis zur Veröffentlichung

60) Vgl. dazu oben S. 146 f

61) GALLON, aaO, S. 337, stellt für die Jahre 1965-1972 fest: jährlich etwa 10 décrets, 20 arrêtés und rund 60 circulaires

62) So NGUYEN-THANH, aaO, Rdnr. 117

mindestens ein halbes Jahr. Das "Service ..." hat keine Möglichkeit, dieses Verfahren zu beschleunigen. Beim Erlaß von "arrêtés" sind Stellungnahmen von Hygienerat und Medizinakademie sowie die Zustimmung ebensovieler Fachminister (wie bei der Unterzeichnung des zugrundeliegenden Dekrets) oft zwingend vorgeschrieben[63], der Erlaß von "arrêtés" ist somit kaum weniger umständlich. Außerdem kommt es hierbei leicht zu Kompetenzüberschreitungen, die Änderungen der Entwürfe erforderlich machen, weil "arrêtés" sich im Rahmen ihrer Rechtsgrundlagen bewegen müssen und nur Detailmaßnahmen aber keine grundsätzliche Regelung enthalten dürfen[64]. Bei diesem Verfahren bietet sich der Rückgriff auf die anonymeren "circulaires" geradezu an. Das "Service ..." kann frei entscheiden, an wen die Rundschreiben gerichtet werden[65], welchen Inhalt sie haben, ob sie im "Journal Officiel" veröffentlicht werden oder nicht[66]. Lediglich der Landwirtschaftsminister muß unterzeichnen. Allerdings muß gesagt werden, daß in vielen Fällen die Stellungnahme des Hygienerates auch bei Rundschreiben eingeholt wurde[67]. In anderen Fällen dagegen setzte sich das "Service ..." jahrelang über dessen ablehnende Stellungnahme hinweg[68]. Oder es wurden

---

63) Vgl. z.B. oben S. 215

64) C.E., ass. plen. (Plenarentscheidung), 2. 2. 1962, Gaz. Pal. 1962, 2, 72

65) Also ob nur an die Kontrollbeamten oder auch an einzelne betroffene Unternehmer oder Verbände

66) über die verschiedenen Formen der innerdienstlichen Anweisungen wie circulaires, lettres-circulaires, notes de service, instructions, avis vgl. DONNEDIEU DE VABRES, D. 1952, chr. 137 ff; AYGUEBERE, Gaz. Pal. 1963, 1, doct. 58 ff; LEVANTAL, D. 1954, chr. 99 ff

67) Z.B. im Bereich der Kontaktmaterialien bei circ. 23. 6. 1950, J.O. 20. 7. 50; 25. 4. 1952, J.O. 13. 5. 1952; 12. 1. 1954, J.O. 20. 1. 1954; 25. 3. 1959, J.O. 16. 4. 1959; 2. 12. 1959, J.O. 30. 12. 1959; usw.

68) Beispiel der Verwendung von Borsäure in Lebensmitteln über ein halbes Jahrhundert; siehe S. 149 und dort Fußnote 319; DELBET, aaO, S. 17; BIGWOOD/GERARD hingegen scheinen an eine solche Praxis nicht glauben zu wollen, aaO, Bd. III, S. 200

Verordnungen, zu deren Erlaß die Anhörung von Hygienerat und Medizinakademie vorgeschrieben war, schon in Kraft gesetzt, als die Stellungnahme noch ausstand, oder diese Organe wurden überhaupt nicht gefragt[69]. Eine solche Praxis ist möglich, weil die Stellungnahmen von Hygienerat und Medizinakademie nicht mit veröffentlicht werden müssen und diese Organisationen keinerlei Kontrollkompetenzen gegenüber dem "Service ..." haben[70].

Die Anwendung des Verbotsprinzips verlangt die Festlegung bestimmter Zulassungsverfahren[71]. Ob es sich dabei um Zusatzstoffe, Pestizide, Antibiotika, Giftstoffe in Kosmetika oder die Zulassung radioaktiver Bestrahlung handelt, dies alles fällt in den Arbeitsbereich des "Service ..."[72]. BIGWOOD/GERARD bezeichnen diese Verfahrensregeln mit Recht als eigenes, wichtiges institutionelles Element[73]. Zunächst schien es so, als würde auch das "Service ..." diesem Bereich wesentliche Bedeutung beimessen, als 1954 die Zulassung von Pestiziden sorgfältig durch "arrêté" geregelt wurde[74]. Später jedoch verfuhr man wieder großzügig und regelte die Zusatzstoffe und Kontaktmaterialien betreffenden Verfahren mittels Runderlaß (wenn auch in Kooperation mit dem Gesundheitsministerium)[75].

---

69) Dies läuft auf eine stillschweigende Änderung der ZusatzstoffVO von 1912 hinaus, z.B. durch die SenfVO, décret 10. 9. 1937, J.O. 16. 9. 1937, die in Art. 4 Zusatzstoffe ohne Beachtung der durch VO von 1912 vorgeschriebenen Form zuläßt.

70) Vgl. NGUYEN-THANH, aaO, Rdnr. 99-103, 109, 110

71) F.A.O. - GERARD, aaO, S. 76

72) Ministère de l'Agriculture, "Le Service ...", S. 8 - 11

73) BIGWOOD/GERARD, aaO, Bd. I, S. 55

74) Arrêté 6. 9. 1954, J.O. 15. 9. 1954, betreffend antiparasitäre Produkte

75) Circulaire 12. 9. 1963, J.O. 26. 9. 1963, berichtigt 3. 10. 1963

3. Zusammenarbeit mit anderen Institutionen

Es sollen nun kurz die privaten, halbstaatlichen und staatlichen Organisationen dargestellt werden, mit denen das "Service ..." kooperativ zusammenwirkt bei der Ausarbeitung der Normen und die hierauf auf wissenschaftlicher, sozialer, wirtschaftlicher oder administrativer Ebene Einfluß ausüben.

Im Bereich der Zusatzstoffe und Kontaktmaterialien ist seit der Verordnung von 1912 die Anhörung der schon verschiedentlich angesprochenen[76] Organisationen "Hygienerat" und "Medizinakademie" vorgeschrieben. Seit 1973 ist der Hygienerat auch - zusammen mit der "Commission interministérielle et interprofessionnelle de l'alimentation animale" - für Zusatzstoffe in Futtermitteln zuständig[77]. Den "Conseil Supérieur d'Hygiène Publique de France" gibt es bereits seit dem Jahre 1848, Aufgabe und Zusammensetzung sind 1955 neu geregelt worden[78]. Es handelt sich dabei um eine halbstaatliche Organisation: die Mitglieder sind unabhängige Wissenschaftler (Hygienefachleute, Gesundheitsexperten usw.), die aber vom Gesundheitsminister, dem der "Conseil" auch untersteht, durch "arrêté" auf bestimmte Zeit ernannt werden. Ihre Zahl variiert, im Durchschnitt hat der C.S.H.P.F. etwa 175 Mitglieder, was eine Aufteilung in verschiedene Abteilungen ermöglichte[79]. Wissenschaftliche Stellungnahmen sind daher nicht nur im Bereich der Zusatzstoffe möglich, sondern in allen Fragen der Lebensmittelhygiene und Gesundheit. Obwohl die Anhörung des Hygienerates nur im Bereich der Zusatzstoffe, Bestrahlung und Kontaktmaterialien vorge-

---

76) Siehe oben S. 148 und Fußnote 311, S. 162

77) Décret 28. 11. 1973, J.O. 15. 12. 1973, S. 13338, Art. 4

78) Décret 7. 7. 1955, J.O. 12. 7. 1955, geänd. d. décrets vom 9. 2. 1957 und 17. 12. 1962; dazu arrêté 22. 1. 1956, J.O. 5. 2. 1956, geänd. d. arr. vom 22. 6. 1962

79) Siehe dazu ausführlich GALLON, aaO, S. 116 ff

schrieben ist, wird er immer häufiger auch in den genannten anderen Bereichen vom "Service ..." um Stellungnahmen gebeten, dazu auch bei wissenschaftlichen Fragen, die die Verwaltung betreffen (z.B. zu Vorschlägen der EG-Kommission, neuen Produkten, neuen Verfahren, deren Auswirkungen, Analysemethoden)[80]. Sein Einfluß ist immer mehr gewachsen. Die Anhörung des "Conseil" läßt eine wachsende Zusammenarbeit zwischen Landwirtschafts- und Gesundheitsministerium erkennen. Vor allem auch beim Erlaß von "circulaires" wird die positive Stellungnahme des Hygienerates gern als "Schutzschild" benutzt[81].

In gleichem Maße wie der Einfluß des Hygienerates gewachsen ist, hat die Medizinakademie im Bereich der Ausarbeitung lebensmittelrechtlicher Normen an Bedeutung verloren. Die "Académie Nationale de Médecine" ist eine verwaltungsunabhängige wissenschaftliche Einrichtung, die allerdings auch mit dem Gesundheitsministerium zusammenarbeitet. Ihre Rolle beschränkt sich für den Lebensmittelbereich tatsächlich auf die Zusatzstoffe, Bestrahlung und Kontaktmaterialien betreffenden Stellungnahmen[82]. Die Ausführungen dazu sollen sich deshalb auf diesen Hinweis beschränken.

Bei Fragen der Bestrahlung von Lebensmitteln muß außer den beiden genannten Organisationen die "Commission interministérielle des radio-éléments artificiels" gehört werden[83]. Ihr gehören keine Wissenschaftler an, sondern Experten der verschiedenen betroffenen Ministerien (Landwirtschaft, Finanzen, Gesundheit). Bezüglich der Zulassung ionisierender Strahlen stützt diese Kommission sich allerdings auf die Stellungnahme des wissenschaftlichen "Centre national de coordination des études et recherches sur la nutrition et l'ali-

80) Siehe zu letzterem oben S. 152 und nachfolgend S. 231

81) GALLON, aaO, S. 117

82) TOUBEAU, aaO, S. 61, 158, 169; GALLON, aaO, S. 117, Fußn. 1

83) Art. 2 décret 8. 5. 1970, J.O. 12. 5. 1970

mentation" (C.N.E.R.N.A.)[84].

Überhaupt ist bei dieser "Rechtsetzung zweiten Grades", d.h. der Zulassung oder Streichung von Stoffen oder Behandlungsverfahren auf Positiv- oder Negativlisten dem "Service ..." die Omnipotenz ein wenig beschnitten oder aber an die Anhörung weiterer Organisationen gebunden. So muß z.B. vor der Zulassung von Zusatzstoffen in Futtermitteln (wozu auch Antibiotika, Antioxydantien, Farbstoffe, Vitamine, Kupfer, Antimon, Arsen, Oestrogene und Kokkidiostatika gehören) die Stellungnahme der "Commission interministérielle et interprofessionelle de l'alimentation animale" eingeholt werden[85]. Fragen der gesundheitlichen Überprüfung von Lebensmitteln tierischer Herkunft und der Lebensmittelhygiene werden im Einvernehmen mit der "Direction des Services Vétérinaires" (die beratende Funktion hat und später die Kontrollen, Fleischbeschau usw. ausführt) geregelt[86].

Im Bereich der Pestizide ist auch das Landwirtschaftsministerium federführend (vgl. Art. 342 CR), die wesentlichen Kompetenzen liegen jetzt aber bei einer anderen Abteilung, dem "Service de la Protection des Végétaux" (Pflanzenschutzamt). Es muß zunächst die "Commission d'étude de la toxicité des produits antiparasitaires à usage agricole et animal" benachrichtigt werden, die eine Stellungnahme über die Toxizität des Produktes abgibt. Zur Wirkungsweise äußert sich dann die "Commission des produits antiparasitaires", eine weitere nicht zur Verwaltung gehörende Einrichtung[87]. Zulassungsuntersuchungen werden von der staatlichen Forschungsanstalt INRA (Institut National de la Recherche Agronomique) vorgenommen[88]. Die endgültige Stellungnahme gibt dann ein aus Ver-

---

84) Ministère de l'agriculture, "Le Service ...", S. 9

85) Art. 4 décret 28. 11. 1973, J.O. 15. 12. 1973

86) Art. 5 décret 21. 7. 1971, J.O. 1. 8. 1971; SOUVERAIN, "Environnement ...", S. 23

87) Vgl. zur Organisation RIOUFOL, aaO, S. 68 ff

88) Arrêté 6. 9. 1954, J.O. 15. 9. 1954

tretern der Ministerien gebildetes "Comité d'homologation des produits antiparasitaires à usage agricole et animal" ab[89].

Seit den fünfziger Jahren bildeten sich "Centres techniques industriels"[90]. Sie haben sich zur Aufgabe gesetzt, bei der Ausarbeitung von Kontrollvorschriften zur Überwachung der durch andere Bestimmungen gesetzten Qualitätsmaßstäbe mitzuhelfen[91]. Hierzu werden durchweg Fachleute der Lebensmittelindustrie herangezogen, deren Wissen durchführbare und effektive Kontrollmaßnahmen garantiert. Diese "règles professionnelles" werden dann nach Annahme durch das "Service ..." als "usages loyaux du commerce" angesehen[92]. Zwar wären diese gemeinnützigen Einrichtungen in allen Wirtschaftszweigen gesetzlich möglich[93], aber leider ist davon bisher nur spärlich Gebrauch gemacht worden[94]. Seit etwa 1960 arbeitet das "Service ..." mit folgenden Centres zusammen: "Centre technique de la salaison, de la charcuterie et des conserves de viandes", "Confédération des industries de traitement des produits de la pêche maritime", wobei letzteres sogar rechtlich verbindliche Entscheidungen treffen und im "Journal Officiel" veröffentlichen kann[95].

Im Bereich der Qualitätsverbesserung hat das "Service ..." zunächst die begehrten geschützten Ursprungsbezeichnungen zu vergeben[96]. Das "Service ..." verfügt über eine besondere Abteilung und Kontrollbrigade[97], die sich nur mit "appellations d'origine" befassen.

---

89) Siehe dazu S. 169 ff

90) DEHOVE, aaO, Rdnr. 2-2, S. 13

91) Art. 1 und 2, loi 22. 7. 1948, J.O. 27. 7. 1948

92) Ministère de l'agriculture, "Le Service ...", S. 18

93) Art. 177 ordonnance 29. 12. 1958, J.O. 30. 12. 1958

94) Vgl. DEHOVE, aaO, Rdnr. 2-3, S. 13 ff

95) Ministère de l'agriculture, "Le Service ...", S. 19; vgl. dazu auch die Ausführungen und Listen bei FOURGOUX/CHEFTEL, aaO, S. 222-268

96) Gesetze v. 6.7.1966, J.O. 7.7.1966 und 12.12.1973, J.O. 13.12.73

97) Siehe Anhang

Dabei arbeitet es zusammen mit dem 1935 gegründeten "Institut National des appellations d'origine des vins et eaux-de-vie" (I.N.A.O.)[98], das vor allem die an eine "appellation d'origine" zu stellenden Produktionsanforderungen festlegt[99], bei Käse mit dem "Comité national des appellations d'origine des fromages"[100].

Außerdem verleiht das Landwirtschaftsministerium ja die "labels agricoles". Hier arbeitet das "Service ..." mit der "Commission label de la Commission Supérieure de la qualité des produits agricoles et alimentaires" zusammen[101]. Diese unterbreitet einen Entscheidungsvorschlag zur Verleihung des sogenannten "label rouge"[102].

Mit der A.F.N.O.R. pflegt das "Service ..." ebenfalls gute Beziehungen, wenn auch Arbeitsmethoden, Ziele und Sanktionen recht verschieden sind. Bei der Politik der Normung hat das "Service ..." ferner die EG-Handelsklassen für Obst und Gemüse zu beachten[103].

Kein großes Interesse zeigte das "Service ..." bisher an der "informativen Kennzeichnung" von Lebensmitteln. Man bemüht sich zunächst einmal, die KennzeichnungsVO durchzuführen[104]. Die private Vereinigung A.F.E.I. kümmert sich deswegen vorerst allein um informative, nützliche Etikettierung der vorverpackten Lebensmittel[105]. Andererseits ist es dem "Service ..." gelungen, auf dem Gebiete der Werbung eine Art präventive Kontrolle zu erreichen. Quasi auf vertraglicher Basis oder durch "gentlemen's agreement" wird in

98) Décret-loi 30. 7. 1935, J.O. 31. 7. 1935

99) DEHOVE, aaO, Rdnr. 1-52, S. 27

100) Art. 4 loi 28. 11. 1955, J.O. 30. 11. 1955

101) Art. 9 décret 13. 1. 1965, J.O. 19. 1. 1965

102) DEHOVE, aaO, Rdnr. 2-75, S. 31

103) Ministère de l'agriculture, "Le Service ...", S. 12

104) Décret 12. 10. 1972, J.O. 14. 10. 1972

105) Siehe bereits S. 38

vielen Fällen bereits die über Massenmedien laufende Werbung vorher in einer gemeinsam mit der "Régie Française de publicité" (R.F.P.) und Interessenvertretern gegründeten nicht weiter organisierten Kommission abgesprochen, in der das "Service ..." natürlich die führende Rolle spielt[106)]. In diesem Rahmen ist auch noch die "Direction générale de la concurrence et des prix" (D.G.C.P.) zu nennen, die dem Finanzministerium angehört und die Werbung bezüglich der Preise und des unlauteren Wettbewerbs gestaltet[107)].

Eine ebenfalls mehr den Verbraucherinteressen allgemein dienende Einrichtung ist das C.N.C.[108)]. Das C.N.C. setzt sich zusammen aus Vertretern der Verbraucherverbände und Mitgliedern der betroffenen Verwaltungsbehörden und soll eine enge Zusammenarbeit der Regierung mit Herstellern, Verteilern und Verbrauchern ermöglichen[109)]. Das "Comité soll künftig bei allen décrets und arrêtés hinzugezogen werden, die vom secrétariat d'Etat à la consommation ausgehen"[110)], aber auch die bisherige beratende Zusammenarbeit mit dem "Service ..." war recht fruchtbar[111)].

Auf eine Forderung des C.N.C. von 1963 geht die Bildung des I.N.C. im Jahre 1967 zurück[112)]. Es ist eine öffentliche Verwaltungseinrichtung, die vollkommen im Dienste der Verbraucher stehen sollte mit einem Forschungszentrum und einem Informationsbüro. Aus seinen vielfältigen Aufgaben[113)] resultieren geradezu notwendige

---

106) Ministère de l'agriculture, "Le Service ...", S. 6. Ferner wurde 1953 ein "Bureau de vérification de la Publicité" gegründet, das aber nur privatrechtlich tätig wird; vgl. PIGASSOU, aaO, S. 79; siehe auch S. 210

107) C.E.S., J.O. 17. 9. 1974, S. 1237

108) Siehe bereits Einleitung S. 9

109) Décret 19. 12. 1960, J.O. 24. 12. 1960

110) Staatssekretärin C. SCRIVENER, "Le Figaro", 29. 1. 1976, S. 7

111) Vgl. Ministère de l'agriculture, "Le Service ..." S. 19/20; a.A. C.E.S., J.O. 17. 9. 1974, S. 1238, wonach das C.N.C. viel zu selten zu Rate gezogen wurde und die Frage nach der Existenzberechtigung aufgeworfen wird.

112) Décret 5. 12. 1967, J.O. 14. 12. 1967

113) Siehe DEHOVE, aaO, Rdnr. 2-9, S. 14

Beziehungen zum "Service ..."[114]. Allerdings beschränkt sich die Zusammenarbeit auf einen Informationsaustausch. Da das I.N.C. aber überwiegend mit Mitgliedern von Verbraucherverbänden besetzt ist[115], kann man davon ausgehen, daß die Informationen direkt an die Verbraucher weitergegeben werden.

Aus diesem Grunde bestehen auf nationaler Ebene keine weiteren Kontakte zu Verbraucherverbänden. Auf departementaler Ebene wird der Informationsaustausch in Zusammenarbeit mit der "Direction des Services Vétérinaires" fortgesetzt in Form von gezielten Aktionen, sogenannten "Alimentation Vacances" in Touristikzentren, die auf Antrag der regionalen Verbraucherverbände U.R.O.C. verschärft kontrolliert werden[116].

Mit dem Sektor Kontrolle beschäftigt sich auch die Analysenmethodenkommission des Landwirtschaftsministeriums[117]. Seit die "Commission Générale d'Unification des Méthodes d'Analyse" 1963 neu ins Leben gerufen wurde[118], ist sie ein wissenschaftlich attraktives Zentrum der Lebensmittelchemie geworden. Es sind bereits 40 Unterkommissionen gebildet worden, und das "Service ..." hat zwecks verstärkter Zusammenarbeit eine besondere Abteilung dafür eingerichtet[119].

An dieser Stelle sei noch eine nachahmenswerte Einrichtung des "Service ..." selbst erwähnt: seit 1963 gibt es die Abteilung "Centre National de Formation et de Perfectionnement"[120]. Hier werden die

---

114) Wobei das Ministerium anzweifelt, daß das I.N.C. sich auf seine Aufgaben beschränkt, vgl. Ministère de l'agriculture, "Le Service ...", S. 20; der Verfasser kann aber aus eigener Erfahrung die gute Informationsarbeit des I.N.C. bestätigen. Die zwei vom I.N.C. herausgegebenen Verbraucherzeitschriften "Consommateurs Actualité" und "50 millions" sprechen für sich.

115) Vgl. C.E.S., J.O. 17. 9. 1974, S. 1238

116) Vgl. Ministère de l'agriculture, "Le Service ...", S. 20

117) Art. 3 décret 22. 1. 1919, J.O. 31. 1. 1919

118) Siehe oben S. 139

119) Siehe Anhang

120) Siehe Anhang

Beamten des "Service ...; ausgebildet, in regelmäßigen Abständen mit dem neuesten Stand der Gesetzgebung vertraut gemacht, und das Centre führt auch eine Dokumentationsstelle[121].

Die Koordinierung der gesetzgeberischen Maßnahmen mit den übrigen betroffenen Ministerien (Finanzen, Gesundheit, Justiz, Handel und Handwerk, Industrie und Wissenschaft) durch das "Service ..." ist selbstverständlich und braucht nicht näher erläutert zu werden.

4. Arbeit des "Service ..." auf internationaler Ebene

Das "Service ..." nimmt auch Aufgaben auf internationaler Ebene wahr. Vor allem bei der Ausarbeitung des Gemeinschaftsrechts der EG wirken die Beamten des "Service ..." mit als Repräsentanten des französischen Landwirtschaftsministeriums. Dies geschieht meist auf Einladung der EG-Kommission bzw. deren Projektgruppen in Form von Arbeitstreffen in Brüssel. Im Rahmen seiner nationalen Kompetenzen ist das "Service ..." namentlich in folgenden Abteilungen der Kommission präsent: Gruppe 1 (Lebensmittelrechtsetzung), Gruppe 2 (Veterinärwesen), Gruppe 3 (Schädlungsbekämpfung und Pestizide), Gruppe 4 (Saatgut und Pflanzenschutz), Gruppe 6 (Futtermittel), Gruppe 7 (Obst und Gemüse), Gruppe 8 (Düngemittel)[122]. In diesen Bereichen nimmt das "Service ..." demnach direkten Einfluß sogar auf die EG-Rechtsetzung. Die Aufgaben der Durchführung (Verordnungen) und Umsetzung (Richtlinien) des EG-Rechts fallen ebenfalls dem "Service ..." zu[123] und beschränken insoweit natürlich dessen nationale Kompetenzen. Dies insbesondere seit der Vereinbarung vom 28. Mai 1969[124], die den "status quo" zwischen den Mitgliedstaaten regelte. Hiermit wurde den nationalen Gesetzgebern

---

121) Ministère de l'agriculture, "Le Service ...", S. 30

122) Ausführliche Unterteilung bei GALLON, aaO, S. 286, 287

123) Ausführlich dazu NGUYEN-THANH, aaO, Rdnr. 118-142

124) ABl. 1969, Nr. C 76, 1 (9)

eine Informations- und Wartepflicht bei Gesetzesvorhaben gegenüber der EG auferlegt, was praktisch eine Pflicht zur Vorlage der Gesetzesentwürfe bei der EG-Kommission bedeutet[125]. Das "Service ..." hat diese Entschließung zunächst ignoriert bis zum Jahre 1971[126]. In den folgenden Jahren wurden wichtige Verordnungsentwürfe jedoch der Kommission zugeleitet[127], und zwar in der Regel ein halbes Jahr vor ihrer endgültigen Verabschiedung[128].

Auch an der Ausarbeitung des "codex alimentarius" der gemischten Kommission von F.A.O. und W.H.O.[129] ist das "Service ..." beteiligt. Seine Beamten sind in fast allen Komitees als Repräsentanten Frankreichs vertreten. Das Sekretariat zur Festlegung der "allgemeinen Grundsätze" (principes généraux) ist Frankreich übertragen worden[130]. Das Landwirtschaftsministerium bezweifelt allerdings, daß hiermit wirklich ein internationales Lebensmittelrecht geschaffen werden könnte; die Normen hätten vielmehr für die Entwicklungsländer Bedeutung, die noch keine eigene Regelung haben[131]. In der Literatur jedoch wird dem "codex alimentarius" ein hoher Stellenwert eingeräumt[132].

---

125) Vgl. Ministère de l'agriculture, "Le Service ...", S. 15

126) Die BestrahlungsVO vom 8. 5. 1970, J.O. 12. 5. 1970, die KäseverpackungsVO vom 23. 6. 1970, neu décr. 22. 10. 1975, J.O. 28. 10. 1975, und die HöchstmengenVO Lebensmittel betr. die in Landwirtschaft und Zucht verwendeten Produkte vom 30. 7. 1971, J.O. 3. 8. 1971, wurden erlassen, ohne die Kommission zu informieren.

127) DetergentionVO vom 14. 3. 1973, J.O. 24. 3. 1973; KontaktmaterialienVO vom 12. 2. 1973, J.O. 15. 2. 1973; KennzeichnungsVO vom 12. 10. 1972, J.O. 14. 10. 1972; als der "status quo" mit Entscheidung vom 5. 3. 1973 für Eilfälle geändert wurde, griff das "Service ..." aber sogleich auf diese Klausel zurück und erließ die SpeiseölVO vom 12. 2. 1973, J.O. 15. 2. 1973, wiederum stillschweigend.

128) Vgl. GALLON, aaO, S. 292 ff

129) Siehe oben S. 87, 163

130) Siehe FOURGOUX/JUMEL, aaO, S. 203

131) Ministère de l'agriculture, "Le Service ...", S. 16

132) Vgl. FOURGOUX/JUMEL, aaO, S. 190-204

Auch der Europarat beschäftigt sich mit dem Lebensmittelrecht und hat vor allem auf dem Gebiet der Herstellung und des Handels mit Wein und Spirituosen, Gesundheitskontrolle von Lebensmitteln, Schutz vor giftigen Substanzen gute Arbeit geleistet[133]. Zwar wirkt das "Service ..." dort nicht mit, es respektiert aber die vom "Conseil de l'Europe" ausgehenden Empfehlungen[134].

Schließlich seien noch zwei Wirtschaftsorganisationen genannt, die sich am Rande mit dem Lebensmittelrecht befassen: die O.E.C.D. und die Wirtschaftskommission der Vereinten Nationen für Europa. Sie arbeiten auf dem Gebiet der Normung zusammen und haben schon einige Standards für Obst, Gemüse, Eier und Tiefkühlprodukte geschaffen[135]. Das "Service ..." nimmt hier jedoch keine Aufgaben wahr und unterhält zu den Organisationen auch keine intensiven Kontakte[136].

Zusammenfassend läßt sich sagen, daß das "Service ..." so weitreichende Kompetenzen hat wie wohl keine andere Verwaltungsbehörde in Frankreich. Bei der Erfüllung seiner vielfältigen Aufgaben auch im internationalen Rahmen arbeitet das "Service ..." immer mehr über das gesetzlich vorgeschriebene Maß hinaus mit anderen staatlichen, halbstaatlichen oder privaten Stellen zusammen. Durch die Einbeziehung der Wissenschaftler wird verhindert, daß die Gesetze nur von verwaltungsrechtlichen Gesichtspunkten geprägt sind. Bedauernswert ist jedoch, daß die große Bedeutung der Lebensmitteltechnologie noch oft verkannt wird[137].

---

133) Siehe MESSER, ZLR 1976, 249-261, 384-402

134) GALLON, aaO, S. 280

135) GALLON, aaO, S. 280

136) Vgl. Ministère de l'agriculture, "Le Service ...", S. 17/18

137) Vgl. F.A.O. - GERARD, aaO, S. 73

III. Rechtsschutz und Verwaltungskontrolle

1. Opportunität des Verwaltungshandelns

Wenn ein Gesetz vorsieht, daß Verordnungen zu seiner Anwendung erlassen werden, kann es im Prinzip erst wirksam werden, wenn diese Verordnungen in Kraft sind. Art. 11 des Gesetzes von 1905 sieht eine solche Ausfüllung durch "règlement d'administration publique" vor. Allerdings ist es eine Kann-Vorschrift, was bedeutet, daß die Verwaltung frei ist in der Entscheidung über deren Notwendigkeit. Der Verbraucher hat keine Möglichkeit, den Staat zu einem Handeln zu veranlassen. Auch wenn eine dringend für notwendig erachtete Verordnung nicht erlassen wird, begründet dies nach der Rechtsprechung des "Conseil d'Etat" nicht die Verantwortlichkeit des Staates[138]. Dieses Prinzip der "opportunité de la décision"[139] kann zu Lücken und Verzögerungen in der Gesetzgebung führen. Dies um so mehr, als "pressure groups" und politische Überlegungen Einfluß auf die Rechtsetzung haben[140] und manchmal trotz Warnung kompetenter Stellen dringende Maßnahmen verhindern[141].

2. Rechtsschutz gegen "actes administratifs"

Wenn die Verwaltung aber tätig wird, so muß der betroffene Bürger die Möglichkeit haben, diese Maßnahmen überprüfen zu lassen. Da die der Verwaltung in Art. 11 des Gesetzes von 1905 gegebene Ermächtigung fast unbegrenzt ist[142], nimmt sich die Kontrolle des Verwaltungshandelns dagegen bescheiden aus.

---

138) Dazu TOUBEAU, Rev. adm. 1961, 148

139) NGUYEN-THANH, aaO, Rdnr. 99

140) MEYNAUD, aaO, S. 266 f

141) So hatte z. B. der Conseil supérieur d'hygiène publique bereits 1948 die Anwendungsarrêtés für die bakteriologische Kontrolle von Speiseeis für dringend notwendig erachtet - sie erschienen am 13. 9. 1967, J.O. 17. 10. 1967

142) Vgl. oben S. 129 ff

a) Verwaltungsverfahren

Zunächst sind das Verwaltungsverfahren (recours administratif) und das Verwaltungsgerichtsverfahren (recours contentieux) zu unterscheiden. Zwischen beiden Verfahren besteht eine Wahlmöglichkeit. Das Beschwerde- oder Widerspruchsverfahren (auch recours amiable genannt) ist nicht Voraussetzung für den Verwaltungsprozeß. Innerhalb des Verwaltungsverfahrens gibt es wiederum zwei Wege: den "recours grâcieux" (etwa Gegenvorstellung), mit dem der Bürger sich an die den "acte administratif" erlassende Behörde wendet und den "recours hiérarchique" zur übergeordneten Behörde[143]. Grundlade für die heute geltenden Vorschriften ist die DezentralisierungsVO vom 25. 3. 1852, die in Art. 6 schon einen "recours hiérarchique" zum Minister vorsah[144]. Dieser Widerspruch, mit dem die Zweckmäßigkeit der Verwaltungsentscheidung bestritten wird, ist aufzufassen als "Bitte um eine neue Entscheidung"[145]. Normalerweise enthalten die lebensmittelrechtlichen Vorschriften keine Bestimmungen über den Rechtsschutz, in manchen Verordnungen ist der "recours grâcieux" aber ausdrücklich vorgesehen[146]. Es ist vorteilhaft, diesen Weg zu wählen, denn er ist unverbindlich und schließt ein späteres Verwaltungsgerichtsverfahren nicht aus[147].

b) Verwaltungsgerichtsverfahren

Die Klagefrist für den "recours contentieux" beträgt zwei Monate nach Veröffentlichung der Verordnung (acte réglementaire) oder Zustellung der Einzelentscheidung (décision individuelle)[148] oder

143) DE LAUBADERE, "Manuel ...", S. 97

144) Abgedruckt bei SINA, aaO, S. 224

145) RIOUFOL, aaO, S. 89

146) So z.B. in Art. 9 arrêté 7. 10. 1974, J.O. 20. 10. 1974, betreffend die Zulassung von Schädlingsbekämpfungsmittln.

147) Gleichzeitig bzw. während der Schwebezeit des Widerspruchs ist eine Klage jedoch nicht möglich: C.E. 11. 12. 1935, Rec. 1935, 1173

148) Zu der Unterscheidung siehe nachfolgend S. 238 f

Abschluß des Widerspruchsverfahrens[149]. Nach Ablauf der Frist ist die Klage unzulässig[150].

Die Klagearten unterscheiden sich erheblich von denen der VwGO. Eine Abgrenzung zwischen Anfechtungs- und Verpflichtungsklage entfällt. Auch Feststellungs- und Leistungsklage werden nicht unterschieden. Es gibt eine Schadensersatzklage (recours en indemnité), die aber für die Überprüfung der Verwaltungsmaßnahmen nicht von Bedeutung ist. Für den hier behandelten Bereich ist der "recours en annulation" wichtig. Ziel dieser Klage ist ausschließlich die Aufhebung der Maßnahme wegen "excès de pouvoir" ("Machtmißbrauch"). Das soll nachfolgend näher dargestellt werden:

"Le recours pour excès de pouvoir constitue l'instrument par excellence du contrôle de la légalité administrative"[151].

Es ist die Klage, mit der jedermann, der irgendwie betroffen ist, die Aufhebung einer rechtswidrigen vollziehbaren Entscheidung durch den Verwaltungsrichter begehren kann[152].

Bis zur Reform des Verwaltungsgerichtsverfahrens im Jahre 1953 gehörte der Rechtsstreit vor den "Conseil d'Etat". Nun gibt es zwei Instanzen: die Klage wird vor dem Verwaltungsgericht erhoben, danach besteht die Möglichkeit des "appel" beim "Conseil d'Etat"[153].

aa) Zulässigkeit

1. Erste Zulässigkeitsvoraussetzung ist, daß die angegriffene Maßnahme ein "acte administratif" ist. Der Begriff geht weit über den des deutschen Verwaltungsaktes hinaus. Zwar muß auch eine Ver-

---

149) Ord. 31. 7. 1945, Art. 49; décret 30. 9. 1953, Art. 3; loi 7. 6. 1956 betreffend die Fristen im Verwaltungsprozeß; vgl. DE LAUBADERE, "Manuel ...", S. 105

150) Mit Ausnahmen, C.E. 10. 7. 1964, R.D.P. 1964, 458

151) DE LAUBADERE, "Manuel ...", S. 99; siehe schon LAFERRIERE, aaO, Bd. 2, S. 21

152) VEDEL, aaO, S. 547

153) Décret 30. 9. 1953, J.C.P. 1953, 3, 18202

waltungsbehörde gehandelt haben, und die Maßnahme muß einen "caractère unilatéral" haben, womit Verwaltungs-Verträge ausgeschlossen sind[154]; andererseits sind aber sowohl Einzelakte wie Gesetze im materiellen Sinne (décrets und arrêtés), vor allem auch die auf Grund eines Gesetzes und zu dessen Anwendung erlassenen "règlements d'administration publique" und die nach Art. 38 der Verfassung erlassenen "ordonnances" (solange sie noch nicht vom Parlament angenommen sind) der verwaltungsgerichtlichen Kontrolle unterworfen[155]. Demnach ist die Klage vor dem Verwaltungsgericht gegen alle Verwaltungsakte nach deutschem Sprachgebrauch und gegen Verordnungen zulässig.

Das gilt auch, wenn die Maßnahmen nicht von einer Behörde selbst, sondern von Beliehenen ausgehen[156]. Auszuscheiden sind hingegen die sogenannten Regierungsakte (actes de gouvernement). Das sind Maßnahmen, die nicht ausschließlich der Verwaltung zuzurechnen sind, sondern Beziehungen zwischen öffentlichen Institutionen betreffen (z.B. zwischen Regierung und Parlament). Diese Regierungsakte sind gerichtlich nicht überprüfbar, die Klage ist unzulässig[157].

Außerdem ist die Klage unzulässig gegen Maßnahmen, die eine Entscheidung lediglich vorbereiten. Die Klage muß sich gegen einen "acte faisant grief" richten, eine Exekutiventscheidung. Das ist nicht der Fall bei Vorschlägen, Stellungnahmen, Auskünften, Rundbriefen und dergleichen sowie allen verwaltungsinternen Anweisungen, die den Einzelnen nicht binden[158]. Gerade diese Verwaltungsrundschreiben und innerdienstlichen Anordnungen sind aber im französischen Verwaltungsrecht ein heikles Problem[159]. Dies ist der

---

154) DE LAUBADERE, "Manuel ...", S. 102

155) C.E. grundsätzlich 6. 12. 1907, S. 1908, 3, 1

156) Organismes privés chargés de l'exécution d'un service public; C.E. 31. 7. 1942, D. 1942, 140

157) C.E. 28. 3. 1947, R.D.P. 1947, 95

158) Vgl. CHARLIER, J.C.P. 1954, 1, 1169

159) Siehe oben S. 146 ff

Grund, warum der "Conseil d'Etat" in zahlreichen Entscheidungen von dem Grundsatz "de minimis nun curat praetor" abgegangen ist und grundsätzlich entschieden hat, daß "circulaires" zu überprüfbaren Verwaltungsakten werden, wenn sie einen "caractère réglementaire" haben[160]. In dem Augenblick, wo sie die nachgeordneten Stellen nicht nur unterrichten über den Inhalt gesetzlicher Bestimmungen oder diese nicht nur interpretieren, sondern ihnen etwa hinzufügen, gehen sie über bloße "obligations hiérarchiques" hinaus[161]. Die "circulaire" ist aber kein

> "acte de pouvoir réglementaire. L'autorité de la circulaire n'est pas le pouvoir juridique de créer des situations de droit, elle est le pouvoir hiérarchique d'imposer des obligations qui ne sont telles que dans le cadre du service et par la menace de la répression disciplinaire; elle ne constitue qu'un ordre d'ordre."[162]

Dennoch haben sie "in den letzten dreißig Jahren durch den schlechten Gebrauch der Verwaltung den Platz noblerer Texte eingenommen und setzen Recht für Dritte oder stellen neue juristische Regeln auf"[163]. Es mag ein Beispiel aufgezeigt werden: nach der Verordnung von 1938[164] dürfen Obst und Gemüsesäfte nur als solche bezeichnet werden (jus de fruits, légumes), wenn sie auf natürliche Weise gewonnen werden. Durch "circulaire"[165] des Landwirtschaftsministers an die Beamten des "Service ..." wurde die Bezeichnung auch für die aus Konzentraten gewonnen Säfte zugelassen. Nach der

---

160) C.E. 22. 1. 1926, Rec. Leb. 1926, 68; C.E. 6. 10. 1961, Gaz. Pal. 1962, 1, 54; Rspr. seit 1916, vgl. RIVERO, thèse, S. 48

161) C.E. 13. 6. 1936 bei DE LAUBADERE, "Manuel ...", S. 183

162) RIVERO, thèse, S. 56

163) AYGUEBERE, Gaz. Pal. 1963, 1, doct. 57; Anm. PIERRON, J.C.P. 1963, 13146

164) Décret 1. 10. 1938, J.O. 2. 10. 1938

165) Circulaire 11. 8. 1972, J.O. 30. 8. 1972

Verordnung von 1938 hätte dies aber nur durch "arrêté" geschehen können. Auf die Klage eines Verbrauchers, der sich durch die Bezeichnung getäuscht sah[166], hob der "Conseil d'Etat" das Rundschreiben auf wegen seines "caractère réglementaire" und der Mißachtung der durch das Gesetz von 1905 und die VO von 1938 gesetzten Kompetenzregeln[167].

In den Fällen aber, wo die Grenze zwischen Interpretation und Rechtsetzung nicht ohne weiteres zu erkennen ist, sind die Gerichte zurückhaltend und weisen meist die Klage als unzulässig ab[168]. Eine klare Aussage kann diesbezüglich also nur insoweit gemacht werden, als die Klage zulässig ist, wenn die "verwaltungsinternen" Maßnahmen eindeutig rechtsetzenden Charakter haben.

2. Zweite Voraussetzung der Zulässigkeit ist die Prozeßfähigkeit (capacité d'ester en justice oder qualité d'agir). Der Kläger muß neben den allgemeinen Voraussetzungen ein Rechtsschutzinteresse (intérêt à agir) darlegen. Ein "intérêt suffisant" ist nur gegeben, wenn der Kläger "direct et personnel" betroffen ist[169]. Hieran werden aber keine großen Anforderungen gestellt[170], man will lediglich die Popularklage ausschließen[171]. So sind auch Vereinigungen und Verbände klagebefugt, wenn sie die Verletzung ihrer Interessen behaupten, die natürlich auch in der Verletzung von Interessen ihrer Mitglieder liegen kann[172]. Dabei reicht es aus, daß

---

166) Siehe "Que Savoir?" 1975, 1, 6

167) C.E. 13. 11. 1974, J.O. 5. 1. 1975

168) Siehe dazu die Zusammenstellung bei LEVANTAL, D. 1954, chr. 99 ff; FOURGOUX, Gaz. Pal. 1963, 2, doct. 43 ff

169) C.E. 7. 8. 1903, S. 1904, 3, 1; C.E. 13. 2. 1930, D.H. 1930, 255

170) So wurde z.B. die Klage eines Bürgers gegen die Rückstufung seiner Gemeindestraße zugelassen, C.E. 6. 2. 1931, S. 1931, 3, 86

171) DE LAUBADERE, "Manuel ...", S. 104

172) C.E. 28. 12. 1906, G.A. Nr. 18; vgl. bezüglich Berufs- und Verbraucherverbänden auch unten S. 282 ff

dieses Interesse ein ideelles (intérêt moral)[173] oder künftiges ist[174], es muß sich aber konkretisieren lassen[175].

Neben Frist und Form ist als vierte Zulässigkeitsvoraussetzung das Fehlen eines anderen Rechtsmittels (absence d'un recours parallèle) zu prüfen[176]. Dieser Punkt betrifft jedoch nur die Fälle einer speziellen Gerichtszuständigkeit (z. B. indirekte Steuern)[177].

bb) Begründetheit

Die Klage ist begründet, wenn der angegriffene "acte administratif" fehlerhaft ist. Das französische Verwaltungsrecht unterscheidet vier Fälle der Fehlerhaftigkeit (cas d'ouverture):

1. Unzuständigkeit (incompétance)

Die Unzuständigkeit muß von Amts wegen, also ohne daß sie vom Kläger vorgetragen wird, zu einer Aufhebung des "acte administratif" führen. Sie kann sachlich, örtlich und zeitlich bedingt sein[178]. Wegen der weiten Ermächtigung in Art. 11 des Gesetzes von 1905 sind Unzuständigkeitsklagen im Lebensmittelrecht ausgesprochen selten. Sie beschränken sich auf den Fall, wo ein "règlement d'administration publique" ohne Anhörung des Staatsrates erlassen wird[179]. Häufiger sind sie bezüglich der Beschlagnahmen, Zerstörung von Waren, vorläufigen Herstellungs- oder Verkaufsverboten, die von den Beamten des "Service ..." anläßlich ihrer Kontrollen

---

173) C.E. 8. 2. 1908, S. 1908, 3, 49

174) C.E. 11. 12. 1903, G.A. Nr. 13

175) C.E. 7. 1. 1944, R.D.P. 1944, 353

176) Siehe dazu GUILLIEN, "L'exception de recours parallèle", Paris 1934

177) DE LAUBADERE, "Manuel ...", S. 106 ff

178) VEDEL, aaO, S. 574

179) NGUYEN-THANH, aaO, Rdnr. 101

angeordnet werden[180]. Diese Maßnahmen werden im nächsten Punkt erörtert[181].

2. Formfehler (vice de forme)

Nur wesentliche Formfehler sind relevant, nicht die "begleitenden"[182]. "Formalités substantielles" sind solche, deren Beachtung die Rechte der Beschiedenen garantieren soll oder die zu einer anderen Entscheidung hätten führen können. Die Form hat im Verwaltungsrecht allgemein keine überragende Bedeutung und wird deswegen nicht überbewertet[183].

3. Ermessensmißbrauch (détournement de pouvoir)

Ein Ermessensmißbrauch liegt vor, wenn die Verwaltung ihre Befugnisse zu einem anderen als dem ihr anvertrauten Ziel ausübt. Das ist z.B. der Fall, wenn die Verwaltung eine Maßnahme nicht im öffentlichen Interesse trifft oder auch, wenn sie ein öffentliches Interesse wahrnimmt, das ihr in Wirklichkeit nicht übertragen worden ist. Ob ein "détournement" vorliegt, kommt demnach entscheidend auf das mit dem "acte administratif" verfolgte Ziel an, das immer nur ein öffentliches sein darf. Sobald private Interessen mit hineinspielen, die unter dem Deckmantel der Verwaltungsautorität verwirklicht werden sollen, liegt ein Ermessensmißbrauch vor (Rache, Übervorteilung, Schikane)[184]. Wenn die Verwaltung aber ohnehin verpflichtet war, die Maßnahme zu treffen (nur auf andere Art), so ist das "détournement" kein Aufhebungsgrund[185].

---

180) Vgl. F.A.O. - GERARD, aaO, S. 87

181) Siehe S. 244 ff

182) DE LAUBADERE, "Manuel ...", S. 113

183) Vgl. VEDEL, aaO, S. 448

184) C.E. 23. 12. 1932, abgedruckt bei DE LAUBADERE, S. 115, Fußn. 2

185) C.E. 25. 6. 1937, S. 1937, 3, 121

4. Gesetzesverletzung (violation de la loi)

Die Gesetzesverletzung bezeichnet alle übrigen Fälle der Rechtswidrigkeit mit Ausnahme der Unzuständigkeit, der Formfehler- und des Ermessensmißbrauchs[186]. Sie liegt vor, wenn der materielle Inhalt des "acte administratif" mit einer höherrangigen Norm im Widerspruch steht. Eine Gesetzesverletzung kann im Rechtsirrtum liegen, nämlich in der falschen Anwendung oder Auslegung von Gesetzen oder aber in der falschen materiellen Feststellung des Sachverhalts und seiner fehlerhaften juristischen Qualifikation[187]. Dies ist z.B. der Fall, wenn die Behörde meint, sie dürfe generell keine Erlaubnis zum Bestrahlen von Lebensmitteln erteilen, obwohl Art. 2 der Verordnung von 1970[188] dies vorsieht.

Eine Gesetzesverletzung kann auch in der tatsächlichen Begründung liegen (inexistence des motifs). Neben dem Rechtsirrtum kann die Begründung einen Tatsachenirrtum enthalten, der zur Rechtswidrigkeit und Aufhebung der Maßnahme führt[189]. Das ist aber nicht bei jeder "inexistence des motifs" so. Man muß bedenken, daß die Verwaltung grundsätzlich nicht verpflichtet ist, ihre Entscheidungen zu begründen[190]. Wieweit der Richter dann die Tatsachen prüfen darf[191], hängt von der Frage ab, ob eine Ermessensentscheidung (pourvoir discrétionnaire) oder gebundenes Handeln (compétence liée) vorliegt[192].

186) Vgl. CONSTANTINESCO/HÜBNER, aaO, S. 87

187) VEDEL, aaO, S. 449

188) Décret 8. 5. 1970, J.O. 12. 5. 1970

189) C.E. 4. 4. 1914, S. 1917, 3, 25

190) DE LAUBADERE, "Manuel ...", S. 117

191) Vgl. C.E. 20. 1. 1922, D. 1924, 3, 36

192) Vgl. auch C.E. 14. 1. 1916, S. 1922, 3, 10; C.E. 28. 5. 1954, R.D.P. 1954, 509

cc) Urteil

Die Entscheidung des Gerichts ist absolut, sie wirkt nicht nur für oder gegen den Kläger. Ist die Klage zulässig und begründet, so wird der "acte administratif" mit Wirkung ex tunc aufgehoben[193] (die teilweise Aufhebung ist auch möglich, spielt aber nur im Rahmen von "nominations irrégulières" eine Rolle[194]). Die Konsequenzen aus der Entscheidung (z.B. entgegengesetzte Maßnahme) kann das Gericht nicht ziehen, sie bleiben der Verwaltung überlassen[195].

IV. Kontrolle und Durchführung der Gesetze

1. Allgemeines

Das Recht des Staates zur Intervention auf dem Gebiet der "fraudes alimentaires" wird heute auch von den Ökonomen liberalster Prägung nicht mehr bestritten. Zwar gibt es nach wie vor gegen "fraudes" kein wirksameres Mittel als die Wachsamkeit des Verbrauchers, trotz starken Mißtrauens gegenüber der Verwaltung und den Chemikern wird aber niemand mehr argumentieren, der Verbraucher möge sich selbst verteidigen[196]. In der Ermächtigungsgrundlage des Art. 11 des Rahmengesetzes von 1905 wurde der Verwaltung die Durchführung des Gesetzes aufgetragen. Ferner bestimmt die Verwaltung nach Abs. 5 die für die Erforschung und Feststellung von Verstößen gegen das Gesetz und die dazu ergangenen Verordnungen

---

193) C.E. 31. 3. 1957, G.A. Nr. 112

194) C.E. 10. 6. 1910, Rec. C.E., 450

195) DE LAUBADERE, "Manuel ...", S. 117/118; allg. Lit. zum öff. Recht: BECKER, "Der Einfluß des französischen Verwaltungsrechts auf den Rechtsschutz in den EG"; HOFFMANN, "Das Ermessen der Verwaltungsbehörden in Frankreich"; GOOSE, "Die Normenkontrolle durch den französischen Conseil Constitutionnel"

196) Vgl. noch KRAINIK, aaO, S. 217, 222; CLEMENTEL, "Un drame économique (histoire des délimitations)", Paris 1914

zuständigen Behörden und deren Befugnisse. Mit dieser Bestimmung gab der Gesetzgeber die früher geübte zu strenge Auslegung des Prinzips der Gewaltenteilung auf[197]. So ist seit über 70 Jahren (die erste VO datiert vom 31. 7. 1906[198]) die Ermittlung von Täuschungen und Verfälschungen sowie die Überwachung der zahlreichen Strafvorschriften über den Verkehr mit Lebensmitteln die Hauptaufgabe des "Service ..."[199].

2. Verwaltungsprinzipien

Im übrigen haben die Präfekten die Durchführung der Gesetze in den Departements zu sichern (in Paris der Polizeipräfekt (Art. 2 der VO von 1919))[200]. Der Präfekt vertritt die Gewalt des Staates in den Departements, er wacht über die Ausübung der Gesetze, Verordnungen und Entscheidungen der Regierung, er ist der Delegierte der Regierung und der unmittelbare Vertreter eines jeden Ministers in den Departements[201]. Der Bürgermeister hat grundsätzlich nur Befugnisse auf munizipaler Ebene (Art. 75, 1 Code Adm. communale) und übt die allgemeine Polizeigewalt in der Gemeinde aus (Art. 96 Code municipale). Dies sind die zwei Stufen der Exekutive: der Zentralgewalt untersteht auf departementaler Ebene nur der Präfekt. Die Ausübung der Verwaltungsaufgaben ist dabei beherrscht vom Grundsatz der Gesetzmäßigkeit: alle Behörden müssen sich in ihren Entscheidungen an die Gesamtheit der lebensmittelrechtlichen Regeln halten, die in der Mehrzahl formelle Gesetze sind[202]. Ebenso müs-

---

197) GARDENAT, aaO, Rdnr. 24

198) Zur Geschichte siehe TOUBEAU, aaO, S. 73 ff

199) DEHOVE, aaO, S. 55; BIGWOOD/GERARD, aaO, Bd. IV, S. 28/29; ROCHE, "L'inspecteur du Service de la Répression des fraudes: statut, rôle, attributions", Toulouse 1933

200) Décret 22. 1. 1919, J.O. 31. 1. 1919

201) Art. 1 décr. 14. 3. 1964, J.O. 20. 3. 1964

202) RIVERO, "Droit administratif", Rdnr. 263; DE LAUBADERE, aaO, Rdnr. 362; beachte aber die Fülle der "circulaires"!

sen Gewohnheitsrecht und die gerade im Lebensmittelrecht so wichtigen Handelsbräuche[203] beachtet werden sowie der Grundsatz, daß die Verwaltung ihre Befugnisse nur im öffentlichen Interesse ausüben darf[204]. Durch diese Regeln wird die Verwaltung entweder zu einem bestimmten Handeln gezwungen (compétence liée), oder sie entscheidet im Sinne der verfolgten Ziele nach Zweckmäßigkeit[205]. Die Verwaltung kann nach ihrem Ermessen handeln (pouvoir discrétionnaire), wenn sie ein Recht, aber keine Pflicht zum Einschreiten hat. Das Ermessen kann sich jedoch nicht auf Zuständigkeit, Form, Ziel beziehen, sondern nur auf den Gegenstand des Handelns selbst[206]. Dabei sind die Grenzen zwischen Ermessen und Pflicht zum Handeln oft fließend: bei unbestimmten Rechtsbegriffen, z.B. bei der Frage, ob ein Lebensmittel der menschlichen Gesundheit schädlich ist oder nicht, kann die Erforderlichkeit des Eingreifens durch objektive Umstände vorgeschrieben (z.B. erkennbare Toxizität) oder nach subjektiver Einschätzung nur geboten sein[207]. Die Unterscheidung ist aber wichtig, weil das Verwaltungshandeln zum Schutz des einzelnen überprüft werden kann, nicht jedoch, soweit es im Ermessen der Verwaltung lag (anders bei Ermessensmißbrauch = détournement de pouvoir[208]).

3. Personal

Das "Service ..." kann die anfallende Arbeit nicht allein bewältigen. Viele der im vorigen Punkt genannten Organisationen wirken auch bei der Durchführung der Gesetze mit, vor allem in den Randbereichen des Lebensmittelrechts oder konnexen Materien. So z.B. die

---

203) Siehe oben S. 220/221 mit Verweisen

204) C.E. 14. 4. 1961, Rev. dr. publ. 1961, 555

205) DE LAUBADERE, aaO, Rdnr. 382

206) WALINE, aaO, Rdnr. 682, 683; VEDEL, aaO, Rdnr. 232, 233

207) RIVERO, "Droit administratif", Rdnr. 264, 265

208) Siehe dazu CONSTANTINESCO/HÜBNER, aaO, S. 86, 88; siehe oben Rechtsschutz S. 235 ff

"Direction générale de la concurrence et des prix"; in Paris die "Direction de la police économique"[209]. Besonders zu nennen sind das Pflanzenschutzamt[210], die Label-Kommission, die Gesundheits- und Pharmaüberwachung (médecins-inspecteurs de la Santé, inspecteurs des pharmacies[211]), das "Institut scientifique et technique des pêches maritimes", im Kampf "contre la pollution des aliments"[212]. Die eigentliche Überwachungsarbeit wird von den "Services d'inspection" auf dem Lande geleistet. Auch hier stehen die rund 1000 Beamten des "Service ..." nicht allein[213]; ihnen hilft nach Art. 4 der DurchführungsVO von 1919 ein ganzes Heer von Beamten anderer Organisationen:

Die "police judiciaire" nach Art. 16, 20 CPP[214], Veterinär- und Medizinalinspekteure der Departements, Beamte des Fischereiamtes, des Eichamtes, des Zolls, des Steueraußendienstes, der Handels- und Preisüberwachung, die vom Landwirtschaftsminister und nach Art. 65 des Finanzgesetzes 1912[215] zugelassenen Staatsbeamten. Hierbei sind die letzten beiden Gruppen besonders interessant, weil diese Beamten im Bedarfsfalle (das heißt nach dem Finanzgesetz auf Antrag von Präfekten, Bürgermeistern, Landwirtschafts- und Handelsverbänden und auch der Verbrauchervereinigungen) auf

209) Vgl. BIHL, Gaz. Pal. 1975, 2, doct. 735 f

210) LEVI, aaO, S. 72

211) Sondereinheiten für Schiffe, Armee und Zoll, décrets vom 31. 8. 1910 und 24. 5. 1921, J.O. 3. 9. 1910 und 11. 6. 1921

212) SOUVERAIN, "Environnement ...", S. 20

213) BIHL, Gaz. Pal. 1975, 2, doct. 736

214) Sie ist mit der Aufklärung von Straftaten befaßt, jedoch nicht identisch mit der Kriminalpolizei (police criminelle); das Personal rekrutiert sich aus der Verwaltungspolizei (police administrative), unterscheidet sich von ihr aber dadurch, daß sie der Aufsicht der Staatsanwaltschaft unterliegt und an deren Weisungen gebunden ist, vgl. CONSTANTINESCO/HÜBNER, aaO, S. 106

215) Ein Sondergesetz betreffend die Rekrutierung von Überwachungsbeamten, loi 27. 2. 1912, J.O. 28. 2. 1912

departementaler und kommunaler Ebene beliebig eingesetzt werden können.

Die wichtigsten Helfer sind zweifellos die Beamten der "Services Vétérinaires", die die Bereiche der Futtermittel (insbesondere Antibiotika, Kokkidiostatika, Oestrogene)[216], der Lebensmittel tierischer Herkunft[217] und der Lebensmittelhygiene allgemein (nach dem "règlement sanitaire départemental")[218] maßgeblich kontrollieren. Hier werden die Beamten des "Service ..." nur "gelegentlich" tätig[219]. Die Kontrolle der Schädlingsbekämpfungsmittel fällt in die Kompetenz des Pflanzenschutzamtes[220]. Das "Service ..." verfügt ferner über Spezialbrigaden, die nicht regional eingesetzt werden, sondern auf nationaler Ebene arbeiten. Im Lebensmittelbereich sind es die "Brigade nationale de contrôle des produits horticoles et avicoles" (Obst und Gemüse, Eier und Geflügel) und die "Brigade de contrôle des vins et spiritueux à appellation d'origine" (Ursprungsbezeichnungen für Wein und Spirituosen)[221]. Erwähnenswert ist auch die freiweillige Kontrolle, die sich in Frankreich entwickelt hat. Vor allem im Bereich der Futtermittelherstellung haben sich zahlreiche Fabrikanten (1956 waren es schon 540[222]) auf vertraglicher Basis einer freiwilligen Kontrolle durch das 1947 gegründete "Institut professionnel de contrôle et de recherches scientifiques des industries de l'alimentation animale" unterworfen. Sie wollen hiermit eine Qualitätsverbesserung erreichen und die Lauterkeit des Wettbewerbs sichern.

---

216) SOUVERAIN, "Environnement ...", S. 23

217) Décret 21. 7. 1971, J.O. 1. 8. 1971, Art. 5

218) Siehe oben S. 68

219) Vgl. SOUVERAIN, Alim. et vie 1955, 127-154

220) Vgl. RIOUFOL, aaO, S. 190 ff

221) Zur internen Organisation ausführlich GALLON, aaO, S. 39 ff; vgl. auch LEGENT-FOURNES, "Etude juridique du contrôle chimique des vins"

222) Vgl. dazu insgesamt F.A.O., "Aliments ...", S. 60

4. Ausrüstung

Das wichtigste Instrument im Bereich der repressiven Kontrolle sind heute die Labors. Neben ihrer ursprünglichen Forschungsaufgabe haben diese zu prüfen, ob die Lebensmittel den gesetzlichen Anforderungen entsprechen. Das "Service ..." verfügt nur über sechs staatliche Labors[223]. Das bekannteste davon ist das Zentrallabor in MASSY. Insgesamt arbeiten aber etwa 75 Labors (departementale und städtische) auf dem Sektor der Lebensmittelkontrolle, etwa 30 davon gehören den "Services Vétérinaires"[224]. Rund 55 der Labors können nur bakteriologische Untersuchungen vornehmen, 40 physikalisch-chemische und 20 chemische und bakteriologische Analysen[225]. Auf die Verfahrensfragen wird sogleich eingegangen werden.

Zu den überseeischen Besitzungen sei noch folgendes angemerkt: die Bedeutung der Ausdehnung des Anwendungsbereichs des Lebensmittelrechts über das Gebiet des Mutterlandes hinaus ist nicht recht einzuschätzen, zumindest was die Kontrollen anbetrifft. Es gibt zwar auch in den D.O.M. Kontrollbeamte[226], aber keine offiziellen Labors zur Untersuchung von Lebensmitteln und Analyse von Proben. Bei der verwaltungstechnischen Gliederung des Landes in 24 Kontrollbezirke des "Service ..." (circonscriptions divisionnaires) wurden die Überseedepartements dem "Service Central" in Paris zugeschlagen[227]. Eine exakte Durchführung der Gesetze in den D.O.M. ist bei einer derartigen Zentralisierung wohl nicht gewähr-

---

223) Zu den Gründen siehe schon S. 129

224) Ausführlich GALLON, aaO, S. 43 ff

225) Ministère de l'agriculture, "Le Sercice ...", S. 29/30

226) Z.B. für die Kontrolle der Meß- und Wiegeinstrumente durch einen inspecteur im D.O.M. Guyana, décret 12. 3. 1963, J.O. 25. 3. 1963

227) Ministère de l'agriculture, "Le Service ...", S. 31/32, 35/36

leistet oder nur schwer zu erreichen. Die geographischen und kulturellen Gegebenheiten lassen kaum Verbesserungen zu.

5. Durchführung der Kontrollen

a) Allgemeines

Es zeigte sich schon, daß die Kontrolle auf verschiedene Art und nach verschiedenen Methoden durchgeführt werden kann. Nicht jede Kontrolle läuft über ein Labor. Dies ist nur erforderlich, wenn die Beschaffenheit der Ware, Kontaktmaterialien oder Einrichtungen nicht im Wege der direkten Kontrolle (constatation directe) an Ort und Stelle festgestellt werden kann. Das sind die beiden Arten der traditionellen repressiven Kontrolle. Daneben setzt sich mit der Anwendung des Verbotsprinzips immer mehr die präventive Kontrolle durch, die nicht erst im Stadium der Verteilung der Lebensmittel stattfindet, sondern bereits bei der Herstellung. Durch diese Vorverlagerung soll die Qualität der auf den Markt gelangenden Lebensmittel verbessert werden. Die Produktionskontrolle kann sogar erzieherisch auf die Hersteller wirken[228]. Die Unternehmer sollen informiert und so spätere Bestrafungen verhindert werden[229]. Ferner üben die Beamten sogenannte "Kontrollen zweiten Grades"[230] aus, d.h. sie prüfen die Wirksamkeit einer beruflichen Selbstkontrolle[231] oder überwachen Geschmackprüfer oder die Einhaltung technischer Regeln, die z.B. die Verleihung der "labels agricoles" rechtfertigen. In der Regel werden die Kontrollen stichprobenweise durchgeführt (méthode du sondage), manche aber auch ganz systematisch wie bei Obst und Gemüse, das zum Export bestimmt ist.

---

228) Vgl. NGUYEN-THANH, aaO, Rdnr. 238

229) Circulaire vom 28. 3. 1963 (unveröffentlicht) betreffend die Modalitäten der präventiven Kontrolle; DEHOVE, aaO, S. 55

230) Ministère de l'agriculture, "Le Service ...", S. 21

231) Siehe oben S. 248

Die für Ein- und Ausfuhr geltenden Normen wurden bereits genannt[232]. Allerdings liegt die Kontrolle hier ausschließlich in den Händen der Zoll- und Steuerbeamten. Da diese aber an der Bekämpfung der "fraudes" teilhaben, kann man sagen, daß bei Exportwaren die gleichen Kontrollen durchgeführt werden wie bei den im Inland vermarkteten Produkten. Zusätzlich werden den kontrollierten Exportartikeln aber "certificats de qualité à l'exportation" verliehen, deren Wert nicht recht einzuschätzen ist, da diese auch von privaten und Berufsorganisationen vergeben werden[233]. Die Einfuhr nicht den französischen Normen entsprechender Ware ist nicht strafbar, sondern erst deren Feilbieten zum Verkauf (Art. 30-I Landwirtschaftsorientierungsgesetz). Die Kontrolle setzt aber wie bei der Ausfuhr bereits an der Grenze an. Die Bestimmung schafft lediglich Erleichterungen für die Durchfuhr[234]. Die Sanktionen gehen im Bereich des internationalen Warenverkehrs sehr weit[235].

Nach Art. 5 der Verordnung von 1919 können die Beamten frei die ihnen zustehenden Befugnisse ausüben. Die Vorschrift nennt in wörtlicher Übereinstimmung mit Art. 4 Abs. 1 Nr. 1 des Gesetzes von 1905 und in Anlehnung an die Ermächtigung in Art. 11 Abs. 3 zunächst die Orte, an denen Kontrollen durchgeführt werden dürfen: Läden, Lager, Häuser, Verkaufwagen, Werkstätten, Weinlagerstätten, Ställe, Fabrikationsräume, jedoch nur, soweit dort zum Verkauf bestimmte Produkte lagern. Diese Einschränkung gilt nicht für Verkaufsniederlagen, Schlachthäuser, Bahnhöfe, Häfen, Messen, Markthallen und Märkte[236]. Art. 5 Abs. 2 schränkt diese Kompe-

---

232) Siehe oben S. 75 ff, 134

233) FOURGOUX/JUMEL, aaO, S. 188; siehe dazu auch TOUBEAU, Lois nouv. 1939, 1, 93

234) Siehe aber cass. crim. 12. 2. 1964, D. 1965, 808, wo die Kompetenz der französischen Gerichte grundsätzlich auch dann bejaht wird, wenn die Ware nicht für den französischen Markt bestimmt ist, mit Anm. FOURGOUX

235) Siehe dazu S. 277, 297 ff

236) Zum Begriff der "destination à la vente" siehe schon S. 113

tenzen aber gleich wieder ein: soweit es sich um Betriebe handelt, die nicht der Gewerbesteuerpflicht unterliegen, dürfen die Beamten diese gegen den Willen der Inhaber nur betreten und Kontrollen nur ausführen kraft richterlicher Anordnung[237]. Auch Probenahmen und Beschlagnahmen dürfen bei diesen Personen nur erfolgen, soweit die Waren zum Verkauf bestimmt sind.

Diese Vorschrift ist wohl nur damit zu erklären, daß der Gesetzgeber Rücksicht auf das Kleingewerbe und die Minderkaufleute nehmen wollte. Ihr Nutzen und ihre Berechtigung sind nicht offenbar. Die Bestimmung verhindert zwar ein unmittelbares Einschreiten der Beamten; verweigert der Inhaber ihnen aber den Zutritt, so ist bei dem geringsten Verdacht die richterliche Anordnung schnell beschafft, zumal die Polizeibeamten die Kontrollbeamten bei der Erfüllung ihrer Aufgaben zu unterstützen haben (Art. 6 Abs. 1 der DVO). Die Bestimmung führt also nur zu Verzögerungen und verursacht für den Fall, daß sich der Verdacht gegen den Betroffenen bestätigt, höhere Kosten. Gibt der Inhaber des Betriebes sein Einverständnis, so ist dies in dem vom Kontrollbeamten anzufertigenden Protokoll festzuhalten (Art. 5 Abs. 2, Art. 5 bis Abs. 1). Über alle ihre Feststellungen haben die Beamten Protokoll zu führen. Besonders im Falle einer Probenahme müssen äußerst präzise Angaben gemacht werden (Art. 11 Abs. 2 der DVO)[238].

b) Produktionskontrolle

In einigen lebensmittelrechtlich relevanten Bereichen gibt es die Produktionskontrolle schon lange; so z.B. die Schlachttier- und

---

237) "Dans les locaux particuliers tels que chais, étables ou lieux de fabrication appartenant à des personnes non patentées ou occupés par des exploitants non patentés, ils ne peuvent pénétrer et procéder auxdites opérations contre la volonté de ces personnes ou exploitants qu'en vertu d'une ordonnance du juge de paix du canton" (jetzt juge d'instance = Amtsrichter).

238) Siehe nachfolgend S. 259 ff

Fleischbeschau[239], die Kontrolle von Fischereierzeugnissen für Konserven und Halbkonserven[240] sowie von Schädlingsbekämpfungsmitteln[241]. Aber kein Text enthält Regeln, die die Gesamtheit der lebensmittelrechtlichen Produktionskontrolle betreffen. Die Verordnung von 1919 hat nur die Repressivüberwachung geregelt. Auch die nach Art. 11 Abs. 7 des Rahmengesetzes mögliche Überwachung der Produktionsstätten betrifft nur die zum Verkauf bestimmten fertigen Produkte. Obwohl seit etlichen Jahren die Erkenntnis gewonnen wurde, daß ein wirksamer Verbraucherschutz nicht erst im Stadium der Vermarktung der Lebensmittel ansetzen kann, hat man bisher doch nicht gewagt, das Betriebs- oder Geschäftsgeheimnis der Hersteller anzutasten[242]. Die Herstellungsverfahren müssen nicht offenbart werden. Die "Commission du commerce du IVe Plan" hatte dies vergeblich gefordert[243].

Immerhin aber sieht das Landwirtschaftsorientierungsgesetz von 1960 in Verbindung mit Art. 21 des Ergänzungsgesetzes von 1962[244] im Hinblick auf eine Qualitätsverbesserung landwirtschaftlicher Erzeugnisse eine Produktionskontrolle vor. Sie soll sich beziehen auf die Rohware, Installationen und Apparate der Produktionsstätten, die angewendeten Verfahren[245]. Die Modalitäten sind in einem Rundschreiben vom 28. 3. 1963 niedergelegt, das in der Literatur heftig kritisiert worden ist[246]. Das liegt vor allem daran, daß diese Pro-

---

239) Jetzt décret 21. 7. 1971, J.O. 1. 8. 1971, in Anwendung der Art. 258, 259, 262 CR

240) Décret 30. 12. 1960, J.O. 7. 1. 1961

241) Praktisch seit dem Basisgesetz vom 2. 11. 1943, J.O. 4. 11. 1943

242) NGUYEN-THANH, aaO, Rdnr. 237, 238, 258 mit Hinweis auf das deutsche Recht, das übrigens auch in § 41 Abs. 3 Nr. 3 LMBG die Herstellungsbeschreibungen noch ausklammert

243) NGUYEN-THANH, aaO, Rdnr. 258

244) loi complémentaire 8. 8. 1962, J.O. 10. 8. 1962

245) Vgl. BIGWOOD/GERARD, aaO, Bd. IV, S. 32

246) FOURGOUX, Rev. conserve 1963, 171 ff; 1964, 146 ff

duktionskontrolle nicht obligatorisch, sondern dem Einverständnis des Betroffenen unterworfen ist[247]. Es handelt sich also um eine sehr "vorsichtige" Kontrolle, die sich deutlich von der repressiven Kontrolle unterscheidet. Sie verlangt von den Beamten des "Service ...", das seither den Zusatz "et du contrôle de la qualité" führt, eine "liebenswerte Autorität", die es ihnen ermöglicht, dem besuchten Unternehmer klarzumachen, daß die in seinem Betrieb durchgeführten Nachforschungen nicht vom Verdacht der Non-Konformität seiner Produkte motiviert sind[248]. Es soll eine Art Dialog zwischen zwei Partnern sein, wobei der Beamte den Hersteller über die bestehenden Rechtsnormen informiert und der Unternehmer auf die Probleme bei der Produktion hinweist[249]. Man kann deswegen auch von einer vertraglichen Kontrolle im Rahmen der landwirtschaftlichen Orientierungspolitik sprechen[250]. Durch häufige Besuche soll ein Bild über die Leistungsfähigkeit des Unternehmens und die Qualität seiner Produkte gewonnen und in einem "bulletin de contrôle" festgehalten werden[251], etwa auch im Hinblick auf die spätere Verleihung eines "label"[252]. Vorläufig beschränkt sich die Produktionskontrolle noch auf folgende Produkte:

1. Lebensmittel: Milch, Schmelzkäse, Margarine, Speiseöl, Gewürze, Konserven, Kaffee, Tee, Kakao, Schokolade, Teigwaren, Konfitüre, Suppen, Essig.

2. Getränke: Bier, Mineral- und Tafelwässer, Limonaden, Fruchtsäfte.

---

247) DEHOVE, aaO, Rdnr. 3-70, S. 81

248) GALLON, aaO, S. 91; circ. 28. 3. 1963

249) Ministère de l'agriculture, "Le Service ...", S. 23

250) Vgl. F.A.O. - GERARD, aaO, S. 88

251) Circ. 28. 3. 1963; DEHOVE, aaO, Rdnr. 3-71; im Gegensatz zum Überwachungsprotokoll bei der repressiven Kontrolle

252) F.A.O. - GERARD, aaO, S. 89; jetzt modifiziert durch Art. 34 des ÄndG zum Landwirtschafts-OrientierungsG vom 10. 1. 1978, J.O. 11. 1. 1978, S. 301

3. Sonstige Produkte: Saatgut und Pflanzen, Dünger und Bodenverbesserungsmittel, Schädlingsbekämpfungsmittel, Futtermittel (nur in größeren Fabriken).

Durch circulaire vom 3. 8. 1966 sind diätetische Lebensmittel dazugekommen[253].

Der Besuch endet normalerweise - aber nicht notwendig - mit einer Probenahme vom fertigen Produkt. Allerdings nicht nach den Vorschriften der Verordnung von 1919; es wird nur ein Exemplar gezogen, da eine "expertise contradictoire" nicht vorgesehen ist[254]. Der Probe wird ein Etikett beigefügt, mit dem das Produkt auf den Markt kommen soll[255]. Das Analyseergebnis wird dem Betroffenen nur mitgeteilt, wenn es Mängel des Produktes aufzeigt. Allerdings kann der Unternehmer auch strafrechtlich verfolgt werden, wenn die Produktionskontrolle eine "fraude" oder "mauvaise foi" desselben offenlegt. Meist wird dann aber nur eine Verwarnung (avertissement) ausgesprochen[256]. Dieses Verfahren ist kritisiert worden. FOURGOUX/JUMEL[257] stellen an die vorbeugende Kontrolle Forderungen, die in vollem Umfang zu unterstützen sind:

1. sie muß obligatorisch werden und uneingeschränkt repressive Maßnahmen ermöglichen;
2. die Probenahme muß nach den allgemeinen Regeln der Verordnung von 1919 erfolgen und eine "expertise contradictoire" vorsehen;
3. das "bulletin" und die Analyseergebnisse müssen dem Betroffenen in jedem Fall mitgeteilt werden;
4. die Kontrolle muß bis zum Ursprung gehen, die gesamte Rohware und alle Produkte aus dem Lebensmittelbereich betreffen;
5. der Hersteller muß die Möglichkeit haben, auf seine Kosten das

253) DEHOVE, aaO, S. 81 ff; GALLON, aaO, S. 91 f
254) Siehe dazu nachfolgend Probenahme, Analyse, streitige Gutachten
255) Circ. 28. 3. 1963; DEHOVE, aaO, Rdnr. 3-72
256) Ministère de l'agriculture, "Le Service ...", S. 23
257) FOURGOUX/JUMEL, aaO, S. 158/159

"Service ..." zwecks Überprüfung der zu verarbeitenden Rohware anzufordern.

Wegen der ängstlichen Zurückhaltung der Verwaltung hat die vorbeugende Kontrolle den Durchbruch noch nicht geschafft. Leider gibt es auch keine Statistik über den Umfang der nach den genannten Modalitäten durchgeführten einvernehmlichen Kontrollen.

c) "Constatation directe"

Bei der direkten Kontrolle an Ort und Stelle haben die Beamten weitreichende Befugnisse: Zunächst haben die überprüften Personen alle Geschäftsunterlagen vorzulegen, die die Beamten für die Überprüfung für erforderlich halten (Kaufverträge, Rechnungen, Auftragsbestätigungen, Lieferscheine usw., Art. 6 Abs. 4 DVO). Auch die Transportunternehmer, die ja nicht selbst kontrolliert werden, sind gehalten, die zur Ware gehörenden Begleitpapiere einsehen zu lassen (Art. 6 Abs. 2 DVO). Bei solchen Befugnissen brauchen die Beamten keine Durchsuchungsbefehle[258], zumal die Betroffenen harte Strafen zu erwarten haben, wenn sie die Beamten bei der Ausübung ihrer Befugnisse behindern[259].

Daneben sind auch die verschiedenen Behörden verpflichtet, den Beamten des "Service ..." die von ihnen benötigten Informationen zu geben (Art. 6 Abs. 3 DVO)[260]. Damit ist auch die lange und heftig diskutierte Frage seit der Änderung der DurchführungsVO im Jahre 1972 beantwortet, ob etwa die Beamten der Steuerfahndung und die Finanzbeamten "fraudes" anzeigen müssen, die sie gelegentlich der Ausübung ihrer Tätigkeit erfahren[261], da diese nicht wie die anderen Beamten auf departementaler Ebene dem Präfekten unterstehen.

---

258) Siehe nachfolgend Beschlagnahme

259) Siehe S. 291

260) Siehe dazu bereits S.127 zu Art. 10 des Rahmengesetzes

261) Vgl. TOUBEAU, "Fraudes et falsifications", S. 85

Mittels dieser Unterlagen können die Beamten vor allem die Zusammensetzung und die Herkunft der Waren überprüfen (vgl. dazu Art. 1 Nr. 1, 2, Art. 2 Nr. 2, 3, Art. 3, Art. 4, Art. 10 des Rahmengesetzes). Weiterhin bezieht sich diese direkte Kontrolle auf Maße, Gewichte und sonstige Instrumente, die die Quantität der Ware betreffen (vgl. Art. 1 Nr. 3, Art. 2 Nr. 1, 2, Art. 4 Abs. 1 Nr. 2, Abs. 4 des Gesetzes von 1905); die Beschaffenheit der Verpackungen und Behälter (VO vom 12. 2. 1973)[262]; ihre Kennzeichnung (VO vom 12. 10. 1972[263]); das Werbematerial; die Hygiene und Sauberkeit der Personen, Räume und Arbeitsgeräte (règlement sanitaire départemental type[264], KontaktmaterialienVO)[265].

Sehr wichtig ist auch, daß die Beamten an Ort und Stelle nach Anzeichen suchen dürfen, ob das Lebensmittel verdorben oder giftig ist, oder ob es gewissen Kriterien der Normung widerspricht[266]. Diese Feststellungen brauchen also nicht notwendig im Labor getroffen zu werden (Art. 7 der DVO). Bei einem Verdacht senden die Beamten das Kontrollprotokoll nebst Beweisstücken (Etiketten, falsche Gewichte) über den Präfekten an die Staatsanwaltschaft.

d) Beschlagnahme

Die Beschlagnahme durch die Kontrollbeamten (saisie administrative) ist nicht zu verwechseln mit der gerichtlich angeordneten Einziehung als Nebenstrafe[267]. Allgemein bezeichnet man die Beschlagnahme als "acte de police préventive" zum Schutze des Verbrauchers[268]. Regelmäßig bedarf aber auch die Beschlagnahme der richterlichen

---

262) J.O. 15. 2. 1973, KontaktmaterialienVO

263) J.O. 14. 10. 1972, KennzeichnungsVO

264) Circulaire 24. 5. 1963, J.O. 24. 9. 1963

265) Vgl. auch F.A.O. - GERARD, aaO, S. 81

266) Siehe nachfolgend Beschlagnahme

267) Siehe dazu nachfolgend S. 295 f

268) Ministère de l'agriculture, "Le Service ...", S. 25

Anordnung (Art. 7 DVO; Art. 76 CPP) und gehört in den Rahmen der gerichtlichen Voruntersuchung[269]. Im Rahmen der "fraudes commerciales" gibt es auf Grund der Ermächtigung in Art. 11 Abs. 3 des Basisgesetzes aber wichtige Ausnahmen in Art. 7 DVO:

1. der Kontrollbeamte kann die Beschlagnahme anordnen im Falle des "flagrant délit de falsification". Der Anwendungsbereich dieser Ausnahme ist also begrenzt auf den Tatbestand des Art. 3 des Gesetzes von 1905 (somit nicht bei Täuschung, Feilhalten verdorbener Produkte, Besitz usw.)[270]. Zudem muß der Fälscher auf frischer Tat betroffen sein. Der Begriff des "flagrant délit" ist aber weder im Basisgesetz noch in der Verordnung definiert. Es gelten daher die allgemeinen Bestimmungen des Strafverfahrensrechts, wo das "in flagranti" ebenfalls einen breiten Raum einnimmt[271] (Art. 54 ff CPP). Eine solche Beschlagnahme ist nützlich, weil sie den Verbraucher schützt (das verfälschte Lebensmittel kann nicht in den Verkehr gelangen) und weil sie präventiv die spätere obligatorische Einziehung (Art. 6 des Gesetzes von 1905) garantiert.

2. Während im Falle der Verfälschung die Beschlagnahme fakultativ ist, muß sie erfolgen, wenn der Beamte die Lebensmittel als verdorben oder giftig erkennt (Art. 7, letzter Satz). Diese Vorschrift dient in erster Linie dem Gesundheitsschutz. Leider ist nicht gesagt, auf welche Weise eine solche Erkenntnis gewonnen werden kann. Hierdurch wird den Kontrollbeamten eine große Verantwortung auferlegt. Bedenklich aber ist die Bestimmung des Art. 9 Abs. 2 DVO: der Beamte kann die von ihm so qualifizierten Produkte nicht nur beschlagnahmen, sondern auch vernichten oder unbrauchbar machen (destruction, stérilisation, dénaturation). Damit ist dem Beamten

---

269) NGUYEN-THANH, aaO, Rdnr. 255; zu den einzelnen Verfahrensabschnitten siehe CONSTANTINESCO/HÜBNER, aaO, S. 106 ff

270) VIVEZ, "Traité des fraudes", Rdnr. 335; NGUYEN-THANH, aaO, Rdnr. 255

271) ROZIER, aaO, Rdnr. 885; VIVEZ, "Traité des fraudes", Rdnr. 335

ein Mittel des sofortigen Vollzugs in die Hand gegeben, das die sonst ausgeprägten Verteidigungsrechte völlig außer acht läßt. Der Betroffene kann sich in einem nachfolgenden Rechtsstreit nur noch auf das Protokoll stützen[272], das bis zum Beweis des Gegenteils gilt[273]. Wenn die Beamten von dieser Befugnis auch praktisch keinen Gebrauch machen, so kann sie doch leider der Willkür Tür und Tor öffnen.

Im Normalfall werden die beschlagnahmten Waren an die Staatsanwaltschaft geschickt oder versiegelt beim Betroffenen belassen (Art. 8, 9 DVO).

e) Probenahme

Der normale Weg ist in dem zuletzt genannten Falle die Probenahme. Da nicht jedes einzelne Stück kontrolliert werden kann, muß die gezogene Probe für den betreffenden Warenposten repräsentativ sein[274]. Hier liegt bereits ein Problem: die Probenahme ist unerläßlich, wenn es um die Feststellung der Bestandteile eines Lebensmittels geht (Gehalt an wesentlichen oder nützlichen Bestandteilen, z.B. Fettgehalt bei Käse, Säuregehalt, Mikrobenbesatz, Zusatzstoffe, Pestizidrückstände usw.). Es ist nun leicht festzustellen, ob die Probe einwandfrei ist oder nicht. Wann dieses Ergebnis aber auf den ganzen Warenposten schließen läßt, ist gesetzlich nicht geregelt[275]. Man muß dabei unterscheiden, ob die Probe aus einem homogenen Produkt (z.B. Weinflaschen eines aus einem großen Faß abgefüllten Weines) genommen wurde oder aus einem ungleichartigen Warenbestand

---

272) VIVEZ, "Traité des fraudes", Rdnr. 337; ROZIER, aaO, Rdnr. 883

273) Cass. crim. 12. 2. 1953, D. 1953, jur. 269

274) FOURGOUX/CHEFTEL, aaO, Rdnr. 44

275) FOURGOUX/JUMEL, aaO, S. 159; im Gegensatz zur Bundesrepublik Deutschland, wo entweder Größe oder Zahl der Unternehmen in den entsprechenden Verwaltungsvorschriften zugrundegelegt werden, vgl. F.A.O. - GERARD, aaO, S. 82

(z.B. Bohnenkonserven, deren Ernte von verschiedenen Äckern stammt). Bei ersterem kann eine einfache Probe Aufschluß über den Zustand der gesamten Ware geben, während im zweiten Falle schon eine umfangreiche Auswahl erforderlich ist, um den Prozentsatz der nicht einwandfreien Dosen bestimmen zu können[276]. Die Probe ist regelmäßig in drei Exemplaren[277] zu nehmen, wobei eine Probe für das Labor bestimmt ist. Die beiden übrigen Proben werden für etwaige Gutachten benötigt (Art. 10 DVO). Nur eine Probe ist erforderlich, wenn die Kontrolle sich auf leicht verderbliche Waren, auf die bakteriologische Beschaffenheit oder die biologische Reinheit bezieht oder wenn die Art des Produktes keine drei Proben zuläßt (zu geringe Menge, Gewicht, Wert usw. Art. 17, 17 bis, 18 DVO).

Die drei Proben müssen natürlich so weit wie möglich identisch sein. Der Landwirtschaftsminister ist deswegen ermächtigt, auf Vorschlag (!) der Analysemethodenkommission durch "arrêté" Probenahmemethoden festzulegen und Vorkehrungen für den Transport und die Konservierung der Proben zu treffen (Art. 12 DVO)[278]. Die Probe wird sofort versiegelt (Art. 13). Sodann bestimmt der Beamte zusammen mit dem Betroffenen ihren Warenwert oder der Beamte schätzt denselben, wenn keine Einigung erzielt werden kann (Art. 14). Eine der Proben wird beim Betroffenen belassen, wenn dieser sie verwahren will (Art. 15) für ein von ihm zu bestellendes Gutachten. All dieses wird im Protokoll vermerkt (Art. 11, Art. 14 Abs. 2, Art. 15 Abs. 2)[279].

---

276) FOURGOUX/CHEFTEL, aaO, Rdnr. 44

277) Bis zur Änd. der DVO im Jahre 1972 waren es vier, wobei die 4. Probe für einen evtl. Obergutachter gedacht war, der jetzt weggefallen ist.

278) Von dieser Ermächtigung ist bislang kein Gebrauch gemacht worden.

279) Über Beweiskraft und Wirksamkeit des Protokolls siehe ausführlich CHEFTEL/THOMAS, A.F.F. 1966 28

Unverzüglich sind Protokoll und Proben an den Präfekten zu schikken (in Ausnahmefällen auch an Unterpräfekten), von wo eine Probe an das nächste geeignete Labor zur Analyse weitergeleitet wird (Art. 16). Diese penible Regelung enthält Bestimmungen, die man größtenteils in Verwaltungsvorschriften hätte unterbringen können, zumal ihre Mißachtung nur dann ein Nichtigkeitsgrund ist, wenn sie die Verteidigungsrechte des Betroffenen abschneidet[280].

f) Analyse

Die dem Labor zur Analyse übermittelte Probe muß anonym sein[281]. Auf die Objektivität der Analyse wird größter Wert gelegt. Sie muß nach offiziellen Methoden erfolgen, die von der Analysemethodenkommission in Zusammenarbeit mit dem "Service ..." festgelegt werden (Art. 20 DVO). In den letzten Jahren sind eine ganze Reihe solcher "méthodes officielles" für verschiedene Produkte festgelegt worden[282]. Daneben gibt es auch ältere horizontale Regelungen[283]. Bei letzteren besteht das Problem, daß die Analysemethoden zwar einheitlich und offiziell, dafür aber nicht auf dem neuesten Stand der Technik sind. Da der Gesetzgeber in diesem Wettlauf immer unterlegen ist, hat er in Art. 20 Abs. 3 DVO eine elegante Lösung gefunden:

---

280) TOUBEAU, Lois nouvelles 1949, 553 ff; VIVEZ, "Traité des fraudes", Rdnr. 327; NGUYEN-THANH, aaO, Rdnr. 256; siehe aber auch Cass. crim. 2. 4. 1974, D. 1974, Somm. 67: die Ablehnung der Beamten, bei Probenahmen und Analysen nach der VO zu verfahren, ist eine Beeinträchtigung der Rechte der Verteidigung.

281) Art. 13 Abs. 5, Art. 16 Abs. 4; dazu ausführlich TOUBEAU, Lois nouvelles 1951, 118 ff

282) Z.B. für Kosmetika arrêté 16. 4. 1973, J.O. 5. 6. 1973; Butter arrêté 19. 4. 1973, J.O. 5. 6. 1973; Spirituosen arrêté 31. 7. 1973, J.O. 2. 10. 1973; Wein mit "appellation d'origine" arrêté 20. 11. 1974, J.O. 22. 11. 1974; Futtermittel arrêté 10. 10. 1972, J.O. 26. 10. 1972

283) Wie z.B. für Pestizidrückstände allgemein, insbes. in Wein, Traubensaft, Mehl, Obst, Gemüse, Butter, Milch, arrêté 1. 10. 1968, J.O. 3. 12. 1968

zusätzlich zu den offiziellen Methoden dürfen die Labors auch nach eigenen (moderneren) Methoden analysieren. Leider ist dabei nicht geregelt, welchen Beweiswert dann eine eventuell abweichende, möglicherweise belastende inoffizielle Analyse hat. Die Erweiterung dieser Vorschrift konnte aber nur den Sinn haben, neuere Analysemethoden als subsidiäres Beweismittel zuzulassen[284)]. Die Bestimmung schreibt in Abs. 1 offizielle Methoden ausdrücklich auch nur vor, soweit diese existieren. Daneben läßt Art. 35 zudem die Methoden der Zoll- und Steuerfahndung unberührt. Außerdem gibt es keine Regel, die den Labordirektoren vorschreibt, worauf sie die Ergebnisse ihres Abschlußberichtes (Art. 21) zu stützen haben[285)]. Die inoffizielle Analyse ist somit praktisch voll verwertbar. Dabei sei angemerkt, daß auch die Verletzung des Grundsatzes der Anonymität der Analyse kein Nichtigkeitsgrund ist, wenn der Betroffene die Verteidigungsrechte noch ausüben kann, z. B. die "expertise contradictoire"[286)]. Der Laborbericht wird an den Präfekten gesandt (Art. 21 Abs. 2). Früher mußte das alles innerhalb bestimmter Fristen geschehen; da diese aber fast nie eingehalten wurden, sind sie fallengelassen worden[287)]. Auf Grund des Laborberichtes hat der Präfekt das weitere zu veranlassen; er hat keinen Ermessensspielraum, sondern muß nach Art. 22 ff. DVO verfahren[288)].

---

284) Vgl. NGUYEN-THANH, aaO, Rdnr. 261 ff, die auch die Anregung zu dieser Änderung gab; kritisch zu Cass. crim. 15. 2. 1967, D.S. 1967, jur. 493

285) Circulaire 20. 2. 1907, abgedruckt bei ROZIER, aaO, Rdnr. 881

286) Cass. crim. 2. 7. 1914, Bull. crim. n° 309; VIVEZ, "Traité des fraudes", Rdnr. 330; ROZIER, aaO, Rdnr. 881

287) Vgl. VIVEZ, "Traité des fraudes", Rdnr. 332

288) Zum Vergleich siehe HAMANN/SCHNIER, "Der Schutz des Verbrauchers durch die Lebensmittelüberwachung; ihre Durchführung und Fortentwicklung", Wiesbaden-Berlin 1958

6. Die Folgen der Laborkontrolle

a) Laborbericht ohne Beanstandung

Ergibt der Laborbericht keine Beanstandung der Ware, so hat der Präfekt den Betroffenen unverzüglich davon zu unterrichten und ihm die Bezahlung der Proben anzuweisen (Art. 22). Die Erstattung erfolgt nach dem Wert der Ware am Tage der Probenahme[289]. Dabei wird nicht nur die Probe selbst berechnet, sondern der ganze Warenposten, soweit er durch die Probenahme unbrauchbar geworden ist (Art. 5 bis). Bedauert wird zuweilen, daß Hersteller und Lieferant von einer positiven Probe nichts erfahren, wenn die Kontrolle z.B. beim Verteiler erfolgt, was ja noch die Regel ist[290].

b) Verwarnung und Vorlage an den Staatsanwalt

Entspricht das Produkt nach dem Laborbericht nicht den gesetzlichen Bestimmungen, so bleiben dem Präfekten drei Möglichkeiten:

1. wenn die Kontrolle die bakteriologische Beschaffenheit oder die biologische Reinheit des Produktes betraf, erhält der Betroffene eine Durchschrift des Laborberichtes. Der Präfekt verwarnt den Betroffenen, indem er ihn auffordert, die erforderlichen Maßnahmen zu treffen, um dem normwidrigen Zustand seiner Produkte innerhalb von acht Tagen abzuhelfen. Weiter wird ihm mitgeteilt, daß eine neue Probenahme innerhalb eines Monats erfolgen wird (Art. 23 bis Abs. 1; avertissement).
Ergibt die neuerliche Analyse bzw. der zweite Laborbericht, daß das Produkt immer noch nicht mangelfrei ist, so gibt der Präfekt den Vorgang an die Staatsanwaltschaft weiter (Art. 23 bis Abs. 2).

2. In den Fällen der rein repressiven Kontrolle, wo die Analyse auf unerlaubte Zusätze usw. zielt und nicht der Sonderfall des Art. 23

289) VIVEZ, "Traité des fraudes", Rdnr. 333; vgl. auch Art. 12 des Gesetzes von 1905

290) FOURGOUX/JUMEL, aaO, S. 162

bis vorliegt, wird nicht der Betroffene informiert, sondern gleich die Staatsanwaltschaft eingeschaltet, wenn der Verdacht auf "fraude" bzw. "falsification" i.S. des Gesetzes von 1905 besteht. Wenn das beanstandete Produkt auch die Steuerfahndung interessieren könnte (z.B. bei Wein, Bier, Cidre, Likör), muß der Präfekt zusätzlich den Direktor der departementalen Steuerbehörde benachrichtigen (Art. 23), denn diese "fraudes" können als Steuervergehen gesondert verfolgt werden (Art. 11 Abs. 8 Gesetz von 1905; Art. 35 Abs. 1 DVO).

3. Das "Service ..." kann die Beschlagnahme der Ware selbstverständlich auch nach der Analyse bzw. auf Grund des Laborberichts anordnen (Art. 7 DVO)[291]. Das geschieht in der Regel auch, wenn der Laborbericht einwandfrei erkennen läßt, daß das Lebensmittel verdorben oder giftig ist.

Zum Rechtsschutz gegen diese Maßnahmen kann, sofern sie wie die Beschlagnahme oder Vernichtung einen "acte administratif" darstellen, auf die Ausführungen unter § 6 III verwiesen werden[292].

c) Gegengutachten[293]

Mit der Übermittlung des Vorganges an die Staatsanwaltschaft ist die administrative Phase der Kontrolle beendet. Nun ist der Staatsanwalt Herr des Verfahrens. Wenn er das Verfahren nicht nach dem Opportunitätsprinzip (!)[294] einstellt, gibt es folgende Möglichkeiten im Rahmen der Ermittlung:

1. im Falle einer bakteriologischen oder Reinheitskontrolle wird der Betroffene benachrichtigt, daß innerhalb einer Frist von drei Tagen bis einem Monat eine dritte Probenahme erfolgen wird, woraufhin ein Strafverfahren gegen ihn eingeleitet werden kann. Der

291) Siehe schon S. 137

292) Siehe oben S. 235 ff

293) Siehe dazu bereits S. 126 ff

294) Siehe nachfolgend S. 269

Betroffene kann sich innerhalb drei Tagen dazu äußern und erklären, ob er "streitige Gutachten" (expertise contradictoire) wünscht und einen Gutachter seiner Wahl benennen (Art. 23 bis Abs. 3 DVO). Er kann aber auch auf einen eigenen Gutachter verzichten und sich dem vom Untersuchungsrichter (juge d'instruction) zu bestimmenden Experten anschließen (Art. 23 bis Abs. 4). Sodann läuft auch für diesen Fall das nachfolgend dargestellte Verfahren ab.

2. In allen übrigen Fällen des für den Betroffenen negativen Laborberichts ist die "expertise contradictoire" nach Art. 12 des Rahmengesetzes zwingend vorgeschrieben. Auf Grund der Ermächtigungsgrundlage in Art. 11 Abs. 3 des Gesetzes ist deren Verfahren in Art. 24-31 DVO ausführlich geregelt worden. Es gelten zunächst die allgemeinen Grundsätze des Gutachtens im Strafverfahren, Art. 156-169 CPP (Art. 24), d.h. auf Antrag des Staatsanwaltes wird zwar der Untersuchungsrichter eingeschaltet; in Abweichung vom normalen Verfahren ist dies aber nicht das "réquisitoire introductif d'instance du Procureur" nach Abschluß der Ermittlungen[295], sondern das "Schiedsverfahren" (procédure arbitrale)[296] des Lebensmittelrechts. Denn der Betroffene ist in dieser Phase noch nicht Angeklagter[297]. Die Experten werden aus offiziellen Listen gewählt, die vom "Cour d'Appel" oder den "tribunaux de grande instance" mit Zustimmung der Staatsanwaltschaft aufgestellt werden (Art. 157 CPP). Der Betroffene kann ausnahmsweise auch einen Gutachter außerhalb dieser Listen benennen. Allerdings muß der Richter dann zustimmen. Wenn der Betroffene die "expertise contradictoire" fordert, aber keinen Gutachter benennt, wird dieser von Amts wegen vom Richter bestimmt (Art. 26 DVO). Die Gutachter untersuchen die restlichen zwei Proben, die vom Kontrollbeamten beim Betroffenen genommen worden sind.

---

295) Vgl. CONSTANTINESCO/HÜBNER, aaO, S. 106/107

296) FOURGOUX/JUMEL, aaO, S. 160

297) Das war das Hauptanliegen der Reform von 1919, vgl. TOUBEAU, aaO, S. 111 ff; weshalb im Verordnungstext das Wort "inculpé" durch "intéressé" ersetzt wurde. Die Tätigkeit des Untersuchungsrichters ist hier etwa mit der des deutschen Ermittlungsrichters nach §§ 162 ff StPO zu vergleichen.

Sie arbeiten nach den Methoden, die auch das Labor angewandt hat, können jedoch zusätzlich ihre eigenen Methoden anwenden (Art. 27 DVO). Problematisch ist das Verfahren bei leicht verderblicher Ware wegen des hohen Zeitaufwandes. Art. 29 DVO hat hier keine Abhilfe schaffen können, da lediglich gesagt ist, das Gericht müsse dafür Sorge tragen, daß die Gutachter sich "dringend" (d'urgence) treffen und der am schnellsten erreichbare Gutachter sofort mit seiner Arbeit beginnt. In solchen Fällen kann die strenge Anwendung des kontradiktorischen Prinzips dem Betroffenen eher zum Nachteil gereichen und wird z.T. abgelehnt[298].

Im übrigen arbeiten die Gutachter unabhängig voneinander, außer in dem Falle, wo nur eine Probe zur Verfügung steht (Art. 17, 17 bis, 23 bis). Sie erstellen jedoch einen gemeinsamen Bericht, wobei es drei mögliche Lösungen geben kann:

1. die Gutachter bestätigen das Laborergebnis. In diesem Falle kann der Untersuchungsrichter gleich seine Entscheidung über die Voruntersuchung treffen, meistens eine "ordonnance de renvoi", d.h. Verweisung an das zuständige Gericht zwecks Eröffnung des Hauptverfahrens[299], vorausgesetzt, daß nunmehr Anklage erhoben wird.

2. Die Gutachter sind sich nicht einig oder

3. sie kommen zu einem anderen Ergebnis als das Labor. In diesen beiden Fällen ist vor der weiteren Entscheidung abweichend von der allgemeinen Verfahrensvorschrift des Art. 167 CPP noch einmal das Labor zu den Ergebnissen der Gutachter zu hören, es sei denn, daß der Labordirektor selbst einer der Gutachter war (Art.

---

298) ROUSSEAU, aaO, S. 59

299) Vergleichbar dem Eröffnungsbeschluß in §§ 199 ff StPO

30 DVO)[300]. Der Richter ist bei alledem frei in der Wertung von Analyse und Gutachten[301], "wenn sich auch die Waage immer mehr zugunsten der Experten neigt"[302]. Die "information", wie der Verfahrensabschnitt auch genannt wird, endet mit "renvoi" oder "non-lieu" (Einstellung)[303].

---

300) die ursprüngliche Fassung, wonach ein Drittgutachter bestimmt werden mußte, wenn die Experten zu unterschiedlichen Ergebnissen kamen, hat sich als nicht sinnvoll erwiesen; Änd. d. Art. 12, décret n° 72-308 vom 19. 4. 1972; auch in der Bundesrepublik Deutschland hatte man im Lebensmittelrecht 1958 die Regelung über die Unverzichtbarkeit der Gegenprobe eingeführt. Die Bestimmung hat auch nicht annähernd zu dem Erfolg geführt, den sich die Befürworter von ihr erhofft hatten. Da von der Möglichkeit, die beim Betroffenen zurückgelassene Probe von privaten Sachverständigen untersuchen zu lassen, nur in 3 bis 10 % der Fälle Gebrauch gemacht wurde, ist diese sachlich und finanziell erheblich belastende Vorschrift nicht aufrechterhalten worden (vgl. Drucksache 7/255, S. 40). Mit der Reform 1974 wurde die obligatorische Gegenprobe zwar grundsätzlich beibehalten, mit der Möglichkeit des Verzichts (siehe §§ 42 Abs. 1, 44 Nr. 1, Buchstabe b) LMBG) aber wie in Frankreich bei den Gegengutachten erheblich entschärft.

301) Cass. crim. 13. 7. 1939, Bull. crim. 1939, n° 139

302) FOURGOUX/JUMEL, aaO, S. 163

303) FOURGOUX/JUMEL, aaO, S. 164

§ 7: Der Strafprozeß

1. Allgemeines

Der Staatsanwalt ist frei in der Entscheidung zu verfolgen oder nicht zu verfolgen. Er kann das Verfahren nach dem Opportunitätsprinzip jederzeit einstellen (classer sans suite). Das Legalitätsprinzip ist dem französischen Strafrecht fremd. Andererseits kann das Verfahren innerhalb der Verjährungszeit jederzeit wieder aufgenommen werden[1]. Regelmäßig erhebt der Staatsanwalt jedoch Anklage: im Jahre 1971 wurden von 12537 Verfahren nur 187 von der Staatsanwaltschaft eingestellt[2].

Im Bereich der Ordnungswidrigkeiten hat der Angeklagte die Möglichkeit, durch Zahlung einer gebührenpflichtigen Verwarnung die weitere Strafverfolgung abzuwenden[3]. Er braucht dann gar nicht vor dem Polizeigericht zu erscheinen, die Anklage ist erloschen. Andererseits steht dem Betroffenen dann auch kein Rechtsmittel zu (Art. 524, 525, 526 CPP). Der Staatsanwalt hat zwei verschiedene Möglichkeiten, die öffentliche Klage zu erheben:

1. Glaubt der Staatsanwalt auf Grund des ihm übermittelten Kontrollprotokolls oder des Ergebnisses der "expertise contradictoire" an das Vorliegen eines nach dem Gesetz von 1905 zu bestrafenden Deliktes oder einer schweren Tat, so erhebt er die Klage beim "tribunal correctionnel" (etwa ehem. Strafkammer beim Landgericht; drei Berufsrichter, Art. 381 Abs. 1, Art. 398 CPP).

2. Kommt nur ein materieller Verstoß gegen eine auf Grund des Gesetzes ergangene Rechtsverordnung in Betracht, so geht die Anklage zum "tribunal de police" (Polizeigericht, Strafgericht für Bagatellsachen beim "tribunal d'instance", etwa Amtsgericht, Einzelrichter;

1) Vgl. CONSTANTINESCO/HÜBNER, aaO, S. 106/107

2) Siehe Tabelle Anhang

3) Siehe DEHOVE, aaO, Rdnr. 3-48, S. 78

Art. 45, 521 Abs. 1, 523 CPP)[4]. Es sind dies die Fälle, die nach Art. 13 des Rahmengesetzes als Übertretungen bzw. Ordnungswidrigkeiten bestraft werden. Bei Rückfall gehören auch diese vor das "tribunal correctionnel" (Art. 13 Abs. 3).

Der zweite Verfahrensabschnitt, die gerichtliche Voruntersuchung, fällt in den lebensmittelrechtlichen Strafprozessen praktisch fort. Sie ist nur bei Verbrechen obligatorisch[5]. Die Möglichkeit des Staatsanwaltes, den "juge d'instruction" bereits in einem Stadium, wo der Betroffene noch nicht Angeschuldigter ist, zur "ouverture d'une information" heranzuziehen und eine "expertise contradictoire" anordnen zu lassen, macht eine weitere Voruntersuchung überflüssig. Zwar können die Delikte des Gesetzes von 1905 mit allen Beweismöglichkeiten des "droit commun" verfolgt werden, normalerweise wird aber gleich nach Anklageerhebung das Hauptverfahren eröffnet, sofern nicht ein Einstellungsbeschluß ergeht[6].

Auf die Hauptverhandlung soll im Rahmen dieser Arbeit nicht näher eingegangen werden. Das Urteil lautet auf Freispruch (acquittement) oder Verurteilung (condamnation). Im Jahre 1971 wurden 12350 Verfahren angeklagt, von denen 57 mit Einstellung und 45 mit Freispruch endeten. Dazu gab es 1046 Verurteilungen durch das "tribunal correctionnel" und 4551 durch das "tribunal de police". 6651 Verfahren waren am Jahresende noch nicht abgeschlossen, was auf eine längere Verfahrensdauer auch in Frankreich schließen läßt[7]. Es wurden Geldstrafen von über 1 Million F ausgesprochen. 1972 waren es bereits 2,15 Millionen F und über 25 Jahre Gefängnis[8].

---

4) Zum Gerichtsaufbau siehe CONSTANTINESCO/HÜBNER, aaO, S. 14-16

5) Vgl. CONSTANTINESCO/HÜBNER, aaO, S. 107

6) Vgl. ROZIER, aaO, Rdnr. 901

7) Siehe Tabelle Anhang

8) Ministère de l'agriculture, "Le Service ...", S. 25

2. Verbot des Wechsels des rechtlichen Anklagegesichtspunktes

Da nach den Bestimmungen des Art. 8 Abs. 1 des Gesetzes von 1905 ein Wechsel der Anklage verboten ist[9)], tut der Staatsanwalt gut daran, genau zu recherchieren und den tatsächlich verwirklichten Tatbestand festzustellen. Diese Abweichung vom allgemeinen Verfahrensrecht gilt jedoch nur, wenn die Anklage im Rahmen des Gesetzes von 1905 erhoben wurde; also z.B. nicht, wenn der Staatsanwalt wegen Betruges (escroquerie) gemäß Art. 405 CP anklagt und später wegen Änderung des rechtlichen Gesichtspunktes auf Diebstahl (vol) nach Art. 379 ff CP wechselt[10)]. Auch eine Klageerweiterung ist jederzeit möglich, solange die ursprünglich gewählte Strafnorm aufrechterhalten wird[11)]. Die Vorschrift verbietet es, eine Verfolgung wegen Täuschung nach Art. 1 des Gesetzes aufzugeben und die schärfere Vorschrift des Art. 405 CP anzuwenden, wenn die Umstände des Betruges vorliegen. Die Nichtbeachtung dieser Regel führt zur Nichtigkeit des Urteils, wenn nicht der Angeklagte dem "changement de qualification" zustimmt[12)]. Dem Angeklagten steht somit ein zusätzliches Verteidigungsmittel zur Verfügung[13)], wobei aber im Falle der Verwirklichung eines schwereren Delikts ungerechte Ergebnisse auftreten können. Die Vorschrift ist deshalb heftig kritisiert worden[14)], denn es ist nicht immer möglich, bereits am Anfang der Strafverfolgung zu wissen, welche Strafnorm letztlich zur Anwendung kommt. Die Notwendigkeit dieser - allein auf das Gesetz von 1905 beschränkten - Vorschrift ist nicht recht einzusehen. Ihre Bedeutung in der Praxis ist gering[15)].

---

9) Siehe oben S. 125

10) Cass. crim. 28. 12. 1906, Gaz. Pal. 30. 1. 1907, note A.F.F. 1914, 217

11) Cass. crim. 11. 1. 1913, D. 1915, 1, 62; Cass. crim. 3. 4. 1919, Bull. crim. 1919, n° 84

12) ROZIER, aaO, Rdnr. 900

13) vgl. ROUX, J.A., aaO, Rdnr. 889 f

14) namentlich von MONIER/CHESNEY/ROUX, E., aaO, Rdnr. 537

15) dennoch erst kürzlich Aufhebung eines Urteils durch Cass. crim. 9. 11. 1977, Gaz. Pal. 1978, 1, 97

3. Kumulierungsverbot

Dabei ist eine weitere Besonderheit zu beachten: das Verbot der kumulativen Strafzumessung gilt nicht bei Ordnungswidrigkeiten (non-cumul des peines)! Nach Art. 5 CP darf der Angeklagte bei mehreren verwirkten Delikten (Verbrechen oder Vergehen), die gemeinsam abgeurteilt werden, nur die Strafe des Tatbestandes mit der schärfsten Strafandrohung erhalten.

Da Übertretungen (contraventions, im folgenden nach neuerem deutschen Sprachgebrauch Ordnungswidrigkeiten genannt) in der Vorschrift nicht erfaßt sind, hat die höchstrichterliche Rechtsprechung im Jahre 1842 den Umkehrschluß gezogen, daß die Strafen bei "contraventions" zu kumulieren seien[16]. Hinzu kommen muß, daß es sich um "unterschiedliche Ordnungswidrigkeiten wenn auch gleicher Art" handelt (contraventions distinctes quoique de même nature)[17]. Bei dieser Nuancierung scheiden sich die Geister. Liegen bei 300 falsch etikettierten Weinflaschen 300 Ordnungswidrigkeiten vor oder nur eine? Die Rechtsprechung ist nicht in der Lage, hier immer eine klare Linie zu ziehen. So wurde der Böcker, der fünf Brote mit zu geringem Gewicht in seinem Regal liegen hatte - "en vue de la vente" - wegen fünf Verstößen bestraft[18] (er hätte ja fünf Kunden schädigen können); derjenige aber, der alle fünf Brote gleichzeitig anbot, nur wegen einer Ordnungswidrigkeit[19]. Heute stellt man mehr ab auf die "unité" oder die "pluralité" der Verpflichtungen, die das Gesetz ausspricht[20]. Doch auch hier sind die Konturen nicht klar. Es ist nicht immer leicht festzustellen, ob ein Warenposten oder mehrere kontrolliert werden: in einem Waggon mit 600 Sack Kartoffeln wurden

16) Arrêt des Chambres Réunies de la Cour de Cassation, 7. 6. 1842, S. 1842, 1, 496

17) Cass. crim. 19. 2. 1898, D.P. 1899, 1, 31

18) Cass. crim. 16. 9. 1853, D.P. 1853, 2, 52

19) Cass. crim. 28. 4. 1854, D.P. 1854, 1, 212

20) ROZIER, aaO, Rdnr.984; DEHOVE, aaO, Rdnr. 3-49

30 kontrolliert und beanstandet, worauf das Gericht 30 Strafen aussprach[21]; warum nicht eine, warum nicht 600? Hier wird deutlich, daß das Gericht einen Kompromiß suchte, wie in den meisten Fällen dieser Art. Diese Praxis ist in der Literatur scharf kritisiert worden, die mit der Kumulierung ohnehin nie einverstanden war[22]. Das einzige Argument dafür ist, daß der aus dem Gesetzesverstoß gezogene Nutzen nicht größer sein darf als die verwirkte Strafe[23]. Diese beträgt nach Art. 13 des Gesetzes nur 80 bis 160 F (bei Rückfall 90 bis 5400 F) und ist natürlich nicht ausreichend. Andererseits kann die uneingeschränkte Kumulierung zum wirtschaftlichen Ruin des Angeklagten führen. Um das zu verhindern, wird er lieber ein echtes Vergehen auf sich nehmen (etwa Organisationsfehler), wo die Geldstrafe nach Art. 1 des Gesetzes 540 bis 27000 F beträgt, dafür aber das Kumulierungsverbot gilt und so der erzielte Nutzen doch größer sein kann als die Strafe. So scheinen die "Ausflüchte der Rechtsprechung"[24] noch die beste Lösung in dem Dilemma.

4. Fragen der strafrechtlichen Verantwortlichkeit

a) Unterscheidung von Vergehen und Ordnungswidrigkeit. Subjektive Merkmale der Tat. Fahrlässigkeit.

Die Frage, ob eine Ordnungswidrigkeit oder ein Vergehen im Sinne des Gesetzes von 1905 vorliegt, entscheidet sich bei den subjektiven Merkmalen der Tat. Jeder materielle Verstoß gegen eine auf das Gesetz von 1905 verweisende Verordnung ist bereits eine Ordnungswidrigkeit, sofern nicht Rechtfertigungs- oder Schuldausschließungs-

---

21) Cass. crim. 2. 2. 1968, D. 1968, jur. 165

22) BOUZAT, aaO, Rdnr. 754; SALVAIRE, J.C.P. 1960, 1, 1588; FOURGOUX, Gaz. Pal. 1971, 1, doct. 284 ff

23) Cass. réunies 7. 6. 1842, S. 1842, 1, 496

24) FOURGOUX, Gaz. Pal. 1971, 1 doct. 285

gründe eingreifen. Kommt nun noch ein subjektives Merkmal hinzu, so kann die Tat als Vergehen bestraft werden. Die extreme Haltung der Gerichte bezüglich des "élément moral" ist bereits ausführlich dargestellt worden[25]. Wegen des Fehlens eines Fahrlässigkeitstatbestandes sind die Grenzen zwischen der unbewußt begangenen Ordnungswidrigkeit und dem in betrügerischer Absicht begangenen Vergehen oft fließend. Zwar enthalten die Täuschungsdelikte, Art. 1 und 2 des Gesetzes von 1905, keinen Passus über die "intention frauduleuse"; jedoch setzen "fraude" und "tromperie" begriffsnotwendig ein Vorsatzelement voraus. Ebenso impliziert das Wort "falsification" die Idee der "fraude"[26]. In den Verfälschungstatbeständen (Art. 3, 4) ist wenigstens das Wissen um den Zustand oder den Bestimmungszweck der Lebensmittel als Strafbarkeitsvoraussetzung genannt. Zwar hat die Rechtsprechung ausdrücklich immer festgehalten[27], daß es keine Schuldvermutung (présomption de culpabilité) zu Lasten des Angeklagten geben darf[28]; der Vorsatz ist in einer Vielzahl von Fällen aber derartig herbeikonstruiert worden, daß nunmehr die "Bösgläubigkeit in jeder Verletzung der dem Angeklagten auf Grund seiner Stellung obliegenden Verpflichtung begründet liegt"[29]. Damit bestraft die Rechtsprechung auch die leichteste Fahrlässigkeit im Rahmen des Gesetzes von 1905 als Vergehen.

b) Personen in verantwortlicher Stellung

Gleichzeitig ist der Kreis der strafrechtlich Veranwortlichen ausgedehnt worden auf alle Personen, die in irgendeiner verantwortlichen

---

25) Siehe oben S. 119-123; auf die Ausführungen kann verwiesen werden.

26) LEMERCIER, aaO, S. 9; zu den Begriffen siehe ausführlich oben S. 89 ff

27) Cass. crim. 8. 12. 1965, J.C.P. 1966, 14663

28) Cass. crim. 8. 12. 1965, J.C.P. 1966, 14663

29) Cass. crim. 8. 10. 1969, Bull. crim. 1969, n° 588

Stellung zu der Gefahrenquelle stehen. Erzeuger[30)], Fabrikanten[31)], Wiederverkäufer[32)], Kommissionäre[33)], Verteiler[34)], Importeure[35)], Groß-[36)] und Einzelhändler[37)] haben ganz unterschiedliche Berufspflichten, deren Verletzung nicht nur ein Verschulden (faute) im zivilrechtlichen oder handelsrechtlichen Sinne ist, sondern im Lebensmittelverkehr ein Delikt im Sinne des Gesetzes von 1905[38)]. Die Gerichte urteilen souverain über das Vorliegen des "élément intentionnel", solange ihre Entscheidungen nicht den festgestellten Tatsachen widersprechen[39)]. Es müssen also zumindest Tatsachen oder Begleitumstände festgestellt werden, das bloße Unterlassen einer Nachprüfung oder Überwachung reicht zur Annahme der Bösgläubigkeit nicht aus[40)]. Andererseits kann die Vermutung zwar nicht für die Schuld, wohl aber für das Vorliegen solcher Tatsachen sprechen[41)]. So kann z.B. eine fortdauernde Verletzung einer Überwachungspflicht für die Nachlässigkeit des Angeklagten sprechen und das "élément intentionnel" begründen[42)]. Die weitestgehenden Pflichten treffen

---

30) FOURGOUX, Rev. conserve 1966, 183

31) OVERSTAKE, Rev. trim. dr. civ. 1972, 70

32) FOURGOUX, D. 1977, jur. 337

33) FOURGOUX, Gaz. Pal. 1974, 2, jur. 259

34) FOURGOUX, Rev. conserve 1962, 79

35) LIOTARD, D. 1958, chr. 211

36) FOURGOUX, D. 1968, chr. 643

37) DELPECH, J.C.P. 1976, 2, 18128

38) Trib. corr. Seine, 9. 4. 1963, J.C.P. 1963, 2, 13290

39) Cass. crim. 3. 2. 1971, Gaz. Pal. 1971, 1, 255; Cass. crim. 26. 10. 1966, Bull. crim. 1966, n° 547; Cass. crim. 13. 2. 1969, Bull. crim. 1969, n° 203

40) Ständige Rechtsprechung, insbes. Cass. crim. 23. 7. 1925, S. 1926, 1, 332; Cass. crim. 24. 2. 1944, Gaz. Pal. 1944, 1, 226

41) Cass. crim. 10. 7. 1958, J.C.P. 1958, 4, 126

42) Cass. crim. 2. 5. 1946, S. 1947, 1, 46; Nimes 5. 7. 1952, S. 1952, 2, 201

natürlich den Hersteller. Bei fehlender Überprüfung der Ware vor der Auslieferungliegt eine Täuschungsabsicht gegenüber dem Käufer vor, wenn die Ware nicht einwandfrei ist[43]. Wer eine bestimmte Qualität seiner Produkte behauptet, ist bösgläubig, wenn er dies nicht überprüft hat[44]. Wer technisch unfertige Herstellungsmethoden anwendet[45], wer sich über die Zusammensetzung seiner Produkte nicht vergewissert[46], oder ob sie den geltenden Rechtsnormen entsprechen[47], oder ob ihre Aufmachung zulässig ist[48], oder aber wenn die "fraude" für den berufserfahrenen Angeklagten so offensichtlich ist, daß sie ihm nicht verborgen bleiben konnte[49] - alles das erfüllt die Voraussetzungen für ein Vergehen nach dem Gesetz von 1905. Die Gerichte sind sich aber auch darüber einig, daß es unvernünftig wäre, an den Wiederverkäufer die gleichen Anforderungen zu stellen. Das hieße, daß er praktisch keine Ware ohne ein Sachverständigengutachten weiterverkaufen könnte[50]. Der Wiederverkäufer ist daher nicht gehalten, die Ware zu prüfen, die ihm geliefert wird, wenn sie in seinem Einflußbereich keinerlei Veränderungen oder Manipulationen unterworfen ist[51]; anders wiederum wenn der Makel der Ware offensichtlich ist. Aber: auch der Wiederverkäufer muß sich über den Zustand der Ware vergewissern, wenn er sie wieder auf den Markt bringt[52]. Einfacher haben es nur die

---

43) Cass. crim. 28. 11. 1962, J.C.P. 1963, 2, 13193

44) Cass. crim. 10. 7. 1958, Bull. crim. 1958, n° 535; Cass. crim. 4. 3. 1955, Bull. crim. 1955, n° 170

45) Cass. crim. 23. 10. 1956, J.C.P. 1956, 4, 162; Trib. corr. Alençon, 18. 11. 1936, Gaz. Pal. 1936, 2, 835

46) Trib. corr. Béthune, 17. 6. 1955, J.C.P. 1955, 4, 128; Rennes, 30. 10. 1957, Rev. conserve 1957, 225

47) Trib. corr. Seine, 19. 3. 1954, Rev. conserve 1955, 89

48) Trib. corr. Seine, 30. 9. 1954, Rev. conserve 1955, 89

49) Poitiers, 31. 5. 1957, J.C.P. 1957, 4, 159

50) VOULET, Quest. prud'h. 1964, 448, 449

51) Cass. crim. 16. 2. 1956, Bull. crim. 1956, n° 17

52) Cass. crim. 3. 4. 1974, Bull. crim. 1974, n° 369

Kommissionäre: eine Zentrale, die nur Bestellungen ihrer Mitglieder zwecks billigeren Einkaufs ausführt, handelt nicht im Hinblick auf einen Gewinn und ist deshalb nicht gehalten, die Ware vor der Weitergabe zu überprüfen[53]. Besonders umstritten ist die Haftung des Importeurs[54]. Dem ausländischen Hersteller ist wegen des im Strafrecht geltenden Territorialitätsprinzips nur schwer beizukommen. Wenn nur einer der Gesetzesverstöße auf französischem Boden begangen wurde, ist die französische Gerichtsbarkeit zuständig[55], und ausländische Mittäter oder Gehilfen können abgeurteilt werden[56]. Art. 693 CPP erlaubt eine solche "fiction de territorialité". In der Regel ist sie aber nur zu erreichen, wenn man nicht auf die Handlung selbst, sondern auf den Ort des Erfolges (Lieferort) abstellt[57], wozu die Rechtsprechung nicht bereit ist[58]. Das bedeutet im Interesse des Verbraucherschutzes, daß der Importeur sich vergewissern muß[59]. Der Kassationshof macht dabei aber einen Unterschied: wenn der Importeur kauft, um weiterzuverkaufen, muß er sich wie ein Fabrikant behandeln lassen und sich so gut wie möglich über den Zustand der Ware vergewissern[60]. Handelt der Importeur dagegen als Makler, trifft die strafrechtliche Verantwortlichkeit den französischen Abnehmer[61].

---

53) Trib. corr. Paris, 30. 1. 1974, Gaz. Pal. 1974, 2, 259

54) Siehe dazu LIOTARD, D. 1958, chr. 211 ff; FOURGOUX, D. 1969, chr. 708

55) Cass. crim. 11. 3. 1880, S. 1881, 1, 329; Cass. crim. 18. 12. 1908, S. 1913, 1, 116

56) Cass. crim. 8. 6. 1912, D.P. 1913, 1, 154

57) Z.B. der auf deutschem Gebiet abgefeuerte Schuß auf ein in Frankreich befindliches Opfer, vgl. FOURGOUX, D. 1964, jur. 443

58) Vgl. auch FOURGOUX, D. 1965, jur. 808

59) Oran, 23. 3. 1957, D. 1960, 36; allerdings ist auch auf Freispruch entschieden worden, wenn der Importeur nichts manipuliert hatte: Paris, 26. 11. 1962, Gaz. Pal. 1963, 1, 405

60) Der Grundstein für diese Auffassung wurde im LandwirtschaftsorientierungsG von 1960 gelegt und fortgeführt im Änd. G vom 10. 1. 1978, J.O. 11. 1. 1978, S. 301

61) Cass. crim. 11. 7. 1963, Gaz. Pal. 11. 1. 1964

c) Einstehen für Gesetzesverstöße Dritter

Oft ist in der Lebensmittelindustrie der unmittelbar Verantwortliche nicht zu ermitteln. Nach dem "principe de la personalité" der Strafen kann aber nur derjenige verurteilt werden, der den Gesetzesverstoß begangen hat oder hätte verhindern können[62]. Eine solche Möglichkeit ergibt sich regelmäßig aus einer verantwortlichen Stellung im Betrieb. Die strafrechtliche Verantwortlichkeit des Firmenchefs ist deswegen sehr ausgeprägt[63]. Kurz und bündig hat der Kassationshof neuerdings entschieden: "wenn ein Direktor seine Überwachungspflicht verletzt, liegt ein vorsätzlicher Verstoß gegen das Gesetz von 1905 vor"[64]. Andererseits ist anerkannt, daß der Chef seine Überwachungspflicht delegieren kann, da die Unternehmensstrukturen eine Ausweitung der Haftung nicht mehr zulassen[65]. Das Gericht hat die ordnungsgemäße Übertragung der Pflichten auf einen geeigneten Untergebenen zu prüfen[66]. Hat der Leiter jedoch eine Garantie gegeben, die ihn persönlich bindet (Marke), so ist er verantwortlich[67].

d) Ungewollte Gesetzesverstöße und Unterlassungsdelikte

Die vorhergehenden Ausführungen rechtfertigen ein paar Bemerkungen zum Unterlassungsdelikt. Ein Unterlassen genügt nicht, sofern es nicht als solches unter Strafe gestellt ist (z.B. unterlassene Hilfeleistung, Art. 63 Abs. 2 CP)[69]. Das französische Recht kennt keine

---

62) Paris, 30. 11. 1961, D. 1962, somm. 48; Paris 23. 9. 1961, Gaz. Pal. 1961, 2, 239

63) Vgl. FOURGOUX, D. 1964, jur. 72

64) Cass. crim. 12. 2. 1975, Gaz. Pal. 1975, 1, 360

65) Cass. crim. schon 28. 6. 1902, D.P. 1903, 1, 585

66) Lyon, 29. 3. 1963, D. 1964, 72

67) Trib. pol. Fréjus, 23. 9. 1957, D. 1958, somm. 23; PIGASSOU, J.C.P. 1976, 2, 18367

68) Siehe dazu COSTA, Rev. sc. crim. 1963, 701; BAVCON, Rev. sc. crim. 1963, 703

69) CONSTANTINESCO/HÜBNER, aaO, S. 99

unechten Unterlassungsdelikte. Da aber in unserer Gesellschaft die Rechtlichkeit den Schadensersatz und die Sicherheit die Sanktion verlangt, weitet sich manchmal der Kreis der Pflichten so aus, daß sich Strafrecht und Berufsregeln vermischen, der Schuldbegriff und der der Überwachungspflicht. Alle bisher genannten Verstöße sind jedoch eher "action" als "abstention". Es ist nicht ein Unterlassen, sondern der Wille, sich den gebotenen Pflichten nicht zu unterwerfen, der das Vergehen vollendet[70]. Das Unterlassungsdelikt ist etwas anderes: "c'est le délit commis par celui qui n'est tenu à aucune obligation, celui qui manque seulement au devoir général de solidarité"[71].

Man kann also nach der Rechtsprechung zum französischen Lebensmittelrecht den einfach nachlässigen oder ungeschickten Unternehmer vom skrupellosen Fälscher und Betrüger nicht unterscheiden; allenfalls drückt sich das im Strafmaß aus. Die Fahrlässigkeit, auch grobe, ist gerade das Gegenteil der "intention frauduleuse"[72]. Fehlende Überwachung und Bösgläubigkeit werden hier aber praktisch gleichgesetzt[73]. Für die Ordnungswidrigkeiten bleibt nur der Bereich der unbewußten materiellen Verstöße gegen Verordnungen, die auch nicht über die Zurechnungsgrundsätze als Vergehen angesehen werden können, d.h. die praktisch unvorhersehbar waren[74].

5. Schuldausschließungsgründe

a) Rechtsirrtum

Ein Rechtsirrtum ist zur Entschuldigung nicht geeignet. Wer ihm unterliegt, wird nicht als "gutgläubig" (de bonne foi) angesehen, der

---

70) ROLLAND, Rev. sc. crim. 1965, 591

71) ROLLAND, aaO, S. 593

72) Vgl. dazu JESCHEK, R.I.D.P. 1965, 21 ff; BETCHEN, aaO, S. 8

73) kritisch dazu ROUX, J.A., aaO, Rdnr. 32; BOUZAT, J.C.P. 1976, 2, 18351

74) Vgl. FOURGOUX/CHEFTEL, aaO, Rdnr. 15

deliktische Charakter der Verstöße bleibt bestehen[75]. Der Angeklagte kann sich nicht auf einen unzureichenden oder unklaren Gesetzestext berufen[76], er hätte sich vielmehr über den Inhalt informieren müssen.

b) Unrechtmäßiges Verwaltungshandeln, administrative Toleranzen, circulaires

Das Problem der "circulaires" ist bereits ausführlich geschildert worden[77]. Die Rundschreiben verpflichten nur die Beamten, an die sie gerichtet sind[78]. Ein Hersteller oder Händler kann also nicht verfolgt werden wegen Verstoßes gegen eine "circulaire d'application", die ohne Gesetzeskraft ist[79]. Dies gilt auch, wenn eine DurchführungsVO nach dem Gesetz von 1905 für einen bestimmten Bereich fehlt und dieser durch "circulaire" (unzulässig) geregelt worden ist[80]. Hier gilt der Grundsatz "poenalia sunt restringenda". Das gibt Anlaß, sich mit dem Problem der Nichtigkeit oder Illegalität des "acte administratif" und den Folgen für die "infraction" zu beschäftigen[81]. Das Strafgesetz kann nur die legalen Entscheidungen berücksichtigen: nulla poena contra legem. Die Aufhebung einer Entscheidung wegen Ermessensmißbrauchs beseitigt den Verstoß, ohne daß die Strafrichter die Frage der Legalität weiter zu prüfen hätten, was ihnen im Rahmen ihrer Kompetenzen sonst zukommt,

---

75) Cass. crim. 12. 6. 1913, Bull. crim. 1913, n° 287

76) Trib. corr. Lisieux, 13. 6. 1927, A.F.F. 1928, 246; Rennes, 14. 3. 1928, A.F.F. 1928, 247

77) Siehe oben S. 146 ff

78) Cass. com. 23. 10. 1950, D. 1951, 4

79) Cass. crim. 23. 6. 1896, D.P. 1897, 1, 316; Cass. crim. 13. 3. 1901, D.P. 1901, 1, 162 usw.

80) Trib. corr. Toulon, 21. 12. 1950, D. 1951, 216

81) Dazu ausführlich DONNEDIEU DE VABRES, D. 1952, chr. 137 ff, 144

um das Strafverfahren nicht unnötig zu verzögern[82]. Diese Kompetenz des Strafrichters ist in einer Grundsatzentscheidung des "Tribunal des conflits"[83] festgelegt worden: der Strafrichter kann alle "règlements administratifs" auf ihre Gesetzmäßigkeit prüfen, seien sie die Grundlage der Verteidigung oder der Verfolgung, mit Ausnahme der "actes administratifs non réglementaires", die wegen des Prinzips der Gewaltenteilung den Verwaltungsgerichten vorbehalten sind[84]. Dieser weiten Kompetenz liegt eine praktische Erwägung zugrunde:
Wenn der "Conseil d'Etat" die Rechtswidrigkeit einer Verordnung feststellt, so wirkt dies erga omnes, der strafrechtliche Effekt entfällt[85]. Aber: wenn eine strafrichterliche Entscheidung rechtskräftig geworden ist, kann die Aufhebung der Verwaltungsentscheidung durch den Staatsrat, die der Strafrichter als rechtmäßig angesehen hat, kein Grund für die Wiederaufnahme des Verfahrens sein im Sinne von (ehemals) Art. 443 Abs. 4 Code d'instruction criminelle[86].

Andererseits kann die von der Verwaltung unrechtmäßig gegebene Erlaubnis die strafrechtliche Verantwortlichkeit des Angeklagten nicht beseitigen, die sich aus den Gesetzen ergibt[87]. Es kommt dabei nicht darauf an, ob die Erlaubnis sich aus einer rein tatsächlichen Toleranz[88] ergibt oder aus einer förmlichen individuellen[89] oder

---

82) Cass. crim. 28. 4. 1910, Bull. crim. 1910, S. 411; Cass. crim. 19. 3. 1875, Bull. crim. 1875, S. 181; Cass. crim. 22. 7. 1875, Bull. crim. 1875, S. 445; Cass. crim. 25. 3. 1882, D.P. 1882, 1, 486; Cass. crim. 5. 1. 1893, Bull. crim. 1893, S. 3; Cass. crim. 12. 5. 1893, Bull. crim. 1893, S. 189

83) 5. 7. 1951, Gaz. Pal. 1951, 2, 136

84) Hier ist der VA des deutschen Rechts gemeint

85) Cass. crim. 4. 12. 1930, D.P. 1931, 1, 33

86) Abgelöst durch CPP von 1958; Cass. crim. 5. 8. 1915, D.P. 1916, 1, 123

87) Cass. crim. 9. 4. 1932, Loi, 18. 7. 1932

88) Cass. crim. 27. 12. 1924, Bull. crim. 1924, n° 429

89) Cass. crim. 30. 7. 1926, Bull. crim. 1926, n° 205

allgemeinen[90)] Entscheidung der Verwaltung. Wenn also die Verwaltung Gesetzesverstöße - aus welchen Gründen auch immer - duldet, kann das dem Angeklagten im Strafverfahren wenig nützen. Allerdings kann die administrative Toleranz den Vorsatz des Angeklagten beseitigen und damit das Vergehen; es bleibt dann nur eine Ordnungswidrigkeit[91)]. Das gilt insbesondere, wenn der Hersteller dem "Service ..." die Zusammensetzung oder Aufmachung eines neuen Produktes mitteilt, ehe er es auf den Markt bringt und keine Beanstandungen kommen[92)].

6. Das Zivilklagerecht im Strafprozeß und die Klagebefugnis von Verbänden

Es sei nochmals festgehalten, daß die Staatsanwaltschaft in Frankreich kein Anklagemonopol hat[93)]. Dem weiten Ermessensspielraum des Staatsanwalts in der Verfolgung von Straftaten steht die Befugnis des Verletzten gegenüber, nach Art. 1 Abs. 2 CPP die Strafverfolgung selbst in Gang zu setzen. Die Bestimmung ist aber erst im Zusammenhang mit anderen Vorschriften interessant, da die bloße Nebenklägerschaft zwecks Bestrafung des Angeklagten im Lebensmittelrecht keine große Bedeutung hat. Art. 2 ff CPP eröffnen dem Verletzten die Möglichkeit, im Adhäsionsverfahren Schadensersatzansprüche gegen den Täter einzuklagen und so einen gesonderten Zivilprozeß zu vermeiden. Doch auch diese Möglichkeit ist für den betrogenen Käufer eines Lebensmittels relativ uninteressant, da sie Schwierigkeiten bezüglich des Schadensbeweises[94)] und das Kosten-

90) Cass. crim. 1. 7. 1948, Bull. crim. 1948, n° 266

91) Trib. pol. Saint-Affrique, 27. 12. 1956, D. 1958, 558

92) FOURGOUX/CHEFTEL, aaO, Rdnr. 17; Cass. crim. 17. 12. 1925, Gaz. Pal. 1926, 1, 288; anders jedoch Cass. crim. 13. 1. 1959, unveröffentlicht. LIOTARD, D. 1958, jur. 558 (560) sieht die administrative Duldung als Rechtfertigungsgrund an.

93) Vgl. CONSTANTINESCO/HÜBNER, aaO, S. 107

94) Siehe oben S. 118

risiko für den Fall birgt, daß der Angeklagte freigesprochen wird[95]. Eine Gefahr besteht darin, daß der Verletzte bei Freispruch dem Angeklagten strenger als nach den allgemeinen Grundsätzen über die mißbräuchliche Klageerhebung haftet (Art. 472, 91 CPP)[96]. Nachteilig kann sich auch auswirken, daß die Zivilpartei nicht als Zeuge vernommen werden kann (Art. 422 CPP). Dies alles hat der Gesetzgeber schon sehr früh erkannt und den Berufsverbänden (syndicats professionnels) weitgehende prozessuale Rechte eingeräumt[97]. Der Ursprung liegt im Gesetz vom 21. 3. 1884[98], mit dessen Art. 6 die Verbände das Recht bekamen, vor Gericht aufzutreten (ester en justice) und parteifähig wurden. Bald konnten die Verbände die Klagen im Gesamtinteresse des Berufsstandes erheben. Man setzte voraus, daß dieses Gesamtinteresse ein eigenes Interesse des Verbandes sei, das sich von der Summe der Einzelinteressen unterscheide[99]. Es wurde dabei aber kein strenger Maßstab angelegt und nur selten die Klage wegen Vertretens von Einzelinteressen als unzulässig abgewiesen[100]. Voraussetzung ist, daß die Verbände seit einem halben Jahr bestehen und gerade die geltend gemachten Interessen vertreten[101]. Seit der Änderung des Gesetzes im Jahre 1920[102] können die Verbände vor Gericht alle der Zivilpartei vorbehaltenen Rechte ausüben hinsichtlich der Handlungen, die dem Kollektivinteresse des von ihnen vertretenen Berufsstandes einen

95) Siehe bereits oben S. 39 zu "loi Royer"; KARILA, Gaz. Pal. 1976, 1, doct. 210

96) Paris, 19. 5. 1961, J.C.P. 1961, 2, 12284

97) Siehe schon DE GAILLARD-BRANCEL, "Les anciennes corporations et la lutte contre la fraude", Paris 1913

98) D.P. 1884, 4, 129

99) Cass. crim. 5. 4. 1913, Ann. 1913, 1, 338

100) Z.B. Paris 23. 2. 1912, Ann. 1912, 1, 355

101) ROZIER, aaO, Rdnr. 910

102) Loi 12. 3. 1920, D.P. 1920, 4, 81

unmittelbaren oder mittelbaren Schaden zufügen. Der Schaden muß aber konkret nachgewiesen werden[103]. Voraussetzung für das Auftreten als Zivilpartei ist nach Art. 2 Abs. 2 CPP, daß der Kläger persönlich einen unmittelbaren Schaden durch die strafbare Handlung erlitten hat. Der Kollektiv-Schaden, der den Mitgliedern eines Verbandes in ihrer Gesamtheit oder den Interessen des von einem Verband vertretenen Berufsstandes erwächst, wird auch für die Zivilklage im Strafverfahren als "persönlicher" Schaden des Verbandes anerkannt[104]. Im Bereich des Lebensmittelrechts ist die Klage der Berufsverbände für Verstöße gegen das Gesetz von 1905 ausdrücklich vorgesehen. Art. 2 des Gesetzes von 1908[105] gibt "allen nach dem Gesetz von 1884 gebildeten Verbänden auf dem Gebiet der fraudes et falsifications die in Art. 388-85 und 52-40-177, 216 und 418-87 und 419-89, 392 und 420 CPP der partie civile zustehenden Rechte zur Ausübung einer Klage nach Art. 1382 ff CC" (Schadenersatz). Auch in zwei Spezialgesetzen ist dieses Recht ausdrücklich genannt: Art. 9 des Gesetzes von 1919 zum Schutz der Ursprungsbezeichnungen[106] und Art. 3 des Gesetzes von 1930 zur Bekämpfung falscher Herkunftsangaben[107]. In diesen Bereichen ist die Verbandsklage wichtiger geworden als die Individualklage. In der Literatur wurde dies schon bald begrüßt und entsprechend gewürdigt[108]. Die Rechtsprechung der "Cour de Cassation" ist dagegen seit einigen Jahren durch das Bestreben gekennzeichnet, die Zulassung der Zivilpartei zurückzudrängen und bei bestimmten Tatbeständen auszuschließen[109].

---

103) Paris, 10. 11. 1961, Ann. 1963, 81

104) Nîmes, 18. 1. 1907, Ann. 1907, 2, 25

106) Appellations d'origine, loi 6. 5. 1919, D.P. 1922, 4, 60

107) Indications d'origine, loi 26. 3. 1930, J.O. 29. 3. 1930

108) Vgl. DE FONTGALLAND, "L'action en justice des syndicats groupés", Paris 1911; GEMÄHLING, "Les actions syndicales en justice", Paris 1912

109) Vgl. die gründliche Darstellung bei ULMER/KRASSER, aaO, Rdnr. 165 ff, allerdings nicht mehr ganz aktuell, da die loi Royer von 1973 wesentliche, nachfolgend dargestellte Neuerungen brachte.

Hiervon sind die Delikte des Gesetzes von 1905 auch betroffen[110]. Begründet wird dies damit, die Bestimmungen bezweckten den Schutz der Verbraucher im allgemeinen und sollten nicht direkt oder indirekt den Interessen der Händler dienen[111]. Hier rückt plötzlich das allgemeine Interesse in den Vordergrund (intérêt général) und damit der Schutzzweck des Gesetzes. Zwischen diesem und dem Schaden müsse ein unmittelbarer Zusammenhang bestehen. Hieraus folgt: wenn die Norm ausschließlich das Allgemeininteresse schützt, so betrifft der Schaden, der sich im Sinne des Art. 2 Abs. 1 CPP unmittelbar aus der Straftat ergibt, auch ausschließlich die Allgemeinheit, es ist ein "Sozialschaden" (préjudice social). Dieser aber werde durch die auf Antrag des Staatsanwaltes verhängte öffentliche Strafe abgegolten[112]. Ein eventueller Kollektivschaden habe seinen Ursprung nicht mehr in dem Verstoß selbst und rechtfertige daher die Zivilklage im Strafverfahren nicht. Die Wahrnehmung der Interessen der Allgemeinheit, der Beseitigung des "préjudice social" sei dem Staatsanwalt vorbehalten[113]. Wann aber eine Vorschrift ausschließlich im Allgemeininteresse erlassen ist, bleibt offen. Dient nicht jede Strafvorschrift dem Schutz des Allgemeininteresses? In der Literatur wird die restriktive Tendenz teilweise begrüßt mit dem Argument, sie hebe den Ausnahmecharakter der Zivilklage im allgemeinen und der Verbandsklage im besonderen hervor[114]. Auch seien es bei diesen verfahrensrechtlichen Sonderregelungen wie dem Gesetz von 1908, wobei es sich auch um Instrumente staatlicher Wirtschaftslenkung handele, praktisch nicht die allgemeinen

---

110) Cass. crim. 17. 6. 1964, Gaz. Pal. 1965, 1,302, mit scharfer Kritik von VIVEZ, auch zu Trib. corr. Paris, 9. 2. 1965, J.C.P. 1966, 14493

111) In den genannten Fällen klagten das "Comité intersyndical du commerce des combustibles" und die "Fédération des Syndicats de l'Alimentation animale"

112) Paris, 18. 2. 1960, J.C.P. 1960, 2, 11551

113) Siehe dazu kritisch DURAND, D. 1960, chr. 21

114) Vgl. LARGUIER, D. 1958, chr. 29

Strafverfolgungsbehörden, sondern die besonderen Verwaltungsbehörden, denen die Entscheidung über die Einleitung des Strafverfahrens obliege[115]. Daher seien Kollektivschäden nicht solche, die ihren Ursprung in der abzuurteilenden strafbaren Handlung hätten. Im übrigen bleibe der Zivilrechtsweg nach Art. 1382 ff CC offen[116].

Gegen die Argumentation ist vom Wortlaut der Art. 2, 3 CPP nichts einzuwenden[117]. Dabei wird aber übersehen, daß die Gesetze von 1908, 1919 und 1930 gerade ergänzend zu den allgemeinen Verfahrensbestimmungen erlassen wurden. Die ausdrückliche Zulassung der Verbände als Zivilpartei kann nicht wieder ausgeräumt werden mit dem Argument, das Gesetz von 1905 habe den Schutz der Verbraucher und des Allgemeininteresses, nicht aber unmittelbar oder mittelbar den Schutz des Kollektivinteresses der Gewerbetreibenden zum Zweck[118]. Die Vorarbeiten des Gesetzes lassen jedenfalls einen anderen Schutzzweck erkennen[119]. Es bleibt zu hoffen, daß die Gerichte den Berufsverbänden künftig wieder mehr Spielraum geben und nicht den Nachweis eines konkret erlittenen Schadens fordern[120].

Gegenüber anderen Vereinigungen ist eine freundlichere Tendenz schon seit längerer Zeit sichtbar: "in Änderung strafrechtlicher Prinzipien, wonach nur der direkt durch den Gesetzesverstoß verursachte Schaden das Recht auf Zivilklage vor den Strafgerichten gab (Art. 6 ord. 3-3-46), können auch die unions d'associations familiales den Ausgleich selbst des indirekten Schadens verfolgen, der den materiellen und moralischen Interessen der Familien zuge-

---

115) RUBELIN-DEVICHI, J.C.P. 1965, 1, 1922

116) LARGUIER, D. 1958, chr. 29

117) Vgl. GALLON, aaO, S. 84

118) Vgl. ULMER/KRASSER, aaO, Rdnr. 474

119) Siehe oben S.21 ff; VIVEZ, J.C.P. 1966, 2, 14493

120) Vgl. FOURGOUX/JUMEL, aaO, S. 77; FOURGOUX, D. 1969, jur. 53

fügt wird"[121]. Damit war das Argument aufgegeben, daß nur der Staatsanwalt der Verteidiger des "intérêt général" sei.

Ein entscheidender Fortschritt wurde dann mit der "loi Royer" im Jahre 1973[122] erzielt, die den Verbraucherverbänden generell das Zivilklagerecht einräumte[123]. Art. 46 Abs. 1 lautet:

> "Sans préjudice des dispositions de l'art. 3 du décr. n° 56-149 du 24-1-56, les associations régulièrement déclarées ayant pour objet statuaire explicite la défense des intérêts des consommateurs peuvent, si elles ont été agréées à cette fin, exercer devant toutes les juridictions l'action civile relativement aux faits portant à un préjudice direct ou indirect à l'intérêt collectif des consommateurs."

Dieses Gesetz ist mit Recht als die größte Errungenschaft der letzten Jahre auf dem Gebiet des Verbraucherschutzes bezeichnet worden[124]. Die zitierte Vorschrift beseitigt einige Hemmnisse des Zivilklagerechts. Die Klagebefugnis umfaßt die Verfolgung aller Handlungen, die dem Kollektivinteresse der Verbraucher einen direkten oder indirekten Schaden zufügen. Den Verbraucherverbänden ist damit eine dem Staatsanwalt vergleichbare Rolle anvertraut, insbesondere auf dem Gebiet der "fraudes" nach dem Gesetz von 1905 und der wahrheitswidrigen Werbung nach Art. 44 der "loi Royer"[125]. Auch auf dem Gebiet der Preisüberwachung, wo der Kassationshof seit dem "arrêt Milhaud" jede Zivilklage als unzulässig angesehen hatte[126], hat Art. 45 der "loi Royer" die Zivilklage nun ermöglicht.

---

121) Cass. crim. 26. 5. 1971, Gaz. Pal. 1971, 2, 502: Klage gegen einen Händler, der während eines Monats "pasteurisierte" Butter verkaufte, die es nicht war.

122) Orientierungsgesetz für Handel und Handwerk, loi 27. 12. 1973, J.O. 30. 12. 1973

123) Siehe schon S. 39/40

124) Vgl. BIHL, Gaz. Pal. 1975, 2, doct. 735; PERROT, Gaz. Pal. 1976, 1, doct. 237; FOURGOUX, Gaz. Pal. 1976, 1, doct. 242

125) CALAIS-AULOY, D. 1974, chr. 91, 92

126) Cass. crim. 19. 11. 1959, D. 1960, 463 mit ablehnender Anm. von DURRY und in Rev. trim. dr. com. 1960, 377 von HEMARD; anders dann schon Cass. crim. 22. 1. 1970, D. 1970, 166: nicht grundsätzlich unzulässig! siehe auch DIVIER, aaO, S. 59

Leider ist es dabei versäumt worden, die Berufsverbände den Verbraucherverbänden gleichzustellen. Den Berufsverbänden wird es daher weiterhin versagt sein, auf dem Gebiet des Verbraucherschutzes die Zivilklage zu erheben, wenn nicht der Text auch diese oder jene Berufsgruppe schützen soll[127)]. In einigen Fällen hat man sich jedoch der Gesetze von 1908 und 1930 erinnert und bei "fraude"[128)] und "fausse indication d'origine"[129)] die Berufsverbände zugelassen. Das Schweigen der "loi Royer" zu diesem Problem ist zu bedauern.

Bei der Zivilklage von Verbraucherverbänden ist zu beachten, daß diese nach Art. 46 Abs. 2, 3 der "loi Royer" zugelassen sein müssen. Die Verbände dürfen keine wirtschaftliche Tätigkeit entfalten und müssen repräsentativ sein auf nationaler und regionaler Ebene. Vor der Zulassung muß eine Stellungnahme der Staatsanwaltschaft eingeholt werden. Eine Durchführungsverordnung[130)] enthält nähere Bestimmungen: die Verbände müssen seit einem Jahr bestehen. Wenn sie nicht wissenschaftlich orientiert sind, müssen sie auf nationaler Ebene mindestens 10000 Mitglieder haben, auf departementaler oder lokaler Ebene eine "ausreichende" Zahl, entsprechend ihren Aktivitäten. Die Zulassung erfolgt auf fünf Jahre durch "arrêté" des Justiz- und Finanzministers. Zusammenschlüsse von Verbänden müssen zugelassen werden. Gegen die Verweigerung der Zulassung gibt es keine Rechtsmittel. Mit diesem Gesetz ist die These widerlegt, nur der Staat sei als wahrer Repräsentant der Verbraucher berechtigt deren Interessen zu vertreten[131)].

---

127) Cass. crim. 3. 3. 1970, Bull. crim. 1970, n° 85

128) Cass. crim. 11. 1. 1967, J.C.P. 1967, 2, 15219

129) Cass. crim. 12. 5. 1966, D. 1967, 110

130) Décret 17. 5. 1974, J.O. 21. 5. 1974, 5482

131) FOURGOUX/JUMEL, aaO, S. 77

7. Straftatbestände außerhalb des Gesetzes von 1905

a) Allgemeines

Um die strafrechtliche Struktur des französischen Basisgesetzes deutlich hervortreten zu lassen, sind die einzelnen Straftatbestände des Lebensmittelrechts bereits unter § 5 II 1[132)] der Arbeit dargestellt worden. Es soll hier nicht weiter ins Detail gegangen werden. Auch die Strafbestimmungen der Spezialgesetze wie z.B. im Gesetz über Ursprungsbezeichnungen von 1919 oder über Herkunftsangaben von 1930, über Identitätszeichen der Waren von 1928[133)] verweisen bezüglich der Strafen auf das Gesetz von 1905, neuerlich das LandwirtschaftsorientierungsG (labels) und das OrientierungsG für Handel und Handwerk (Werbung)[134)]. Inhaltlich zählen diese Vorschriften nur die mit dem Gesetzeszweck[135)] verfolgten Verbote auf und sind nicht weiter wichtig. Im übrigen ersetzt Art. 15 des Gesetzes von 1905 die Strafen in den Spezialgesetzen über Namen auf Fabrikprodukten von 1824, Dünger von 1888, Wein von 1894 und 1897, Butter und Margarine von 1897 durch die Strafen des Basisgesetzes. Auch deren Einzelregelungen sind hier entbehrlich.

Es seien noch einige Strafvorschriften genannt, die im Lebensmittelrecht von Bedeutung sein können: Art. 318 CP betreffend die Verabreichung schädlicher Substanzen, Art. 240 und 329 CR über den Verkauf kranker Tiere, Art. L 627, L 628 und R 5229-1 Code de la Santé publique über giftige Substanzen, Art. L 636, L 639 desselben Gesetzbuches betreffend den Zusatz radioaktiver Stoffe zu Lebensmitteln oder Körperpflegeprodukten[136)], Art. 422, § 4 und 422-1 CP (marques de fabrique).

---

132) Siehe oben S. 88 ff

133) J.O. 26. 6. 1928; loi du 24 juin 1928 relative à la protection des numéros et signes quelconques servant à identifier les marchandises

134) seit dem Änd.G vom 10. 1. 1978, J.O. 11. 1. 1978, S. 301

135) der an betreffener Stelle in der Arbeit genannt ist, vgl. S. 27 ff

136) Siehe dazu ausführlich GONDRE, J.C.P. 1967, 1, doct. 2047 bis

b) Escroquerie

Interessant ist im Rahmen des Lebensmittelrechts der nach Art. 405 CP strafbare Betrug (escroquerie). Täuschung in betrügerischer Absicht (tromperie) nach Art. 1 des Gesetzes von 1905 und Betrug können nebeneinander bestehen und überlagern sich oft, vor allem im Bereich der falschen Herkunftsangaben[137)] oder der wahrheitswidrigen Werbung. Der Betrug nach Art. 405 CP ist eine äußerst umfangreiche und schwierige Bestimmung[138)]. Für den hier behandelten Bereich kann sie jedoch auf eine einfache Formel gebracht werden: "damit das Delikt vorliegt, muß außer der geschriebenen Lüge noch eine äußere Tatsache, ein materieller Akt, ein In-Szene-setzen oder eine Intervention Dritter hinzukommen"[139)]. Die Lüge oder Täuschung muß also von "betrügerischen Machenschaften" (manoeuvres frauduleuses) begleitet sein, d.h. von einer tatsächlichen Handlung, die dazu bestimmt ist, die Lüge zu unterstützen[140)], ihr Glaubhaftigkeit und Durchsetzungskraft zu verleihen[141)]. Die im einzelnen schwierigen Abgrenzungsfragen, die sich mit diesem Tatbestandsmerkmal der zur Täuschung hinzutretenden betrügerischen Machenschaften verknüpfen, haben eine Rechtsprechung gewaltigen Ausmaßes hervorgebracht[142)]. Die obengenannte herrschende Meinung läßt deswegen zu Recht eine Idealkonkurrenz zwischen Täuschungs- und Betrugsdelikt

---

137) Herrschende Meinung: VIVEZ, "Traité des fraudes", Rdnr. 16; Cass. crim. 18. 11. 1858, 1, 480; Trib. corr. Bordeaux, 8. 5. 1931, A.F.F. 1932, 377; GARÇON, aaO, Art. 405, Rdnr. 198; MONIER/CHESNEY/ROUX, E., aaO, Rdnr. 27; a.A. Cass. crim. 27. 10. 1905, S. 1908, 1, 551; ROUX, J.A., aaO, Rdnr. 23, wonach die stärkere Vorschrift (escroquerie) die schwächere (tromperie) absorbiert.

138) Zum besseren Verständnis sei auf die Übersetzungen von ULMER/KRASSER, aaO, Rdnr. 454 und GÖTZ/GÖHLER, aaO, Art. 405 verwiesen.

139) Cass. crim. 7. 10. 1969, CA 1971, 15; ähnlich BIHL, Gaz. Pal. 1972, 2, doct. 432

140) DIVIER, aaO, S. 35

141) Ständige Rechtsprechung seit Cass. crim. 8. 7. 1922, D.P. 1922, 1, 191

142) Siehe dazu BLONDET, D. 1953, chr. 133 ff

zu. Ein typischer Fall dafür ist, "daß der Verkäufer einen falschen Namen, Beruf und Adresse angibt, um den Käufer über die Herkunft der Ware zu täuschen"[143].

c) Widerstand gegen die Kontrollbeamten

Ein Gesetz von 1912[144] hat in Art. 6 eigens einen Tatbestand geschaffen, der den Kontrollbeamten eine ungehinderte Ausübung ihrer Funktion ermöglichen soll:

> "Wer den Inspektoren oder Beamten des Service de la Répression des fraudes die Ausübung ihrer Funktionen unmöglich macht, sei es indem er den Zugang zu den Fabrik-, Lager- oder Verkaufsräumen verweigert oder auf jede andere Art, wird mit den in Art. 1, 5 und 7 des Gesetzes vom 1. August 1905 vorgesehenen Strafen belegt, unbeschadet derer in Art. 209 ff CP".

Es ist bemerkenswert, daß das Delikt erst dann vorliegt, wenn der Beamte die vorgesehene Kontrollmaßnahme nicht durchführen kann und unverrichteter Dinge seinen Besuch beenden muß. Die bloße Behinderung der Beamten reicht also nicht aus[145]. Da es sich um ein Vergehen handelt, ist der Versuch nicht strafbar, denn das Gesetz bestimmt dies nicht ausdrücklich (Art. 1 CP). Deswegen kommt die Vorschrift in der Praxis kaum zur Anwendung. Denn die Beamten können sich zur Durchsetzung ihrer Aufgaben der öffentlichen Gewalt bedienen (Art. 6 Abs. 1 der DVO von 1919), wenn sich der Betroffene der Kontrolle, Probenahme oder Beschlagnahme widersetzt. Das Delikt kommt somit selten zur Vollendung.

---

143) Cass. crim. 2. 8. 1907, Bull. crim. 1907, n° 354; FOURGOUX/JUMEL, aaO, S. 176

144) Loi 28. 7. 1912, J.O. 1. 8. 1912

145) Grenoble, 25. 3. 1971, Gaz. Pal. 1971, 2, 580

§ 8: Sanktionen

1. Strafrechtliche Sanktionen

Das Gesetz von 1905 sieht vier Arten von Sanktionen vor: Gefängnis, Geldstrafe, Einziehung, Veröffentlichung[1].

aa) Die Gefängnisstrafe liegt je nach Delikt zwischen 6 Tagen und 2 Jahren und ist wie folgt anwendbar:

1. drei Monate bis zu zwei Jahren für die qualifizierten Täuschungsdelikte des Art. 2[2] und die qualifizierten gesundheitsgefährdenden Verfälschungsdelikte des Art. 3 Abs. 2[3]. Die gleiche Strafe trifft nach Art. 3 Abs. 1 Nr. 2 Abs. 2 denjenigen, der solche Erzeugnisse ausstellt, feilhält oder verkauft.

2. drei Monate bis zu einem Jahr für das einfache Täuschungsdelikt oder den Versuch desselben nach Art. 1, das einfache Verfälschungsdelikt nach Art. 3 Abs. 1 Nr. 1, das Ausstellen, Feilbieten oder Verkaufen von Produkten zur Verfälschung von Lebensmitteln (Art. 3 Abs. 1 Nr. 4) oder von verdorbenen oder giftigen Lebensmitteln (Art. 3 Abs. 1 Nr. 2) sowie den Besitz derselben (Art. 4 Abs. 2)[4].

3. sechs Tage bis zu drei Monaten für die übrigen Delikte des strafbaren Besitzes in Art. 4[5].

4. sechs Tage bis einen Monat für den Rückfall der Verhinderung der "affichage" in Art. 7 Abs. 6[6].

---

1) Das französische Recht kennt noch verschiedene Arten der Freiheitsstrafe, dagegen keine Unterscheidung zwischen Geldstrafe und Geldbuße; vgl. CONSTANTINESCO/HÜBNER, aaO, S. 102

2) Siehe oben S. 101 ff

3) Siehe oben S. 103 ff

4) Siehe oben S. 109 ff

5) Siehe oben S. 113 ff

6) Siehe oben S. 124/125

Soweit das Gesetz in Art. 15 auf Spezialgesetze (Dünger, Butter usw.) verweist, sind für diese die Strafen des Art. 1 (3 Monate bis 1 Jahr) anzuwenden. Ebenso ist es, wenn die Spezialgesetze die Strafen des Gesetzes von 1905 für anwendbar erklären[7].

Die Gefängnisstrafe muß angewendet werden bei den gesundheitsgefährdenden Delikten und bei Rückfall[8] (Art. 3 Abs. 2, Art. 4 Abs. 2 Nr. 1, Art. 5 Abs. 2). Wenn allerdings mildernde Umstände vorliegen, kann davon gemäß Art. 8 Abs. 3 wieder abgesehen werden.

bb) Neben der Gefängnisstrafe oder anstelle derselben kann eine Geldstrafe verhängt werden. Sie beträgt für die Täuschungsdelikte der Art. 1 und 2 des Gesetzes 540 bis 27000 F, ebenso für die einfachen Verfälschungsdelikte des Art. 3, dazu des verbotenen Besitzes nach Art. 4, wenn eine Gesundheitsgefährdung vorlag. Die übrigen unter Art. 4 fallenden Vergehen werden mit 270 bis 16200 F belegt. Bei Verhinderung der "affichage" betragen die Geldstrafen nach Art. 7 Abs. 5, 6 im ersten Falle 270 bis 5400 F, im Rückfall 540 bis 10800 F. Für die Ordnungswidrigkeiten nach Art. 13 sind 80 bis 160 F zu zahlen, bei Rückfall 90 bis 5400 F. Dies gilt auch für Verstöße gegen die auf das Gesetz von 1905 verweisenden Verordnungen. Die Spezialgesetze hingegen sehen oft höhere Geldstrafen vor, so z.B. das Gesetz von 1919 über Ursprungsbezeichnungen in Art. 8 eine Summe von 36000 bis 720000 alte F und Art. 39 der Preisverordnung von 1945 Geldstrafe von 60 bis 30000 F. Außer den Geldstrafen haben die Verurteilten neben den Prozeßkosten noch Pauschalsummen für das Kontrollprotokoll (48 F) und eine eventuelle Probenahme (72 F) zu zahlen (Art. 9 Abs. 2, 3). Bei Rückfall betragen diese Summen 50 bzw. 100 F (Art. 9 Abs. 4).

---

7) Vgl. oben S. 141 ; VIVEZ, "Traité des fraudes", Rdnr. 255; ANDRE, aaO, S. 27; ANTERIC, aaO, S. 64

8) Bei Rückfall, d.h. neuer Verurteilung wegen Verstoßes gegen eines der in Art. 5 genannten Gesetze, also auch DüngerG, ButterG und WeinG, wird die Strafe im übrigen nicht erhöht. Zusätzlich muß aber die "affichage" angeordnet werden.

Die eingenommenen Strafgelder sind nach den Regeln der Finanzgesetze zu verteilen (Art. 9 Abs. 1). Das bedeutet, daß 80 % an die Departementskassen zu zahlen sind, 20 % gehen an den Staat[9]. Auf die Möglichkeit, die sich an der Bekämpfung der "fraudes" beteiligenden Gemeinden zu subventionieren, wurde bereits hingewiesen[10].

cc) Die Einziehung der Gegenstände, durch deren Verkauf, Gebrauch oder Besitz die Straftat begangen wurde, ist obligatorisch nach der Formulierung des Art. 6 Abs. 1 (seront confisqués). Auch die Vorschrift des Art. 8 betreffend mildernde Umstände läßt diesbezüglich keine Ausnahme zu. Voraussetzung ist allerdings, daß der Verkäufer oder Besitzer noch Eigentümer der Gegenstände ist. Das kleine Wörtchen "noch" in der Bestimmung hat seit jeher viele Diskussionen ausgelöst und die Frage aufgeworfen, ob die Einziehung unzulässig sei, wenn der Angeklagte die Gegenstände vor der Entscheidung veräußere[11]. Da die Einziehung aber eine sehr alte Maßnahme ist, konnte man aus der früheren Rechtsprechung[12] und Literatur vor Erlaß des Gesetzes entnehmen, daß es nicht auf den Zeitpunkt der Anordnung der Einziehung ankommen kann, sondern der Zeitpunkt der Tat entscheidend ist.

Außerdem wurde diskutiert, ob die Einziehung eine Strafe[14], eine Polizeimaßnahme[15] oder eine Wiedergutmachung sei[16] (wichtig, weil eine Strafe z.B. nicht gegen den Erben wirken kann; dieser Fall ist aber durch Art. 477 Abs. 4 CP abgesichert, wenn eine Ge-

---

9) Das entspricht französischer Tradition, vgl. VIVEZ, "Traité des fraudes", Rdnr. 259; CHAUVIN, aaO, S. 41; BORSSAT, "Législation nouvelle ...", S. 80

10) Siehe oben S. 128/129

11) Vgl. GOSSET, aaO, "Confiscation"; dto. LALUBIE, aaO, S. 107

12) Cass. crim. 15. 5. 1856, S. 1856, 1, 927

13) FRAISSE, aaO, S. 56

14) So ROUX, J.A., aaO, Rdnr. 620 f

15) RAVINET, aaO, Rdnr. 27

16) RENE, aaO, S. 53

sundheitsgefahr besteht). Da der Richter im Urteil die Einziehung anordnet, versteht die herrschende Meinung dieselbe als Strafe[17]. Wenn es sich um falsche Gewichte und dergleichen handelt, ist es natürlich auch eine präventive Polizeimaßnahme, um weiteren "fraudes" vorzubeugen. Würde man nur von einer Polizeimaßnahme ausgehen, so könnte z. B. eine zeitweilig verstellte Waage nicht eingezogen werden[18].

Das Gericht kann die eingezogenen Gegenstände der Verwaltung zu wohltätigen Zwecken zur Verfügung stellen, wenn sie brauchbar sind (vgl. Art. 6 Abs. 2). Von dieser Möglichkeit wird kein Gebrauch gemacht, in der Regel werden die Waren zugunsten des Staates versteigert[19]. Sind die Gegenstände unbrauchbar oder schädlich, so müssen sie auf Kosten des Verurteilten zerstört, Flüssigkeiten ausgegossen, Gewichte und Maße zerbrochen werden (Art. 6 Abs. 3). Das Gericht kann anordnen, daß dies vor dem Geschäft oder der Wohnung des Verurteilten geschieht (Art. 6 Abs. 4). Diese antiquierte Vorschrift zielt auf eine "Demutsstrafe" und wird nicht mehr angewendet[20], ebenso wie die Anordnung der Veröffentlichung oder der Aushang des Urteils (affichage) nach Art. 7.

dd) Allerdings hat die letztere "entehrende Strafe" (peine infamente) im Bereich der wahrheitswidrigen Werbung eine teilweise Wiederbelebung erfahren: Art. 44 § 2 Abs. 5 der "loi Royer" sieht vor, daß das Gericht in jedem Fall (!) die Veröffentlichung des Urteils anzuordnen hat. Darüber hinaus kann es verlangen, daß die Werbung in berichtigter Form, die das Gericht vorschreibt, in Funk, Fernsehen oder Annonce wiederholt wird. Die "affichage" ist allerdings nicht mehr vorgesehen[21].

---

17) VIVEZ, "Traité des fraudes", Rdnr. 263

18) Siehe dazu Trib. corr. Cholet, 21. 6. 1946, D. 1946, 388

19) Vgl. HUGUES, aaO, S. 31; VIVEZ, "Traité des Fraudes" Rdnr. 265

20) FOURGOUX/JUMEL, aaO, S. 178

21) Siehe dazu im übrigen oben S. 124/125

In diesem Zusammenhang sei darauf hingewiesen, daß nach Art. 14 Abs. 2 als Folge der Bestrafung nach diesem Gesetz auch die Bestimmungen des Gesetzes vom 24. 1. 1889 über die "incapacités électorales" (Wahlunfähigkeit) Anwendung finden[22].

2. <u>Administrative Sanktionen</u>

Neben den rein strafrechtlichen Sanktionen gibt es noch eine Reihe "sanctions administratives", die von den Gerichten oder vom "Service ..." angeordnet werden können. Das Basisgesetz sagt hierüber nichts aus, die einzelnen Spezialgesetze und Verordnungen sehen aber die verschiedensten Maßnahmen vor:

Der härteste Eingriff ist wohl das Berufsverbot, das in allen Bereichen des Lebensmittelrechts möglich ist[23]. Als Beispiel mag die Preisverordnung gelten[24], deren Strafvorschriften (Art. 39, 40) auf die "Verordnung betreffend Verstöße gegen die Wirtschaftsgesetzgebung" verweist[25]. Nach deren Art. 49 Abs. 1 kann der Richter bei Verstößen gegen die Preisbestimmungen oder auch gegen das Gesetz von 1905 - das ja auch ein Wirtschaftsstrafgesetz ist - eine vorübergehende oder dauernde Schließung der Geschäftsräume sowie ein vorübergehendes oder dauerndes Berufsverbot für den Beruf aussprechen, den der Täter zur Begehung der Tat ausübte. Eine problematische Vorschrift, da sei keine weiteren Voraussetzungen nennt, mithin bereits eine einzige Verurteilung ausreichen kann. Dies kann Anlaß geben zu einer Diskussion über die Freiheit des Handels[26]

---

22) Gaz. Pal. 1889, 1, lois et décrets, 1, Änd.G zum G vom 2. 2. 1852, Art. 16: "die Personen, die auf Grund des G vom 27. 3. 1851 zu mehr als 1 Monat Gefängnis verurteilt wurden, dürfen für 5 Jahre nach Ablauf ihrer Strafe nicht auf der Wahlliste eingetragen werden". Das G von 1851 ist der Vorläufer des G von 1905, siehe oben S. 15

23) Vgl. DIVIER, aaO, S. 58

24) Ord. n° 45-1483, 30. 6. 1945, J.O. 8. 7. 1945

25) Ord. n° 45-1484, 30. 6. 1945, J.O. 8. 7. 1945

26) LESOURD, Gaz. Pal. 1975, 1, doct. 380

und Wettbewerbs[27] im Verhältnis zum Verbraucherschutz, der durch eine schnelle Anwendung solcher Vorschriften leicht zum "excès" gebracht werden kann[28]. Aus der Praxis sind extreme Fälle jedoch nicht bekannt.

Man geht in der Regel vorsichtig zu Werke, wie es z.B. das Milchmarktgesetz von 1935 vorsieht[29]: wenn jemand gegen die hygienischen oder milchwirtschaftlichen (Fettgehalt usw.) Bestimmungen verstößt, kann ihm der Verkauf untersagt werden. Das Verbot, das sowohl gegen den Erzeuger wie den Einsammler möglich ist, kann vom Präfekten nach dreimaliger Verwarnung und Stellungnahme des "Service ..." ausgesprochen werden (§ 2 Abs. 5). Das Verkaufsverbot ist befristet auf drei Monate, kann aber, wenn die Milch weiterhin von minderer Qualität ist, erneuert werden (§ 2 Abs. 6).

Ein weiterer minder schwerer Eingriff ist die Entziehung einmal verliehender Gütezeichen. Wenn das "Service ..." beispielsweise feststellt, daß die Produktions- oder Vermarktungsbedingungen nicht eingehalten werden, auf Grund derer einem Lebensmittel ein "label rouge" verliehen wurde[30], so kann nach Art. 10 der LabelVO das Gütezeichen nach Stellungnahme der Label-Kommission durch "arrêté" des Landwirtschaftsministers wieder entzogen werden. Gleiches gilt auch für die Zulassung von Schädlingsbekämpfungsmitteln usw.[32].

Im Weinrecht macht das "Service ..." gern von einer Rückstufung (déclassement) Gebrauch, wenn ein Qualitätswein mit "appellation

---

27) HEMARD, Gaz. Pal. 1972, 2, doct. 575

28) Vgl. auch allgemein CALAIS-AULOY, "La protection légale et réglementaire du consommateur", aaO, S. 49; KIEFE, Rev. sc. crim. 1970, 831

29) Loi 2. 7. 1935, J.O. 3. 7. 1935, i.d.F. des décret-loi 30. 9. 1953, J.O. 1. 10. 1953

30) Siehe dazu S. 35, 206, 229

31) Décret 13. 1. 1965, J.O. 19. 1. 1965

32) Z.B. Art. 10 arr. 7. 10. 1974, J.O. 20. 10. 1974

d'origine"[33] nicht mehr die analytischen und geschmacklichen Eigenschaften der betreffenden "appellation" besitzt. Die Weine mit der Bezeichnung V.Q.P.R.D. (= vins de qualité produits dans des régions déterminées = neue Terminologie nach der Verordnung Nr. 817 der EG für appellation d'origine) können zu Tafelweinen zurückgestuft werden, wenn Probenahmen, Analysen und Stellungnahmen von Geschmacksprüfern, die vom Landwirtschaftsminister auf Vorschlag des "I.N.A.O." bestellt werden, ein negatives Ergebnis zeigen (Art. 7 VO zur Anwendung der VO Nr. 817)[34]. Falls eine Rückstufung nicht mehr möglich ist, kann statt dessen eine anderweitige Verwendung (z.B. Essig, Brennerei) angeordnet werden. Von der Rückstufung waren im Jahr 1974 - vor allem wegen der Anwendung der EG-Verordnungen - 10000 Hektoliter "vins d'appellation" betroffen[35].

Von der Möglichkeit der Anordnung einer anderweitigen Verwendung wird im übrigen ebenfalls recht häufig Gebrauch gemacht, besonders bei Obst und Gemüse[36]. Durch die Handelsklassenregelung der EG sind hier Rückstufung und Anordnung der anderweitigen Verwendung an der Tagesordnung. Dazu gibt es die Möglichkeit der Zurückweisung von Importwaren aus Drittländern und auch von den zum Export für die Mitgliedsstaaten des gemeinsamen Marktes oder für Drittländer bestimmten Waren. Im Jahre 1974 wurden 4000 Exportsendungen im Umfang von 18000 t zurückgewiesen. Demgegenüber wurden 140000 Qualitätsbescheinigungen für die Ausfuhr ausgestellt auf

33) Siehe dazu schon die frühen Werke von GUERILLON 1919; SUSPLUCAS 1920; PLAISANT/JACQ 1921; BORSSAT 1924; THOMAS 1929, die die Bedeutung dieser Ursprungsbezeichnung in Frankreich deutlich machen.

34) Décret 21. 4. 1972, J.O. 22. 4. 1972; zur Problematik unter besonderer Berücksichtigung der EG-Verordnungen Nr. 816, 817 siehe die gründliche Arbeit von ROZIER, Gaz. Pal. 1975, 2, doct. 463; dazu TINLOT, Gaz. Pal. 1975, 2 doct. 407 bezügl. Etikettierung

35) Ministère de l'agriculture, "Le Service ...", S. 24

36) Art. 4 Abs. 2, 3 décret 19. 8. 1955, J.O. 23. 8. 1955; loi 29. 6. 1934, J.O. 1. 7. 1934

Grund von 260000 Kontrollen im Umfang von 1,3 Millionen t. Die obengenannten Einfuhrsanktionen beliefen sich auf 20000 t[37].

Auf dem Gebiet der wahrheitswidrigen Werbung besteht neuerdings die Möglichkeit, die Werbemaßnahme im voraus zu untersagen[38]. Dies geschieht auf Antrag der Staatsanwaltschaft oder von Amts wegen durch den Untersuchungsrichter, wenn der schon mit der Sache befaßt ist. Die Anordnung des "juge des référés" (Richter, der einstweilige Verfügungen und Anordnungen erläßt[39]), ist sofort vollziehbar (Art. 44 § 2 Abs. 2 "loi Royer"). Im übrigen können alle obengenannten Maßnahmen im Dringlichkeitsfalle durch den "juge des référés" angeordnet werden[40]. Zum Rechtsschutz kann auf die Ausführungen unter § 6 III verwiesen werden[41].

3. Zivilrechtliche Sanktionen

Die zivilrechtlichen Sanktionen bestimmen sich nach den allgemeinen Haftungsvorschriften des Code Civil. Keines der lebensmittelrechtlichen Gesetze enthält eine Bestimmung über die zivilrechtliche Haftung. Deswegen sind die folgenden Ausführungen auf wenige grundsätzliche Bemerkungen zum Schadensersatz zu beschränken.

Beim Schadensersatz sind vertragliche und deliktische Haftung zu unterscheiden. Die Vertragshaftung nach Art. 1116 ff CC schließt die Deliktshaftung nach Art. 1382 ff CC grundsätzlich aus[42]. Der Schadensersatzanspruch hat nach französischer Auffassung drei

---

37) Dazu insgesamt Ministère de l'agriculture, "Le Service ...", S. 24

38) Da die Werbung einer echten "Produktionskontrolle" unterliegt; siehe oben S. 254, 207

39) Zur Institution siehe GUILLIEN/VINCENT, aaO, S. 204 und allgemein PERROT, Gaz. Pal. 1974, 2, doct. 894

40) Siehe dazu FOURGOUX, Gaz. Pal. 1975, 2, doct. 463

41) Siehe oben S. 235 ff

42) Im Gegensatz zum deutschen Recht, vgl. CONSTANTINESCO/HÜBNER, aaO, S. 132, 145

Voraussetzungen: "faute, dommage, lien de causalité"[43] (etwa Verschulden, Schaden und Ursächlichkeit vergleichbar). Für die vertragliche Haftung besteht die "faute" in der schuldhaften Nichterfüllung, für die deliktische Haftung in der schuldhaft-tatbestandsmäßigen Handlung. Im Vertragsrecht hat es immer die Verpflichtung zur Ehrlichkeit gegeben; sie findet ihren Ausdruck in der Theorie von der Arglist (dol). "Dol" ist ein "manoeuvre" nach den Regeln des Art. 1116 CC. Er tritt auf in zwei Formen: einmal beim Vertragsschluß (Art. 1109, 1116) und zum andern bei der Ausführung (Art. 1150, 1153, 1645 CC). Bei der "formation" ist es das "manoeuvre", das den anderen Teil zum Vetragsschluß bestimmt, bei der "exécution" ist es die "mauvaise foi" in der Ausführung. Die Unterscheidung wird schwierig bei einem Verschweigen (dol par silence)[44].

Das Schweigen ist arglistig, wenn eine Aufklärung den Vertragsschluß verhindert hätte[45]; allerdings ist bei einem offenen Mangel die Arglist ausgeschlossen (Art. 1642), während der Verkäufer für versteckte Mängel die Garantie übernimmt (Art. 1641-44). Bei Lebensmitteln besteht die Informationspflicht im Rahmen der Kennzeichnungsverordnung von 1972[46]; ein Unterlassen der notwendigen Angaben, die auch die Etikettierung enthalten müßte, bedeutet Arglist. Art. 1116 CC sieht bei "dol" ausdrücklich nur die Annullierung des Vertrages vor[47]. Die Rechtsprechung hat den Anwendungsbereich aber auf Schadensersatz erweitert[48]. Die Haftung ist bei Fahrlässigkeit allerdings auf den vorhersehbaren Schaden beschränkt (Art. 1150 CC). Der Schaden muß "direct, actuel, certain, légitime"

---

43) BIGWOOD/GERARD, aaO, Bd. IV, S. 86

44) Zu den zivilrechtl. Beziehungen im Lebensmittelrecht siehe FOURGOUX/CHEFTEL, aaO, Rdnr. 391-447

45) Cass. com. 27. 10. 1965, Bull. Civ. 1965, III, n° 534

46) PIGASSOU, aaO, S. 113, 118

47) Zum Begriff: BIGWOOD/GERARD, aaO, Bd. I, S. 64

48) Cass. civ. 16. 3. 1969, Bull. Civ. 1969, II, n° 198

sein. An das Erfordernis des direkten, gegenwärtigen, gewissen, gesetzlichen Schadens werden aber keine strengen Anforderungen gestellt[49] bzw. diese Voraussetzungen nicht konsequent angewendet.

Der Punkt der Kausalität wirft schwierige Beweisfragen auf und ist zu einem reinen Zurechnungsproblem geworden[50], ähnlich wie die Zurechnung im Strafrecht[51]. Im Bereich des Lebensmittelrechts ist Art. 1382 CC der Basistext geblieben, denn hier wird auch der unvorhergesehene und unvorhersehbare Schaden ersetzt[52]. Der Begriff "faute" umfaßt nämlich außer der Vorwerfbarkeit auch die objektiv-pflichtwidrige Handlung oder Unterlassung und die Rechtswidrigkeit[53], was im Lebensmittelrecht angesichts der Verstöße gegen Gesetze und Verordnungen natürlich weit größere Bedeutung hat als die Vertragshaftung.

Als Erleichterung für den Schadensbeweis wird bei Verstößen gegen Strafgesetze (also auch das Gesetz von 1905) eine "faute dommageable qui entraine la responsabilité" angenommen[54]. Außerhalb der Strafgesetze wird im Rahmen des Art. 1382 eine "faute" konkreter gefordert; diese wird aber beim Verstoß gegen Gesetze und Verordnungen ohne weiteres angenommen (quasi-deliktische Haftung des französischen Rechts)[55].

Außerdem wurde im Code Civil ein allgemeiner Gefährdungstatbestand für Sachen geschaffen. Bei durch Sachen angerichteten Schä-

---

49) Cass. ch. mixte 27. 2. 1970, D. 1970, 2, 201

50) Vgl. BIGWOOD/GERARD, aaO, Bd. IV, S. 87; CONSTANTINESCO/HÜBNER, aaO, S. 132, 133

51) Vgl. F.A.O. - GERARD, aaO, S. 105

52) PIGASSOU, aaO, S. 6, 10

53) CONSTANTINESCO/HÜBNER, aaO, S. 144

54) Douai 28. 10. 1953, Gaz. Pal. 1954, 1, 352; Paris 8. 2. 1955, Gaz. Pal. 1955, 1, 352; Cass. civ. 23. 2. 1956, Bull. civ. 1956, II, n° 138

55) RIOUFOL, aaO, S. 205, 209; BIGWOOD/GERARD, aaO, Bd. IV, S. 86, 87

den basiert die Ersatzpflicht auf Art. 1384 Abs. 1 CC, wobei die Gefährlichkeit der Sachen unerheblich ist.

Die Haftung für Verrichtungsgehilfen ist in Art. 1384 Abs. 5 CC geregelt. Auf ein Verschulden des Geschäftsherrn kommt es nicht an, wohl aber muß der Verrichtungsgehilfe schuldhaft gehandelt haben. Eine Entlastungsmöglichkeit gibt es nicht.

Es kann danach festgestellt werden, daß die außervertragliche Haftung weiter reicht als im deutschen Recht[56].

56) Vgl. CONSTANTINESCO/HÜBNER, aaO, S. 145

Schluß

Die kurzen Schlußbemerkungen sollen nicht eine Zusammenfassung der obigen Ausführungen werden, sondern noch einige Tendenzen aufzeigen.

Nach der Zahl der Gesetze und dem weit verzweigten System des Schutzes über verschiedene Rechtsgebiete könnte der französische Verbraucher mit den ihm gegebenen Garantien durchaus zufrieden sein[1]. Obwohl sich inzwischen die Erkenntnis durchgesetzt hat, daß Gesetze allein keinen wirksamen Schutz bieten können und Prävention durch Verbrauchererziehung jetzt vorrangig erscheint[2], fordert man immer neue Gesetze. Dabei ist das Recht bereits viel zu speziell für den Verbraucher[3], er kann seine Rechte gar nicht überschauen. Die Tendenz geht nicht so sehr dahin, das Lebensmittelrecht speziell noch weiter auszubauen, sondern zielt auf die Entwicklung eines allgemeinen Verbraucherschutzrechtes[4], wofür die Verbraucherverbände seit längerer Zeit ein Rahmengesetz fordern[5]. Die "loi cadre de la consommation" soll folgende Rechte sichern[6]:

a) Zugang zur Exekutive und zu Verwaltungsdokumenten. Gefordert wird eine paritätische Besetzung aller Rechtsetzungs- und Entscheidungsinstanzen und ein "organe consultatif auprès du Premier ministre";

b) kostenlose Rechtshilfe;

c) wirksame Werbekontrolle;

---

1) Siehe schon SOUVERAIN, Bull. de la F.N.C.C. 1956, 27, 43

2) PERROT, Gaz. Pal. 1976, 1, doct. 237

3) FOURGOUX, Gaz. Pal. 1976, 1 doct. 242

4) BIHL, Gaz. Pal. 1974, 2, doct. 754; allg.: BAUMANN, "Droit de la consommation", Paris 1977

5) Siehe "Le Figaro", 15. 1. 1976, S. 12

6) Vgl. dazu FOURGOUX, "Droit de la consommation: faut-il une loi-cadre ou un véritable ombudsman?", Gaz. Pal. 1975, 2, doct. 732

d) eine Wahrheitsvermutung für Informationen, die von Verbraucherorganisationen ausgehen;

e) ein Recht auf Gesundheit und Sicherheit;

f) ein Recht, beraten zu werden. Es soll hier eine Unterscheidung eingeführt werden zwischen Informationspflicht und Beratungspflicht; letztere soll die sogenannten "warnings" mitumfassen;

g) ein Recht auf Verbraucherausbildung, die bereits in der Schule einsetzt;

h) Finanzhilfen für Verbraucherverbände.

CALAIS-AULOY fordert sogar Spezialgerichte (Tribunaux de consommation), die paritätisch mit Händlern und Verbrauchern besetzt sind[7].

Die Erforderlichkeit eines Rahmengesetzes ist in der Literatur stark umstritten. Namentlich FOURGOUX[8] meint, daß es sich bei diesen Forderungen nur um Wiederholungen bereits geltender gesetzlicher Bestimmungen handle, deren Wirksamkeit an mangelhafter Anwendung scheitere[9]. Hiergegen könne aber kein neues Gesetz helfen, sondern nur die Einsetzung eines Ombudsmannes nach skandinavischem Vorbild[10], eines "médiateur" zwischen Bürger und Verwaltungsbehörden[11]. In der Tat ist vor immer neuen Regelungen zu warnen. Es finden sich neue Lücken, der Gesetzgeber kommt dabei außer Atem, die Texte werden komplizierter und "verwirren sich zu einem Buschwald, in dem der Staatsanwalt keine Abenteuer sucht"[12]. Der Erfolg des Gesetzes scheint wegen der bereits jetzt vorhandenen Zahl der Strafbestimmungen, ihrer Komplexität und Überschneidungen gering.

---

7) CALAIS-AULOY, Gaz. Pal. 1976, 1, doct. 233

8) FOURGOUX, Gaz. Pal. 1975, 2, doct. 732

9) In diesem Sinne auch KARILA, Gaz. Pal. 1976, 1, doct. 210

10) Siehe dazu HANSEN, "Die Institution des Ombudsmannes", Frankfurt 1972

11) Siehe auch PERROT, Gaz. Pal. 1976, doct. 237; PAQUET, Gaz. Pal. 1977, 1, doct. 9

12) BIHL, Gaz. Pal. 1974, 2, doct. 754

Ein kollektiver Verbraucherschutz scheint deren Kampf[13] eher zum Erfolg zu verhelfen[14]. In den letzten Jahren sind zahlreiche Verbraucherorganisationen gegründet worden. Nach einer Anfang 1976 durchgeführten Meinungsumfrage halten 90 % der Franzosen einen kollektiven Verbraucherschutz für erforderlich[15], bleiben aber dennoch Individualisten[16]. Daraufhin hat die "Union des Jeunes Avocats de Paris" beschlossen, zweimal wöchentlich eine kostenlose Verbraucherberatung durchzuführen. Die Pariser Anwälte wurden zu ihrem Schritt ermutigt durch die in den USA auf ähnliche Weise erzielten positiven Resultate[17].

Auf dem Gebiet der Lebensmittelqualität hat das Landwirtschaftsministerium eine umfangreiche Offensive gestartet mit der Schaffung einer "direction de la qualité", der 6000 Beamte aus vier verschiedenen Bereichen angehören: Bekämpfung der Betrügereien, Pflanzenschutz, Labels, Veterinärwesen[18]. Mit der Zusammenziehung dieser bereits bestehenden Abteilungen zu einer "direction" wird ein besonderer Akzent gesetzt auf eine wirksamere Überwachung der korrekten Kennzeichnung der Produkte, Ausschaltung der wahrheitswidrigen Werbung, Anwendung bestimmter Methoden und Mittel im Ackerbau, ein Erstarken der Label-Gesetzgebung. Durch diese Konzentration sollen auch Händler und Verbraucher besser informiert werden.

Wenn auch das Strafrecht nach wie vor im französischen Lebensmittelrecht eine wesentliche Rolle spielen wird, der Prävention

---

13) DOYERE, "Le combat des consommateurs", Paris 1975

14) FOURGOUX, Gaz. Pal. 1976, 1, doct. 242; KARILA, Gaz. Pal. 1976, 1, doct. 210

15) "France Soir", 5. 2. 1976, S. 7

16) KARILA, Gaz. Pal. 1976, 1, doct. 210

17) "France Soir", 5. 2. 1976, S. 7

18) "Le Figaro", 17. 3. 1976, S. 1

der Durchbruch noch nicht vollständig gelungen ist und die Anwendung und Durchsetzung der Gesetze zu wünschen übrig läßt[19] oder eine bedauernswerte Unwirksamkeit offenbart[20], so ist doch die Aussage übertrieben, die Verbraucher seien auf der Suche nach der verlorenen Gerechtigkeit[21].

---

19) CALAIS-AULOY, Gaz. Pal. 1976, 1, doct. 233

20) KARILA, Gaz. Pal. 1976, 1, doct. 210

21) FOURGOUX, "Les consommateurs à la recherche de la justice perdue", Gaz. Pal. 1976, 1, doct. 242

ANHANG

Offizielle Laboratorien für die Analyse von Lebensmittelproben

- laboratoires officiels pour analyses de chimie-physique
- laboratoires officiels pour analyses bactériologiques
- laboratoires officiels pour analyses chimiques et bactériologiques

Implantation en France des laboratoires officiels pour la répression des fraudes et le contrôle de la qualité

Chaque symbole correspond à un ou plusieurs laboratoires du même type.

SERVICE DE LA REPRESSION DES FRAUDES ET DU CONTROLE DE LA QUALITE

SERVICE CENTRAL

ORGANISATION

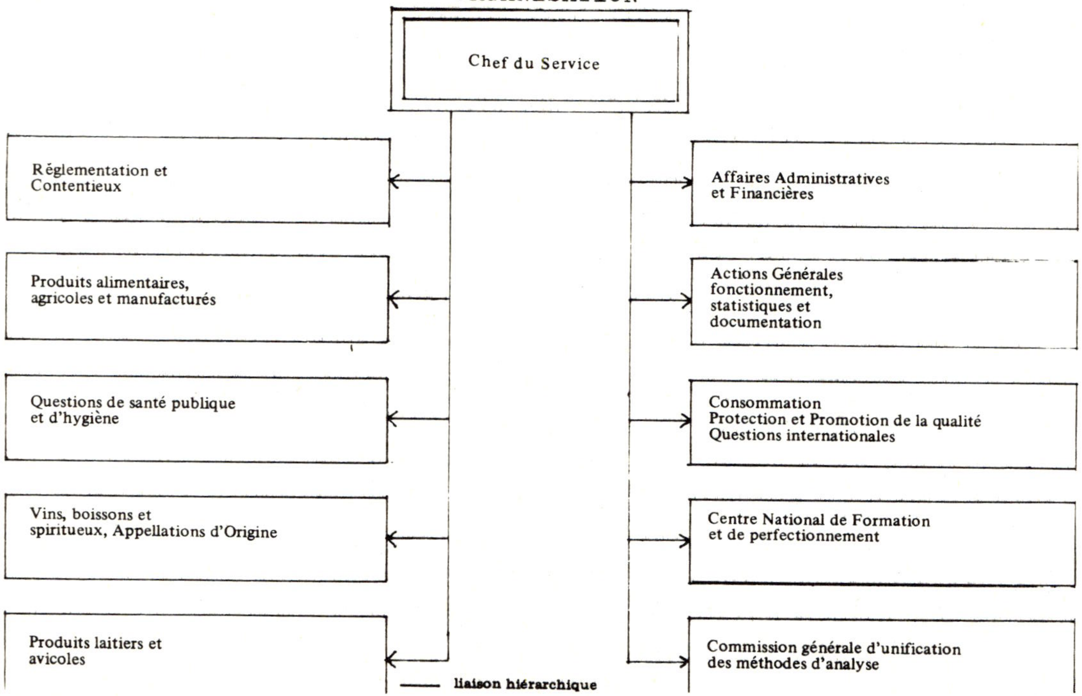

Nach Einleitung eines Strafverfahrens durch das Service im Jahre 1971 und früher von den Gerichten verhängte Geldstrafen. Statistik nach GALLON, aaO, S. 358, 359

Annexe 1: Statistique Générale des Resultats des Opérations Effectuées (Année 1971)
Tableau 2: Resultats Suites Judiciaires

RAPPEL de la classification générale des produits	MONTANT DES AMENDES							
	Affaires de l'année 1971 Ecoulée				Affaires des années antérieures			
	En correctionnelle		En simple police		En correctionelle		En simple police	
	Sans sursis	Avec sursis	Après jugem.	Amende de comp.	Sans sursis	Avec sursis	Après jugement	Amende de composition
Lait	148 584,50	32 850	21 241	2 345	153 328	3 400	14 069,50	1 990
Beurre	3 700	500	2 634		8 898	350	1 808	130
Fromages	7 660		13 116	310	20 120		18 112,50	800
Margarine			33				30	
Graisses, huiles alimentaires	50		298	30	12 700		540	
Vinaigres			143				134	
Charcuterie	96 126	500	7 179	1 080	121 620	50	3 837	555
Conserves	15 970		19 472	500	17 700	500	8 180,50	200
Poivre, épices, moutarde	1 000		80		100	500	275	
Café, thé, chicorée	250		2 056		3 100	500	70	
Cacao, chocolat	200		100		1 000		240	
Confiture, confiserie, sucre	4 450		3 440		7 230		410	85
Farines	1 805		184	50	3 980		634	200
Pain, pâtisserie, pâtes	40 335	1 950	4 395	540	42 120	600	7 737	285
Fruits, légumes	13 370	200	241 127	13 716	24 220		124 109,10	12 259
Œufs	4 230		27 608	620	1 800		8 083,50	860
Glaces, crèmes glacées	4 240		4 707	1 540	13 800	2 600	6 020	560
Denrées diverses	163 259	32 000	21 319	1 370	148 825	500	27 724	1 285
Vins ordinaires	13 654		2 324	330	69 340	1 100	5 136	100
Vins à appellation d'origine	7 800		1 269	100	59 500	1 000	940	230
Apéritifs, V.D.N., V.D.L.	8 100	2 600	20		11 462		350	
Bière					1 000			
Cidre			154		1 900		110	
Alcools et spiritueux	14 500		606		31 170	700	905,50	10
Liqueurs et sirops	7 051,50	200	110		9 430		513	
Jus de fruits et de légumes				10	500		200	

Fortsetzung der Tabelle auf Seite 312

Sodas, limonades				10				
Eaux minérales	7 900	150	30	50	8 930			
Boissons diverses	100		424	100	250		50	100
Semences et plants	5 180		3 062	698	5 714		2 051	110
Engrais	1 600		270		3 100		2 768,50	110
Aliments du bétail	450	500	3 005		7 140		3 903	760
Antiparasitaires	1 000		440		1 750		550	
Produits résineux								
Carburants pour monteurs	2 500	30 000	481	10	8 900	600	860	360
Textiles	15 554		41 158	6 421	37 190	150	17 421	970
Divers (tous autres produits)	31 330	11 100	12 150	1 368	116 980	400	8 519	438
Totaux	621 949	102 550	434 637	31 188	955 087	12 950	266 299,10	22 405

STICHWORTVERZEICHNIS

VERÖFFENTLICHUNGEN

der

Schriftenreihe des Instituts für Landwirtschaftsrecht der Universität Göttingen

im

Carl Heymanns Verlag KG

Köln Berlin Bonn München

Band 1 Bibliographie des deutschen Agrarrechts.
Bearb. von Annemarie Gercke.
Hrsg. v. Karl Kroeschell und Wolfgang Winkler.
1968. XXIV, 239 S. DM 29,50

Band 2 Neumann, Günter
Gesellschaftsverträge zwischen dem Bauern und seinem Sohn.
1965. XX, 214 S. DM 25,50

Band 3 Günther, Georg
Das Rechtsverhältnis zwischen Bauer und mitarbeitendem Sohn.
1966. XX, 141 S. DM 19,80

Band 4 Dehne, Friedrich
Vom Hofe zum Betrieb. Strukturwandel des landwirtschaftlichen Erbrechts.
1966. XXIV, 144 S. DM 19,25

Band 5 Krüger, Inge
Das Zuweisungsverfahren nach französischem und schweizerischem Recht.
1967. XXXI, 155 S. DM 20,50

Band 6 Upmeier zu Belzen, Jochen
Die landwirtschaftliche Familiengesellschaft als Gesellschaft bürgerlichen Rechts.
1967. XVIII, 101 S. DM 13,50

Band 7 von Gronefeld, Gerhard

Die Reform des landwirtschaftlichen Pachtrechts in Frankreich.
1969. XIII, 106 S. DM 15,60

Band 8 Mahn, Hans-Peter

Die Rechtsnatur der höferechtlichen Eintragungs- und Löschungsanträge.
1970. XXIII, 137 S. DM 19,50

Band 9 Gallwitz, Jörn

Die Konzentration im schwedischen landwirtschaftlichen Genossenschaftswesen aus rechtlicher Sicht.
1971. XXVII, 203 S. DM 19,50

Band 10 Sparberg, Detlev

Der zivilrechtliche Rechtsschutz der Pachtkreditinstitute bei Beeinträchtigungen des Inventarpfandrechts.
1974. XI, 110 S. DM 18,00

Band 11 Schapp, Hayo

Der Schutz des Unternehmens in der Vererbung im Landwirtschaftsrecht und im Personengesellschaftsrecht.
1975. XXXVIII, 300 S. DM 48,00

Band 12 Zeller, Gerhard

Rechtsgeschichte der ländlichen Siedlung.
1975. LXXI, 568 S. DM 84,00

Band 13 Götz, Volkmar / Winkler, Wolfgang

Organisationsmodelle für die Agrarwirtschaft.
1976. XII, 203 S. DM 30,00

Band 14 Schoepffer, Wolfgang

Der Wald in der hoheitlichen Raumplanung unter besonderer Berücksichtigung seiner landespflegerischen Funktionen.
1977. XL, 328 S. DM 45,00

Band 15 Fricke, Friedrich Wilhelm

Die landwirtschaftliche Produktivgenossenschaft. Ihre Eignung als Rechtsform für landwirtschaftliche Betriebszweig- und Betriebsgemeinschaften. 1976. LXVII, 400 S. DM 48,00

Band 16 Winkler, Wolfgang

Bibliographie des deutschen Agrarrechts 1966 - 1975.
Mit Nachträgen für den Zeitraum 1945 - 1965.
1977. XXXIX, 551 S. DM 66,00

Band 17 Bitting, Reinhard

Aufhebung der Hofeigenschaft in Westfalen-Lippe nach der nordrhein-westfälischen Verordnung vom 28. Oktober 1971.
1977. XXVII, 157 S. DM 33,00

Band 18 Schulze-Hagen, Bernhard

Die landwirtschaftlichen Zusammenschlüsse nach deutschem und europäischem Wettbewerbsrecht.
1977. XXXV, 251 S. DM 42,00

Band 19 Tayama, Teruaki

Die Entwicklung des landwirtschaftlichen Bodenrechts in der japanischen Neuzeit.

(in Vorbereitung)

Band 20 Obermann, Siegfried

Das französische Lebensmittelrecht.
1978. XLII, 319 S. DM 45,00

Außerhalb der Schriftenreihe erschienen

Kahlke, Gerhard

Das gesetzliche Vorkaufsrecht der landwirtschaftlichen Siedlung.
1964. 112 S. DM 16,00